마음의 치유는 어디에서 비롯되는가

심리치료 대토론

Bruce E. Wampold and Zac E. Imel 저

김계현 · 김동민 · 김선경 · 유정이 · 왕은자 · 이윤주 · 조영미 공역

박영story

머리말

책의 제목에 논쟁 debate이라는 단어를 사용하여 출판을 한다면, 저자는 반증과 반박에 대하여 준비가 되어 있어야 한다. 과학에서 반증은 증거에 의해서 가장 잘 보여질 수 있다. 제1판이 나오고 13년이 흐르면서 심리치료가 효과적일 수 있게 하는 것이 무엇인지 많은 논의가 있었다. 그 논의를 가장 잘 특징짓는 것은 증거–기반 처치의 구성 요소와 공통 요인의 구성 요소 간에 이루어지는 논쟁일 것이다. 이 논쟁은 종종 서로 상대방을 그릇되게 묘사하기도 하며, 적지 않은 경우 증거보다는 상대방을 말로 헐뜯는 일을 하기도 하였다.

말에 의존하는 수사 修辭 rhetoric는 나를 밤에 깨어 있게 하지 못하지만, 증거는 그렇게 한다. 그리고 제 1판이 나온 이후에 밤잠을 설칠 여러 가지 이유들이 있었다. Zac과 내가 2판에서 논의하듯이, 제 1판이 나온 이후에 심리치료에 관한 증거가 급증하였다. 임상 실험 연구의 숫자, 그리고 임상 실험들에 대한 메타 분석 연구의 숫자는 기하급수적으로 증가하였다. 오늘날 심리치료의 효과에 대한 증거는 그 어느 때보다도 더 많다. 그런데 혹시 그 증거들이 2001년도에 내가 제안한 맥락 모델의 과학적 어리석음을 보여주는 방향으로 기울어져 있는 것은 아닐까? 만약 그러하다면, 맥락 모델은 이론적으로는 완벽하게 합리적인, 그러나 경험적으로는 근거가 없는 이론들의 쓰레기 더미에 던져져야 할 것이다. 그것들 중에는 발효에 대한 화학 이론(자연 발생), 에테르를 통과한 빛의 흩어짐, 정지 상태의 우주(아인슈타인의 우주) 등도 포함되어 있을 것이다. 그러나 지난 15년간 수행된 연구들에 의하면 맥락 모델을 심각하게 위협할 증거는 나오지 않았다. 실로, 맥락 모델의 증거들은 2001년에 비해 더 강력한 등급에 속한다.

제1판의 머리말에서 나는 심리치료가 나에게 사적으로 주는 의미에 대하여 언급하였고, 나의 치료사에게 그 책의 일부를 헌정하였다. 그런데 슬프게도, 어떤 이들은 이 사적인 이야기를 이용하여 나의 작품이 편견에 사로잡혀 있으며 따라서 믿을 수 없다는 말을 하였다. 인간은 누구나 그렇듯이 나 역시 편견을 가지고 있다. 이점은 분명하다고 밝히자. 그러나 과학의 품질 보증 방법 중의 하나로 우리는 의식적으로 자신의 편견을 옆에 치워두고서 이성적으로 증거에 집중한다는 것이다. 게다가 과학적 노력 과정은 수정이 가능한 시스템으로 증거가 충분히 강력해지기만 하면 결국은 증거가 승리하고 이론은 버려진다. 비록 이론은 신봉자들을 끌어들일 수 있는 능력이 있지만 말이다. 모든 이론들이 그러하듯 맥락 모델도 돌고 도는 것인데 이례적인 것들이 발견됨에 따라서 수정이 이루어진다. 앞으로 몇 십 년 동안 모델의 구성 요소들을 명료화하기도 하고 복잡하게 만들기도 하는 증거가 계속 나타날 것으로 전망한다. 이 과정 속에서 나는 증거에 충성 할 것이다. 거기에는 아인슈타인의 정적인 우주가 그러했듯이 쓰레기통에서 언젠가 나의 이론이 발견될 지라도 부끄러워하지 않을 것이다.

The Great Psychotherapy Debate의 제2판은 제1판과 몇 가지 점에서 다르다. 새로운 연구물들이 등장하는 것은 물론이거니와, 여러 장들에서 최신의 증거들을 반영하였다. 제1장에서는 의학과 심리치료의 역사를 간략히 다루었는데, 이는 본 책에서 다루는 논쟁을 제대로 보는 시각을 제공하기 위해서이다. 2001년에는, 내가 제안한 맥락 모델은 주로 Jerome Frank의 업적으로부터 나온 것이었는데, 지난 10년 간 이 모델은 사회과학 분야의 연구들을 기반으로 해서 확장이 되었다. 제 2장에서 이 확장된 모델을 소개한다. 1판에서와 마찬가지로 어떤 증거를 고려해야 의학 모델이 또는 맥락 모델이 예측하는 바가 옳을지에 대해 논의한 장(제3장)이 있다. 역시 1판과 마찬가지로 절대 효과성의 증거(제4장), 상대 효과성의 증거(제5장), 그리고 치료사 효과의 증거(제6장)를 검토한 장들도 존재한다. 제1판에서는 일반 효과와 관련된 증거는 치료적 동맹을 논의하는 것으로 제한되어 있었다. 2판에서는 이 부분을 확대하여서 위약(플라시보)이 어떻게 해서 강력한 기대를 이끌어내는지에 관한 내용을 포함시켰다. 또한 맥락 모델에서 강력하다고 가설적으로 보고 있는 치료 요인들을 몇 가지 포함시켰다(제7장). 제8장에서는 특정 성분들의 중요성에 관한 문헌들을 살펴보았으며, 제9장에서는 이론, 실무, 정책에 관련하여 결론을 제시하였다.

책에는 저자들이 있다. 그러나 저작이라는 것은 여러 영향의 힘들이 합쳐진 것이다. 전반적으로 말해서, 내가 한 일은 학생들과의 토론 및 지구 곳곳에 있는 동료들과의 협업에서 나온 것이다. Zac Imel은 10년 전 나의 박사과정 학생이 된 첫 날부터 2판에서 논의되는 여러 쟁점들에 관해 더욱 깊이 성찰해보도록 나를 자극하였다. 그리고 그는 나의 방법론적 전문성을 더욱 확장하게 해 주었다. 그는 책과 논문들을 나에게 가져와서는 "이것을 읽으셔야 해요!", "우리가 이 쟁점을 제대로 이해하려면 새로운 방법론을 배워야 해요"라고 말하곤 하였다. 그의 마음은 여러 다양한 영역으로부터 정보를 수집하고 합성하느라 쉼 없이 움직였다. 이번 책은 우리로 하여금 지적인 협력과 상호 자극 및 상호 보상 주기를 지속하게 해주었다.

2014. 4. 1.

BEW(Bruce E. Wampold), 위스콘신 주, 매디슨

나의 심리학 교육이 시작된 것은 오클라호마주의 Red Rock Canyon의 교회 어린이/청소년 캠프 활동의 일부인 소집단에서 시작되었는데, 그것은 내가 의도한 것은 아니었다. 그 그룹에서 나는 유능하고 재주있는 리더들이 수용과 지지를 활용하여 부끄러움과 침묵하기를 메꾸어주던 노력을 관찰할 수 있었다. 나의 또래들은 이런 경험에 대한 영적인 설명에 귀를 기울였지만, 내 안에서는 그런 경험들이 개방적이면서도 감동이 가득찬 관계에 대한 깨달음을 일깨워주고 있었다. 그리고 나는 이후의 나의 인간관계를 이끌어주고 임상 공부를 안내해 주는 탄탄한 받침대를 얻게 되었던 것이다.

이 책에서 우리가 논의하는 개입방법은 주로 사람 간의 대화인데, 아마도 이것은 기술이라는 면에서 가장 낮은 수준이 아닐까 한다. 그런데 사람 간의 연결과 상호 작용에 있는 무엇인가가 치유의 힘을 가지고 있다. 아이러니하게도, 이 구조가 없고 감정이 가득 찬 대화의 피할 수 없는 복잡성은 어떤 특성을 가진 대화가 심리적 안녕을 증진시켜주고, 심리적 고통을 경감시켜 주며, 심각한 장애를 일으키는 정신 문제로부터 벗어나게도 해주는지 알아내려고 하는 과학자들에게 커다란 도전 과제를 안겨준다.

이 책에서 우리는 맥락 모델이라고 통칭되는 심리치료의 한 일반 모델에 대한 현존하는 증거들을 정리 요약하였다. 이 과제의 두 번째 시도를 마감하면서 우리는 과학으로서의 그리고 직업으로서의 심리치료에 대한 흥미로움에 빠져들게 되었다. 환자들은 여러 가지 문제들에 대하여 심리치료를 첫 번째 처치 방법으로 여기곤 하지만, 심리치료가 정신 건강 돌봄에 있어서 차지하는 전반적 비율은 점차 감소하고 있다. 치료사들이 행한 치료의 효과에 대한 증거 그리고 치료사들이 그것을 행하는 방식에 대한 증거는 그 어느 때보다 많지만, 아직 많은 것들이 미지로 남아 있다. 기술의 발전으로 인해서 인간 삶의 거의 모든 측면들에서 혁명이 일어나고 과학, 의학, 예능, 저널리즘, 대인 관계 등을 다 바꾸어 놓고 있다. 그러나 오늘날 심리치료에서 발생하는 변화의 과정을 평가하는 최선의 기준은 환자와 치료사 간 상호작용을 행동으로 부호화하는 방법인데, 이것은 당초 70년 전에 칼 로저스 Carl Rogers와 그의 학생들이 처음 사용했던 것에 기반을 두고 있다. 오늘날, 컴퓨터 과학자와 전기전자 공학자들은 이 세상에 출판되어 있는 모든 책에서 사용된 단어들에 대한 모델링을 하는 기술을 개발하였으며, 소리 신호로부터 자동적으로 언어를 인식하게 하는 기술을 개발하기도 하였는데 말이다. 미국심리학회(APA)에서는 심리치료가 효과가 있다는 일반 선언을 공표한 바 있지만, 반대로 심리치료의 효과를 지지하는 것은 "약물"이 효과 있다고 말하는 것과 다르지 않다고 주장하는 사람도 많다. 그들은 우리는 증거에 기반을 둔 효과적인 특정한 처치들을 가지고 있다고 주장한다. 미국 재향군인 병원 조직(Veterans Health

Administration)에서는 심리치료의 질 향상을 위한 역사적인 사업을 추진하기 시작했다. 이 사업은 특정 심리치료법들을 정신건강을 전문적으로 다루는 임상센터들에 보급하는 것이었다. 하지만 대부분의 지역 임상센터에서는 환자의 치료 성과를 정기적으로 측정하고 치료사의 행동을 정기적으로 모니터링하는 것은 빠져 있다.

나의 조상들 중에는 회계사도 있고 엔지니어도 있으며 교사도 있다. 그들의 후손으로서 내가 심리치료라는 실제에 대하여 반항심을 가지고 그 대신 숫자와 학술적인 것에 몰입하게 된 것은 놀랄 일이 아니다. 내가 The Great Psychotherapy Debate 책을 읽은 것은 대학 학부를 졸업한 이후인데, 내가 다닌 대학은 소규모의 인문대학이었다. 거기서 나는 과학적으로 방향이 잡혀진 심리학과 여러 종교들을 공부하는 종교학 사이에 지적인 공간을 마련해 주는 학과 안에서 무럭무럭 자라고 있었다. 그 학과의 교수님들은 종종(학생들과: 역자 주) 점심을 함께하였고, 아마 한 두 가지 씩 정중한 논쟁도 곁들인 것 같다. 심리치료에 관해서 내게 실망스러웠던 것은, "진정한 믿음을 가진 자들"이 너무나 많다는 것, 그리고 증거에는 완전히 무관심한 이론 진영들의 고집스러움이었다. 그래서 내가 그 책에서 서술된 공통 요인 접근법의 간결함, 그리고 Bruce Wampold 교수님의 데이터 및 과학적 방법에 대한 헌신적 신뢰에 내 마음을 빼앗기는 데 오랜 시간이 걸리지 않았던 것이다. 2003년에 Madison(위스콘신 대학의 메인 캠퍼스가 있는 도시: 역자 주)에 도착하자마자 나는 즉시 시작한 것이 있는데, 그 일을 통해서 나는 보기 드물게 생산적이면서도 인간적으로 친근한 협업이 무엇인지 알게 되었고, 심리치료 데이터라고 하는 아름다운 잡동사니들을 어떻게 하면 그럴듯하게 설명할지에 대하여 생각하고 땀 흘리는 일을 시작하게 된 것이다. 교수님은 나의 타고난 의심과 호기심을 장려해 주셨고, 월요일 아침의 에스프레소 타임은 우리의 이론에 대하여(물론, 다른 분들의 이론에 대해서도) 구멍을 뚫어 관통시키는 시간이 되었다. 내가 이 책(제2판)에 대하여 공헌한 바가 있다면 그것은 이 미팅 시간에서 비롯된 것이라고 생각하고 싶다.

2014. 4.

ZEI(Zac E. Imel), 유타 주, 솔트레이크시티

역자 서문

역자(김계현)가 미국 오레곤 대학에서 박사과정을 밟고 있던 1980년대 초중반에도 증거에 의해 지지되는 처치라는 매우 매력적인 표현을 접할 수 있었다. 그 말을 처음 접했을 때 "아, 이제 심리치료와 상담은 과학의 반열에 오르게 되는구나!"라는 기대감을 크게 가졌던 기억이 있다. 또한, 동시에 심리치료와 상담에는 상담사와 내담자 간의 관계, 치료에 대한 기대감, 상담사에 대한 신뢰 등의 요소들이 치유적인 변화를 발생시킨다는 이론 즉, "공통요인 common factors" 모델이 우리 상담학도들의 생각을 지배하고 있었다. 그래서 나는 "만약 증거에 의해 지지되는 처치들이 계속 발전되고, 공통요인 모델이 합쳐진다면 상담과 심리치료는 곧 완벽한 모습을 갖출 것이다."라는 기대를 나름 가지게 되었다. 비록 다소 막연한 기대였지만 말이다.

Wampold 선생님의 저서 제1판이 나에게 우송된 것은 2001년 봄이었다. 나는 그 제목을 보고서 깜짝 놀랐다. 특히 대 논쟁 'great debate'라는 단어가 나를 놀라게 했는데 목차를 보니 제1장의 제목이 medical model (EST의 다른 명칭) vs. contextual model (공통요인 모델의 다른 명칭)로서 상호 대립되고, 둘 중 하나는 승자가 되고 다른 하나는 패자가 되는 것 같은 생각을 들게 하였다. 그런데, 앞에서 말한 것처럼 나는 두 모델이 상호 보완하면서 발전할 것이라는 기대를 가지고 있었기 때문에 'debate'라는 설정이 불편하게 느껴졌던 기억이 생생하다. ('medical model'과 '공통요인 모델' 간에 어떤 것이 "이겼는지" 궁금한 독자는 이 책의 제1판을 직접 읽어보기 바란다.)

그런데, 2016년 가을에 Wampold 선생님은 한국에 오시면서 제2판을 직접 들고 오셨다. 나는 "조금 고쳤겠지."라고 혼자 생각했다. 그러나 아니었다. 완전히 새로이 집필한 제2판이었다. 게다가 저자가 한 명 더 있었는데, 생소한 이름이었다. 나는 그를 만난 적도 없고 아는 바가 전혀 없었는데, 선생님의 제1판을 읽고 영향을 받아서 제자로 들어온 열열 대학원생 출신이었음을 나중에 알게 되었다.

제2판의 두 저자 간에는 글쓰기 방식에 있어서 상당한 차이가 존재한다(역자의 개인적 의견임). 물론 두 사람은 이 점을 고려하여 수없는 노력과 수정 과정을 거쳤을 것이다. 그러나 Wampold 선생님의 필체를 너무나 좋아하는 나에게는 완숙기에 든 노련한 학자의 글과 이제 막 학자의 길을 시작하는 의욕이 넘치는 젊은 학도의 모습이 선명하게 대비가 되었다.

서양은 동양에 비해서 논쟁에 익숙하다. 어려서부터 이른바 debate 교육을 받거나

debate 경연대회에 참여하는 기회가 많다. 그들은 debate에 임하는 태도가 우리보다 훨씬 더 유연하다는 것을 목격할 수 있다. 'medical model'과 '공통요인 모델' 두 개를 서로 대립하는 위치에 설정하고서 치열한 "경쟁"과 "싸움"을 벌이도록 글을 전개하였지만, 그 논쟁 내용의 실상은 서로 접합할 수 있는 측면들을 아주 정확하고 구체적으로 찾아내고 있다는 것을 역자는 여러 차례 발견할 수 있었다. (이런 경험은 마치 아주 예전에 로저스 C. Rogers와 스키너 B. F. Skinner라는 두 대 학자가 직접 만나서 벌인 논쟁이 소개되었을 때 느꼈던 소감 즉 "극한으로 대립할듯한 두 이론이 이렇게 접합할 수 있는 여지가 있구나!"라는 감탄을 다시 기억나게 해 주었다.)

이 역자 서문에서는 이 debate의 구체적 내용이 어떻게 제시되고, 진행되었는지는 서술하지 않겠다. 왜냐하면, 만약 그렇게 한다면 역자의 개인적 생각을 독자들에게 지나치게 강요하는 것이 되며, 따라서 이는 바람직하지 못하기 때문이다. 다만, 미리 말할 수 있는 것은 이 debate는 단순하지 않다는 것, 다소 복잡한 사고를 필요로 한다는 것, 그리고 대립적인 논쟁에만 몰입하기보다는 두 모델의 상생적인 접합점을 찾아보는 노력이었다는 것 등이다. 그리고 한 가지 더 분명한 것은 이 제2판은 제1판과 비교했을 때, 확실히 더 발전되고 확장된 모습을 보였는데, 그 배경에는 상담과 심리치료에 대한 수많은 연구물 즉, 논문들이 그 사이에 출판되었고 그 논문들을 기초로 한 수많은 메타분석 연구들이 수행되었다는 사실이 기반이 되어있다.

제2판의 마지막 장인 결론 부분에서 필자들은 향후 미래에 상담과 심리치료의 연구와 실무를 담당하는 학자와 실천가들이 알아야 할 것들을 명쾌하게 진술하고 있다. 그런데 그런 결론의 배경에는 그 앞에 존재했던 장들의 내용이 반드시 제시되어야 하였기 때문에, 독자들은 이 책을 "후루룩 재빨리 읽어 버릴 수 있는" 책이 아니고 "꼼꼼히 생각하면서, 동료와 논의해 가면서" 정독할 책이라는 것을 말해 주고 싶다.

2021년 12월
김 계현(역자 중의 1인)

역자 서문

1996년 5월경으로 기억된다. 위스콘신 대학의 매디슨 캠퍼스 education building 3층의 어느 한 연구실에서 작은 체구에 둥근 안경을 쓴 모범생 같은 인상을 주는, 여유롭고 인자한 모습의 한 교수님을 처음으로 뵈었다. 이분이 바로 이 책의 주 저자이기도 한 Bruce E. Wampold 선생님이었다. Wampold 선생님은 유학 중 어려운 상황에 있을 때, 기꺼이 지도교수님이 되어 주셨던 분이었다. Wampold 선생님은 서울대학교 명예교수이자 이 책의 대표역자인 김계현 선생님의 학위논문 지도교수님이기도 하다. 그리고 김계현 선생님은 나의 석사 학위논문 지도교수님이었다. Wampold 선생님을 만나게 된 것은 거의 전적으로 김계현 선생님의 도움 덕분이었다고 해도 과언이 아니다. 그래서 Wampold 선생님의 책 The Great Psychotherapy Debate(2판)를 김계현 선생님과 함께 번역하는 작업은 나에게 무척 의미가 깊은 일이다. 물론 다섯 명의 동료와 함께 한 작업이었다는 점에서도 의미 있는 일이다. 번역 작업을 하면서, 서로의 관점과 의견을 나누는 일은 서로 간의 유대감을 느끼며 지적으로 확장되는 경험이었다.

이 책은 Wampold 선생님이 상상력과 창의성을 가지고 수행한 구체적인 학문적 성과물이라고 생각된다. 이 책은 Frank & Frank(1992)의 저서 Persuasion and Healing에 제시된 기본 아이디어를 기반으로 한다. Wampold 선생님의 놀라운 점은 이 기본 아이디어를 기반으로 쟁점을 부각하고, 그 쟁점에 대한 답이 될 수 있는 증거가 어떤 성격의 것인지를 논리적으로 설정하였다는 것이다. 얼핏 아무 일도 아닌 듯, 누구나 할 수 있는 듯 보이지만, 논문을 작성하는 과정을 치열하게 경험해 본 사람이라면 이해할 것이다. 이런 작업이 얼마나 고통스러운 과정을 요하는지를! 우리는 이런 과정 끝에 나온 결과를 놓고 그 사람의 생각이 '창의적'이라고 한다. 기존의 아이디어와 기존의 경험적 연구 결과를 연결한 것에 불과하지만 이런 연결이 세상에 없던 것이었다는 점에서 그렇다.

이 책을 읽고 이해하는 것이 어려울 수 있다. 글이 어려워서가 아니다. 글은 오히려 분명하고 대단히 논리적이다. 그것보다는 상담과 관련한 한국과 미국의 제도가 다르다는 점, 그리고 논리적 추론의 근거를 이해하기 위해 연구방법에 대한 일정 수준 이상의 전문적 지식이 필요하다는 점 때문이다. 구체적으로 메타분석, 임상실험, 실험 설계와 이에 따른 통계적 분석 방법 등은 양적 연구방법에 익숙하지 않은 독자에게 벽으로 느껴질 수 있을 것이다. 이런 어려움을 극복하기 위해서는 도리 없이 연구방법을 어느 정도 공부해야 할 것이다.

여기에 한 가지를 더하면, 이 책에서 시사하는 바가 상담을 공부하는 우리의 기존 관념과는 다르기 때문이기도 할 것이다. 상담의 효과가 각각의 상담이론에서 말하는 것과 같은 경로로 일어나는 것이 아니라니! 그렇다면 왜 상담이론을 배우고, 수퍼비전을 받아가며 상담 기법을 배우는 것인가? 이런 의문은 역자도 가졌던 바 있다. 그러나 이후 학위논문 제출을 위한 자격시험을 준비하면서 여러 관련 논문과 Frank & Frank(1992)의 Persuasion and Healing을 읽으면서, 이런 관점의 중요성을 깨달을 수 있었다. 이 책에서 제시된 이슈를 처음 접하는 독자들도 비슷한 과정을 거쳐 이해에 도달하리라 생각한다. 거기까지 이르기 위해서는 인내심이 필요할 것이다. 어쩌면, 이런 문제에 대해 고민해 본 '해설자'가 필요할지도 모르겠다. 그것도 아니면, 이 책의 기본 아이디어를 제공해 준 Persuasion and Healing를 먼저 읽어 보는 것도 한 가지 방법이 될 듯하다.

2021년 12월

김 동민(역자 중의 1인)

차례

Chapter 01

의학의 역사, 방법, 그리고 심리치료

발전과 누락

어떤 분야의 최근 상황만을 검토하면 최신 경향에 대해서는 알 수 있지만, 다른 중요한 문제는 놓칠 수 있다. 종종 한 분야에 관해 많은 것을 알려 주는 것은 그 분야의 발전을 위한 노력 이면에 남겨진 것들이다. 맥락, 행위자, 그리고 관련 분야(특히 의학)에 의해 조형되는 심리치료도 예외가 아니다. 발전의 추구, 또는 보다 정확히 얘기해서 앞으로 나아가는 피할 수 없는 과정에는 지불해야 하는 대가(비용)가 있다. 그 대가 중 하나는 본질적인 것이 낡은 것으로 치부되어 버려지고, 외관에 불과한 것은 보전되는 것일 수 있다. 이 책에서는 심리치료 분야에서 이루어진 발전에 대해 비판적으로 검토할 것이다. 현재의 실무, 정책, 그리고 연구뿐 아니라 숨겨진, 잊혀진, 그리고 무시된 요인에도 주목할 것이다.

발전이 지식 축적의 결과라는 것은 순진한 생각이다. 이런 견해에 따르면, 증거가 혁신과 실무를 이끈다. 그러나 현대의 견해에 따르면, 사건이란 인간 행위의 결과이고, 인간 행위는 여러 요인들의 영향을 받는다. 증거는 이 중 하나에 불과하다. 나아가 증거라는 관념조차도 문제가 된다. 증거는 자료의 패턴에 대한 해석이기 때문이다. 해석은 인간의 인지적 작업으로 편파, 권력, 방법, 그리고 제약에 영향을 받는다. 사회과학은 특히 이런 점에 취약하다. 정확성이 높지 않고, 반복연구를 통한 검증이 드물며, 연구 주제가 문화, 정치, 재정 맥락 내에 있기 때문이다. 대부분의 경우, 심리치료는 정해진 길을 따라 진행되도록 압박하는 의료전달 체계 내에 존재한다. 현재의 심리치료는 이런 조건 속에 존재한다. 그러나 심리치료의 미래는 자신의 영향력을 가장 담대하게 행사하는 행위자들에 의해 결정될 것이다. 이 책의 논점은 주류의 견해와는 다르지만 주류 내에서 수집된 증거에 기반을 두고 있다. 그리고 이 책의 논점은 미래에 대한 한 가지 대안적인 방향을 제시한다. 우리가 담대해질 수 있다면, 이 방향은 현재 추구되고 있는 방향보다 내담자에게 이익이 될 더 큰 잠재력을 지니고 있다. 이 방향은 한때 포기된 적이 있었다. 그러나 이 책에서 "맥락 모델"이라는 이름으로 다시 새롭게 등장한다.

심리치료에 대한 맥락 견해를 지지하는 증거를 제시하기 전에 우리가 충분히 이해할 필요가 있는 몇 가지 역사적 귀결이 있다. 어떻게 우리는 여기에 도달하게 되었을까? 특정 방향으로 나아가기 위해 무엇을 누락시켰을까? 몇몇 서로 관련되는 이야기들 즉, 의학, 연구방법(특히 임상실험), 그리고 심리치료 이야기들이 검토될 필요가 있다. 물론 이 각각의 역사로 책 한 권을 채울 수 있다(실제, 각각에 관한 몇 권의 책들이 존재한다). 그러나 중요한 요소들을 살펴보는 데는 축약된 것으로도 충분하다.

1. 의학

의학은 서구 문화에서 지배적인 치유 방법이다. 의학은 과학 지식을 적용하여 병을 치료하고, 신체 고통을 감소시키며 생명을 연장시키려 한다. 현대 의학은 최근에 고안된 것이며, 여러 치유 방법의 전통으로부터 진화해 온 것이다. 그런데 의학은 이들 전통 대부분을 자신의 것이 아니라고 주장할 것이다.

1) 치료 방법으로서의 의학의 기원

치료는 현생 인류 초기에서부터 등장하며 인간을 규정짓는 본질적 속성으로 간주된다.

> William Osler(1932) 경에 따르면, 약을 먹고자 하는 욕구는 인류의 조상을 동시대의 다른 동물과 구분하는 하나의 특성이다. … 최초의 의사 또는 가장 초기의 약물에 관해 알려진 것은 없지만, 역사가들은 의사의 가장 초기 초상화가 B.C. 20,000년 경 크로마뇽인 시대에 제작되었을 것으로 추정한다(Haggard, 1934; Bromberg, 1954). 꼬리 잘린 뿔을 가지고 있고, 털이 많으며 동물처럼 보이기도 하는 그 모습은 큰 심리적 효과를 가지고 있었다. 그때 사용된 처치는 심리적 혹은 위약 효과를 위한 매개물이었을 뿐 그 자체의 효과는 없었을 것이다(Model, 1955).
>
> (Shapiro & Shapiro, 1997b, p.3)

역사적으로 의학, 의식, 그리고 치료사가 중심적 특성이 아니었던 문명을 찾는 것은 불가능하다(Shapiro & Shapiro, 1997b; Wilson, 1978). 사회가 진화해감에 따라 인간의 마음은 물리적, 정신적, 그리고 신체적 현상에 대한 설명을 만들어내는 경향을 갖게 되었다(Gardner, 1988). 구체적인 설명은 문화마다 달랐으며 시간의 흐름에 따라 진화하였다. 그러나 이런 설명을 활용하여 처치를 만들어 내고 적용하는 기술 즉, 치유의 관습은 문화와 시대에 걸쳐 지속되고 있다. 치유 방법의 속성은 어떤 문화를 기술할 때 큰 부분을 차지한다. 치유 방법과 그 밖의 문화적 관습이 서로 밀접히 얽혀 있기 때문이다. 피타고라스 학파에 따르면, 신체는 4개의 체액(즉, 혈액, 점액, 황담즙, 흑담즙)으로 구성되어 있고, 성격은 체액의 다양한 혼합으로 나타난다. 그리고 병이란 음식, 날씨, 기후에 영향을 받는 것으로 생각되었던 체액들이 균형을 이루지 못할 때 생긴다(Morris, 1997; Shapiro & Shapiro, 1997b; Wampold, 2001a). 아파치족 무당은 특별한 지위를 가진 영혼 또는 신성한 대상의 빙의로부터 얻은 힘(권한)을 가지고, 동물 가죽으로 된 옷과 마스크를 쓰고 춤, 드럼, 딸랑이, 기도, 그리고 노래로 구성된 의식을 행하여 악령을 보호 영(靈)으로 대치하고자 한다(Morris, 1997). 주역과 황제 내경에 기술된 바에 따르면 전통 중국의학은, 물, 불, 나무, 쇠, 그리고 흙이라는 5개의 요소와 음과 양의 조합을 상정한다. 그리고 병은 다섯 개의 맛, 다섯 유형의 곡물, 다섯 개의 향미(예를 들면, 간의 분해를 막기 위해 톡 쏘는 음식을, 간의 청소(담석 제거)를 위해 신 음식을 사용함)로 치료되며, 여기에 침술이 보조로 사용된다. 이런 처치는 2,500년 이상 동안 중국의학으로 지속되어 왔다(Shapiro & Shapiro, 1997b). 17세기 유럽의 약전(약과 약의 효과에 대한 의학적 설명이 함께 제시되어 있음)에는 Vigo's plaster(독사의 살과 살아있는 벌레 및 개구리를 반죽한 것), 여우의 폐, 변사한 사람의 머리뼈에 낀 이끼, 가스코니 파우더(위석, 호박, 진주, 게의 눈과 집게발, 산호), 인간의 오줌, 다양한 성적 기관들, 배설물, 인간 태반, 단식하고 있는 사람의 타액, 그리고 쥐며느리가 포함되어 있었다(Shapiro & Shapiro, 1997b).

고대의 의술 또는 토착 의술을 낭만적으로 묘사할 의도는 없다. 왜냐하면, 그런 치유 방법 대부분이 비효과적이고, 그중 어떤 것은 위험한 것이 분명하기 때문이다(Shapiro & Shapiro, 1997a, b). 히포크라테스는 채소와 과일을 배제한 식단을 처방했는데, 이는 비타민 결핍을 초래한다. 침술은 중국에서 몇 세기 동안 흔히 볼 수 있었던 치명적 질병인 혈청 황달을 야기하였다. 이로 인해 많은 중국인들이 사망하였다. 소독되지 않은 침 때문이었다. 사혈, 구토, 관장, 거머리로 피 빨기 등과 같은 탈수 절차는 "의학사에서 그 어떤 처치보다 많은 환자를 죽였다"(Shapiro & Shapiro, 1997a, p.18). 조지 워싱턴은 명백히 주치의에 의해 살해당했다. 그 주치의는 워싱턴의 편도 종양을 치료했는데, 이때 치료를 위해 사용한 여러 방법들은 열로 인해 자연적으로 발생하는 탈수를 가중시켰다. 그럼에도 불구하고, 효과적이든 비효과적이든, 각각의 문화는 병(illness)에 대한 설명을 개발하고 치료법을 발전시켰다. 각각의 설명과 그에 따른 치료법은 그 문화의 믿음 및 관습과 일치하였으며, 여러모로 그 사회의 특성을 정의하고 있었다.

서구의 과학적 의학의 기원이 고대 그리스로 거슬러 올라갈 수 있다 해도, 현대의 기준으로 보면 유럽과 미국의 치료법 대다수는 최소 19세기까지는 여전히 비효과적인 채로 남아있었다. 르네상스 시대에 위약(placebo)이라는 개념과 함께 등장한 유물론(materialism)과 특정성(specificity)이라는 서로 얽혀있는 개념 덕분에 현대 의학은 과학과 과학적 방법의 이점을 활용할 수 있게 되었다.

2) 현대 의학의 주요개념인 유물론, 특정성, 그리고 위약: 르네 데카르트, 벤자민 프랭클린, 그리고 루이 파스퇴르의 공헌

일반 철학 용어로서의 유물론은 물질을 실재의 유일한 토대로 간주한다. 그래서 현상을 다양한 물질의 상호작용 결과로 설명하려 한다. 의학에 적용하면, 유물론은 어떠한 몸의 상태(병을 포함하여)라도 물리적 기질(基質, substrate)을 가지고 있다고 암시한다. 유물론의 필연적 결과라 할 수 있는 특정성은 처치가 그 효과를 내는 방식을 지칭한다. 어떤 처치의 요소들이 병을 일으키는 신체의 생화학적 측면에 변화를 가져와서 그 병을 치료한다면 그 처치는 특정한 처치라고 할 수 있다. 일반적으로 의학에서 특정성은 질병을 일으킨 생화학적 과정에 변화를 가져올 수 있는지 여부에 달려 있다. 또한 희망, 기대, 그리고 조건화와 같은 요인들을 통해 마음이 만들어 내는 효과 이상으로 장애의 심각도 감소 또는 질병의 제거(즉, 치료)를 성취할 수 있는지 여부에 달려 있기도 하다. 철학으로서의 유물론은 고대 그리스 시대 이후 계속 존재해 왔다. 그러나 의학에서 특정성 확립을 위해서는 질병의 원인을 설명하기 위한 생리학과 해부학의 발달이 필요하였다. 그리고 처치 효과를 적절히 검증하기 위한 연구 설계와 통계 방법의 발달도 필요하였다.

벤자민 프랭클린과 루이 파스퇴르가 현대 의학에 공헌할 수 있기 전에 우선 한 가지 철학적 문제가 해결될 필요가 있었다. 인간의 역사 대부분에서 신체장애와 정신장애의 구분은 없었다. 신체장애는 몸과 관련한 것이고 정신장애는 마음과 관련한 것이라고 주장하는 데는 해부학과 생리학만으로 충분하지 않았다. 피타고라스학파의 체액 불균형은 신체장애와 정신장애를 설명하는 데 충분했다. 그러나 이런 추측에 대한 어떠한 확증도 없었고 반증도 없었다(물론, 경험적으로 가설을 반증한다는 생각은 아직 없었다. 그래서 단순히 생리학과 해부학에 대한 지식이 있고 없음의 문제가 아니었다). 의학이 장애의 물질적 기반을 찾으려 했다면, 그것은 신체장애 영역에서였을 것이다. 결과적으로 신체장애와 정신장애를 구분하지 않을 수 없었다. 17세기 초, 르네 데카르트가 정신과 신체를 구분하였다. 이런 구분은 의학의 발전을 위한 것은 아니었다. 왜냐하면 데카르트는 존재론적 의미에서 정신에 관심이 있었기 때문이었다. 그럼에도 불구하고 이런 구분은 생리학과 해부학을 경험과학의 영역으로 분류할 수 있게 하였다. 생리학과 해부학은 이제 관찰을 통해 탐구되는 학문이 되었다. 그리고 마음은 형이상학 영역에 머무르게 되었고, 어떤 의미에서는 심리학의 영역이 되었다. 참고로 얘기하자면, 물론 과거 수십 년 전부터 현재까지 정신과 신체의 상호작용에 대해 많은 관심이 존재해 왔다. 그리고 신경과학의 발전에 따라 정신이 몸과 구분된다는 관념은 사라지고 있다. 오히려 정신이란 뇌의 작용으로 나타나는 것이라는 관점이 부각되고 있다(Miller, 1996).

데카르트 맥락에서 유럽의 과학과 과학적 방법이 진화함에 따라 약전에 제시된 대부분의 약물이 효과적이지 않다는 것이 드러나게 되었다. 실제로, 매우 적은 수의 약물만이 특정 질병에 효과적인 것으로 나타났다(예 울혈성 심장병에 디기탈리스, 말라리아에 기나 나무껍질)(Shapiro & Shapiro, 1997b). 1785년에 위약이라는 용어가 의학 용어목록에 들어왔다. 이 용어는 생화학적으로는 효과가 없지만 치료받고 싶은 환자의 소망을 만족시키는 처치를 지칭하게 되었다(Shapiro & Shapiro, 1997b). Walach(2003)에 따르면, 이 용어는 라틴어 찬송 시 “Placebo Domino in regione vivorum”(“나는 이승에서 주를 기쁘게 하리라”)에서 유래한 것이다. 이 찬송 시는 중세 때 임종 직전 기도문으로 사용되었는데, 기도에 참여한 사람들에게 종종 대가가 지불되었기 때문에 placebo라는 용어는 “거의 기만적으로 진짜를 대치함”의 의미를 지니게 되었다(Walach, 2003, p.178). 이후의 논의에서 분명해질 것이지만, 위약과 그 효과는 의학과 심리학의 여러 논란에 깊이 관련되어 있다. 이 책에서는 위약 효과에 대한 이해가 심리치료에 대한 이해에 필수적이라고 본다. 아무튼, 위약이라는 용어는 그 기원부터 부정적인 의미를 가지고 있다. 단순히 환자를 기쁘게 하려고 약물을 투여하는 것은 혐오스러운 일이 되었다. 그리고 다음에 제시될 Franz Anton Mesmer의 경우처럼, “위약”이 치료적이라는 주장은 사기로 명명될 위험이 있었다.

위약이란 관념이 등장했던 그때, 파리에서 활동한 의사였던 Mesmer는 수익성이 좋은 의학적 치료법을 가지고 있었다. 이 치료법은 파리의 엘리트들 사이에서 매우 인기가 있었지만 동시에 논란이 되기도 했다. Mesmer(1766/1980)는 자신의 논문에서 어떤 병은 눈에 보이지 않는 우주적 힘(universal fluid)의 정상적인 흐름이 막혀서 발생한다고 주장하였다. 그는 이런 힘을 동물 자기(animal magnetism)라고 불렀다. 그는 의사가 이렇게 막혀 있는 것을 뚫어 줌으로써 건강을 회복시킬 수 있다고 주장하였다. 추가적인 "연구" 후, Mesmer는 동물 자기를 활용하여 대상을 "자기화"시킬 수 있으며, 이것이 환자를 치료하는데 사용될 수 있다는 것을 발견하였다(Buranelli, 1975; Gallo & Finger, 2000; Gauld, 1992; Pattie, 1994). 이 치료법의 성공은 널리 알려졌으며, 19세기에 큰 인기를 끌게 되었다.

이미 몇몇 논란에 휘말려 있었던 Mesmer는 심도 있는 검증을 통과해야 했다. 비과학적인 절차를 인정하지 않기를 원했던 의학계에서는 Mesmer의 치료가 불편했다. 이런 상황에 대한 반응으로 당시의 프랑스 왕 루이 16세는 벤자민 프랭클린을 책임자로 하는 왕립위원회를 설치하고 Mesmer의 방법을 조사하게 하였다(Gould, 1991). 이 위원회에서 설계한 실험 중 몇몇은 환자들을 두 집단으로 나누고, 한 집단에서는 환자들을 "자기화된" 대상에 접촉하게 하고, 다른 집단에서는 환자들을 "자기화된" 대상이라고 믿는 대상과 접촉하게 하는 것이었다(즉, 현대의 용어로 얘기하자면, 위약). 환자들은 자신이 자기화된 대상과 접촉하는지 여부를 알 수 없도록 하였다. 이는 연구에서 맹검 조건(여기서는 단일 맹검, single blind)이 설정된 최초의 경우 중 하나라고 할 수 있다. 이 설계를 활용한 실험의 결과는 두 집단에서 산출된 치료 효과에 차이가 없다는 것이었다. 이를 통해 왕립위원회는 Mesmer 치료의 효과가 처치의 특정(treatment-specific) 성분을 통해 발생하는 것이 아니라는 점을 보여 줄 수 있었다.

저명한 자연사학자 Stephen Jay Gould(1989)는 Mesmer의 주장을 검증하여 거부한 것을 과학적 방법을 사용해서 유사과학과 엉터리를 드러낸 가장 초기의 대표적 사례로 꼽았다. 그러나 Mesmer 사례에서 두 가지 점은 지적되어야 한다. 첫째, 왕립위원회에서도 인정했듯이 Mesmer의 치료는 효과적이었다. 즉, 환자에게 이득이 된다는 것이 관찰되었다. 둘째, 병과 치료에 대한 Mesmer의 이론은 당시 가장 과학적인 이론 즉, 아이작 뉴턴이 제안한 이론에 기반을 두고 있었다. 뉴턴은 불과 100년 전에 초자연적인 주술에 대한 매료를 뒤로하고 역학의 기원 및 수학의 발전으로 나아간 인물이었다(Glecick, 2003). 결론적으로 Mesmer는 처치의 효과 또는 이론적 설득력 때문이 아니라 치료의 기제가 의심스럽다는 관찰 때문에 거부되었다. 바로 이것이 정신건강 관련 치료(심리치료든 약물치료든)가 충족시키기 어려운 기준이다. 이에 대해서는 앞으로 살펴볼 것이다. 물론, Mesmer의 치료법이 사기로 드러난 것은 의료 직업을 전문직으로 발전시킨 현저한 사건이었다.

현대 의학의 발달에서 세 번째 기념비적 인물은 세균이론의 아버지라 불리는 루이 파스퇴르이다(세균이론의 아버지 문제는 논란의 여지가 있다. Rober Koch를 세균이론의 아버지라고 해야 할지 모른다). 파스퇴르는 추측에 대한 어느 정도의 증거가 수집될 때까지 이론과 실험을 적절히 혼용하는 법을 보여 주었다. 철학자인 Ernest Renan은 이를 "자연을 심문하는" 방법이라고 하였다. 여러 영역에 걸친 발견들을 하나의 주제로 특징지을 수 있다면, 그의 주제는 너무 작아서 직접 관찰할 수 없는 존재의 실체와 그 특성에 관한 추론이었다. 발효가 살아있는 미생물에 의해 일어난다는 점을 그가 어떻게 알게 되었는지에 관한 이야기는 인식론적 및 존재론적 공헌 간의 상호작용에 관한 중요한 일화를 제공한다(Latour, 1999).

연금술의 흔적을 지우고 독보적인 과학 분야로 인정받은 1890년대 화학은 생물학적 과정을 포함한 대부분의 자연현상을 화학적으로 설명하고자 했다. 그 당시의 정설은 발효란 촉진적이지만 눈에 보이지 않는(물질의 성분들을 하나로 묶고 있는 평형 상태를 붕괴시키는－역자 주) 저해(즉, 촉매)의 작용으로 당이 알코올로 변하는 것이었다. 이런 저해 작용은 한 발효 용액으로부터 다른 용액으로 전이될 수 있다는 것이다. 그러나 그런 과정은 언제나 일어나지는 않았으며, 따라서 알코올 제조자들에게 그런 화학적 설명은 실용적 가치가 거의 없었다. 파스퇴르는 유기물질에 관한 이전의 연구와 예리한 관찰, 그리고 체계적인 실험에 기반하여, 발효가 어떤 과정의 결과로 저절로 일어나는 것이 아니라 살아있는 미생물이 작용하여 일어난다는 가설을 세웠다. 이런 발견은 질병에 대한 최초의 세균이론을 구성했던 여러 결론들로 이어졌다. 여기에는 미생물이 질병의 원인이 된다는 추측도 포함된다. 이처럼 이론과 실험을 짝짓는 관행은 감염된 유기체로부터 백신 제조, 의료 환경 소독, 그리고 열에 의한 음식 살균과 같이 의학 실무에 이득을 가져왔다.

파스퇴르 사례의 두 가지 측면이 매우 중요하다. 한 측면은 과학철학에 대한 함의가 매우 명확하지만, 다른 측면은 미묘하다. 유물론은 의학에 적용되면 병에 대한 물리적 설명을 요구한다. 이런 면에서 세균이론은 "의사들이 주문했던" 바로 그것이었다. 병은 치료되거나 예방될 수 있었고, 배후의 기제도 검증될 수 있는 방식으로 설명되었다. 파스퇴르 이전에 가설적인 기제가 없었던 것은 아니었다. 파스퇴르 설명의 위상을 변화시킨 것은 미생물이 병을 일으키는 방식에 대한 아름답게 구안된 그의 시범과 그 결과에 따라온 발전이었다.

오늘날의 관점에서 보면, 병의 존재론적 속성에 관해서는 파스퇴르의 발효 연구로 분명히 진전이 있었으며, 자발적인 생성이라는 생각은 틀린 것으로 판명되었다(Latour, 1994를 보라). 이런 사실은 파스퇴르와 관련한 두 번째 측면과 관련을 갖는다. 1864년 인식론적 논쟁은 이제 막 시작되고 있었다. 그 시기에는 발효란 화학적 분해라고 설명되었다. 관찰된 미생물은 발효의 원인이 아니라 발효의 결과로 여겨졌다. 마치 현재의 우리가 Mesmer를 터무니없다고 생각하듯이, 발효에 관한 미생물 설명을 옹호하는 사람들을 터무니없는 사람으로 취급했다. 유기체는 처음부터 거기 있었던 것이지 발효가 일어나면서 있게 된 것은 아니다. 1860년대, 발효를 촉진했던 저해와 발효를 일으킨 미생물은 둘 다 눈으로는 관찰될 수 없는 것이었다. 파스퇴르는 기발한 실험설계로 유기체가 스스로를 드러낼 수 있게 했으며, 이론을 구성하여 실험 결과에 타당성을 제공했다. 뿐만 아니라 논문이나 발표를 통해 자신의 설명이 갖는 장점을 확신시켰다. 이 또한 전자만큼 어려운 일이다. 어떤 의미에서 파스퇴르와 미생물은 공모했다. 어느 하나만으로는 병에 관한 세균 설명을 낳을 수 없었을 것이다(Latour, 1999).

한 분야에서 특히, 사회과학에서 어떤 것이 지식이 되는지는 연구를 수행하고, 이론을 만들며, 학문 공동체에 영향을 미치는 사람들에 달려 있다. 이 책에서 주장하는 것처럼 어느 특정 시점에서 지식은 그 토대가 미약하다. 즉, 심리치료의 속성은 우리의 탐구질문에 반응하여 스스로를 드러낸다. 그리고 그런 탐구질문의 속성에 따라 우리가 지식으로 받아들이는 것의 모습이 달라진다. 연구자로서, 임상가로서, 그리고 정책입안자로서 우리는 지식이라 불리는 것에 영향을 미친다. 데카르트, 프랭클린, 그리고 파스퇴르는 19세기의 결정적 시기에 살았던 사람들과 함께 현대 의학 모델을 형성하기 위해 반드시 필요했던 요소들을 개발하는 데 핵심적 역할을 하였다.

3) 의학 모델

유물론과 특정성에 의해 뒷받침되고 해부학, 생리학, 미생물학, 그리고 생물학의 기타 하위영역들 내에 존재하는 의학 모델은 이 책의 목적상 다섯 개의 요소로 구성되어 있다.

질환(Illness) 또는 질병(Disease)

첫 구성요소는 질환 또는 질병이다. 환자는 의사에게 징후 및 증상을 보고한다. 이런 징후 및 증상 보고는 경과, 진찰, 그리고 검사와 함께 첫째, 환자의 상태가 비정상인지를 결정하고(즉, 정상적인 인간의 생물학적 기능으로부터 벗어나 있는지), 둘째, 비정상성이 존재한다면 진단명이 부여된다. 어떤 개입은 병을 예방하도록 설계된다(예 백신). 이런 예방개입도 일반적으로 의학 모델에 부합한다.

생물학적 설명

의학의 유물론적 입장으로부터 유래한 두 번째 요소는 질환 또는 장애에 생물학적 설명이 존재한다는 것이다. 예를 들어, 인플루엔자는 바이러스가 그 원인인데, 바이러스는 인간의 코, 목, 그리고 폐 세포에 침입해서 복제와 변이를 한다. 물론, 이런 설명은 과학이 그 과정을 조명하면서 점차 더 정교해져 간다. 위궤양은 애초 스트레스나 매운 음식에 기인한 위산과다가 그 원인으로 설명되었다. 그러나 이후 박테리아의 일종인 헬리코박터 파일로리균의 존재가 그 원인으로 설명되고 있다. 이처럼 기존의 설명이 오류로 판명되어, 더 나은 대안적 설명으로 대치되는 일은 종종 발생한다. 물론, 의학의 유물론적 입장은 설명이 생물학적이어야 한다는 것이다. 즉, 생리학 및 해부학과 관련한 어떤 것이어야 한다는 것이다.

변화의 기제

의학 모델에서 치료는 질환을 일으키는 생물학적 체제에서 일어나야 한다. 의학 모델의 세 번째 요소는 이런 체제의 특정 측면을 변화시키는 것이 어떻게 질병을 제거하거나 병의 심각성 또는 지속시간을 감소시키는지에 관한 추측(conjecture)이다. 위궤양의 원인이 스트레스나 음식에 기인한 위산 과다라고 생각되었을 때, 변화의 기제는 위산을 중성화시키고 식습관을 바꾸는 것이었다. 그러나 헬리코박터 파일로리균 감염이 확인된다면, 변화의 기제는 항생제로 그 박테리아 수를 감소시키는 것이 된다.

치료 절차

원인에 대한 설명과 변화의 기제는 논리적으로 처치의 설계로 이어진다. 여기에는 약물의 투여 또는 절차의 실행(예 수술)과 같은 치료 절차가 포함된다. 스트레스로 인한 위산과다(설명)와 산성을 줄이려는 목표(변화 기제)를 달성하려면 산을 중성화시키는 것으로 알려진 약물(즉, 탄산칼슘을 함유한 제산제와 같은 알칼리성 약물) 투여가 필요할 것이다. 그러나 헬리코박터 파일로리균 감염이 확인되면, 치료 성분은 항생제가 될 것이다. 의학적 처치는 일반적으로 치료 절차가 질환, 질병, 또는 장애에 대한 설명 및 변화 기제와 일관될 것을 요구한다.

특정성

동물 자기에 토대를 둔 Mesmer의 처치는 앞에서 언급한 의학모델의 네 요소와 부합한다. 즉, 환자가 병의 징후와 증상을 호소하고, 장애에 대한 생물학적 설명이 있으며, 가설적인 변화 기제가 존재하고, 그에 따른 특정한 치료절차가 뒤따른다. 그러나 Mesmer의 처치는 특정성 검증을 통과하지 못하였다. 앞서 논의했듯이, 의학 맥락에서 특정성이란 처치의 구성요소들이 병을 일으키는 신체의 생화학적 측면을 변화시킴으로써 치료적이어야 한다는 것을 의미한다. 위궤양 치료를 위한 항생제는 희망, 기대, 또는 조건화 등과 같은 경로가 아니라 박테리아를 죽여서 작용하는 정도만큼 특정적이다. Mesmer의 치료는 특정적이지 않다. 왜냐하면 동물 자기가 치료 효과의 원인이 아니라는 것이 밝혀졌기 때문이다.

의학에서 특정성은 두 가지 중요한 방식으로 확립된다. 첫째, 처치가 위약 처치보다 더 효과적이라는 것을 보일 수 있다. 이를 통해 처치 맥락과 관련된 부차적인 원인의 가능성을 배제한다. 예를 들어, 적절한 통제집단을 이용하여 어떤 약물이 위약보다 더 효과적이라는 결과를 얻었다고 하자. 이때 환자가 그 약을 효과적이라고 기대하거나 약물 일반에 대해 반응하도록 조건화되었다는 것은 그 결과의 원인이 될 수 없을 것이다(Hentschel, Brandstatter, Dragosics, Hirsch, Nemec, et al., 1993). 다음 절에서는 무선할당 위약 통제집단과 설계의 논리를 검토할 것이다.

특정성을 확립하는 두 번째 방법은 의학적 처치가 의도된 기제를 통해 작동한다는 것을 확정하는 것이다. 항생제를 투여하면, 먼저 헬리코박터 파일로리 균이 감소하고, 이에 따라 궤양이 치료된다. 결국, 이는 원인에 대한 설명과 변화의 기제에 대한 지지가 되고, 나아가 특정성에 대한 지지가 된다. 즉, 항생제는 의도된 기제를 통해 작동한다(Hentschel et al., 1993을 보라). 실제 파스퇴르의 많은 연구는 설명, 기제, 그리고 특정성에 초점을 두고 있다. 질병의 기제에 대한 연구와 처치가 관련 생물학 체계에 미치는 영향에 대한 연구는 처치의 효과성(efficacy)을 확립하기 위한 임상실험 이전에 이루어진다. 그러나 어떤 약물이 효과적이라고 알려져 있지만 그 이유는 모르는 경우가 있다. 아세틸살리실산(일반적으로 아스피린으로 알려져 있음)은 생물학적 기제가 이해되기 전부터 진통제, 항염제, 그리고 해열제로 사용되었다.

의학 모델을 심리치료에 적용하는 데는 많은 논란이 있을 수 있다. 여러 면에서 이 책의 주제는 바로 이런 논란에 관한 것이다. 곧 살펴보겠지만, 정신 장애에 대한 한 가지 처치방법으로서 심리치료는 의학의 발달과 밀접히 관련되어 있다. 물론, 의학이 지배적인 세력이고 심리치료는 그 하위에 있다.

4) 증거 기반 의학

의학 모델의 발달과 "현대 의학"의 대두는 반론의 여지없이 건강에 있어서 긍정적인 결과(여러 질병의 치료와 예방을 포함한)를 가져왔다. 더 정확히 말해서, 천연두는 근절되었고, 소아마비는 백신으로 예방되며, 수술 후 감염으로 인한 사망은 드물고, 항생제는 대부분의 박테리아 감염을 치료할 수 있다. 그럼에도 불구하고, 의학의 존재론적 토대인 유물론과 특정성, 그리고 돌팔이를 감별하는 과정에서 이루어진 발전과 실험실 미생물학의 탄생은 환자를 위한 최적의 성과를 낳는 처치로 이어지지 못했다. Mesmer의 처치가 검증 대상이 된 이후 125년간, 그리고 파스퇴르가 자발적 생성의 정체를 폭로하고 질병의 세균이론을 확립한 지 50년도 더 지나는 동안에도 의학은 많은 "원시적" 절차를 고수했다. 1차 세계대전과 1918년의 독감 대유행 전, 미국의 전형적인 의과 대학은 일반적인 대학(단과대학 또는 종합대학)에 소속되지 못했고, 학생들의 학비에서 급여를 받는 시간제 교수진에 의해 운영되었다. 또한 대학 재학 경험은 커녕 어떤 과학 과목도 수강해보지 못한 학생들로 넘쳐났다. 학생들이 환자를 진찰하거나 치료해보지 않으며 실험실 장비를 사용해보는 것도 매우 드문 교육과정을 운영하였다(Barry, 2004). 1910년에 발간된 Flexner 보고서가 미국과 캐나다의 의학 교육을 변화시켰다. 비교적 짧은 기간 내에 의학 교육은 엄격해졌고 경쟁력을 갖추게 되었으며, 과학적이 되었다. 그럼에도 불구하고, 많은 의약품과 절차의 효과성에 대해서는 별로 알려진 것이 없었다. 1950년대가 되어서야 무선할당 위약 통제집단 설계가 개발되었으며, 1980년이 되어서야 식품의약국(Food and Drug Administration; FDA)이 약물 승인을 위해 이런 설계의 활용을 요구하게 되었다. 이에 대해서는 다음 절에서 논의할 것이다.

의학이 축적된 증거를 어떻게 무시했는지를 보여주는 수많은 기록이 존재한다. 급성 심근경색을 치료하는 처치 중 하나인 스트렙토키나제(혈전을 녹이는 효소의 일종)의 경우를 예로 들 수 있다(Hunt, 1997). 스트렙토키나제에 대한 임상실험은 1959년에 시작되었다. 그러나 표본의 크기가 작았기 때문에 이런 임상실험의 결과로 명확한 결론을 내리지 못하였다. 즉, 몇몇 연구에서는 위약 통제 집단보다 유의하게 더 나은 결과가 나타났지만, 다른 연구에서는 그런 결과가 나타나지 않았다. 그러나 1969년 임상실험 결과들을 메타분석했을 때, 비로소 이 치료법이 효과적이라고 결론 내릴 수 있는 충분한 증거가 나타났다. 의학 실무로 이어질 수 있는 결론을 내리기 위한 한 방법으로 메타분석 방법을 옹호했던 Ian Chalmers는 다음과 같은 관찰을 하였다.

> 스트렙토키나제가 고전적 예이다. 메타분석 결과, 이 약이 통계적으로 유의하게 사망률을 낮춘다는 것이 명백해졌다. 그러나 지배적인 영향력을 행사하는 심장병 전문가와 교과서 저자들은 1980년대가 되어서야 이 약을 추천하기 시작했다. 그조차도 조금씩 말이다.
>
> (출처: Hunt, 1997, p.87)

이런 증거가 설득력을 가졌던 시점에서 1987년 FDA의 승인 후 표준적인 치료로 인정받은 시점까지 스트렙토키나제를 투여받지 못해서 수많은 환자들이 사망했을 것으로 추정되고 있다.

스트렙토키나제의 경우는 연구를 통해 산출된 증거가 실무로 이어지도록 하는 운동이 시작되게 한 많은 예들 중 하나이다. 증거 기반 의학이라 불리는 이 운동은 영국과 캐나다에서 시작되었으며, 증거에 대한 체계적이고 분석적인 리뷰를 강조한다. 그리고 임상가가 이런 증거를 사용해야 함을 강조한다. 2001년 미국 의학연구소는 Sackett, Straus, Richardson, Rosenberg, 그리고 Haynes(2000)의 의견과 거의 일치하는 다음과 같은 정의를 채택했다. “증거기반 실무는 최선의 연구결과를 임상 전문성 및 환자의 가치와 통합하는 것이다”(p.147). 이 정의는 세 개의 다리를 갖고 있는 스툴로 기술된다. 증거의 사용(첫 번째 다리)이 임상가의 전문성(두 번째 다리)과 환자의 특성 및 맥락(세 번째 다리)과 균형을 이루어야 한다는 의미이다. 그럼에도 불구하고 증거기반 의학에 관한 영향력 있는 책 Evidence-Based Medicine: How to Practice and Teach EBM(Sackett et al., 2000)을 검토해 보면, 그 초점이 진단 검사의 질 및 처치 효과와 관련한 증거에 있다는 것이 드러난다.

현대 의학이 진화할 수 있었던 것은 특정성을 확립할 수 있게 했던 방법, 특히 무선할당 이중맹검 위약 통제집단 설계의 개발 때문이었다. 이제 우리의 논의는 이 설계의 역사로 향한다.

2. “황금 기준”으로서의 무선설계

의학에서 무선설계는 활성성분에 기인한 효과를 약물이나 시술을 시행한 사람과의 관계, 기대, 희망과 같은 “마음”에서 비롯된 효과와 구분하는 데 필요했다. FDA가 약물을 승인하는 “황금 기준”인 무선할당 이중맹검 위약 통제집단 설계는 비교적 최근에 고안된 것이다. 이 설계의 개발 역사는 의학뿐 아니라 심리치료의 현재 상태를 이해하는 데 꼭 필요하며, 누락된 치료 과정의 중요한 측면들을 드러내 줄 것이다.

1) 무선화와 비교 설계의 발달

Danziger(1990)에 따르면, 세 개의 줄기가 서로 얽혀서 통제집단 설계라는 아이디어가 개발되었다. 첫 번째 줄기는 Wilhelm Wundt에서 유래한 것인데, 그는 심리학에서 실험이라는 전통을 확립하였다. Wundt의 실험실에서 그와 그의 제자들은 관찰자였다. 그들은 물리학자가 안개상자 안에 나타난 입자의 흔적을 해석하는 것과 같은 방식으로 마음의 제측면에 대해 보고하고 해석할 수 있는 훈련된 과학자들이라고 스스로를 규정했다. Wundt와 그의 제자들은 실험 프로토콜을 설계하고 다양한 자극을 조작해서 그 효과를 기록했다. 이때 효과는 내적 지각(즉, 일종의 내성법)에 대한 보고에 토대를 두고 있었다. 자극/반응의 근접성은 그 당시 실험생리학의 지배적인 모델이었다.

Wundt 실험실의 관찰자들이 보고한 반응들은 전형적으로 "물리적 자극의 크기, 강도, 지속시간에 대한 판단이었으며, 때로는 자극들의 동시성과 연속성에 대한 판단이 추가되기도 하였다"(Danziger, 1990. p.35). 이런 반응들은 주로 감각과 지각에 관한 일반적인 법칙을 도출하는 데 활용되었다.

Wundt가 실험실 실험을 수행하던 즈음, 프랑스에서는 일반인들을 다양한 조건에 배치시킨다(subjecting)는 관념이 최면에 대한 실험연구들에서 활용되기 시작했다. 이것이 두 번째 줄기이다. 이 연구들은 Wundt의 연구와 여러 면에서 달랐다. 프랑스에서 과학자들은 실험자였으며 환자들은 대상이었다. 과학자가 실험의 대상이 되고 또 동시에 관찰자(그리고 연구 보고서의 저자)가 되는 Wundt 전통과는 명확히 다르다. 즉, 프랑스에서는 실험자(관찰자) 역할과 대상의 역할이 분리되어 있었다. 이와 같은 변화로 인해 내적 상태를 보고할 수 없는(예 어린이들) 또는 보고내용이 의심스러운(예 정신병을 가진 사람) 부류의 대상자에 대한 관찰이 가능하게 되었다. 프랑스 의학에 깊이 배어 있던 이 패러다임이 임상 연구로 진화해가는 것은 불가피했다. 임상 연구에서는 "건강한 대상"과 비정상적인 대상을 비교하여 두 부류 사이의 본질적 차이를 발견하려 한다(Danziger, 1990). 이 실험에서 실험자 즉, 의사는 환자와 전문적인 관계를 맺는다. 여기서, 프랑스 의사들의 실험 이전에도 다양한 표본을 비교한 경우가 산발적으로 존재했으나(예 18세기 James Lind의 괴혈병 실험), 참여자를 처치조건들에 배치한다(subjecting)는 아이디어는 프랑스 전통에서 나왔다는 점에 주의할 필요가 있다.

세 번째 줄기는 관찰자나 대상이 아니라 "지원자"와 관련이 있다. 애초에 이 "지원자"들은 비정상적인 사람들이 아니었다. 영국에서 지원자들은 돈을 내고 Francis

Galton에게 자신의 정신능력을 검사받은 사람들이었다. 이들 중 많은 사람들은 특히 1884년 런던에서 열렸던 국제건강박람회에서 검사를 받은 사람들이었다. 이 시기에는 골상학이 정신 능력을 평가하는 수단으로 널리 받아들여지고 있었다. 그리고 다른 사람에 비해 자신이 어디쯤 위치하는지에 많은 관심이 있었다. 이런 비교를 위해 Galton 및 Karl Pearson과 같은 영국 사회통계학자들은 정신 능력을 양화하고 이를 점수의 분포에 위치시킬 필요가 있었는데, 이때 중요한 것은 점수가 평균으로부터 벗어나 있는 정도였다(Danziger, 1990; Desrosières, 1998). 이 접근에서 연구자와 대상 간의 관련은 최소화되었다. 즉, "Galton의 접근을 따르는 연구자들에게 개별 대상은 궁극적으로 '한 개의 통계치'에 불과하였다"(Danziger, 1990, p.58). 영국의 통계적 접근은 관찰할 수 없는 특성(이 경우, 정신 능력)의 측정과 무선할당 통제집단 설계에서 관찰치 분석을 위해 필요한 핵심요소라 할 수 있는 '특성의 통계적 분포'라는 개념에 기여하였다. 이런 기여는 정상 또는 평균이상의 정신 능력을 가진 사람들에서 시작해서 논리적으로 정신적 결함이 있는 사람들 부류(즉, 정상 또는 평균이상이 아닌 사람들)로 이어지는 맥락에서 만들어졌다. 불행히도 이런 점은 또한 "유전적 가치"의 측정으로 이어졌다. 이후 Charles Darwin(Galton의 사촌)의 진화론 원리가 더해져 우생학이 출현하게 되었다(Desrosières, 1998을 보라).

Wundt는 심리학에 실험 방법을 도입하여 일반 법칙을 추출하고자 하였다. 프랑스 연구자들은 실험자가 연구참여자들을 다양한 조건에 배치하여 정상인과 비정상인을 비교하는 설계를 고안하였다. 영국 사회통계학자들은 평균으로부터의 이탈과 관련한 통계이론을 제공하였다. 이 모든 것들은 의학과 심리치료에서 임상실험의 핵심 요소들이었다. 그러나 이 모든 것들의 조합에 빠진 한 가지 요소가 있는데, 바로 무선할당이다. 이 요소는 부분적으로 다양한 소비자 집단에게 실용적 지식을 제공하려는 목적에서 출현하게 되었다. 심리학자들은 교육 장면을 자신들이 가진 기본적인 방법의 유용성을 보여줄 수 있는 적절한 맥락으로 여겼다. 1920년대 초기, 처치집단 방법론은 미국 학교 장학관들에게 '통제 실험'이란 이름으로 판매되었으며, 다양한 행정적 조치들의 '효율성'을 비교하는 데 필요한 핵심 요소로 간주되었다(Danziger, 1990, p.114). 그 직후 McCall(1923)이 "How to Experiment in Education"이라는 책을 발간하였는데, 이 책에서 교육에서 활용할 수 있는 통제집단 실험법이 소개되었고 무선할당이라는 개념이 논의되었다. 거의 같은 시기, Ronald Fisher는 농업연구소에서 일을 하게 되었다. 여기서 그는 작물 수확량을 비교하기 위해 분산분석 방법 및 다양한 절차들을 개발하였다(Gehan & Lemak, 1994). 무선할당 실험 설계와 이런 설계들에서 도출된 자료 분석

방법에 관한 Fisher의 업적은 확실히 놀라운 것이었다. 의학, 심리학, 그리고 교육 분야에서 임상실험을 위해 활용되는 모든 설계 및 분석 방법은 Fisher가 개발한 방법들에 토대를 두고 있거나(Danziger, 1990; Shapiro & Shapiro, 1997b), 그의 연구에서 도출된 것이라 해도 과언이 아니다. 1935년 출간된 Fisher의 책 'The Design of Experiments'는 다양한 약물의 효과성을 보여주기를 열망했던 의학 연구자들에게 특히 유용하였다. 그러나 여전히 '위약 통제'라는 추가적인 요소가 필요했다(Gehan & Lemak, 1994).

2) 잡음변인의 효과를 통제하기 위한 위약 통제의 도입

현대 의학의 목표는 의학적 처치의 효과가 약물의 생화학적 속성에 기인한 것이지 환자의 기대, 희망, 또는 다른 심리적 과정 때문이 아니라는 점을 확립하는 것이었다. 즉 약물에 포함된 의도된 활성 성분의 특정성을 확립하는 것이었다. 이런 심리적 요인들로 인해 발생하는 위협요인을 배제하기 위해, 1930년대 미국과 영국에서는 이중맹검 위약 연구법을 활용했다. 그러나 이 방법은 뿌리를 내리지 못하였다. 위약이라는 용어가 부정적 의미를 함의하고 있었기 때문이었다(Gehan & Lemak, 1994; Shapiro & Shapiro, 1997a, b). 그러나 점차적으로 무선할당 이중맹검 위약 설계를 수용하는 경우가 확대되어 갔다. Harry Gold는 약사이자 미국에서 위약통제 집단의 개발에 기여한 사람들 중 한 명이었다. Harry Gold는 1940년대 말과 1950년대 초에 이 주제로 Cornell 대학에서 개최한 몇몇 컨퍼런스에 참석하였다. 나중에 그는 신생 임상약학 분야의 첫 교수가 되었다. Shapiro와 Shapiro(1997b)는 다음과 같은 점에 주목하였다.

> Gold는 "약리적 효능을 제외하면 구별하는 것이 불가능한 제재를 구분하기 위해 효능이 있는 것으로 기대되는 성분을 포함한 약물과 그런 성분이 없는 약물을 비교하는" 전략을 옹호하였다. 또한 그는 "결과가 분석되기 전까지는 환자도 의사도 두 제재의 정체를 알지 못하게 하는 [추천된] 이중맹검 절차"를 옹호하였다. "이 절차는 잠재의식적인 편파의 영향을 피하기 위해서는 필수불가결한 것이다"(Gold, 1954, p.724). Gold의 이 진술로 새로운 약물의 효과를 신뢰롭게 그리고 타당하게 평가할 수 있는 방법들에 대한 20년간의 개척자적인 연구가 절정에 이르렀다.
>
> (p.148)

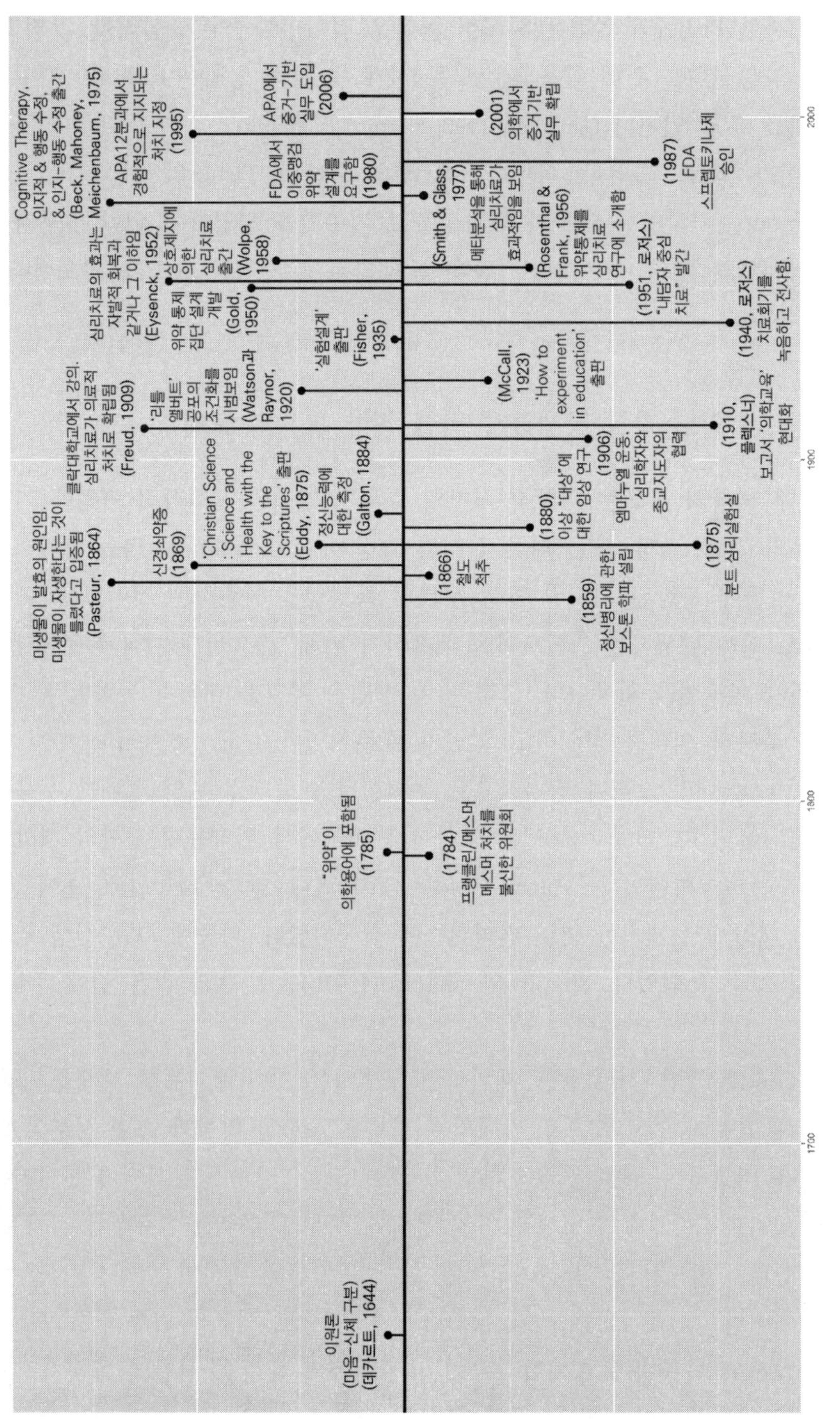

▌그림 1.1▐ 심리치료 분야에서 일어난 주요 사건들의 타임라인

1980년 FDA는 약물 효과에 대한 증거는 무선할당 이중맹검 위약 실험을 통해 얻어져야 한다고 명시하였다. 역사적으로 보면, 이는 비교적 최근의 발전이다(<그림 1.1>을 보라).

무선할당 이중맹검 위약 통제집단 설계의 방법론적, 개념적 중요성을 저평가하지는 말아야 한다. 약물이 신체에 특정하게 영향을 미친다는 것을 보여주기 위해 심리적 영향을 배제하는 설계를 제도적으로 정착시키기까지는 데카르트의 심신이원론 이래 300년 이상 걸렸으며, Mesmer가 특정성을 이유로 불신임된 이래 거의 200년이 소요되었다(<그림 1.1>을 보라).

실험 설계의 역사에 대한 짧은 설명을 마치기 전에 무선할당 이중맹검 위약 통제집단 설계에 두 가지의 핵심적 특성이 있다는 점을 반복해서 얘기하고자 한다. 첫째, 심리적 요인을 통제하기 위해 제시되는 위약은 모든 측면에서 진짜 처치와 구별될 수 없어야 한다. 약물 시험을 위해 제약회사는 맛, 형태, 색깔, 형식에서 의도한 유효성분이 포함된 약물과 동일한 위약을 제조한다. 이후의 장에서 논의될 것이지만, 한 가지 문제점은 연구대상은 자신이 어느 조건에 할당되었는지 추측하려 하고, 이를 위해 가능한 어떤 단서(예 부작용의 있고 없음)라도 활용하려고 한다는 것이다.

무선할당 이중맹검 위약 통제집단 설계의 두 번째 특성은 맹검과 관련이 있다. "이중맹검"이라는 이름은 실제로는 삼중맹검을 지칭한다. 즉, 환자가 어떤 처치(약물 또는 위약)를 받고 있는지는 연구가 실시되고 있는 동안 환자도, 처치를 하는 사람도, 평가자도 모른다. 맹검에서 이탈한 어떠한 경우라도 직접적으로(예 진짜 약물에 유리한 프로토콜을 무의식적으로 채택하는 평가자에 의해) 또는 환자에게 제공된 단서(예 위약을 제공할 때보다 진짜 약물을 제공할 때 보이는 더 큰 열의)를 통해 편파를 낳을 수 있다. 맹검에 관한 문제는 이어지는 장에서 논의될 것이다.[1]

심리치료는 현대 의학의 발전이라는 맥락에서 출현하였으며 그 존재 가치를 정당화하기 위해 부분적으로 무선할당 설계를 활용한다. 이제 우리는 세 번째 역사에 대한 논의로 향한다.

3. 치유의 한 방법으로서 심리치료의 등장

1) 미국에서 대화 요법(talk therapy)의 기원

현대 의학의 짧은 역사에서 정신장애에 대한 언급은 거의 없었다. 19세기 후반, 의학은 과학적 원리에 기반한 정당한 직업으로 인정받으려는 시도를 하고 있었다. 앞서 논의했듯이 의학은 생화학적(즉, 신체적) 과정을 강조했다. 정신건강 문제에 대한 의학의 태도는 정신신체 상응주의(psychophysical parallelism)와 같은 것이었다. 즉 정신적 상태는 신체적 상태에 상응한다는 것이다. 그래서 정신 장애는 (알려지지 않은) 생화학적 과정에 의해 발생할 것이라는 가설이 세워졌다(Caplan, 1988). 물론, 그 시기 대부분의 장애는 신체장애든 정신장애든 그 원인이 알려져 있지 않았다. 이런 장애는 구조적(즉, 원인이 알려진)과는 반대되는 기능적(원인 미상)으로 분류되었다. 정신 장애의 원인에 대한 생화학적 원인을 발견하려는 노력이 시도되었으며, 대체로 심리사회적 원인과 정신치료법(예 대화 요법)을 찾으려는 노력은 애써 회피되었다.

Caplan(1998)에 따르면, 미국에서 일어난 몇 가지 사건들로 인해 생화학적 설명에 대한 강조는 도전받게 되었다. 첫 번째, 대중교통 수단으로 철도가 등장하였다. 열차는 물론 여러 면에서 이전의 교통수단들과는 달랐다. 그러나 심리치료의 발달과 관련해서 중요한 측면을 말하자면, 열차 탈선은 열차 충돌이라는 참사로 이어질 수 있는데, 이 경우 많은 사람들이 다양한 상해를 입을 수 있다. 열차 충돌과 관련된 사람들이 빈번히 호소했던 한 가지 문제는 초점이 분명하지 않은 일군의 증상과 관련이 있었는데, 일반적으로 요통이 포함되었으며, "철도 척추(railway spine)"라는 진단으로 이어졌다. 충돌 지점과 가까운 플랫폼에서 열차 충돌 사고를 목격한 사람들도 동일한 증상들을 보고했다. 이들은 직접 신체적인 외상을 입지 않았던 사람들이었다. 이는 의학계를 곤란하게 만들었다. 이런 현상은 보고된 증상의 원인이 생화학적이라는 데 의문을 제기하였으며, 증상 발현에 마음이 일정 역할을 한다는 생각을 가져오게 했기 때문이다.

두 번째로 두드러지는 심리치료의 전조는 신경쇠약과 관련이 있었다. 신경쇠약은 불안, 두통, 무기력, 신경통, 우울 등을 특징으로 하는데, 미국에서 흔한 장애가 되었다. 신경쇠약의 기원은 알려져 있지 않았지만, 신경체계의 에너지 고갈로 발생하는 것으로 추측되었다. 당연히 신경쇠약을 치료하는 방법들은 아주 다양했다. 이는 선견지명이 있는 의학자들의 관심을 끌었다.

> 몇몇 의사들은 다음과 같은 질문을 던졌다. 전기치료와 수(水)치료에서 식이, 휴식, 영양, 그리고 약물 치료에 이르기까지의 수많은 서로 다른 신체 치료법들이 동일한 결과를 낳을 수 있을까? 이들이 공통의 배경을 공유하고 있는 것은 아닐까? 다양한 신체 치료법들에 대한 경험 결과에 기반하여, 보스턴 출신 신경학자 Morton Prince는 "이런 치료법을 주의 깊게 분석한다면, 이 모든 치료법에 공통적인 한 가지 요인이 발견될 것이다. 말하자면, **심리적** 요인말이다."라고 선언하였다.
>
> (강조는 저자에 의한 것임, Caplan, 1998, p.45)

언급할 필요도 없지만, 의학계에서 심리(psyche)의 도입은 잘 수용되지 않았다.

심리치료의 세 번째 전조는 다양한 맥락의 "마음 치료(mind cures)"의 개발이었다. 19세기 중반에서 후반까지에 걸쳐 의학이 생화학에 집중했을 때, 점점 더 많은 미국인들은 마음을 통한 치유법을 향했는데, 가장 인기 있었던 것은 크리스천 사이언스와 신사상 운동이었다. 이런 운동이 과거 또는 사라져 가는 종교 관습의 유물로 보일 수 있지만, 어쨌든 당시 매우 인기가 있었다(Caplan, 1998; Taylor, 1999). 크리스천 사이언스의 회원 수는 1890년 당시 불과 9천 명이었지만 1906년에는 5만 명이 넘었다(Caplan). 크리스천 사이언스는 마음, 신념, 또는 영성을 통해 신체를 치료한다고 주장하는 많은 제도화된 의식들 중 한 가지에 불과하였다. Cushman(1992)은 이런 운동의 인기가 미국 사회의 영적 중심(core)의 결여, 그리고 빅토리아적인 사회의 엄격함에서 탈출하고자 하는 바람에서 기인했다고 주장하였다(Taylor, 1999를 보라).

처음, 의학계는 이런 움직임을 신체든 마음이든 비과학적 치료라는 이유로 의도적으로 무시했다. 정당성이 대중성을 가로막았다. 그러나 미국 심리학자들의 관여는 종교적 운동과는 다른 대화 요법이라는 아이디어에 점진적으로 신뢰를 부여하게 되었다. 1859년 출범한 비공식 연구자 집단인 정신병리를 연구하는 보스턴 학파는 새로운 대화 요법의 중심이 되었다. 이 집단에는 신경학자와 정신과 의사뿐 아니라 William James, G. Stanley Hall과 같은 심리학자도 포함되어 있었다. 1906년 엠마뉴엘 운동은 심리의 중요성을 인정한 의사들과 행동의 도덕적 측면을 인식한 기독교 목사들 간 협력으로 추진되었다. 강의와 예배 다음에 환자에 대한 "요법"이 실시되었다(Caplan, 1998; Taylor, 1999). 의료계에서 느낀 엠마뉴엘 운동의 위협적인 측면은 환자들이 종종 의사가 아닌 사람에 의해 심리적인 방법으로 치료되고 있다는 점이었다.

신체적 원인이 없는 신체 증상의 출현, 흔히 나타나는 장애에 대한 서로 양립할 수 없는 다양한 치료법의 효과성, 그리고 신체 및 정신 장애에 대한 대화 요법의 점증하는 인기와 적절성은 이제 막 등장하고 있던 근대 의료계에 고민거리가 되었다. 그래서 의료계는 정신치료법이 심리장애를 비의학적 방법(즉, 대화)으로 치료하기 때문에 이를 거부할 것인지 아니면 정신치료법이라는 수익성 좋은 전문적 행위를 흡수할 것인지를 놓고 딜레마에 빠졌다. 흥미롭게도, 그 당시 미국의 대화요법은 Mesmer 치료법에 흥미를 가진 사람들과 관계가 있었다. 당연히 이로 인해 의사들의 의심을 샀다(Caplan, 1998; Cushman, 1992). 이런 맥락에서 의료계가 정신 장애의 원인(etiology), 병리(pathology), 그리고 치료에서 정신 요인을 인정하지 않으려 했으며 정신치료법을 믿을 수 없는 처치로 격하하는 노력을 했다는 것은 놀라운 일이 아니다. 다른 한편, 전부는 아니더라도 적어도 일부의 심리학자들은 그런 처치와 그 기제에 관심을 가졌다. 1894년 [William] James는 정신적 치유를 시행하지 못하게 하는 제안을 공공연히 공격하였다. "의료계는 정신치료법을 근절하려 할 것이 아니라 연구해서 법칙을 알아내야 한다"고 주장하였다(Caplan, 1998, p.63).

결국, 의료계는 의료계 밖에서 환자를 치료하도록 허용할 수 없었다. 그래서 심리치료를 수행할 수 있는 전문적 특권을 행사하였다. 이런 정서는 저명한 의사 John K. Mitchell의 말에서 읽을 수 있다. "우리는 환자에 대한 처치가 공공의 안전을 위해 반드시 의사에 의해 수행되어야 한다고 주장해야 한다. 그것이 수술이든, 약물치료든, 아니면 심리적 처치든 말이다"(Caplan, 1998, p.142). 이제 빠진 것은 정신장애에 대한 설득력 있는 이론인데, 이제 바로 논의할 것이다.

2) 이론

프로이트와 정신역동 심리치료의 시작

지그문트 프로이트가 1909년 Clark 대학에서 강연했을 때, 대화 요법은 미국에서 의학 행위로 확립되어 있었다. 프로이트는 여기에 이론을 제공했다. 그것도 의사가 의학 맥락에서 제공한 것이었다. 이후 6년 내에 정신분석은 미국에서 지배적인 심리치료가 되었다. "정신분석은 마음 치료보다 더 적절하고 고상한 것으로 보였고, 크리스천 사이언스나 긍정적으로 생각하기보다 더 과학적으로 보였으며, 광고보다 더 의학적으로 보였다"(Cushman, 1992, p.38).

의사로서 프로이트는 히스테리 환자의 치료에 관여하게 되었다. 그는 (a)히스테리 증상이 어떤 외상 사건(실제든 상상된 것이든)을 무의식에 억압함으로써 발생하고 (b)증상의 속성은 그 사건과 관련되어 있으며, (c)사건과 증상 간의 관계에 대한 통찰을 갖게 되면 증상이 완화될 수 있다고 제안하였다. 또한 (Anna O 사례에 대해 논의한 것처럼) 처음부터 성이 히스테리의 핵심적인 원인이 되며, 많은 증상들이 초기 성적 외상과 관련되어 있다고 주장하였다. 프로이트는 억압된 기억을 되살려 내기 위해 다양한 기법들을 시험하였다. 여기에 수(水)치료, 최면치료, 그리고 직접적으로 질문하기가 포함되었는데, 궁극적으로 자유연상과 꿈 분석이 선택되었다. 이와 같은 정신분석의 초기 기원에서부터 의학 모델의 요소들이 나타난다. 즉, 장애(히스테리), 장애에 대한 과학적인 설명(억압된 외상 사건), 변화 기제(무의식에 대한 통찰), 그리고 특정한 치료적 행위(자유연상)가 그것이다.

일생 동안 프로이트와 그의 동료들은 이론과 치료 행위에 관한 여러 측면에서 의견을 달리했다. 결국 Joseph Breuer, Alfred Adler, 그리고 Carl Jung과 같은 인물과 중재할 수 없는 간극을 낳았다. Adler와 Jung은 프로이트의 비엔나 정신분석 연구회에서 추방되었다. 의학 모델의 특징은 장애에 대한 옳은 설명임을 주장한다는 것과 그에 따른 치료 행위의 활용을 요구한다는 것이다. 프로이트는 그의 이론이 옳으며 자신의 처치가 특정적이며 과학적 증거에 의해 지지된다고 주장하였다. 현재의 관점에서 보면, 프로이트식 정신분석과 경쟁 체계(예 Adler의 개인심리학 또는 Jung의 분석심리학)의 경험적 토대는 기껏해야 사소하다고 할 수 있을 뿐이지만, 신경과학이 많은 정신역동 구인과 이론을 확인했다는 주장이 있기도 하다(예 Westen, 1998). 정신역동 개념이 가지고 있는 과학적 장점에 관해 논란이 있지만, 프로이트의 복잡한 이론은 Flexner 보고서와 그에 따른 의료개혁이 있기 전에 소개된 것이라는 점을 인식할 필요가 있다. 말하자면, 프로이트 주장의 내용과 토대는 그 시대에 적합한 것이었다.

심리치료의 역사에 한 가지 중요한 점은 심리치료가 20세기 전반부 동안은 의학의 영역이었다는 사실이다. 앞서 살펴보았듯이 심리치료는 세기가 바뀔 즈음에는 이미 의학에 포섭되어 있었다. 의사였던 프로이트는 의료인들에게 수용될만한 설명을 제공하였다. 더구나 정신분석연구소 입학허가와 정신분석을 할 수 있는 자격은 일차적으로 의사에게 한정되어 있었는데, 이 또한 심리치료를 의료행위로 정의하는 것이었다. 흥미롭게도 프로이트는 일반인 분석가(즉, 의사가 아닌 사람)들을 훈련시켰는데, 이들 중 Theodore Reik이 가장 유명하다. 그는 면허 없이 의료행위를 한 죄로 기소되었다. 프로이트 사망 직후 Reik은 정신분석을 그만두었지만, 심리학자를 포함하여 의사가 아닌 사람들의 정신분석 연구소 입학은 더욱 제한되었다(VandenBos, Cummings, & DeLeon, 1992). Jerome Frank(1992)가 주목하였듯이, 20세기 중반까지는 "학문배경에 따른 일의 분업에 어떠한 의문도 제기되지 않았다. 심리학자는 지능검사와 성격 평가(보통은 로르샤 검사)를 하고, 사회복지사는 면접을 하며, 정신과 의사는 치료를 수행하였다"(p.392).

정신역동 접근에 대한 대안: 행동주의의 대두

행동 심리학은 객관적 관찰을 기반으로 행동을 간명하게 설명하는 체계로 등장하였다. 파블로프(Ivan Petrovich Pavlov)의 고전적 조건화에 대한 연구는 복잡한 정신주의적 구인에 의존하지 않고도 동물들이 어떻게 조건화된 반응을 획득하는지, 조건화된 반응이 어떻게 제거될 수 있는지(즉, 소거), 실험적으로 신경증이 어떻게 유도될 수 있는지를 세세히 설명할 수 있었다. John B. Watson과 Rosalie Rayner는 "Little Albert Study"를 통해, 이전에는 조건화되지 않았던 자극(즉, Albert가 두려움 없이 함께 놀았던 흰 쥐)을 공포 자극(즉, 큰 소리)과 짝지으면 공포 반응이 조건화될 수 있으며, 그래서 조건화되지 않았던 자극(즉, 쥐)이 공포 반응을 유발한다(즉, 조건 자극이 됨; Watson & Rayner, 1920)는 것을 보여 주었다. Watson과 Rayner는 Albert의 공포를 경감시키려는 노력을 하지 않았다. 그러나 Mary Cover Jones(Watson의 감독 아래)는 고전적 조건화 패러다임을 활용하여, 아이가 기분 좋은 상태에 있을 때(Albert의 경우, 좋아하는 음식을 주었을 때), 자극(즉, 토끼)과 점점 더 가까이 있게 하면 토끼에 대한 아이의 공포를 점진적으로 감소(desensitize)시킬 수 있다는 것을 보여 주었다.

행동치료에 대한 한 중요한 추진력은 Joseph Wolpe가 개발한 체계적 둔감법이었다. 프로이트처럼 의사였던 Wolpe는 정신분석에 환멸을 느끼게 되었다. Pavlov, Watson, Rayner, 그리고 Jones의 업적에 기반을 두고, Wolpe는 두려움과 양립할 수 없는 반응 중 하나인 먹는 즐거움을 고양이에 대한 조건화된 공포 반응을 감소시키는 데 어떻게 이용할 수 있는지 연구하였다. Wolpe는 생리학자 Edmund Jacobson의 점진적 이완에 대한 연구를 검토한 후, 이완과 불안이 동시에 양립할 수 없다는 점이 불안 환자 치료에 활용될 수 있다는 것을 깨달았다. 체계적 둔감법이라 불리는 Wolpe의 기법에서는 불안을 점점 더 심화시키는 순으로 자극의 위계를 작성한다. 환자는 이완된 상태에서 이 위계에 따라 가장 두려움이 작은 것에서부터 가장 큰 것까지 상상한다. 그의 책 "Psychotherapy by Reciprocal Inhibition"(심리적 처치의 한 방법으로 고전적 조건화가 어떻게 사용될 수 있는지를 설명하고 있음)이 1958년에 출간되었는데, 바로 그때쯤 의학계의 장벽이 낮추어졌고, 심리학자들이 보다 빈번히 심리치료를 할 수 있게 되었다.

불안에 대해 정신분석과 고전적 조건화 패러다임이 제시하는 설명은 다르다 해도, 체계적 둔감법은 정신분석과 많은 구조적 유사성을 가지고 있다. 이 치료법은 장애(공포 불안)를 치료하는 데 활용되고, 장애에 대한 설명(고전적 조건화)에 토대를 두고 있으며, 이 설명에 내재해 있는 변화의 기제(둔감화)에 기반해 있고, 변화를 일으키는 데 필수적인 치료 행위(체계적 둔감화)를 명시하고 있다. 정신분석 패러다임이 유심론적 구인에 젖어있는 반면, 행동 패러다임은 일반적으로 자극과 행동 사이의 유심론적 설명을 피한다. 그럼에도 불구하고 둘 다는 비적응 행동을 설명하는 체계이며, 스트레스를 감소시키며 더 적응적인 기능을 증진시키기 위한 치료 프로토콜을 제공한다. 두 체계 중 어느 하나를 옹호하는 사람들은 선호하는 설명과 프로토콜이 다른 것보다 더 우수하다고 주장할 것이다. 실제, Watson과 Rayner(1920)는 Albert의 공포에 대한 프로이트 식의 설명을 공개적으로 조롱하였다.

> 앞으로 10년 후(바로 이 나이에 분석을 받으러 왔다고 가정하자), 한 정신분석가가 물개 가죽 코트에 대한 Albert의 공포를 분석하게 되었다고 하자. 정신분석 이론이 가지고 있는 가설이 바뀌지 않는다면, 분석가는 꿈을 가지고 그를 놀릴 것이다. 세 살 된 Albert가 엄마의 음모를 가지고 놀려했으며, 그것 때문에 심하게 혼이 났었음을 보여준다고 해석하면서 말이다.
>
> (p.14)

행동주의자들은 자신들이 의학 모델을 거부했다고 주장한다. 그러나 이들의 이론적 입장에 반하는 것은 정신 질병을 생물학적으로 설명하는 체계이다. 이 시기 행동주의자들은 종종 아이들이란 경험으로 채워지는 백지(tabla rasa)와 같다고 생각하였다. 그래서 정신 질병을 포함한 성인기 삶의 문제는 개인의 학습사에 따른 결과라고 주장하였다. 특정한 문제(예를 들면 단순 공포)를 어떤 한 처치(예 체계적 둔감법)로 특정하게 치료한다는 생각은 행동 패러다임의 핵심이었다.

실험 심리학에서 인지가 보다 현저한 지위를 얻게 되면서, 몇몇 심리치료 이론가와 연구자는 인지치료 모델을 개발하였다. 이 중 몇몇은 분석가로 훈련된 사람이었고, 몇몇은 정신역동 이론에 치우친 실무를 하고 있는 사람이었다. 또 다른 몇몇은 행동 또는 사회학습 관점을 가지고 있는 사람이었다. Albert Ellis, Aaron Beck, Michael Mahoney, 그리고 Donald Meichenbaum과 같은 선구자들이 행동치료의 한 하위체계(점점 더 실용적이 되어 갔으며 동시에 실험 패러다임과는 덜 엮이게 된; Fishman & Franks,

1992)를 대표하는지 아니면 하나의 독립된 패러다임으로 분류되어야 하는지에 대해서는 논란이 있다. 앞으로 살펴보겠지만, 처치의 독립성 및 처치 패러다임의 진화 문제는 이 책에서 몇몇 두드러진 경우들에서 재등장할 것이다. 이 책의 목적상, 인지-행동치료(CBT)라는 용어는 행동과 인지치료들을 지칭하는 것으로 사용될 것이다. 그러나 어떤 경우, CBT는 매우 특정한 치료 양식을 지칭하는 것으로도 사용될 것이다. 여러 번 이야기하지만, CBT의 정의는 모호하고 특정한 처치가 CBT인지에 관한 불일치가 존재한다.

제3세력으로서의 인본주의

2차대전 후 홀로코스트와 전쟁의 상흔이 있는 가운데 삶의 의미를 만들고자 하는 시도와 모더니즘 속에서 (정신분석과 행동치료 다음으로) 제3세력의 심리치료가 등장하였다. 이 심리치료 접근은 인본주의 철학자들(예 키에르케고르, 훗설, 하이데거)로부터 도출되었다. 인본주의 접근들은 공통적으로 (a)현상학적 관점(즉, 내담자의 세상을 이해하는 것을 치료의 기본으로 해야 한다), (b)인간은 성장과 실현을 추구한다는 가정, (c)인간은 스스로 결정한다는 신념, 그리고 (d)인간에 대한 존중(역할과 행위에 상관없는)을 공통적으로 가지고 있다(Rice & Greenberg, 1992). 인본주의 치료 중 가장 널리 알려진 것은 인간중심 상담(내담자 중심 상담으로도 알려진; Carl Rogers, 1951a), 게슈탈트 치료(Frederick "Fritz" Perls), 그리고 실존 접근(예 Rollo May와 Victor Frankl)이다. 인본주의 접근은 비의학 분야 및 비실험 전통에서 출발하였으며, 과학과 의학보다는 철학에 더 깊은 뿌리를 두고 있다.

다양한 심리치료들의 지위

심리치료 전체(universe)를 세 개의 세력으로 분류하는 것이 임의적이라고 해도 "이런 세력의 상대적 지위는 어떻게 되는가?"를 질문하는 것이 또한 뭔가를 나타내기도 한다. 물론 지위는 모호한 용어이다. 하지만 그 질문과 관련한 세 가지 정보의 원천이 있다. 즉 텍스트 및 다른 문헌들, 심리치료 실무, 그리고 연구의 초점이 그것들이다.

사회공포를 겪고 있는 한 여성에 대한 치료에 대하여 National Public Radio의 프로그램인 '모든 것을 고려하면(All Things Considered; June 2, 2004)'에서 Alix Spiegel은 "인지행동치료는 가장 빠르게 성장하고 있으며 가장 엄격하게 연구된 심리치료 방법입니다. 미국 사람들이 치료를 받고 있다고 말할 때 그 치료가 의미하는 것이 되는데 오래 걸리지 않았습니다."라고 말하였다. 그리고 특정 치료법에 우선권을 준 것은 비단

미디어들뿐 아니었다. 이 주제에 대해 종합적이고 방대하게 다루고 있는 Oxford Textbook of Psychotherapy(Gabbard, Beck, & Holmes, 2005)에서 편집자는 "다양한 심리치료 전략들이 각 장에서 균형 있게 제시되도록 노력하였지만," 534페이지 분량의 텍스트는 일차적으로 인지행동 접근과 정신역동 접근을 논의하며, 인본주의 접근과 그 개발자들에 대해서는 거의 누락하였다(Wampold & Imel, 2006). Rice와 Greenberg(1992)가 주목하였듯이 "지난 20여 년 동안, 특히 북미에서 인본주의 심리치료 접근은 점진적으로 주류 이론(theoretical) 심리학에서 분리되어 갔다"(p.214).

치료사가 활용하는 처치의 유형 또한 심리치료법의 지위를 나타내는 지표가 된다. 매 10년마다 Norcross와 그 동료들은 심리학자들을 대상으로 활용하고 있는 처치의 유형을 포함한 많은 실무관련 사항을 조사한다(임상 심리학자를 대상으로 조사한 가장 최근의 결과를 보려면 Norcross & Karpiak, 2012; Norcross, Karpiak, & Santoro, 2005를 보라). 이 조사의 결과는 자신의 이론적 배경을 '인지'라고 보고하는 임상 심리학자의 비율이 눈에 띄게 증가하였음을 보여준다. 1960년대와 1970년대에는 어떤 임상 심리학자도 자신의 이론적 배경을 '인지'라고 보고하지 않았지만, 최근 연구(즉, 2010년)에서는 약 1/3이 '인지'라고 보고하였다. 자신의 이론적 배경을 '행동'이라고 보고하는 비율은 1960년 8%에서 2010년 15%로 꾸준히 증가해 왔다. 인지와 행동을 하나의 범주로 보면, 미국 임상 심리학자 45%가 자신의 주 이론적 배경을 '인지' 또는 '행동'이라고 보고한다(Norcross et al., 2012). 다른 한편, 역동 또는 절충/통합이라고 보고하는 비율은 1960년 각각 35%와 36%에서 2010년 18%와 22%로 감소하였다. 2010년 조사에서 인간중심, 인본주의, 체계 접근, 그리고 대인 접근을 포함한 다른 이론을 자신의 주 이론적 배경이라고 보고한 임상심리학자의 비율은 14%에 불과하였다. 물론, 임상 심리학자만이 심리치료를 실시하는 것은 아니다. 그러나 그럼에도 불구하고, Rice와 Greenberg(1992)가 암시하였듯이 주류 이론 심리학에서 인본주의 접근들은 포기되고(아마도 이미 포기되었거나) 있을 뿐 아니라 심리치료사들(최소한 심리학자들) 또한 이 접근들을 포기해 버렸다.

세 번째의 정보 원천은 연구의 초점에서 유도되는 것인데, 심리치료 연구의 발달사가 제시되는 다음 절에서 논의된다. 그러나 여기서 결론은 인지행동 처치가 확실히 엘리트 지위를 향유하고 있다는 것이다. 그러나 여전히 많은 임상가들은 자신이 절충적 또는 통합적 심리치료를 하고 있다고 얘기한다.

4. 연구방법, 심리치료 효과성, 그리고 장애에 대한 처치들 간의 우열

심리치료를 포함한 다양한 처치의 효과성을 보여줄 필요는 심리치료의 발달을 특정한 방향으로 이끌었다. 연구방법은 이런 발달에 중요한 역할을 하였다. 심리치료의 효과를 보여주기 위해 보다 발전된 방법들이 필요했기 때문이다.

1) 효과성을 보여줄 필요에서 등장한 연구방법들

심리치료에서 연구방법들은 의학에서의 연구방법들에 대응한다. 한 가지 분명한 예가 프로이트에서 발견된다. 프로이트는 자신을 과학자라고 생각했지만 자료에 대한 통계적 분석 결과보다 치료를 통해 나타난 임상적 발견을 선호했다. 20세기 초 그런 방법들의 상황을 고려하면 놀랄 일은 아니다. 프로이트가 활용한 사례 방법에서는 훈련된 정신분석가만이 "객관적이고 공평한 관찰자"가 되어 특정 치료의 성과를 결정할 수 있었다. 프로이트와 그의 동료들은 사례 방법을 통해 자신들의 치료가 놀랄 만큼 성공적이었음을 기록했지만, 정신분석학회의 회원이 아닌 외부 사람들에게는 많은 의문을 불러 일으켰다(Strupp & Howard, 1992). 정신분석적 접근에 대해 계속적으로 행해지는 비판 중 하나는 성과에 대한 객관적 검증이 부재하다는 것이었다.

심리치료를 직접 관찰한 첫 번째 사례는 인본주의 전통에서 나타났는데, 이 학파의 현상학적 지향을 고려하면 이는 놀라운 일이다. 다른 접근을 옹호하는 사람들, 특히 정신분석가들은 상담실의 존엄성을 침해하는 일을 극도로 싫어했다. 1940년대 Carl Rogers와 그를 따르는 사람들은 당시 발달하고 있는 기술 중 하나였던 음성 녹음테이프를 활용하여 회기를 전사한 축어록을 만들었다(Rice & Greenberg, 1992). 이런 자료로부터 Rogers와 그의 연구 그룹은 교육학과 심리학 분야에서 개발된 연구방법들을 활용하여 검증할 수 있는 가설들을 생성하였다(Rogers, 1951b를 보라). Rogers는 물론이고 메닝거 재단과 펜실베니아 대학의 연구자들도 심리치료가 성격의 변화를 가져오는지 조사하였다. 일반적으로 표본의 크기는 작았고, 처치도 잘 정의되지 않았다. 장애는 평가되지도 분류되지도 않았고, 성과도 구체화되거나 조작적으로 정의되지 않았다(Goldfried & Wolfe, 1996; Strupp & Howard, 1992).

Rogers가 그의 연구 프로그램을 시작한지 오래 되지 않아 Hans Eysenck는 일련의 논문과 책을 출간하였다(Eysenck, 1952, 1961, 1966). 여기에서 그는 심리치료를 받는 환자의 회복률은 자발적 회복률과 동일하다고 주장하였다. 이는 심리치료의 효과에 대한 악랄한 공격이었다. 심리치료의 효과에 관한 문제는 이 문제와 관련한 보다 세세한 역사와 함께 4장에서 제시될 것이다. 여기서 Eysenck가 사용한 "심리치료"라는 용어는 정신역동, 인본주의, 그리고 절충 치료들을 지칭한다. 그의 관점에서 행동치료는 학습이론(즉, 과학적 원리)에 기반을 두고 있었기 때문에 다른 처치들과는 구분되는 것이었다. Eysenck의 관점에서 보면, 행동치료는 다른 치료법들보다 더 선호되어야 한다(Wampold, 2013을 보라).

Eysenck의 주장은 많은 논쟁을 불러 일으켰으며(4장을 보라), 다양한 심리치료법의 효과를 검증하는 데 활용되는 연구 설계의 엄격성을 더욱 요구하게 하였다(Wampold, 2013). 1920년대와 1930년대 개발된 무선할당 설계는 1950년대 개발된 위약통제집단 설계와 함께 심리치료가 효과적인지에 대한 질문에 답을 해줄 가능성이 있는 설계를 제공하였다. 1956년 Rosenthal과 Frank는 심리치료의 효과성뿐 아니라 특정성을 확정하기 위해 심리치료 연구에서 위약 유형의 통제집단을 활용할 것을 추천하였다.

> 연구되고 있는 치료의 이론적 관점에서 보았을 때, 치료적으로 효과가 없어야 하는 활동에 참여하는 대응 통제 집단(matched control group)을 활용하면, 어떤 한 치료법의 특정한 효과를 연구하는 것이 가능할 것이다. 즉, [이 통제 집단에서는] 이론이 예언하는 효과가 산출되지 못할 것으로 기대된다. "위약 심리치료"는 어떤 의미에서 위약에 비유된다. 왜냐하면, 환자가 그것을 통해 도움을 받고 있다고 기대되는 상황에서 그런 기대를 하는 사람이 실시하기 때문이다.
>
> (pp.299–300)

심리치료 연구에서 위약 통제집단을 활용하는 것이 문제를 안고 있다 해도(8장을 보라), 역사적으로 Rosenthal과 Frank의 추천은 심리치료와 의학의 밀접한 관련을 상징한다. 심리치료는 의약품의 효과를 증명하기 위해 의학계가 활용하는 연구 모형을 도입하고 있었으며, 이를 통해 심리치료를 의학적 처치로 개념화하고 있었다. 바로 이것이 수십 년에 걸쳐 증대되어온 방향이다. 1980년대부터 심리치료학계는 자신들의 성과연구를 '임상실험'이라고 명명하기 시작했다. 심리치료 학계에서는 특정한 장애에 대한 특정 치료법이라는 아이디어의 구현을 추구했기 때문이다. 심리치료 연구에서 위약 유형의 통제집단을 활용하는 것은 약물처럼 심리치료가 특정하다는 것을 보여주려는 시도였다. 앞서 살펴보았던 것처럼 특정성은 현대 의학의 두드러진 특성이다. 알려진 대로라면, 특정한 심리치료가 위약보다 우수하다는 것은 그 처치의 특정성을 확립하는 것이지만, 또한 심리치료라는 것의 정당성이 확립되는 것이기도 하다.

심리치료 연구에서 다음 중요한 발달은 전세를 역전시키는데, 심리치료 연구에서(교육학 연구에서와 함께) 나타난 것이 의학으로 "수출"되었기 때문이다. 4장에서 보다 상세히 볼 것이지만, Eysenck의 주장에서 나온 여러 문제 중 하나는 복수의 연구에서 나타난 결과를 어떻게 통합할 것인지에 대한 것이었다. 왜냐하면, 결론이 연구방법 특히, 어떤 연구가 포함되고 어떤 연구가 제외되는지, 그리고 포함된 연구들의 결과가 어떻게 통합되는지와 밀접히 관련되어 있기 때문이었다. 1977년 Mary Lee Smith와 Gene Glass는 어떤 하나의 심리치료 접근과 통제집단을 비교한 모든 연구들을 대상으로 메타분석을 실시하고 그 결과를 발표하였다. 이를 통해 메타분석 방법의 유용성을 보여주었는데, 이에 대해 3장에서 보다 자세히 기술할 것이다. 이후, 메타분석은 교육학, 심리학, 의학에서 연구결과를 통합하는 표준적인 방법이 되었다. 심리치료와 관련하여, Smith와 Glass(1977; Smith, Glass, & Miller, 1980)는 심리치료가 효과적이라는 결론을 내렸는데, 이에 대해서는 4장에서 자세히 검토할 것이다.

Smith와 Glass에 의해 제기되었지만, 아직 해결되지 못한 한 가지 문제는 현대 의학에서는 너무나 당연한 것으로 여겨진 것이다. 그래서 여태껏 명확히 제기되지 않은 것이었다. 어느 누구도 "의학이 효과가 있는가?"라고 묻지 않는다. 그것보다는 "특정 장애에 어떤 치료가 가장 효과적인가?"를 묻는다. Smith와 Glass의 메타분석 후, 심리치료도 의학처럼 특정한 장애를 치료하는 데 효과적인 특정한 치료법을 규정하는 것으로 방향을 틀었다(5장을 보라). 이를 위해 먼저 처치를 표준화해서 처치 매뉴얼을 작성한다. 다음으로 표준화된 처치들이 검증되고 비교된다.

심리치료 매뉴얼

처치 매뉴얼은 "심리치료의 원리와 기법에 대한 확실한 기술, [그리고] 치료사가 수행해야 하는 작업들에 관한 명확한 진술(가능한 구체적으로 각 기법을 제시하고 각각의 예도 제공함)"을 담고 있다(Kiesler, 1994, p.145). 처치 매뉴얼의 목적은 처치를 표준화하는 것인데, 이를 통해 임상실험에서 독립변인의 변산을 줄이고자 한다. 또 한 가지 목적은 치료사가 그 이론 접근의 특성인 특정 성분들을 정확히 전달할 수 있게 하는 것이다. 이와 관련하여, 매뉴얼은 연구자에게 이론에 따른 처치들 간 절차적 차이를 보여줄 수 있게 해준다(Wilson, 1996, p.295). 이는 비교성과연구를 위해 요구되는 한 가지 요건이다. 최초로 매뉴얼을 만든 사람은 Beck, Rush, Shaw, 그리고 Emery(1979)라고 할 수 있는데, 이들은 우울증에 대한 인지행동치료법을 기술하였다. 1979년 Beck 등이 작성한 매뉴얼 이후 처치 매뉴얼의 확산은 "작은 혁명"(Luborsky & DeRebeis, 1984)으로 기술되고 있다. 처치 매뉴얼은 기금지원과 심리치료 성과연구의 학술지 게재를 위해 필요한 기본 요건이 되었다. "처치 매뉴얼 요건은 연구 설계의 기본요구 사항으로 강제되고 있으며, 표준화라는 기본 규범을 심리치료 효과성 연구라는 건축물에 영원히 새겨 넣었다."(Kiesler, 1994, p.145).

연구를 위한 하나의 요건으로써 처치 매뉴얼은 의학 모델에 깊이 배어 있다. 매뉴얼의 전형적인 요소들은 (a)목표로 하는 장애, 문제, 또는 호소문제 정의, (b)장애, 문제, 또는 호소문제에 대한 이론적 토대 및 변화 기제, (c)이론과 일치하는 치료적 행위, 그리고 (d)효과성은 특정한 성분들 때문에 발생한다는 믿음 등이다. 이런 요소들과 의학 모델의 요소들은 동일하다.

2) 경험적으로 지지되는 치료법(Empirically Supported Treatments; ESTs)

장애 및 치료 문제와 관련된 심리치료 연구에서 두 번째 발전은 "경험적으로 지지되는 치료법"(ESTs)이라는 생각이다. 1990년대 관리 의료에 대한 강조 때문에 의료계와 정신건강을 포함한 건강 관련 분야는 처치를 표준화하고 효과성에 대한 증거를 제공해야 할 필요성을 가지게 되었다. 동일 장애에 대해서는 정해진 액수만을 지불하게 했던 포괄수가제도(diagnosis related group; DRGs)가 의료계에 수용되자, 정신의학계는 많은 정신 장애에 대한 정신성 약물 치료로 대응했다. 요컨대, 의학 모델은 의료계에서 정신장애의 치료에 깊이 스며들고 있었다. 미국 심리학회(APA)의 제 12분과(임상심리학) 특별위원회는 다음과 같이 대응하였다. "임상 심리학이 오늘날과 같은 생물학적 정신의학 전성기에 생존하려면, APA는 우리가 제공해야 하는 것 즉, 효과성이 입증된 여러 심리치료의 강점을 강조하는 조치를 취해야 한다"(Task Force on Promotion and Dissemination of Psychological Procedures, 1995, p.3). 이에 따라 '경험적으로 타당화된'(처음에는 이 용어가 사용되었음)이라는 준거를 충족시키는 처치를 결정하기 위해 특별위원회는 준거를 개발하였다. 어떤 처치가 이를 충족시키면, 이 처치는 특별위원회가 발행하는 목록에 포함될 것이었다. 비록 이런 준거는 진화를 해왔다고 해도, 애초 FDA의 약물을 승인하기 위해 활용되는 준거에서 기원한 것이다. 이 준거에 따라 어떤 처치가 다음의 조건을 충족하면, 그 처치는 특정 장애의 치료에 경험적으로 타당화된 것이라고 규정된다. 즉, 최소한 두 연구에서 처치집단이 일반 효과(general effects)를 통제하기 위한 집단보다 더 우수한 것으로 나타나야 한다. 또한 이 연구들은 잘 정의된 내담자 집단(내담자의 장애, 문제 또는 호소문제)을 대상으로 처치 매뉴얼을 활용하여 수행된 것이어야 한다.

이 준거를 충족하는 처치들을 찾으려는 첫 시도에서 총 18개의 잘 확립된 처치들이 규정되었다(Task Force on Promotion and Dissemination of Psychological Procedures, 1995). 이후 이 목록에 개정이 있었으며(Chambless et al., 1996; 1998), 공황장애 치료에 인지행동치료, 광장공포증 치료에 노출치료, 우울증 치료에 행동치료, 우울증 치료에 인지치료, 우울증 치료에 대인치료, 류마티스성 질환에 동반된 통증 치료에 다요소 인지행동치료, 그리고 부부 갈등 해결을 위한 행동 부부치료 등이 포함되었다. *Journal of Consulting and Clinical Psychology* 특별호가 ESTs에 대한 논의 및 성인정신 장애, 아동청소년 장애, 건강관련 장애(예 흡연, 만성 통증, 암, 식이장애), 그리고 부부 문제 치료를 위한 ESTs 규정에 할애되었다(Baucom, Shoham, Mueser, Daiuto, & Stickle, 1998; Beutler, 1998; Borkovec & Castonguay, 1998; Calhoun, Moras, Pilkonis, & Rehm, 1998; Chambless & Hollon, 1998; Compas, Haaga, Keefe, Leitenberg, & Williams, 1998; Davison, 1998; DeRubeis & Crits－Christoph, 1998; Garfield, 1998; Kazdin & Weisz, 1998; Kendall, 1998).

ESTs 덕분에 심리치료는 한층 더 의학 모델의 수용으로 나아갔다. 첫째, 그 준거는 명백히 심리치료를 장애, 문제, 호소문제로 향하게 한다. “우리는 처치가 효과적인지를 묻지 않는다. 우리는 특정한 장애에 그 처치가 효과적인지를 묻는다”(Chambless & Hollon, 1998, p.9). 장애명 부여를 위한 분류체계로 진단통계매뉴얼(DSM)을 활용해야 한다는 강제는 없었다. 그러나 Chambless와 Hollon은 어떤 처치가 ESTs에 포함되는지를 결정하는 데 DSM이 수많은 이점을 갖는다고 주장하였다. ESTs를 규정하기 위해 연구물을 검토한 사람들은 전형적으로 DSM을 활용해서 연구물을 조직화하였다.

매뉴얼을 활용하여 시행한 처치만이 ESTs로 믿을 수 있다는 요건은 ESTs와 의학 모델 간의 연결을 보다 깊이 보여준다. 이미 논의한 바와 같이 매뉴얼은 의학 모델과 매우 밀접히 관련되어 있기 때문이다. 경험적으로 지지되는 처치법 목록은 약간의 정신역동 치료의 예를 제외하면 행동 및 인지행동 치료로 도배되어 있다. 여기에 인본주의 치료법은 포함되어 있지 않다. 이런 상황은 행동 및 인지행동 치료가 인본주의 또는 정신역동 치료보다 매뉴얼로 만들기 쉬우며 임상실험 패러다임과 잘 맞는다는 사실을 반영한다.

ESTs 운동에 관한 세 번째 두드러지는 측면은 그 준거들이다. 이 준거들은 효과성은 물론이고 특정성에 관한 증거를 요구하는 FDA의 약물 승인 준거를 빼닮았다. ESTs 준거에 따르면, 특정성은 알약 위약 또는 심리적 위약보다 우수함을 보여줌으로써 또는 이미 확립된 처치와 동등함을 보여줌으로써 확립된다. 심리치료의 의학 모델에서 한 핵심 요소인 특정성은 명백히 ESTs 운동을 탄탄하게 뒷받침하고 있다.[2] 실제, 심리치료의 지위를 높이기 위해 의학 모델을 도입한다는 동기는 처음부터 명백하였다.

> 우리[특별위원회]는 대기자 통제집단을 이용하여 효과성을 확립하는 것으로는 충분하지 않다고 믿는다. 이런 증거에 의존하게 되면 심리학자들은 정신과 의사에 비해 상대적으로 심각한 약점을 갖게 될 것이다. 왜냐하면 의사들은 자신의 처치가 타당하다는 것을 지지하기 위해 수많은 이중맹검 위약 시험의 결과를 활용할 수 있기 때문이다.
>
> (Task Force on Promotion and Dissemination of Psychological Procedures, 1995, p.5)

이렇게 ESTs 도식을 도입한 결과, 심리치료에 관한 의학 모델이 만들어 지게 되었다. 의료에서 의학 모델은 (a)질환 또는 질병, (b)생물학적 설명, (c)변화 기제, (d)치료적 행위, 그리고 (e)특정성과 관련이 있다. 심리치료 버전을 위해 수정할 필요가 있는 유일한 한 가지는 생물학적 설명이 심리적 설명으로 전환된다는 것이다. ESTs는 장애에 대한 심리학적 설명, 변화 기제, 치료적 행위를 기술한 처치 매뉴얼 및 특정 장애를 요구한다. ESTs 준거에 공식적으로 포함되지는 않았지만, 특정성은 명백히 특정 처치를 옹호하는 사람들에 의해 주장되었다. 특정한 처치를 옹호하는 사람들은 매뉴얼에 규정된 특정 행위가 그 처치의 바탕이 되는 이론이 주장하는 경로를 통해 장애를 치료한다고 주장할 것이다. 이 책 전체를 통해 논의될 것이지만, 심리치료에서 특정성은 이론적으로나 방법론적으로 문제가 많은 개념이다.

ESTs 운동의 연장이라 할 수 있는 최근의 한 경향은 특정 장애에 대한 약물 치료와 ESTs를 비교하는 것이다. 대부분의 경우, 심리치료는 몇몇 장애의 치료를 위해 FDA로부터 승인받은 약물만큼이나 효과적이다. FDA는 방법론적 엄격성이라는 점에서 의학 모델을 차용할 뿐 아니라 의학적인 기준을 활용하여 처치의 효과여부를 결정한다. Barlow(2004)는 특정 장애에 효과적인 것으로 확립된 처치들을 일반적인(generic) 심리치료와 구분하여 심리학적 처치로 지정해야 한다고 제안하였다. '심리학적 처치'는 의료 체계 내에서 확립된 처치이고(제3자, 즉 의료보험 회사로부터 치료비를 되돌려 받을 수 있는), 일반적인 심리치료는 "의료체계의 범위 밖에서 종종 활용된다"(p.869).

3) 심리학에서 증거기반 실무(Evidence-Based Practice in Psychology; EBPP)

2006년에 APA는 EBPP를 "환자의 특성, 문화, 그리고 선호 맥락에서 임상 전문성과 최선의 연구를 통합하는 것"으로 정의하였다(APA Presidential Task Force on Evidence–Based Practice, 2006, p.271; Wampold, Goodheart, & Levant, 2007을 보라). 이 정의를 주의 깊게 읽어 보면 심리학이 임상 전문성과 환자의 특성을 의학보다는 더 충분히 강조하고 있다는 것을 알 수 있을 것이다. 그러나 어쨌든 이런 정의는 앞서 논의했던 의학연구소(Institute of Medicine)의 세 개 축으로 구성된 정의를 따른 것이다. APA에 따르면, 최선의 연구 증거란 "심리학 및 관련 분야에서 수행된 임상적으로 적절한 기초 연구의 결과는 물론이고, 개입 전략, 평가, 임상적 문제, 환자 집단과 관련하여 실험실 및 현장에서 수행된 과학적 연구의 결과"를 지칭한다(p.274). 우리는 "증거기반 처치"에 관해 흔히 접할 수 있다. 그러나 공식적으로 이런 용어는 존재하지 않는다. 의도적으로 APA는 이 용어를 사용하지 않았다. APA의 의도는 처치 효과성(efficacy)과 효과(effectiveness)에 관한 증거가 효과적인 정신건강 서비스를 전달하는 데 사용될 수 있는 다양한 출처의 증거 중 단지 하나에 불과하다는 것을 나타내는 것이었다. 개입과 관련하여, APA는 "결론의 타당성은 무선할당 임상실험 결과들을 체계적으로 리뷰한다는 의미의 임상관찰로부터 추론되는 바에 기반하지만, 동시에 현존하는 문헌과 그것의 특정 사례에 대한 적용가능성 사이에서 드러나는 틈과 한계 또한 인정해야 한다"(p.284)고 기술하였다. 더구나 "EBPP는 심리학자가 서로 다른 유형의 연구들로부터 나온 증거의 강점과 한계를 인식해야 함을 요구한다"(p.275). 확실히, 어떤 처치가 다른 처치보다 더 낫다는 점이 반복적으로 나타났다면, 이는 EBPP에서 고려되어야 하는 중요한 증거이다. "어떤 특정 유형의 증거가 존재한다는 이유로 처치들이 어떤 권한을 갖게 된다는 것은 특별위원회와 관련이 없다. EBPP는 ESTs 및 실무 지침(APA, 2002)과 같은 생각과는 다른 것이다. 따라서 '증거기반 처치'와 같은 용어는 APA가 정의하는 EBPP와는 아무 상관이 없다"(Wampold et al., 2007).

APA에 따르면, 임상 전문성은 "처치의 목표를 달성할 가능성이 높은 서비스를 전달하기 위해 환자의 특성과 선호라는 맥락에서 임상 데이터(예 처치 과정을 통해 알게 된 환자에 대한 정보)와 최선의 연구 증거를 통합하는 데 활용 된다"(p.284). 그래서 임상 전문성의 핵심 요소는 서비스의 설계와 전달에 있어서 최선의 연구 증거를 사용하는 것이다. 그러나 임상 전문성은 증거를 사용하는 것 그 이상이다. APA에 따르면, (a)평가, 진단적 판단, 체계적 사례 공식화, 그리고 처치 계획하기, (b)임상적 의사결정, 처치 실행, 그리고 환자 진척 상황 모니터링, (c)대인적 전문성, (d)지속적인 자기반성과 기술 습득, (e)기초 심리학과 응용 심리학 모두의 연구 결과를 적절히 평가하고 활용하기, (f)개인차와 문화 차이가 처치에 미치는 영향을 이해하기, (g)필요할 때, 가용한 자원을 활용하기(예 자문, 보완적 또는 대안 서비스), 그리고 (h)임상 전략들에 대한 설득력 있는 근거를 가지고 있기 등이 임상 전문성에 포함된다. 임상 전문성은 증거와 양립할 수 없는 것이 아니며, 오히려 처치에 관하여 결정해야 할 때, 연구결과를 주의 깊게 사용해야 한다는 의미를 갖고 있다.

세 번째 축은 정신건강 서비스 수혜자의 특성과 그들이 살고 있는 사회적 그리고 문화적 맥락을 고려한다. APA에 따르면, EBPP는 "서비스가 환자의 구체적 문제, 강점, 성격, 사회문화적 맥락, 그리고 선호에 잘 맞을 때(responsive) 가장 효과적"(p.284)이라는 것을 인정한다. 고려해야 할 중요한 변인으로는 기능 수준, 변화 준비도, 사회적 지지, 발달사, 사회문화적 맥락, 현재의 환경 맥락, 그리고 환자의 개인적 선호와 가치가 있다.

처치에 초점을 두는 것을 피하고자 하는 APA의 노력에도 불구하고, 정신건강분야에서 EBPP는 종종 처치만을 지칭하는 것으로 해석된다. "증거 기반" 처치라는 용어의 변종을 드물지 않게 볼 수 있다. 예를 들면, Weisz, Jensen-Doss, 그리고 Hawley(2006)는 "증거 기반 청소년 심리치료법들"을 언급했다. APA의 12분과(임상심리학)는 EBPP에 연구 증거가 포함되어야 한다고 강조하면서 "연구에 의해 지지되는 심리학적 처치들"(http://www.psychologicaltreatments.org/)의 목록을 만들었다. 12분과가 "심리적 처치에 대한 연구 증거"를 강조하기 위해 선택한 것이 바로 그것이었다. "강력한 연구"와 "어느 정도의 연구로 지지되는"이라는 준거는 원래의 ESTs 준거와 동일하다. 이 웹 사이트에 따르면, 이 처치 목록은 "경험적으로 지지되는 처치들 초판을 최신판으로 갱신한 온라인 버전"이며 장애별로 조직화되어 있다.

각 장애에 맞는 치료법이라는 도식에 저항하는 움직임도 존재한다. 이런 움직임은 DSM 분류 도식에 대한 불만족, 각 장애에 대한 다른 치료법을 익히는 일의 실현불가능성, 다양한 연관된 장애들 간 유사성에 기반을 두고 나타났다. Barlow와 그의 동료들은 범진단(trans-diagnostic) 처치 프로토콜을 개발하였다.

> 우리는 주요 정서 장애들에 공통적이라 생각되는 세 가지 주요 요소를 표적

(target)으로 하는 치료 프로토콜을 개발하였다. 이 치료 프로토콜은 잘못된 인지적 평가를 재구조화하기, 장애 정서와 연관된 행동 경향성 변화시키기, 그리고 정서적 회피 예방 및 정서적 노출 촉진하기로 구성되어 있다.

(Moses & Barlow, 2006, p.148)

심리치료의 발달을 이론적으로, 맥락적으로(즉, 의학과 관련하여), 그리고 경험적으로 논의했다. 이제 우리는 이 지점에서 발전과 누락에 대한 분석을 향해 나아간다.

5. 발전과 누락

의학은 생명연장, 다양한 질병의 퇴치, 수많은 감염성 질환에 대한 예방접종, 그리고 만성 질환의 관리를 위한 성공가능성 있는 처치법 등에서 승리를 거두었다. 연구방법의 발달, 특히 무선할당 설계와 위약 통제집단은 의학의 유물론적 입장을 지지하였고, 특정 장애에 효과가 있는 약물을 승인하는 데 필수적이라 할 수 있는 특정성 여부를 결정하기 위해 필요 불가결한 도구가 되었다.

역사적으로 의학과 엮여있는 심리치료 또한 발전해 왔다. 심리치료는 미국의 세속적 영역과 영적 영역에서 기원하였지만, 의학과의 연합을 통해 정당화되었다. 심리치료가 비효과적이라고 비판받았을 때, 무선할당 설계와 메타분석은 심리치료의 효과를 보여 주고, 그것의 가치를 지킬 수 있을 만큼 충분히 강력했다. 심리치료는 미국에서 그리고 많은 다른 나라들에서 건강 관련 서비스 전달 체계의 변방으로 격하되는 것을 피하였다. 상당히는 치료법들이 특정한 장애들에 효과가 있다는 것을 보여주는 증거를 수집한 덕분이었다. 많은 맥락에서 받아들여지고 있는 처치로서 심리치료는 백년 넘게 환자들에게 이익을 주었다. 미국 및 다른 여러 나라 시민들의 정신건강에 대한 기여는 과소평가 되지 말아야 한다.

그러나 발전에는 비용이 따르는 법이다. 이 장의 나머지 부분에서 간략히 열거된 누락된 측면들은 이 책의 많은 부분에서 논의의 초점이 된다.

1) 영적 측면 및 인본주의적 측면

미국에서 심리치료는 영적 및 종교적 영역에서 기원하였다. 20세기 초반 심리치료와 의료계의 연합은 이런 영향을 감소시켰다. 프로이트가 클락 대학교를 방문하기 전에는 의사, 목사, 그리고 심리학자들이 "신체적, 정신적, 영적 건강"을 다루었던 엠마누엘 운동과 연합하고 있었다(Caplan, 1998, p.123). 그러나 특정 장애에 대한 처치들 및 증상에 대한 초점으로 강조점이 바뀌자 영적 건강은 쓸모없는 것으로 버림받았다(Taylor, 1999). 영성 및 존재와 관련한 많은 문제들을 제기했던 인본주의 심리치료는 20세기 중반, 짧은 기간 동안 인기를 누렸으며, 동기강화면접(Motivational Interviewing; Miller & Rollnick, 2012) 및 정서 초점 치료(Emotionally Focused Therapy; Greenberg & Watson, 2005)와 같은 처치에 그 흔적이 남아 있다. 그러나 현재 실무적으로 활용되고 있는지 그리고 연구와 다른 학문적 원천에서 존중받고 있는지의 관점에서 보면, 이 접근은 대체로 주류에서 벗어나 있다. 대다수의 미국인들은 스스로를 종교적 또는 영적이라고 간주한다. 그러나 대체로 심리치료는 세속적이고 도덕과는 상관없는 치유 방법이 되었다.

심리치료를 받는 사람의 경험을 무시하고 그 대신 환자의 병리에 초점을 두는 것은 심리치료의 영적 측면과 관련되어 있는 문제이다. 무선할당 설계의 발달은 실험자와 자극을 경험하는 사람 사이의 밀접한 관계(즉, Wundt와 그의 학생들)에서 의사-환자 관계(즉, 프랑스의 의사들과 그들의 "대상들")로, 그리고 모르는 사람인 대상(즉, 정신 능력에 대한 영국의 경험적 연구들)으로의 이행을 나타낸다. 영국의 사회 통계학자들은 또한 비정상성을 나타내기 위해 어떤 특성의 연속적 분포를 활용한다는 아이디어를 소개하였다. 이 아이디어는 대부분의 심리치료 임상실험의 토대를 형성하는데, 여기서 성과 측정도구는 연속 척도상에서 측정된 증상들로 구성된다. 이는 이상적 자기와 관련하여 자기개념 및 성격변화를 검토하는 것에서 이탈했음을 나타내는데, 인본주의 전통에서 수행된 첫 경험적 연구의 필요불가결한 부분이었다(Rogers, 1951b를 보라). 심리치료가 성장의 기회 또는 의미를 만드는 기회라는 생각은 심리치료에 대한 현재의 경험적 연구에서 심각히 고려되고 있지 않다.

2) 문화와 맥락

역사적으로 흑인들이 다니던 의과대학은 20세기 초에 일곱 개 있었다. 그러나 1910년에 나온 Flexner 보고서에 제시된 권고에 따라 대부분이 문을 닫아야 했다(Howard University, Meharry Medical College, 그리고 Morehouse College가 살아남았다). Flexner 보고서가 나온 후의 강화된 기준을 충족하기에는 불충분한 지원을 받았기 때문이었다. 그 결과 아프리카계 미국인 의사를 훈련시킬 기회가 제한되었으며, 그에 따라 아프리카계 미국인이 의료 서비스에 접근할 기회 또한 제한되었다. 이런 의과대학이 사라졌다는 것은 의사 직업이 본질적으로 상당한 재력(substantial means)을 가진 유럽계 미국인 남성의 영역이었다는 것을 상징적으로 보여준다. 문화와 맥락은 대체로 무시되었다. 반면 처치와 보편적인 생물학적 과정에 대한 과학적 발견에 강조가 주어졌다. 미국의 다양한 집단들 간 유의한 정도의 건강 불균형이 존재한다는 것은 부분적으로 인종, 국적, 그리고 사회계급과 같은 사회적 맥락에 존재하는 인간에 초점을 두기보다 질병에 초점을 둔 데 따른 결과로 파악될 수 있다.

의학과 밀접한 관계를 갖고 있는 심리치료는 문화와 맥락을 일반적으로 무시하는 의학과 동일하지는 않다 하더라도 최소한 비슷한 모조품을 만들어 냈다. Mays와 Albee(1992)는 미국 심리치료 100년의 역사를 리뷰한 논문을 "인구학적 사실에서 출발해 보자. 인종적 소수 집단에 속한 사람들은 전체 인구에서 그들이 차지하는 비율에 비추어 보았을 때 전통적인 심리치료의 주 이용자도 아니고 공급자도 아니다"(p.552)는 말로 시작한다. *Journal of Consulting and Clinical Psychology*의 특별호(Kendall, 1998)는 다른 요소를 배제하고 처치/장애명에만 초점을 둔 것으로 유명하다. 즉, 아동, 청소년, 성인, 가족 및 부부, 그리고 건강 영역의 ESTs 리뷰 및 방법론 논문들에서 단지 두 편의 논문(즉, Baucom et al., 1998; Kazdin & Weisz, 1998)만이 문화, 인종, 또는 국적을 중요한 고려할 점으로 언급했을 뿐이었다.[3] 과거 10년 사이에 다문화 상담 및 다양한 집단의 사람들이 대상이 되는 서비스 전달에 관한 관심이 되살아났다. APA는 EBPP를 논의하면서 환자의 특성과 맥락을 강조하였다(APA Presidential Task Force on Evidence-Based Practice, 2006). 그러나 이는 비교적 최근에 일어난 일이다. 문화가 고려될 때조차 개입은 다른 어떤 것보다 중요한 것으로 남아 있다(Lau, 2006; Huey, Tilley, Jones, & Smith, 2014를 보라). 이 책에서는 문화와 맥락이 심리치료의 제 측면들과 뗄 수 없을 정도로 얽혀 있다고 본다.

3) 공통요인과 심리치료 과정

심리치료의 태동기부터 처치들 간의 차이에 초점이 맞추어져 왔다. Norcross와 Newman(1992)은 다음과 같이 기술하였다.

> 심리치료에서 이론 간의 경쟁은 특별하지도 않지만 프로이트까지 거슬러 올라갈 만큼 오랜 역사를 가지고 있다. 이 분야의 초창기에 치료 체계들은 마치 서로 싸우는 형제자매들처럼 "먹고 먹히는" 환경에서 관심과 애정을 놓고 경쟁하였다 … 서로 경쟁하는 이론들을 옹호하는 사람들 사이의 상호 적대감과 유치한 모욕의 교환은 그 당시의 일상이었다.
>
> (p.3)

프로이트는 자신의 치료법이 옳으며, 아들러, 융, 그리고 한때 그의 제자였던 다른 사람들의 치료법은 모두 틀렸다고 주장하였다. 행동주의자는 프로이트를 따르는 사람들을 낮게 보며 비과학적인 정신 구인을 만들어 내는 사람으로 간주하였다. 인본주의자들은 프로이트를 따르는 사람들과 행동주의자들이 인간 발달에 관해 비관적인 또는 기계적인 관점을 가지고 있다고 생각했다. 이들은 인간이 가지고 있는 자기실현 속성에서 희망을 발견하였다. 임상실험의 도래와 ESTs의 확립은 몇몇 처치를 특별한 권한을 가진 것으로 규정하려는 노력을 심화시켰을 뿐이었다.

심리치료의 역사 초기에도, 비록 그 힘은 약했지만 최선의 처치(또는 더 나은 처치의 범주)를 확정하려는 노력은 잘못된 것이라고 주장하는 목소리가 있었다. 1936년 Saul Rosenzweig는 그 당시 여러 치료법은 차이에도 불구하고 성과는 일반적으로 비슷하다는 것에 주목하였다.

> 자신의 사례를 성공적으로 치료했다면, 이론에 대한 자부심이 강한 사람은 자신이 믿고 있는 이데올로기(즉, 이론)가 옳은 것으로 판명되었으며, 그 외의 이론은 모두 틀렸다고 암묵적으로 표현한다. 공개적으로 말을 하지는 않는다 하더라도 말이다. [그러나] 의도적으로 활용되는 방법들과 의식적으로 갖고 있는 이론적 기반 외에도, 치료 상황에서는 인식되지 않은 요인들이 존재할 수밖에 없다는 것을 곧 깨닫게 된다. 이 요인들이 의도적으로 활용되는 것들보다 훨씬 더 중요할 수 있다.
>
> (p.412)

동화 "이상한 나라의 앨리스"에는 모든 주자들이 자신이 원할 때 출발하고 자신이 원할 때 멈추는 경주에 대한 얘기가 나온다. Rosenzweig는 다양한 심리치료법들 사이의 경쟁을 묘사하기 위해 이 경주를 언급하며 다음과 같은 은유를 활용하였다. "마침내 도도새(Dodo bird)는 말했다. '모두 다 이겼다. 그래서 모두 다 상을 받아야 한다.'" 심리치료 효과의 일반적 동등성을 일컬어 '도도새 효과'라 한다. Rosenzweig의 인식되지 않은 요인들은 '공통요인'으로 지칭되어 왔으며, 모든(또는 최소한 대부분의) 심리치료에 공통적으로 존재하는 측면들을 나타낸다. 여기에는 희망, 기대, 치료사와의 관계, 믿음, 그리고 교정 정서경험 등과 같은 측면이 포함된다.

그동안 공통요인에 대한 몇몇 이론적 논의가 있어 왔다. 그럼에도 불구하고, 다음 장에서 논의될 다양한 공통요인 모델은 주변부에 머물러 왔다. 이 모델들이 가장 많이 받아들여진 때는 이 모델들과 가장 밀접하게 관계된 인본주의 처치 또한 비교적 인기가 좋았던 시기 동안이었다. 공통요인에 효능을 부여하는 것은 위약 효과 때문에 의약품이 효과가 있다고 말하는 것과 같다. 물론, 이런 말은 현대 의학의 근본적 가정에 매우 치명적일 것이다. 특정한 처치를 옹호하는 사람들은 공통요인이 효과의 원인일 것이라는 설명에 계속 저항해 오고 있다. 공통요인을 심리치료 효과의 원인으로 받아들이는 것은 이 분야에서 개념화하여 공공에 제시하고 있는 현대 심리치료 이론의 전체 발판을 붕괴시킬 것이다. 그래서 심리치료 분야는 처치의 우선성을 확립하려 시도했으며, 위약 통제 집단과 연구 설계들을 이용하여 심리치료의 효과를 설명하는 핵심 요소로서의 공통요인의 역할을 배제하려 하였다(8장을 보라).

공통요인 모델과 밀접히 관련되어 있는 것은 심리치료 과정과 관련된 가설들을 기술하고 검증하려는 시도들이다. 심리치료 과정이란 심리치료 회기 내에서 일어나는 일과 이런 일들이 환자를 변화시키는 방식을 지칭한다. 과정연구의 역사는 내담자 중심 상담 회기를 녹음하여 전사한 Rogers로 거슬러 올라갈 수 있다(Rogers, 1951b를 보라). 이후 이런 방법은 널리 퍼지게 되었다. 어떤 과정 측면들에 대한 정보는 대인이론(예 Benjamin, 1994; Kiesler, 1996; Leary, 1955)과 같은 다양한 이론에 의해 보강되었다. 이런 과정 측면들은 특정한 치료 유형에서 일어나는 변화에 초점이 맞추어진 것(예 Greenberg & Webster, 1982)이거나 범이론적인 것(예 Hill, 1986)이었다. 그 외의 것들은 치료 과정에 대한 기술이거나 변화 에피소드에 대한 과제분석(Greenberg, 2007)과 같이 핵심 측면들에 초점이 맞추어진 것이었다. 그러나 과정연구는 시간이 가면서 특히, ESTs 시기 동안에 감소하였다(Godfried & Wolfe, 1996).

4) 변화를 일으키는 주체로서의 치료사와 적극적 참여자로서의 환자

심리치료에 대한 간략한 역사에서 드러난 누락들 중 마지막은 치료사 및 환자와 관련된 것이다. 무선할당 통제집단 설계의 발달에서 서비스 전달자의 역할을 생각해 보자. 교육에서 무선할당 설계는 교육 프로그램의 효과를 검증하는 수단이었다는 점을 기억하자. 수요자는 돈과 권력 모두를 소유한 교육 행정가들이었다. 반면 프로그램 제공자는 교사들이었는데, 대부분 임금이 낮고 지위도 낮은 여성들이었다(Danziger, 1990). 그래서 교사가 학생들의 성취에 미친 영향에 대해서는 거의 아무런 관심이 없었다. R. A. Fisher는 자신의 통계적 전문성을 농업 분야에 적용하면서, 토양, 비료, 작물의 다양성에 초점을 두었다. 농부들은 농업기술을 단일하게 적용할 수 있을 것으로 가정되었다. 그래서 최적의 농업은 최적의 농법을 활용하는 것과 관련이 있었다.

의학에서 의사로 귀인할 수 있는 성과 변산은 중요하지 않은 것으로 간주되었다. 보다 정확히 말하자면 그런 변산은 절대로 받아들일 수 없는 것이었다. 의학은 약물과 시술의 특정효과에 관심이 있다는 점을 기억하자. Mesmer가 불신된 것은 그의 처치가 효과가 없었기 때문이 아니라 이론적으로 상정된 동물 자기장 설명에 오류가 있었기 때문이었다. 위원회는 처치의 성공을 부분적으로 Mesmer의 카리스마에 귀인하였다. 위약통제집단 설계에서는 처치를 하는 사람 때문에 발생하는 효과를 배제하기 위한 맹검(blind)이 있다. 명백히, 의사로 귀인할 수 있는 변산의 정도는 관심 사항이 아니며, 의료에서는 오히려 문제가 되는 것이다. 흥미롭게도 Mesmer의 처치를 검증할 때, Mesmer는 한때 자신의 학생이자 조수였던 Charles Delson이 동물 자기 처치를 담당하는데 반대하였다. Delson의 역량이 부족하다고 느꼈기 때문이었다. 이에 대한 왕립위원회와 의료계의 반응은 카리스마, 따듯함, 또는 의사의 기술 등에 기인한 그 어떠한 효과도 부적절하다는 것이었다. 처치란 그것이 함유하고 있는 성분들을 통해 충분히 환자에게 이익을 줄 수 있어야 하는 것이기 때문이었다.

교육, 농업, 그리고 의료계에서 이루어지고 있는 처치에 대한 배타적인 초점과 제공자 효과의 회피는 심리치료 분야로 연장되었다. 심리치료 분야에서도 유사하게 치료사는 성과 분산의 중요한 원천으로 인정되지 않고 무시되었다(Wampold & Bhati, 2004). 심리치료에서 치료사 효과를 무시하는 데 따른 함의를 6장에서 보다 자세히 논의할 것이다. 또한 심리치료사에 기인한 성과 분산의 정도를 추정해 볼 것이다.

이와 유사한 누락은 환자의 역할과도 관련되어 있다. 무선할당 설계가 활용되는 각 장면에서 처치를 받는 단위들은 수동적인 대상들로 가정되었다. 의료계에서, 중요한 것은 약물의 농도가 치료적일 만큼 충분한지 여부이다. 처치에 환자가 얼마나 참여하는지(예 환자의 믿음)는 대체로 적절하지 않다. 임상실험에서 환자를 무선할당하는 것은 환자 변인들을 집단 간 비교가능하게 만드는 데 활용된다. 그래서 환자라는 잡음 요인(confounds)을 배제한다. 환자 변인에 대한 검토는 의학에서보다 심리치료에서 더 철저히 이루어진다. 그러나 심리치료 임상실험에서 처치 성과에 대한 점차 증가하는 관심은 환자 변인에 대한 무관심으로 이어졌는데, 이로 인해 환자를 치료의 핵심 요인이라고 주장하는 사람들은 불편한 마음을 갖게 되었다(예 Bohart & Tallman, 1999; Duncan, Miller, & Sparks, 2004).

6. 요약

이 장에서 우리는 심리치료 실무와 심리치료를 연구하는 데 활용되는 방법들의 역사를 살펴보았다. 확실히, 현재 수행되고 연구되는 바와 같은 형태의 심리치료는 의학과 밀접히 얽혀 있다. 심리치료는 발전해 왔으며, 세계 각국의 의료체계에서 정당한 자리를 차지하고 있는 처치가 되었다. 그러나 모든 발전에 그렇듯 중요한 측면들이 누락되어 있다. 이 책에서 주장하는 바는 심리치료의 몇몇 중요한 측면들이 무시되어 왔는데, 이로 인해 심리치료가 어떻게 작동하는지에 대한 이해, 정책, 그리고 실무에 부정적인 영향을 받고 있다는 것이다.

주석

1. (17쪽) 언어적으로 우연한 일치가 존재하는데, 그냥 재미로라도 살펴보자. "Gold"는 세 개의 서로 관련이 있는 것에서 수렴되었다. 첫째, Harry Gold는 무선할당 이중맹검 위약 통제집단 설계의 개발에 기여하였는데, 이것이 의학적 처치는 물론이고 심리치료의 효과를 확인하기 위한 "황금 기준(gold standard)"이 되었다. "맹검(blinding)"이라는 용어는 어디서 왔을까? 맹검은 한 브랜드의 담배가 경쟁사의 담배보다 더 우수하다는 것을 보여 주기 위해 "눈가리개 검사(blindfold test)"를 활용했던 텔레비전 광고에서 착안하여 Gold가 만든 용어이다. 그 광고에서 "대상"은 눈가리개를 하고 두 담배를 모두 피워본 후, 당시 인기 있는 담배 브랜드였던 "Old Golds가 더 좋아요"라고 말했던 것이다(Sharpiro & Shapiro, 1979b).
2. (31쪽) 흥미롭게도, 'ESTs' 운동에 기여한 몇몇 사람들은 특정성 준거를 삭제하는 것이 좋겠다는 제안을 하였다. "간단히 얘기해서, 어떤 처치가 어떤 이유로든 효과

가 있다면 … 그 처치는 임상적으로 가치가 있는 것일 테고, 그 처치를 활용한 좋은 사례가 나올 수 있을 것이다"(Chambless & Hollon, 1998, p.8). 그럼에도 불구하고, 효과성뿐 아니라 특정성을 보여줄 수 있는 처치는 "높이 평가될 것"이라고 하여, 특정성이 여전히 핵심적으로 중요하다는 믿음을 지속하였다. 이에 대해서는 이 장의 후반부에 논의할 것이다.

3. (36쪽) 문화라는 용어는 조심스럽게 사용되어야 한다. 심리치료는 특정한 문화에 배어있는 치유의 한 방법으로 검토되지 않았고, 다른 문화들에서 어떻게 작동하는지도 관심사가 되지 못했다. 심지어 다른 집단에 심리치료를 적용하는 경우들에서도 그랬다. 하나의 가정은 심리치료가 유럽과 미국에서 유럽인과 유럽계 미국인 맥락에서 개발되었다는 것이다. 이를 주의 깊게 분석해보면, 심리치료도 더 깊은 수준에서 구분된다는 것을 알게 된다. 프로이트 전통에서 나온 심리치료는 아쉬케나즈(Ashekenazic, 프랑스, 독일, 폴란드, 러시아 출신－역자 주) 유대인 전통, 특히 유태계 신비주의(Kabbalah)의 영향을 받았다고 주장된다. 게슈탈트 및 다른 인본주의 치료법들도 유태인들의 경험(예 홀로코스트)과 전통에 영향을 받았다. 다른 한편, 덜 반성적이며 보다 도구적이라 할 수 있는 행동 치료법들은 "백인"(즉, 기독교도) 유럽계 미국인 문화와 긴밀히 연결되어 있다(Langman, 1997).

Chapter 02

맥락 모델

사회적 치유 방법으로서의 심리치료

1장에서 언급했듯이, "공통요인"이라는 용어를 처음 사용하였던 Saul Rosenzweig는 공통요인이 심리치료의 이득을 낳는다고 제안했다(Duncan, Miller, Wampold, & Hubble, 2010). 그는 심리치료의 이득을 만들어낸다고 여겨지는 몇 가지 요인을 제시하였다. 그후 많은 사람들은 정확히 공통요인이 무엇이며, 어떻게 작동하는지 기술하려 했다. 이 장에서는 특정한 이론으로부터 심리치료를 이해하려는 것이 아니라 그런 접근의 대안들을 검토하려 한다. 특히, 이들 대안 중 맥락 모델에 초점을 둘 것이다. 그러나 의학 모델에 대한 이들 대안을 검토하기 전에 심리치료의 증거를 이해하고 해석하는 데 필요한 몇 가지 정의 및 철학적인 문제를 검토하려 한다.

1. 정의와 용어

1) 심리치료의 정의

여기에 사용된 심리치료의 정의는 논쟁의 여지가 없으며, 이후에 검토될 의학 모델 혹은 맥락 모델과도 일치한다. 이 책에서는 다음과 같은 정의가 사용된다.

> 심리치료는 일차적으로 대인관계에서 이루어지는 처치이다. 심리치료는 (a)심리적 원리에 기반을 두고 있다, (b)정신장애, 문제 혹은 불만족 때문에 도움을 구하는 내담자와 훈련된 치료사가 관여한다, (c)치료사에 의해 내담자의 장애, 문제 혹은 불만에 대한 치유 의도로 활용된다, (d)특정 내담자와 그 내담자의 장애, 문제, 혹은 불만에 맞게 또는 개별화되어 적용된다.

심리치료는 대인관계에서 이루어지는 처치라고 정의된다. 치료사와 내담자 간 대인관계 상호작용을 포함하지 않는 심리학적 처치들(예를 들면, 독서치료, 내담자가 치료사 없이 녹음테이프를 사용하여 실시하는 체계적 둔감법, 혹은 내담자가 치료사와 상호작용하지 않는 인터넷 기반 치료)은 이 정의에서 제외된다. 상담사 없이 수행되는 독서치료, 이완 테이프 듣기, 또는 과제하기 등과 같은 활동을 보조적으로 활용하는 치료법은 이 정의에서 제외되지 않는다는 것을 명시하기 위해 **일차적**이라는 형용사가 사용되었다.

아마도 심리치료는 적어도 최소한 어느 정도의 기술 수준을 갖추어야 함을 요구하는 전문 활동이다. 따라서 이 정의에 따르면, 치료사는 전문적으로 훈련받아야 한다. 심리치료 분야에서 치료사의 훈련 정도와 치료성과 간의 관계가 정해진 것은 아니기 때문에 훈련의 양이 특정되지는 않는다. 그러나 특정한 형태의 치료를 수행하고 있는 치료사라면 받았을 전형적인 훈련을 치료사가 받아야 한다. 또한 내담자는 치료사가 자신을 돕기에 충분한 훈련을 받았다고 믿어야 한다.

심리치료는 전통적으로 치유적인 것으로 여겨져 왔다. 내담자의 고통을 없애거나 감소시키기 위해서 고안된 처치라고 여겨져 왔기 때문이다. 그래서 이 정의는 내담자가 장애, 문제, 혹은 불만을 가지고 있어야 함을 전제한다. 따라서 예방 프로그램 혹은 예방적 개입은 심리치료라고 볼 수 없다. 심리치료에 대한 이 정의에서 내담자는 도움을 구해야 한다. 즉, 도움을 구하지 않는 사람들에게 제공되는 다양한 개입은 이 정의에서 제외된다. 누군가에게 장애 발병의 위험이 있고, 그 사람이 스트레스를 느끼는지 여부와 상관없이, 그리고 사회심리적 과정(예 트라우마를 경험한 사람들을 위한 중대 사건 스트레스 설명회)에 참여하기를 원하는지 여부와 관계없이 주어지는 개입이 이에 속한다.

심리학적 기반이 없는 처치는 포함되지 않는다. 내담자와 임상가가 효과성을 확신하면 비심리학적 처치도 이로울 수 있다. 비술(occult), 정신건강과 행동에 대한 토착 원주민의 문화적 신념, 뉴에이지 아이디어(예 약초 치료), 종교 의식(예 기도 혹은 신앙치유)에 기반한 처치도 맥락모델에서 가설적으로 제시하고 있는 몇 가지 기제로 인해 효과적일 수 있다. 그러나 이런 처치는 심리치료가 아니며, 이 책에서 고려하지도 않을 것이다. 이런 처치들이 일반 사회과학자들 특히, 심리학자들의 관심사가 아니라는 의미는 아니다. 단순히, 여기서 고려되는 심리치료는 심리학적 원리에 근거한 치료에 국한된다는 의미이다. 심리치료가 효과적인 이유는 서양 문화가 그런 활동에 가치를 두기 때문이지 특정 성분의 효과성 때문이 아니라는 점이 드러날 것이다. 그러나 그렇다고 해도 심리치료가 정의되는 방식이 바뀌지는 않는다.

이 정의에서 치료사는 치료가 효과적이 되도록 의도해야 한다. 맥락모델에서 처치의 효과성에 대한 치료사의 믿음은 필수적이다. 5장에서 처치의 효과성에 대한 믿음이 성과와 관련된다는 증거가 논의될 것이다.

이 정의에서는 내담자라는 용어가 사용된다. 그러나 어떤 맥락에서는 환자라는 용어가 일반적으로 사용된다. 환자라는 용어는 의학 모델에 따른 개념화를 시사하지만, 그래도 두 용어 모두를 동일한 의미로 사용할 것이다.

2) 용어

이어질 내용은 심리치료 처치들의 다양한 구성요소 및 관련 개념들 간의 구분에 대한 것이다. 수년에 걸쳐, Brody(1980), Critelli and Neumann(1984), Grünbaum(1981), Shapiro and Morris(1978), Shepherd(1993) 및 Wilkins(1984) 등이 이러한 개념들을 이해하기 위한 다양한 시스템을 제안해왔다. 용어들이 정확하지 않게 사용되면, 증거에 관한 혼란이 가중된다. 따라서 이 책에서 용어들을 가능한 정확하게 정의하여, 증거가 제시될 때 혼란스럽지 않게 할 것이다. 서로 경쟁하는 두 모델을 제시하기 위해 전문적이기는 하지만, Grünbaum(1981)의 논리와 용어를 사용할 것이다. 그의 논리와 용어는 일관성과 엄격함이 있기 때문이다. 여기서 우리는 표기법과 용어를 설명하고, 보다 보편적으로 사용되는 용어로 바꾸어 볼 것이다.

Grünbaum(1981)의 설명은 다음과 같다:

> [장애] D를 치료하기 위해 특정 처치 양식(modality) t의 사용을 옹호하는 치료 이론 ψ는 t를 적용한 것으로 인증할 수 있는 처치과정에는 반드시 어떤 특징적 요소 F가 포함되어 있어야 한다고 주장한다. 그 처치과정은 ψ에 따라 t를 포함하고 있다는 인증도 받지만, ψ가 지목하는 특징적 요소 F 이외의 구성요소 C를 전형적으로 가질 것이다. 그리고 요소 F가 D에 치료적이라고 주장할 때, ψ는 하나 또는 그 이상의 비특징적 구성요소 C의 존재를 인지할 수 있는데, 이를 "부수적"이라고 부를 것이다.
>
> (p.159)

치료 이론 ψ의 한 예로 정신역동 이론을 들 수 있다. 이때 특정한 처치 양식(modality) t는 ψ에 기반을 둔 정신역동 치료법들 중 한 가지가 될 수 있다. 처치 t는 우울과 같은 어떤 장애 D를 치유하는 데 적용될 수 있다. 이 처치는 t의 특징이 되며 ψ와 모순되지 않는 구성요소 F 중 몇몇을 가지고 있다. 이 시점에서 이를 구체화하는 것이 도움이 될 것 같다. 이를 위해 Waltz, Addis, Koerner, Jacobson(1993)이 치료적 활동을 네 가지로 범주화한 것을 검토한다. 이들의 범주 네 가지는 (a)독특하고 필수적임, (b)필수적이지만 독특하지는 않음, (c)수용 가능하지만 필수적인 것은 아님, (d)금지됨이다. Waltz 등이 제시한 정신역동 및 행동치료의 네 가지 범주의 치료적 활동들의 예는 <표 2.1>에 제시되어 있다. Grünbaum(1981)의 특징적 구성성분은 Waltz 등의 독특하고 필수적인 치료 활동과 유사하다. 유관계약(contingency contract)을 형성하는 것은 행동치료에서 독특하고 필수적인 활동이고(<표 2.1> 참조), 그것은 조작적 조건화 이론의 특징이다. 이론적으로 도출된 활동을 지칭하기 위해 보편적으로 사용되는 용어는 특정 성분이다. 따라서, 특징적 구성성분, 독특하고 필수적인 활동, 그리고 특정 성분은 모두 본질적으로 동일한 개념을 지칭한다. 이 책에서는 대부분의 경우 특정 성분이라는 용어가 사용될 것이다.

Grünbaum(1981)은 또한 이론적으로 중심이 아닌 각 처치의 부수적인 측면을 언급했다. 공통요인 접근은 모든(혹은 대부분의) 처치에 공통적으로 나타나는 것으로 보이는 치료관계와 같은 치료요소를 지목하고, 공통요인이라고 부른다. 이 접근에 대해서는 이 장의 후반부에 논의할 것이다. 공통요인은 대개 부수적이다. 그러나 공감과 같은 공통요인은 강박장애 치료를 위한 노출 및 반응방지법에서는 부수적일 수 있지만, 동기강화면접(MI)과 같은 처치에서는 그 처치의 특징이 된다(Miller & Rose, 2009). 또한 부수적(이론의 특징이 아닌)이지만 모든 치료법에 공통적이지는 않은 치료의 측면들도 있을 수 있다. 이런 예를 문헌에서 찾는 것은 쉽지 않지만 말이다. 따라서 공통요인이라는 용어는 부수적인 측면들과 교환될 수 있는 의미로 사용될 것이다. Waltz 등(1993)의 분류에서, "필수적이지만 독특하지 않음"과 "수용 가능하지만 필수적인 것은 아님" 범주에 해당하는 치료활동 중 몇몇은 이론적으로 부수적이면서 동시에 공통적이다(표 2.1을 보라). 예를 들어, 행동치료와 정식역동치료, 그리고 많은 다른 치료법에서는 모두 치료동맹의 형성, 목표설정, 공감적으로 경청하는 치료사, 그리고 종결 계획이 있다. 따라서 부수적인 측면과 공통요인은 필수적이지만 독특하지 않은 혹은 수용 가능하지만 필수적이지는 않은 활동이다. 여러 문헌에서 공통요인이 주로 사용되는 용어이기 때문에 이 용어가 이 책에서 두드러진 부분을 차지할 것이다. 그러나 이론적으로 핵심이 되지 않는 성분이라는 의미를 풍기는 **부수적 측면**이라는 용어도 또한 사용될 것이다. 앞으로 볼 것이지만, 공통요인이라는 용어는 잘못 이해되고 있으며, 심지어는 경멸적인 의미로 사용되기도 한다.

▼표 2.1 네 가지 범주의 치료적 활동의 예

정신역동 치료	행동 치료
독특하고 필수적인 성분들	
무의식적 결정인자에 초점을 둠	숙제를 부과함
현재 문제의 역사적 원인으로 내재화 된 대상관계에 초점을 둠	회기 중에 주장 훈련을 함
어린 시절 발생한 외상의 고통을 피하기 위해 사용했던 방어기제에 초점을 둠	유관계약을 맺음
저항 해석	
필수적이지만 독특하지 않음	
치료 동맹을 맺음	치료 동맹을 맺음
처치 목표를 설정함	처치 목표를 설정함
공감적으로 경청함	공감적으로 경청함
종결을 계획함	종결을 계획함
아동기를 탐색함	아동기를 탐색함
수용 가능하지만 필수적인 것은 아님	
바꾸어 말하기	바꾸어 말하기
자기개방	자기개방
꿈 해석	아동기 탐색
처치의 필요성 설명	
금지됨	
향정신성 약물을 처방함	향정신성 약물을 처방함
과제를 부과함	행동의 무의식적 결정인자에 초점을 둠
회기에서 주장훈련을 함	현재 문제의 역사적 원인으로 내재화된 대상관계에 초점을 둠
유관 계약을 형성함	어린 시절 발생한 외상의 고통을 피하기 위해 사용했던 방어기제에 초점을 둠
증상을 처방함	저항을 해석함

출처: J. Waltz, M. E. Addis, K. Koerner, and N. S. Jacobson(1993). Testing the integrity of a psychotherapy protocol: Assessment of adherence and competence. *Journal of Consulting and Clinical Psychology, 61,* p.625. Copyright 1993 by the American Psychological Association. Adapted with permission.

명확히 하지 않으면 계속해서 혼란을 초래할 용어의 한 측면이 있다. 처치 t가 장애 D(Grünbaum의 용어로)에 치유적이라면, 그 치료는 이득을 준다고 단순하게 얘기될 수 있다. 그러나 특징적인 구성요소(예 특정 성분)가 관찰된 이득의 원인이라고 말할 수는 없다. 따라서 심리치료의 언어는 원인과 결과라는 구인을 구별해야 한다(Cook & Campbell, 1979를 보라). 심리치료의 특정 성분과 부수적 측면들은 유익한 성과를 유발할 수도 있고, 유발하지 않을 수도 있는 처치 요소이다. 그래서 추정적인 원인 구인이다. 심리치료 처치는 특정성분과 부수적인 측면들을 모두 포함하고 있는데, 모두 혹은 둘 중 하나가 치료적일 수 있고, 둘 다 치료적이지 않을 수도 있다. 특정 효과라는 용어는 특정 성분에 의해 생긴 이득을 지칭한다. 반면에 일반 효과는 부수적인 측면들(예 공통요인들)로 인해 생긴 이득을 지칭한다. 특정 성분과 부수적인 측면 두 가지 모두가 치료적이라면, 특정 효과(예 특정 성분에 의해 발생한 것들)와 일반 효과(예 부수적인 측면에 의해 야기된 것들)가 있게 된다. 치료가 효과적이지 않다면, 비록 심리치료의 특정성분과 부수적인 측면이 존재한다고 해도, 특정 효과도 일반 효과도 존재하지 않는다. 다음은 이해에 도움을 주기 위한 것이다. 화살표는 인과성을 나타낸다.

특정 치료성분 → 특정 효과
공통요인(부수적 측면) → 일반 효과

우리는 심리치료의 유익을 만들어내는 구성요소를 가리킬 때 그것이 특정 요인이든 공통요인이든 관계없이 **치료 요소**라는 용어를 사용하기로 한다.

효과(특정 효과와 일반 효과)는 구분될 수 없다. 이것은 단지 부정확한 관찰의 문제가 아니다. 인식론적으로 이들은 같은 것이다. 원인만 다를 뿐이다. 물론 특정성분은 공통요인이 일으키는 효과(예 웰빙의 증가)와는 다른 효과(예 증상의 감소)를 유발할 수 있다. 이는 흥미로운 문제인데, 좀 더 명료화될 필요가 있다. 그러나 위에 언급한 것처럼, 전형적으로 '공통'이라고 이름 붙여질 일부 치료요소들은 어떤 처치에서는 '특정'이라고 이름 붙여진다(예 MI에서의 공감). 그래서 이 효과는 특정이라고도 혹은 공통이라고도 이름 붙여질 수 있다. 따라서 이런 일반적인 구분은 단지 설명을 위한 것이다. 본질적으로, 이 책의 목적은 연구를 통해 나타난 증거를 검토함으로써 심리치료의 치료요소를 확인하는 것이다. 간단히 말해, 무엇이 심리치료의 효과를 만드는가?

특정한 용어를 채택하게 되면, 특정 성분, 부수적 요인, 그리고 그것의 효과를 기술하기 위해 사용되는 활성 성분, 필수 성분, 비특정 성분, 비특정 효과, 위약 효과(위약 약물 효과의 경우에서는 제외, 7장 참고)와 같은 용어들은 회피된다는 점에 주목할 필요가 있다. 특정 성분을 일컬을 때 흔히 사용되는 용어인 활성 성분과 필수 성분은 특정 성분이 치료적이라는(예 특정 효과가 있음) 부적절한 함의를 줄 수 있다. 즉, 특정 성분이 효과를 일으키는지 아닌지는 경험적으로 확인해야 하는 문제이다. 비특정 성분이나 비특정 효과들은 부수적 요인이나 공통요인이 특정 성분보다 열등하다는 것을 의미하기 때문에 회피된다. 7장에서 논의할 위약 효과는 흔히 치료의 핵심 요소와 무관한 경로로 유발된 효과로 폄하된다. 예를 들면, (강력한 효과를 갖는 것으로 나타나고 있는 공통요인인) 치료동맹이 낳는 효과는 비특정 효과 혹은 위약 효과로 지칭됨으로써 폄하된다. 여기에서는 "일반 효과"라는 용어가 사용된다. 언어적으로 그리고 논리적으로 대조가 되는 "특정 효과"와 비교될 것이기 때문이다.

우리는 이제 이 책에서 탐색될 두 개의 모델(의학 모델과 맥락 모델)을 적절한 추상화 수준에 위치시키고자 한다.

2. 추상화 수준

심리치료는 대단히 복잡한 현상이므로 추상화 수준을 결정하는 것은 다소 어렵다. 그럼에도 불구하고, 이 책의 핵심 주제를 이해하기 위해서는 다양한 수준에 대한 짧은 논의가 필요하다. 여기에서는 4개의 추상화 수준이 제시된다. 치료기법, 치료전략, 이론 접근, 메타이론 모델이 그것이다. 이 4개 수준들은 서로 뚜렷하게 구분되지는 않는다(즉, 그들 간의 경계는 분명치 않다). 모든 연구 문제와 이론적 설명 각각을 4개 수준 중 단 하나로 분류하는 것은 불가능할 것이다. 어떤 연구는 4개 수준 중 어느 하나와도 잘 맞지 않는 질문을 검토하였고, 다른 연구는 두 개 이상의 수준에 걸쳐 나타나는 질문을 검토했다. 그럼에도 불구하고 의료 모델과 맥락 모델을 대조하는 이 책의 주제가 메타이론 수준에서 어떻게 존재하는지 이해할 필요가 있다. 이 수준의 추상화에서, 심리치료 연구에 의해 생성된 다양한 연구의 결과는 하나의 결론으로 수렴된다. Goldfried(1980)가 제시한 세 가지 추상화 수준과 더 높은 네 번째 추상화 수준이 <표 2.2>에 요약되어 있다.

▼표 2.2 심리치료 및 관련 연구문제의 추상화 수준

추상화 수준	연구 단위의 예	연구문제	연구설계
기법 (예 특정 성분)	• 해석 • 부적응적 사고 논박 • 실제(in vivo) 노출	• 어떤 하나의 기법 혹은 일련의 기법들이 치료 효과성에 필수적인가? • 능숙하게 적용된 기법의 특징은 무엇인가?	• 요소 설계(해체 및 추가 설계) • 파라미터 설계 • 위약 통제집단이 있는 임상실험 (한 처치 내에서) 기법과 성과 간의 관계를 검토하는 수동 설계
전략	• 교정경험 • 우울증 환자를 위한 (행동)활성화	• 전략들은 모든 심리치료에 공통적인가? • 전략들은 변화에 필요하고 충분한가?	• (여러 처치들 간) 기법과 성과 간의 관계를 검토하는 수동 설계
이론 접근	• 인지행동 접근 • 대인관계 접근 • 정신역동	• 특정 처치는 효과적인가? • 특정 처치는 다른 처치보다 더 효과적인가?	• 무처치 통제집단이 있는 임상실험 • 성과비교 임상실험(처치 A vs. 처치 B)
메타이론	• 의학 모델 • 맥락 모델	• 어떤 메타이론이 일련의 축적된 연구결과들을 가장 잘 설명하는가?	• 연구결과 통합

출처: M. R. Goldfried(1980). Toward the delineation of therapeutic change principles. *American Psychologist, 35*, 991-999. Copyright 2001 by the American Psychological Association. Adapted with permission.

Goldfried(1980)가 논의한 가장 높은 수준의 추상화는 이론 틀과 이에 부수되는 심리치료에 대한 개별접근들, 그리고 이들이 갖고 있는 이면의 인간 본성에 대한 철학적 관점(때로 암묵적이지만)이다. Grünbaum(1981)의 용어로, 이것은 치료이론과 특정한 처치 양식 t 수준이다. <표 2.2>는 심리치료의 세 가지 이론 접근법(즉, 인지행동, 대인관계, 정신역동)을 제시하고 있다. 그러나 문헌에서 제안되고 옹호되고 있는 많은 변이를 고려한다면 어림잡아도 500개 이상의 심리치료 접근법이 존재한다고 할 수 있다(Kazdin, 2000; Goldfried & Wolfe, 1996 참조). 이 추상화 수준에서는 연구자 간 혹은 실무자 간 의견의 일치란 거의 존재하지 않는다. 특정한 접근을 옹호하는 사람은 자신의 이론 입장을 방어하고, 자기 일(처치—역자 주)의 효과성을 지지하는 연구를 인용할 수 있다. 예를 들면, 최근의 개관연구는 행동치료(Emmelkamp, 2013), 인지 및 인지—행동치료(Hollon & Beck, 2013, Tolin, 2010), 정신역동 접근(Barber, Muran, McCarthy, & Keefe, 2013; Shedler 2010), 경험 처치(Elliott, Greenberg, Watson, Timulak, & Freire, 2013)를 지지하는 증거를 발견하였다. 무처치 통제 혹은 다른 처치와의 비교를 통해 특정한 처치의 효과성을 확인하는 임상실험의 결과들은 이 추상화 수준의 중요성을 보여주고 있다(4장 및 5장을 보라). 불행하게도, 수십 년 전에 언급했듯이, 특정한 접근의 활용 여부는 이들 연구결과와는 상관없이 이루어지는 것 같다. 이 점은 과거에서 만큼이나 지금에도 가슴 아픈 일이다.

> 한 치료 학파의 인기는 종종 관련된 절차의 효과성과는 상관없는 변인들의 함수이다. 무엇보다 그것은 리더의 카리스마, 에너지 수준, 그리고 수명에 달려 있다. 또한 훈련받은 학생들의 수와 그들이 일하는 곳 그리고 그때의 시대 정신에 달려 있다.
>
> (Goldfried, 1980, p.996)

가장 낮은 수준의 추상화는 치료를 하는 과정에서 치료사가 사용하는 기법과 행위에 관한 것이다. 잘 고안된 처치는 사용해야 할 특정 성분이 무엇인지를 규정하고 있어서, 기법과 처치 접근이 일치하게 된다. 그래서 특정한 처치의 효과성에 대한 논의는 해당 기법과 관련된다. 인지행동 치료사가 부적응적인 사고를 논박하는 반면, 정신역동 치료사는 전이에 대한 해석을 한다. 인지행동치료의 이론적 기반에 대한 옹호는 치료가 규정한 행위들에 대한 옹호가 된다. 이 수준의 추상화에서 기술된 기법들이 긍정적인 치료 성과의 원인이 되었는지를 검증하기 위해 <표 2.2>에 제시한 것과 같은 다양한 연구 설계가 활용되어 왔다.

Goldfried(1980)가 임상 전략이라고 이름 붙인 한 수준의 추상화가 개별 접근과 기법 사이에 존재한다. 임상 전략은 "치료 과정 동안 [치료사]의 노력을 암묵적으로 가이드하는 임상적 도구로 기능한다"(Goldfried, 1980, p.994). Goldfried가 이 중간 수준의 추상화를 둔 목적은 이 수준에서의 치료 현상이 접근법들 간의 공통점을 드러낼 수 있고, 다양한 이론 접근법의 지지자들 간 합의를 제공할 수도 있다는 것을 보여주려는 것이었다. Goldfried가 모든 심리치료 접근법에 일반적으로 공통된다고 확인한 두 개의 임상 전략은 '교정경험 제공하기'와 '직접적인 피드백 주기'이다. 이 수준의 추상화에서 최근 발전은 특정한 장애에 효과적이라고 알려진 처치들에 공통적인 요인들을 규정하는 것이다(Beutler & Castonguay, 2006). 이 요인들은 일반적으로 특정 성분(예 회피불안장애를 지닌 환자에게 노출을 함) 혹은 공통요인(예 목표 설정 혹은 동맹)이 될지 모르는 것들을 포함하고 있다. 이 수준의 추상화에서 연구 문제는 공통 전략을 규정하고, 그것이 치료적 변화를 위한 필요충분조건인지를 확인하는 것과 관련된다. 이 수준의 추상화는 혁신적이고 잠재적으로 설명 가능성이 높지만, 많은 연구물이 산출되지는 못했다. 특히, 특정한 접근의 효과성을 확립하려는 연구들에 비해 그렇다.

이 책의 명제는 주요 심리치료 접근을 뒷받침하고 있는 개별 이론을 넘어선 수준의 추상화에 있다. 심리치료가 효과가 있다는 것은 일반적으로 받아들여지고 있다(의심스럽다면, 4장에서 증거들을 검토할 것이다). 그러나 심리치료의 이득을 가져온 원인 요인에 대한 이해는 매우 어렵다는 것이 입증되었다(Kazdin, 2009). 보다 일상적인 말로 하면, 심리치료는 무엇 때문에 그렇게 도움이 되는가? 현재 수준보다 더 낮은 3개 수준의 추상화 각각에 설명이 존재한다. 연구 증거를 제시하는 과정 동안, 다음과 같은 점이 분명해 질 것이다. 즉, (a)인과 기제를 이해하는 데 있어서의 논리적 장애가 각 수준의 추상화에 존재하고, (b)여러 수준에서 보면, 연구 증거는 인과 질문에 대한 한 가지 답으로 수렴되지 않는다. 결과적으로, 네 번째 수준의 추상화(즉, 심리치료 이론들에 대한 이론)가 필요하다. 이 책에서는 두 개의 메타 이론, 즉 의학 모델과 맥락 모델이 대비된다.

이전 장에서 의료 분야에서의 의학 모델과 심리치료에서의 의학 모델에 대해 논의했다. 이 장의 나머지 부분에서는 의학 모델에 대한 특정한 하나의 대안적인 메타이론을 제시할 것이다. 그러나 그에 앞서 여러 가능한 대안들을 먼저 제시할 것이다.

3. 심리치료에 관한 특정한 이론들에 대한 대안

Arkowitz(1992)에 따르면, 개별적인 이론 접근에 대한 불만은 (a)이론적 통합, (b)기법적 절충주의, (c)공통요인이라는 세 종류의 운동으로 나아갔다. 맥락 모델은 공통요인 관점에서 파생된 것이지만, 이것 외 다른 대안을 이해하는 것도 도움이 될 것이다.

1) 이론적 통합

이론적 통합은 두 개 이상의 이론을 단일 개념 체계로 융합하는 것 또는 다양한 여러 접근을 이미 존재하는 하나의 접근으로 동화하는 것이다(Norcross & Goldfried, 1992, 2005). 이론적 통합은 Thomas French가 시작했다고 말해진다. 그는 American Psychiatric Association에서 연설을 했는데, 여기서 정신분석과 Pavlov의 조건화 간 서로 상응하는 점들을 제시하였다. 그러나 그의 이 연설은 환영받지 못했다(French, 1933; Norcross & Goldfried, 2005을 보라). 행동(이 경우, 신경증)에 대해 설명하는 두 이론의 진정한 통합은 Dollard와 Miller(1950)의 기념비적인 책 Personality and Psychotherapy: An analysis in Terms of Learning, Thinking, and Culture에서 처음 이루어졌다 (Arkowitz, 1992). 이 시대에 행동치료는 잘 발달되지 않았기 때문에 Dollard와 Miller의 작업은 이론적이라고 간주되었고, 통합 치료를 위한 지침은 거의 제공되지 못했다. 행동치료사들이 행동 기법(예 체계적 둔감법)을 도입한 후에는 두 이론 간 유사성 보다는 차이를 말하는 데 더 관심이 있었다. 1960년대와 1970년대 동안 정신역동 치료사는 정통 정신분석의 옷을 벗어 던졌다. 그들은 보다 구조화되었고, 지금–현재의 대처 전략에 더 많은 주의를 기울였으며, 환자에게 책임을 부여하는 경향이 더 많았다 (Arkowitz, 1992). 이와 함께, 행동치료사들은 인지와 같은 매개 구인을 자신의 모델에 도입하는 것을 허용하였다. 또한, 치료관계와 같은 행동치료에 부수적인 요인들의 중요성을 인식하기 시작했다(치료관계가 특정한 치료 요소가 되는 통합적 행동치료에 대해서는 Functional Analytic Psychotherapy를 참조할 것, Kohlenberg & Tsai, 2007).

정신역동과 행동접근의 정통성 약화는 정신분석과 행동치료를 통합하려는 노력의 배경이 되었다. 이런 배경에서 Wachtel(1977)은 Psychoanalysis and Behavior Therapy: Toward an Integration를 저술하였다. 이 책과 다른 글에서 Wachtel은 행동과 심리적 장애를 설명하는 데 정신역동과 행동적 설명이 어떻게 결합될 수 있는지를 보여 주었다. 그리고 두 이론으로부터 유래한 개입들이 치료적 변화(행동적, 심리 내적 변화 모두)를 어떻게 촉진할 수 있는지도 보여 주었다. Arkowitz(1992)는 통합의 핵심을 다음과 같이 요약했다.

> 정신역동 관점에서, 그(Wachtel)는 무의식적 과정과 갈등, 그리고 세상과의 상호작용에 영향을 미치는 의미와 환상의 중요성을 강조했다. 행동 접근으로부터는 적극적 개입 기법의 활용, 행동이 발생하는 환경적 맥락에 대한 관심, 환자의 목표에 대한 초점, 그리고 경험적 증거의 존중 등을 강조하였다 … 적극적인 행동 개입은 새로운 통찰의 원천으로 작용할 수 있고(Wachtel, 1975), 통찰은 행동 변화를 촉진할 수 있다.
>
> (Wachtel, 1982, pp.268–269)

Wachtel의 기념비적 업적 이래로 심리치료 통합은 인기가 상승하였으며, 다른 이론들을 대상으로 한 새로운 통합과 정교화가 이루어졌다. 이제는 처치 양식으로 받아들여지고 있다(Norcross & Goldfried, 2005). 심리치료 통합의 핵심 쟁점은 통합된 이론이 그 자체의 단일이론이 되지 않도록 하고, 통합의 대상이 되었던 이론과는 구별되는 가설들을 생성해 내는 것이다(Arkowitz, 1992). 모든 심리치료는 다양한 접근에서 기원한 요소들을 가지고 있으며, 그래서 통합적이라는 주장이 있을 수 있다. 물론 예외(예 단순 공포증에 대한 순수 노출 치료, Powers, Smits, Whitley, Bystritsky, & Telch, 2008 참조)는 있지만 말이다. 이런 방식으로, 통합된 접근이 심리치료 목록에 추가될 수 있고, "순수" 처치와 크게 다르지 않은 추측을 생성할 수 있다. 이렇게 되면, 심리치료가 어떻게 작동하는지를 이해하려 할 때, 통합 이론은 기존 처치에 대한 생존가능한 대안이 되지 못한다.

2) 기법적 절충주의

기법적 절충주의를 이끄는 핵심 목표는 Paul의 다음 질문이다. "특정한 문제를 가진 이 개인에게 어떤 처치가, 누구에 의해 전달될 때, 가장 효과적인가? 어떤 상황 조건에서 그런가? 그것은 어떻게 일어나는가?"(Paul, 1969). 기법적 절충주의는 환자, 치료사, 그리고 문제 차원에서 형성된 Paul의 질문에 가능한 많은 답을 하고자 한다. 이 탐색은 경험적으로 이루어지며, 이론은 상대적으로 중요하지 않게 된다. 가장 두드러진 두 개의 기법적 절충주의 체계는 Arnold Lazarus의 Multimodal Therapy(Lazarus, 1981을 보라)와 Larry Beutler의 Systematic Eclectic Psychotherapy(Beutler & Clarkin, 1990; Beutler & Harwood, 2000, Beutler, Harwood, Kimpara, Verdirame, & Blut, 2011, Beutler, Harwood, Michelson, Song, & Holman, 2011)이다. 본질적으로 기법적 절충주의는 가장 낮은 수준의 추상화에 해당하는 기법에 초점을 맞추고 있다(<표 2.2> 참조). 기법적 절충주의는 특정 장애에 대한 특정 처치라는 의학 모델의 한 측면과 관련된다. 비록 의학 모델의 설명 측면(장애에 대한 설명이 있다는 점-역자 주)과는 거리를 두고 있지만 말이다. 그래서 심리치료의 효과성에 관한 의학 모델 가설과 구분되는 기법적 절충주의 가설을 도출하는 것은 불가능하다. 그럼에도 불구하고, 기법적 절충주의에 의해 생성된 경험적 증거의 일부는 전략 수준의 추상화에서 적용되어 오고 있다(Beutler, Harwood, Kimpara, et al., 2011; Beutler, Harwood, Michelson, et al., 2011). 이에 대해서는 제8장에서 논의된다.

이제는 맥락 모델의 기반을 형성하는 공통요인 접근으로 관심을 돌려보자.

3) 공통요인

Rosenzweig가 치료의 공통요소가 심리치료의 이득을 발생시킨다고 제안한 이후,

모든 심리치료에 공통적인 치료의 측면을 확인하고 분류하는 시도가 계속되고 있다. 공통요인에 관한 가장 포괄적인 모델은 1960년대에 Jerome Frank가 처음으로 개발하여, 그의 책 Persuasion and Healing에 제시하였다(Frank, 1961, 1973; Frank & Frank, 1991). 맥락 모델은 상당 부분 Frank의 모델에서 비롯되었는데, 심리학, 진화론, 임상, 문화인류학 이론과 지난 20년간의 연구가 반영되어 더욱 정교해졌다.

Frank의 모델

Frank와 Frank에 따르면, "심리치료의 목적은 사람들이 가지고 있는 가정적인 세상(assumptive worlds)을 적절하게 수정하도록 격려해서 더 좋게 느끼고 잘 기능하도록 돕는 것이다. 이렇게 해서 사람들이 경험의 의미를 자신에게 보다 도움이 되는 것으로 변환시키게 하는 것이다"(1991, p.30). 심리치료를 받으러 온 사람은 사기저하(demoralized)되어 있고, 다양한 문제를 지니고 있다(전형적으로는 우울과 불안이지만). 즉, 사람들은 증상 감소를 위해서가 아니라 증상으로 인한 사기저하로 심리치료를 찾는다. Frank는 "심리치료가 직접적으로 다루는 것은 사기저하이다. 정신병리로 인해 겉으로 드러나는 증상은 간접적으로 다루어져서 그 효과가 발생될 것이라고 제안했다"(Parloff, 1986, p.522).

Frank와 Frank(1991)는 심리치료의 모든 접근법이 공유하는 요소들을 기술했다. 첫 번째 구성 요소는 심리치료가 도움을 주는 사람(즉, 치료사)과의 정서적으로 고조된(emotionally charged) 신뢰 관계를 수반한다는 점이다. 두 번째 구성 요소는 관계의 맥락이 치유 장면이라는 점이다. 내담자는 이 맥락에서 자신을 전문가에게 드러낸다. 환자는 이 전문가가 자신을 위해 일해 줄 것이며 도움을 줄 수 있는 능력을 갖고 있다고 믿는다. 세 번째 구성 요소는 환자의 증상에 대한 그럴듯한 설명을 제공하는 이론 근거, 개념적 도식 혹은 신화가 있다는 점이다. Frank와 Frank에 따르면, 내담자와 상담사가 특정한 이론 근거를 받아들여야 하지만, "사실"일 필요는 없다. 치료가 기반을 두고 있는 이론 근거가 과학적으로 입증될 필요는 없다는 의미에서 이론 근거는 신화 일 수 있다. 그러나 반드시 필요한 것은 치료가 기반을 두고 있는 이론 근거가 내담자의 세계관, 가정적인 기반, 그리고/혹은 태도 및 가치와 일관되어야 한다는 점이다. 만약 그렇지 않다면, 내담자가 그 이론 근거에 동의할 수 있게 치료사가 설득해야 한다. 간단히 말하면, 내담자는 처치의 효과성을 믿거나, 혹은 믿도록 설득되어야 한다. 마지막 구성 요소는 내담자와 치료사의 적극적인 참여를 요구하는 의식과 절차이다. 의식과 절차는 내담자가 이미 받아들인 이론 근거와 일관되어야 한다(말하자면, 내담자는 그 의식이나 절차가 자신의 문제 해결에 도움이 된다고 믿어야 한다).

Frank와 Frank(1991)는 심리치료사 모두가 사용하는 의식과 절차에 공통적인 여섯 가지 요소에 대해 논의했다. 첫째, 치료사는 내담자가 사기저하의 감정을 드러낸 후에도 계속되는 관계를 발전시킴으로써 환자의 소외감과 싸운다. 둘째, 치료사는 나을 것이라는 희망을 치료과정에 연결함으로써 도움을 받고 있다는 내담자 기대가 지속되게 한다. 셋째, 치료사는 새로운 학습 경험을 제공한다. 넷째, 치료의 결과로 내담자의 감정이 고양된다. 다섯째, 치료사는 환자의 숙달 혹은 자기 효능의 느낌을 향상시킨다. 여섯째, 치료사는 연습 기회를 제공한다.

기타 공통요인 모델들

심리치료의 이득을 설명하기 위해 개발 된 몇 가지 다른 공통요인 모델들이 있는데, 그 중 몇 가지 두드러지는 모델들이 여기에 간략히 기술될 것이다. 이전에 언급했듯이, Goldfried(1980)는 기법보다는 좀 더 일반적인 수준의 추상화를 모색하고, 모든 치료법에 공통적인 두 가지 가능한 원리를 제안하였다. 두 가지 원리란 심리치료가 환자에게 새롭고 교정적인 경험을 제공한다는 것과 환자에게 직접적인 피드백을 제공한다는 것이다. 공통 전략이라는 아이디어는 임상심리분과(APA의 분과 12)와 북미심리치료연구회(the North American Society of Psychotherapy Research)의 공동 특별위원회 팀에 의해 추구되었다. 이 태스크포스 팀은 특정한 범주의 장애(즉, 기분부전장애, 불안장애, 성격장애, 물질사용장애; Castonguay & Beutler, 2006)를 치료하는 데 효과적인 처치들을 검토하고 이들에 공통적인 요소들을 추출했다. 1986년 Orlinsky와 Howard는 치료계약, 치료적 개입, 치료적 유대, 환자의 자기-관여 성향, 치료적 실현(realizations) 및 치료 성과와 같은 구성 요소들을 포함하는 심리치료의 일반모델을 만들었다. 이 요소들은 사회적 및 처치 장면 맥락 내에서 상호 관련된다고 가정되었다(Orlinsky & Howard, 1986에서 <그림 8.1>을 보라). Castonguay(1993)는 치료사의 행위에 초점을 두게 되면 다른 공통적인 측면을 무시할 수 있다는 점을 지적하고, 심리치료의 공통요인을 세 범주로 유목화하였다. 첫 번째는 어떤 하나의 접근에 국한되지 않는(즉, 접근들간 공통적인) 보편적인 측면을 지칭한다. 통찰, 교정 경험, 정서표현의 기회, 숙달감 습득과 같은 것이 여기에 해당한다. Goldfried의 전략 수준의 추상화와 유사하다. 두 번째는 처치와는 별개인 측면으로 대인관계 및 사회적 요인을 포함한다. 치료맥락과 치료관계(예 작업동맹)를 포괄한다. 세 번째 유목은 내담자의 기대와 치료과정에의 관여와 같은 심리치료의 성과에 영향을 미치는 측면들을 포함한다. Sol Garfield는 *Psychotherapy:*

An Eclectic-Integrative Approach(1995)에서 다른 공통요인 모델을 제시하였다. 이 책에서 그는 증거에 기반한 공통요인 모델을 구성하고자 했다.

연구자들은 공통요인의 목록이 비교적 쉽게 그리고 빈번히 생성될 수 있다는 것을 인식하고, 공통요인에 개념적인 도식을 입히려는 시도를 했다. Grencavage와 Norcross(1990년)는 치료법 간 공통점을 논의한 논문들을 리뷰하고, 5가지 영역으로 공통점을 분류하였다. 5가지 영역은 내담자 특성, 치료사의 특성(qualities), 변화의 과정, 처치 구조, 그리고 관계 요소이다. Lambert(1992)는 성공적인 심리치료를 위한 요인들을 네 가지 범주로 나누었다. 치료성과를 산출하는 데 기여하는 정도의 순으로 이 범주들을 제시하면, (a)내담자 특성 및 치료 장면 이외의 요인(extracurricular factors), (b)관계 요인, (c)위약, 희망, 기대 요인, (d)모델/기법 요인들이다. Lambert에 따르면 가장 중요한 요소인 내담자/치료 장면 이외의 요인은 내담자의 특성과 치료 밖에서 일어나는 사건을 포함한다. 확실히, 치료에서 일어나는 일 대부분은 치료의 결과 간접적으로 일어나는 일(예 우울한 남편이 아내에게 자신의 고통에 대해 말함)이나 우연히 일어나는 일(예 내담자의 부모가 예기치 않게 사망함)의 영향을 받지만, 내담자의 동기, 자원(예 사회적 지원), 그리고 성격구조의 영향도 받는다. Lambert에 따르면 두 번째로 중요한 측면은 관계 요인과 관련된다. 이 관계 요인에는 문제 해결을 향한 작업을 촉진하는 진실하고 공감적인 그리고 돌보아 주는 치료사와의 관계 안에 존재하는 모든 측면이 포함된다. 세 번째 요소인 위약, 희망, 기대는 내담자가 치료를 도움이 될 것이라고 믿는 치유 맥락에서 전문가에게 도움을 요청한 후 만들어진다. 마지막으로, Lambert에 따르면, 모델/기법 요인은 심리치료의 성과 중 일부를 설명한다. 즉, 심리치료를 통해 얻는 이득 중 일부는 특정 처치의 성분들 때문이라는 것이다. 이와 같은 Lambert의 도식은 Heart and Soul of Change(Hubble, Duncan, & Miller, 1999)라는 제목의 책 내용을 조직화하는 데 활용되었다. 이 책 덕분에 공통요인의 위력이 널리 알려졌다.

4. 맥락 모델

지금 제시하는 맥락 모델은 심리치료를 통해 얻게 되는 이득을 설명한다고 알려진 세 가지 경로를 탐구한다. 이 모델은 인간과 인간의 치유에 대해 이미 알려진 것들에 기반을 두고 있다. 즉, 대략 얘기하면, 이 모델은 사회과학에 기반을 두고 있다. 이 모델의 기본 전제는 심리치료를 통해 얻는 이득이 사회적 과정을 통해 발생하며, 넓은 의미에서 관계가 심리치료 효과의 기반이라는 것이다.

인간은 E. O. Wilson이 진사회성(eusocial) 종이라고 명명한 초사회적(ultra－social) 종이다. 여기에는 몇몇 곤충 종(예 개미와 흰개미; Wilson, 2012)도 포함된다. 인간에 관한 Wilson의 주장과 같이, 진사회성 종은 "혼자 사는" 동물에 비해 유리한 점을 갖고 있다.

> 경쟁 집단의 행동을 예측하면서 자신들 사이의 의도를 읽고 협력할 수 있는 구성원으로 구성된 집단은 이런 능력을 덜 갖고 있는 집단보다 훨씬 유리할 수 있다. 의심할 여지없이 집단의 구성원들 사이에는 경쟁이 있다. 이 경쟁을 통해 한 개체를 다른 개체보다 유리하게 하는 특성이 선택된다. 하지만 새로운 환경에 들어가서, 강력한 경쟁자들과 경쟁하는 종들에게 더 중요한 것은 집단 내의 단합과 협력이다 … 인간의 인지와 우리의 가장 가까운 유전적 친척인 침팬지를 포함한 다른 동물 종의 인지 간에 주요한 그리고 결정적인 차이는, 공유된 목표와 의도를 성취하기 위해 협력하는 능력에 있다. 인간의 특기는 극도로 큰 작업 기억에서 비롯된 의도성이다. 우리는 마음을 읽는 전문가가 되었고, 문화를 창조하는 데 있어서 세계 챔피언이 되었다.
>
> (p.224, 226)

▍그림 2.1 ▍ Luarca Spain의 어부들은 날씨가 나쁜 날에 고기잡이를 할지 여부를 집단에서 결정한다.

진사회성 종에게는 개인 수준뿐 아니라 집단 수준에서 작용하는 진화적인 힘이 있는데(흔히 다층 선택이라고 한다. 예로 Wilson, 2012를 보라), 이는 개인뿐 아니라 집단에게도 적합성이 중요하다는 의미이다. 예를 들어, Luarca Spain의 어부들이 궂은 날씨에 고기를 잡으러 Costa Verde의 잘 보호된 항구로부터 그들의 작은 배를 가져 나갈지를 어떻게 결정하는지 생각해보라. 개인 수준에서, 어부는 다른 어부들이 감히 나서지 못하는 날 고기잡이를 해서 경제적 이득을 얻는 것과 악명 높은 위험한 해안에서 실종되는 위험을 저울질할 것이다. 가장 숙련된 어부(즉, 진화적인 관점에서 가장 적합한 개인)는 다른 어부들보다 더 자주 모험을 하여 다른 어부들에 비해 경제적 우위를 점할 것이다. 그러나 그러한 행동은 다른 어부들에게 모험을 감행하라는 압력이 될 것이다. 결국 위험이 증가되어 어부 공동체의 복지를 위태롭게 한다. 어부 공동체(그리고 마을 전체, 이 마을에서 어업이 주 산업이므로)에 대한 우려를 감안하여, 어부는 <그림 2.1>에서 볼 수 있는 것과 같은 전략을 고안했다. 폭풍이 몰아치는 날 아침이면 어부들은 모형 집과 모형 보트가 놓여 있는 테이블 주위에 모인다. 각각의 어부는 토큰을 가지고 있어서, 이를 집이나 보트 중 어느 하나에 놓는다. 만약 토큰의 대부분이 보트에 놓이면, 출어가 허용된다. 물론 집에 있고 싶으면 고기잡이를 하지 않을 수 있다. 그러나 토큰의 대부분이 집에 놓이면, 그날은 낚시를 하지 않기로 한다. 비교 가능한 협력 전략을 사용하지 않는 다른 어부 공동체에 비해 이 어부 공동체에 이점을 제공하는 이 전략은 공동체의 가치를 강조한다.

집단 협력을 이끌어내는 특성(예 이타주의)이 집단 차원의 진화 과정에서 비롯되는지에 대한 논란이 있지만, 진사회성 종이 집단의 이익을 증진시키기 위해 협력을 활용한다는 데는 이견이 없다. 게다가, 인간의 핵심 특성 중 하나가 사회성이라는 데 대해서는 의심의 여지가 없다. Liberman과 동료들은 사회성의 신경학적 토대를 조사한 뒤, "사회적으로 사고할 수 있는 능력 덕분에 인간이 지배적인 종이 될 수 있었다는 증거가 늘어나고 있다"(Liberman, 2013, p.7)고 결론지었다.

치유에 관해서 보자면, 진사회성 종의 협력은 "사회적 면역력"이라고 불리는 것에서 구현된다(Cremer & Sixt, 2009). 물론 개인은 병원균을 피하고 질병의 영향을 완화하기 위한 생물학적이고 행동적인 전략을 가지고 있다. 그러나 진사회성 종들은 개인 간 협력을 중심으로 한 사회적 차원의 질병 방어 체계를 가지고 있다. 예를 들어, 벌의 경우, 병원체를 일벌이 함께 둘러싸서 방역한다("사회적 캡슐화", 면역 세포가 개인 수준에서 어떻게 작용하는지와 유사함). 만약 벌이 감염되면, 일벌은 감염된 벌이 감염과 싸우는 데 도움이 되도록 날개로 부채질해서 벌집의 온도를 높인다(Cremer & Six, 2009). 개미는 서식지 내 감염된 개체를 적극적으로 찾아내어 가볍게 스친다. 이를 통해, 적은 양의 병원균이 감염되지 않은 개미에게 옮겨지고, 그로 인해 서식지는 병원균에 대한 면역을 갖게 된다. 이를 "사회적 면역"이라 부른다(Konrad et al., 2012).

인간도 사회적 수단을 통해 치유하도록 유사하게 진화해 왔다. 모든 인류 문명이 어떤 형태로든 치유라는 것을 해 왔다는 것을 초기 기록을 통해 알 수 있다. 1장에서 언급했듯이, 이런 치유는 공통적으로 치료사, 병에 대한 정교한 설명, 그리고 치유 의식을 포함하고 있다(Wilson, 1978; Shapiro & Shapiro, 1997b). 고통스러운 표정은 다른 사람의 도움을 이끌어내도록 진화되었다는 설득력 있는 증거가 있다(Williams, 2002). 정신질환과 웰빙은 물론이고 신체질환도 사회관계망을 통해 전파된다. 인플루엔자가 신체적으로 전염되는 것과 같이 심근경색, 비만, 우울증, 외로움, 행복은 사회적으로 전염된다(Cacioppo, Fowler, & Christakis, 2009; Christakis & Fowler, 2007; Fowler & Christakis, 2009, 2010; Rosenquist, Fowler, & Chris－takis, 2011). 건강과 웰빙을 단지 한 개인의 상태라고 할 수만은 없다.

여기서 말하고자 하는 바는 심리치료가 사회적으로 치유하는 방법(practice)이라는 주장이 제기될 수 있다는 것이다. 달리 말하면, 심리치료는 내담자가 변화하도록 도우려는 진화된 인간의 경향성을 이용한다(Wampold & Budge, 2012). Liberman은 인간의 사회성에 관한 "뇌 회로(hard wiring)"에 대한 리뷰에서, "사회적 사고와 비사회적 사고 간의 대립(antagonism)은 정말 중요하다. 왜냐하면 누군가가 문제에 집중하면 할수록, 그 사람은 그 문제를 해결하는 데 도움을 줄 수 있는 주변 사람들을 배제할 가능성이 더 크기 때문이다 … **우리의 뇌는 다른 사람의 영향을 받도록 설계되어 있다**"(강조 추가됨, 2013, p.8). 이런 점은 간단해 보이지만, 심리치료의 이득에 대한 설명이 논의될 때면 종종 무시된다. 맥락 모델은 심리치료의 사회적 치유 측면을 고려하며, 치료사와 내담자의 관계를 가장 중시한다. 그러나 정확히 어떻게 심리치료가 사회적 수단을 통해 작용하는가 하는 것은 간단한 문제가 아니다. 인간은 사회적이어서 사회적 수단을 통해 치유된다는 논리 이상의 것이 있다. 아래에 간략히 기술된 바와 같이, 맥락 모델에서는 심리치료가 치유에 영향을 미치는 세 가지 경로를 설정한다(맥락 모델에 대한 보다 완전한 논의는 Wampold, 2007; Wampold & Budge, 2012; Wampold, Imel, Bhati, & Johnson Jenings, 2006을 보라).

1) 심리치료의 관계기반 모델-맥락 모델

<그림 2.2>는 심리치료의 이득이 산출되는 경로를 나타내는 3원 모델의 핵심을 제시한 것이다. 이 모델은 모든 "bona fide" 심리치료의 이득을 설명할 수 있게 설계되었다. bona fide 심리치료란 이 장의 후반부에 제시되는 준거를 충족하는 심리치료법을 말한다. 다른 사람들은 특정한 치료법마다 각기 다른 추가적인 이득을 갖는다고 주장할 것인데, 이에 대해서는 8장에서 자세히 검토할 것이다.

세 경로에 접어들 수 있기 위해서는 치료사와 내담자가 초기 유대를 형성해야 한다. 유대가 형성된 후, 치료사와 환자는 내담자 변화의 첫 경로인 "실제" 관계를 형성한다. 설명과 처치행위를 통해 치료에 대한 기대감이 형성되는데, 그 스스로 변화의 두 번째 과정을 만들어낸다. 세 번째 경로는 처치 행위를 수행한 결과로 나타난 변화이다. 이 세 요소 각각은 아래에 기술된다(Wampold & Budge, 2012를 보라).

초기 치료적 유대

치료 작업이 시작되기 전에 치료사와 내담자간의 초기 유대관계가 형성되어야 한다. 동맹이라는 구인을 이해하도록 토대가 되어준 Ed Bordin(1979년)은 심리치료가 수행되려면 먼저 초기 유대가 필요할 것이라고 제안했다. "모든 치료적 관계에 기본 수준의 신뢰가 존재하는 것은 분명지만, 보다 깊은 내면의 체험을 안전하게 할 수 있으려면 신뢰와 애착이라는 보다 깊은 유대가 요구되고, 개발된다."(p.254).

초기 유대는 상향 처리와 하향 처리의 조합으로 형성된다. 상향 처리는 기본적으로 두 명의 낯선 사람이 만날 때 추진된다. 인간은 다른 사람의 얼굴을 보고 그 사람이 믿을만한지를 매우 빨리(100ms 내에) 결정한다(Willis & Todorov, 2006; Ambady, LaPlante, Nguen, Rosental, & Levenso, 2002; Ambady & Rosental, 1993; Albright, Kenny, & Malloy, 1988). 내담자는 치료사의 옷, 방의 배치와 장식(예 벽에 걸린 졸업장), 그리고 치료를 위한 절차의 여러 특징들에 대해 생각보다 빨리 판단을 내린다.

내담자는 "백지상태"로 치료 회기에 오지 않는다. 치료사와 심리치료에 대한 기대를 가지고 있기 때문이다. 그런 기대는 심리치료에 대한 태도와 경험, 의미 있는 사람으로부터 들었던 치료에 관한 사항들, 변화 동기, 특정 치료사에 대해 알고 있는 것 등을 기반으로 형성된다. 그러나 앞에서 논의한 바와 같이, 일반적으로 인간은 치유를 향한 긍정적인 경향을 갖게 되어 있다. 단, 치유의 실제가 자신의 문화적 전통과 일치하고, 긍정적으로 수용될 때에만 그렇다. 대부분의 경우, 서양의학을 하는 의사에게 간 유럽인이나 유럽계 미국인들은 그 의사와 그가 하는 처치에 긍정적인 태도를 지닐 것이다. 같은 정도는 아닐지라도, 많은 경우 심리치료에 대해서도 마찬가지다. 단, 이 책에서 활용되고 있는 심리치료의 정의는 내담자가 고통을 줄이기 위해 심리치료에 자발적으로 온다는 것을 가정한다. 그래서 심리치료에 대해 어느 정도의 믿음이 있는 내담자만이 여기서 고려된다.

치료를 시작하기 위해서는 내담자와 치료사의 초기 상호작용이 충분한 관여를 확립해야 하고, 치료사가 내담자를 도와줄 수 있을 것이라는 어느 정도의 신뢰를 확보해야 한다. 대부분의 내담자는 어느 때보다 첫 번째 회기 직후에 치료를 중단한다. 이후 이어지는 각 회기에서는 더 적은 수의 내담자가 치료를 중단한다(Connell, Grant, & Mullin, 2006; Simon & Ludman, 2010).

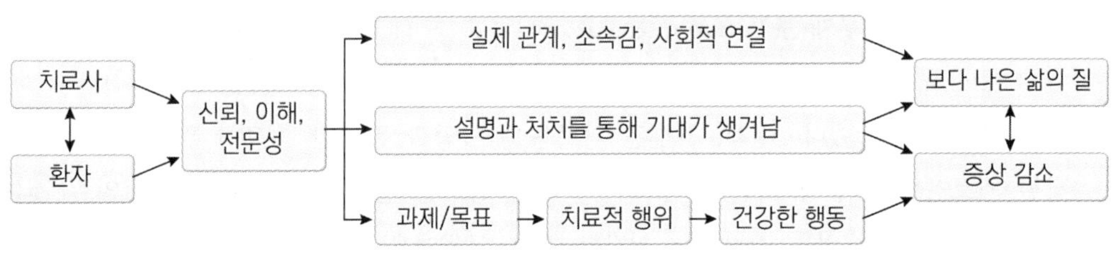

그림 2.2 **맥락 모델**

경로 1: 실제 관계

치료사와 내담자의 실제 관계는 치료실에서 두 사람이 정서적으로 친밀한 관계를 가지고 있다는 사실을 지칭한다. Gelso(2014; Gelso, 2009를 보라)는 심리역동 이론에 뿌리를 두고 있는 실제 관계를 "각자가 상대방에게 진실한 정도 및 상대방을 실제 그대로 인식/경험하는 정도로 평가되는 치료사와 내담자 간 개인적 관계"로 정의하였다. 실제 관계는 진실성과 현실적 지각에 기반을 두고 있다. 진실성이란 "관계에서 있는 그대로 존재(즉, 진솔하고, 개방적이고, 솔직해지려는)하는 능력과 의지"를 말한다(Gelso & Carter, 1994, p.297). 현실적 지각이란 "전이 왜곡과 다른 방어에 의해 방해받지 않는 지각"을 말한다(p.297). 더욱이 음성 톤(Imel et al., 2014) 및 비음성적 움직임(Ramseer & Chacher, 2011)에서의 동시성과 같이 일반 사회적 상호작용에 존재하는 기본 심리과정이 심리치료에도 작동하며, 처치 과정 및 성과와도 관련된다는 증거가 있다.

심리치료 관계는 일반적인 사회 과정의 영향을 받지만, 일반적이지는 않은 사회관계다. 심리치료에서는 처치가 완료될 때까지 치료를 계속한다는 계약이 있다. 보험회사(third party payers)가 치료기간을 제한하는 경우가 많지만 말이다. 더욱이 이런 상호작용에서는 비밀이 보장된다. 물론 어느 정도의 법적 한계는 있다(예 아동 학대 신고). 가장 중요한 점으로, 심리치료는 곤란한 내용을 얘기하면 사회적 유대가 심심찮게 깨지는 자연 발생적 관계(예 배우자에게 불륜을 털어 놓음)와는 근본적으로 다르다. 심리치료에서 내담자는 치료사가 관계를 종결할 것이라는 위협을 받지 않는 가운데 어렵고 곤란한 얘기를 할 수 있다.

실제 관계는 치료적인가? 아니면, 그것은 단순히 잉여적인 치료의 한 측면인가? 즉, 필연적으로 존재하지만 치료에는 도움이 되지 않는 관계 측면인가? 맥락 모델에서는 실제 관계가 어느 정도 그 자체로 치료적이라고 가정된다. 여러 분야의 연구에 따르면, 다른 사람과의 연결은 건강하게 기능하는 데 필수적이다. 이런 연결은 애착(예 Bowlby, 1969, 1973, 1980), 소속감(예 Baumeister, 2005), 사회적 지지(예 Cohen & Syme, 1985), 외로움의 부재(예 Cacioppo & Cacioppo, 2012; Lieberman, 2013) 등으로도 지칭된다. Lieberman(2013)은 인간에게 있어 사회적 연결은 음식이나 피난처만큼이나 기본적인 욕구라고 주장했다. 실제, 지각된 외로움은 사망과 관련한 중요한 위험요인이다. 지각된 외로움이 사망에 대한 위험요인이 되는 정도는 흡연, 비만, 운동하지 않는 것(만성 심장병을 앓고 있는 사람이나 건강한 사람 모두에게), 환경오염, 혹은 과음(예 Luo, Hawley, Waite, and Cacioppo, 2012를 보라)과 동등하거나 그 이상이다. 심리치료는 내담자에게 공감적이고 도움을 주려는 사람과의 관계를 제공한다. 이 관계는 특히 빈곤하거나 혼란스러운 사회관계를 지닌 내담자에게 건강을 증진시키는 것이어야 한다.

실제 관계에서 중요한 과정은 공감에 달려 있다. 공감은 개인이 타인의 정서적 상태를 공유하고, 그것에 영향을 받으며, 타인의 상태에 대한 이유를 평가하고, 타인의 관점을 채택함으로써 타인과 동일시할 수 있는 복잡한 과정이다. 그래서 공감은 협력, 목표 공유, 그리고 사회적 상호작용의 조절에 필수적인 것으로 여겨지고 있다(de Waal, 2008; Niedenthal & Brauer, 2012; Preston & de Waal, 2002). 이런 능력들은 유아 및 아동을 양육할 때 매우 중요하다. 스스로를 돌볼 수 없는 아이들은 양육자에게 보살핌이 필요하다고 신호를 보내기 때문이다. 이 과정은 성인 공동체에서 사회적 관계를 관리하기 위해 사용된다(de Waal, 2008; Lieberman, 2013).

> 공감능력의 핵심에는 어떤 기제가 있어서 관찰자(주체)에게 자신의 신경표상과 신체표상을 통해 다른 사람(객체)의 주관적 상태에 접근할 수 있게 해준다. 주체가 객체의 상태에 주목하면, 유사한 상태의 신경표상이 주체 내부에서 자동적이

> 고 무의식적으로 활성화된다. 두 개인이 유사하면 유사할수록, 그리고 사회적으로 가까우면 가까울수록, 객체에 대한 주체의 동일시는 더 쉬워진다. 이렇게 되면, 주체는 객체의 운동 및 자율 반응에 상응하는 반응을 더 하게 된다. 이는 주체로 하여금 객체의 "내적상태"를 알 수 있게 해서 정서와 욕구를 신체적으로 공유하게 한다. 이는 다시 연민과 조력을 촉진한다.
>
> (de Waal, 2008, p.286)

심리치료사의 공감에 대한 평정은 심리치료 성과를 가장 일관성 있게 예언하는 변인 중 하나이다(Elliott, Bohart, Watson, & Greenberg, 2011; Moyers & Miller, 2013, 7장 참조).

"실제" 관계라는 아이디어에 대한 우려가 없는 것은 아니지만(Gelso, 2014), 인본주의 및 관계 관점을 가진 일부 역동 치료는 실제 관계를 강조한다. 반면에 다른 치료, 특히 행동 혹은 인지행동 치료는 그렇지 않다. 실제 관계는 로저스 치료의 핵심이었다(Rogers, 1951a). 그럼에도 불구하고, 맥락 모델에 따르면 실제 관계는 성과와 관련이 있어야 한다. 즉, 실제 관계가 강할수록 이론적 경향과 상관없이 치료결과도 더 좋아야 한다. 실제 관계는 증상 감소보다는 일반적인 웰빙에 영향을 미칠 것으로 예상된다.

경로 2: 기대

어떤 상황에서 무엇을 기대하는가에 따라 그 사람이 경험하는 바가 달라진다. 만족한 손님들로 가득 찬 인기 있는 레스토랑에서 훌륭한 식사를 할 것으로 기대하는 것은 덜 매력적인 환경에서 같은 식사를 할 수 있다고 예상할 때보다 더 큰 만족감을 가져다 줄 것이다(와인 가격과 관련된 예를 보려면 Plassmann, O'Doherty, Shiv, & Rangel, 2008을 보라). 기대의 효과는 실험을 통해 탐지되었다. 예를 들어, 매우 쓴 맛이 실제만큼 혐오스럽지 않을 것으로 믿게 유도된 피험자들은 그 맛에 대한 정확한 정보를 가졌을 때의 맛만큼 그 맛이 나쁘지는 않다고 보고하였다. 더욱이 미각피질의 활성화도 주관적 보고와 같았다. 즉, 맛에 대한 기대는 객관적 효과와 주관적 효과 모두에 영향을 미친 것이다. 비록 미각 피질이 감각 자극에만 반응한다고 알려져 있음에도 불구하고 말이다(Nitschke et al., 2006).

기대 효과는 위약이라는 맥락에서 연구되어왔다. 이에 관련된 문헌은 7장에서 검토될 것이다. 다른 주장이 없는 것은 아니지만(Hróbjartsson & Gøtzsche, 2001), 현시점에서는 위약 효과가 실험 및 의학 맥락에서 매우 탄탄한 입지를 점하고 있다고 말하는 것으로 충분하다(Benedetti, 2009, 2011; Price, Finniss, & Benedetti, 2008; Wampold,

Minami, Tierney, Baskin, & Bhati, 2005). 많은 의학 처치의 효과는 어느 정도 위약 효과에 기인한다(Wampold et al., 2005). 특히, 향정신성 의약품과 가장 두드러지게는 항우울제의 효과가 그렇다(Kirsch, 2002; Kirsch et al., 2008; Kirsch et al., 2008; Kirsch, Moore, Scoboria, & Nichols, 2002). 위약 효과에 대한 여러 가지 설명이 있지만, 기대가 두드러지게 관련된 것으로 보인다(Benedetti, 2009; Price et al., 2008).

심리치료에서 기대는 여러 가능한 방식으로 작동한다. Frank(Frank, 1973; Frank & Frank, 1991)는 내담자가 자신의 고통 때문에, 그리고 자신의 문제를 극복하기 위해 여러 번 그리고 여러 방법으로 시도했지만 그 어느 것도 성공하지 못했기 때문에 사기가 저하되어서 심리치료를 받으러 온다고 하였다. 심리치료사의 도움을 구하기 위해 취하는 행동은 또다른 형태의 해결 추구인데, 내담자는 그렇게 하면 이득이 될 것이라고 믿는다. 심리치료를 받기까지 절차를 밟는 행위들 그 자체가 치유적인 것으로 보인다. 심리치료 시간을 예약한 시점과 첫 회기 사이에 많은 이득이 나타나기 때문이다(Frank & Frank, 1991; 또한 Baldwin, Berkeljon, & Atkins, 2009를 보라; Simon, Imel, & Steinfield, 2012). Greenberg, Constantino, 그리고 Bruce(2006)는 초기 회기에 희망을 불어넣는 것의 중요성을 강조한다. 심리치료를 받으면 삶이 나아질 것이라는 믿음의 긍정적인 효과를 Frank는 '사기회복(remoralization)'이라고 명명했다. 사기회복은 대표적인 공통요인 중 하나로 흔히 언급된다.

그러나 심리치료에서 기대는 심리치료에 참여할 때 생기는 일반적인 희망보다는 더 구체적이다. 맥락 모델에 따르면, 환자들은 자신의 고통에 대한 나름의 설명을 가지고 치료를 받으러 온다. 이런 설명은 자신의 심리적 믿음에 따라 형성된 것으로, 흔히 "대중 심리학"이라고 불리며, "마음 이론" 개념과 관련이 있다(Boyer & Barrett, 2005; Molden & Dweck, 2006; Thomas, 2001). 정신장애에 대한 이런 믿음은 부분적으로 문화의 영향을 받은 것이지만(Lillard, 1998), 동시에 개인마다 독특하게 갖고 있는 것(idiosyncratic)이기도 하다. 하지만 이것이 해결책을 제공하지 않는다는 점에서 적응적이지는 않다.

예를 들어, 사회 공포증을 가진 어떤 사람은 자신이 매력이 없거나, 불안을 감출 수 없기 때문에 사회 관계에서 어려움을 경험한다고 생각할 수 있다. 전자의 경우, 내담자는 외모를 바꿀 수 없다. 후자의 경우, 불안감을 감추기 위한 해결책은 불안감을 가중시키고 더 큰 회피로 이어질 것이다. 심리치료는 내담자의 어려움에 대해 적응적인 설명을 제공한다(Wampold, 2007; Wampold & Budge, 2012; Wampold et al., 2006). 여기서 적응적이라는 말은 어려움을 극복하거나, 이에 대처할 수 있는 수단을 제공한다는 의미이다. 내담자는 치료에 참여하여 그 과업을 성공적으로 완수해 내는 것이 자신의 문제 대처에 도움이 될 것이라고 믿게 된다. 이는 필요한 일을 할 수 있는 능력을 가지고 있다는 내담자의 기대를 더욱 깊게 한다. 자신의 문제를 해결하기 위해 필요한 일을 할 수 있다는 신념은 다양하게 논의되어 왔다. 여기에는 숙달(Frank & Frank, 1991; Liberman, 1978), 자기효능감(Bandura, 1999), 혹은 반응기대(Kirsch, 1999) 등에 대한 논의가 포함된다.

물론, 정신 치료에 대한 모든 접근법은 장애에 대한 서로 다른 설명 체제를 가지고 있다. Lasca, Gurman, 그리고 Wampold(출판 중)는 외상 후 스트레스 장애를 예로 다음과 같이 기술하였다.

> 각각의 [처치]는 주어진 과학적 이론에 기초한 특정한 변화의 기제를 상정한다. 예를 들어, PTSD 내담자에 대한 노출 연장(Prolonged Exposition; PE; Foa, Hembree, & Rothbaum, 2007)은 정서처리이론(Foa & Kozak, 1986)에서 개념적으로 도출되었다. PE의 특정 성분(예 상상 노출 및 실제 노출)은 (a)"공포망"을 활성화시켜서 (b)내담자로 하여금 공포에 익숙하게 만들며 (c)그 결과 공포반응을 사라지게 한다. 다른 한편, PTSD에 대한 대인관계 치료(IPT; Markowitz, Milrod, Blleiberg, & Marshall, 2009)는 대인관계 및 애착 이론(Bowlby, 1973; Sullivan, 1953)에서 도출되었다. 이 치료법은 "노출보다는 현재의 사회적, 그리고 대인관계적 기능에 초점을 둔다"(Bleg & Markowz, p.181).

기대감을 불러일으키는 데 중요한 것은 이론의 과학적 타당성이 아니라, 장애에 대한 설명의 수용 및 설명과 일치하는 치료적 행위이다(Wampold, 2007; Wampold & Budge, 2012; Wampold et al., 2006). 정신 장애의 원인을 파악하기는 정말 어렵다(예 Roth, Wilhelm, & Petit, 2005). 그리고 기대감을 일으키는 것과도 관련이 없다. 만약 내담자가 그 설명을 믿는다면, 그리고 치료적 행위에 관여하는 것이 삶의 질을 향상시키거나 문제를 극복하고 대처하는 데 도움이 될 것이라고 믿는다면, 기대가 만들어질 것이다. 그리고 이 기대는 이득을 산출할 것이다. 치료의 목표와 과제에 대한 합의를 포함하는 치료동맹은 처치접근에 상관없이 성과를 예측한다(Horvath, Del Re, Flückiger, & Symonds, 2011). 이는 내담자가 자신에게 제시된 (처치 – 역자 주)모델을 받아들이는 것이 치료 성과에 필수적이라는 점을 의미한다. 이에 대해서는 제7장에서 자세히 논의될 것이다. 동맹이라는 개념의 기원을 설명할 때, Bordin(1979년)은 동맹이 기대를 유도해내는 데 필수적이고, 기대는 심리치료의 이득을 발생시키는 데 중요한 역할을 할 것이라고 가정했다.

이 시점에서 명확히 할 필요가 있는 처치에 관한 중대한 이슈가 있다. 다음 절에서 논의될 세 번째 경로뿐 아니라 기대와 관련된 이 경로에는 장애에 대한 설득력 있는 설명 및 그에 수반되는 치료 행위가 포함되어 있다(Laska 등, 2014; Wampold & Budge, 2012). 치료를 받지 않으면, 치료의 목표와 과제에 대한 합의가 있을 수 없으며, 기대감을 불러일으키는 데 필요한 중요한 요소가 누락된다. 공감적으로 듣는 사람과 함께 자신의 문제를 단순히 논의만 해도 공통요인이 활성화될 수 있다는 사실은 널리 알려져 있다. 이런 "처치"(때로 "공통요인" 처치라고도 불리는)는 실제 관계 경로를 통해서 이득을 낳을 수 있지만, 심리치료가 가지고 있는 잠재적인 이득을 완전히 활성화시키기에는 충분치 않다. 1961년 초, Frank는 모든 효과적인 치료법은 "신화"와 "의식"을 포함하고 있다는 점을 파악했다. 달리 말하면, 공통요인들 중 하나는 일련의 특정 성분들을 체계적으로 사용하는 것이다. 이때 이런 성분들은 내담자에게 설득력 있고 납득할 수 있는 방식으로 전달되고, 내담자에게 수용된다.

경로 3: 특정 성분들

치료 목표와 과제에 대한 합의가 이루어진 후, 내담자는 처치의 치료적 행위에 참여한다. 즉, 내담자는 처치의 특정 성분들을 "섭취한다." 많은 사람들에게 이것은 심리치료의 강력한 부분이다. 실제로, 과학적이라고 알려진 특정 성분을 함유한 심리적 처치와 그렇지 않은 일반 심리치료 사이에는 구별이 있었다. Barlow(2004)는 심리적 처치가 "치료 동맹, 변화에 대한 긍정적인 기대의 유발, 사기회복(remoralization)"과 같은 모든 심리치료에 공통적인 요소들을 포함하지만, "특정한 정신장애를 표적으로 하는 중요한 특정 심리적 절차"도 포함하고 있다고 지적했다(p.873). 즉, 처치를 효과적이게 만들고 내담자의 결함을 교정하는 것은 특정 성분이라는 것이다.

맥락 모델은 치료 성분의 중요성을 인정하지만 의학 모델에서 제안된 것과는 다른 이유에서이다. 맥락 모델은 특정 성분에 의해 치유되는 결함(deficiency)을 상정하는 대신, 모든 치료의 특정 성분이 내담자로 하여금 무언가 건강에 좋은 것을 하게 한다고 주장한다. 즉, 내담자는 건강을 증진시키는 행위에 참여하는데, 이런 행위는 건강에 좋은 것을 증가시키거나 건강에 좋지 않은 것을 감소시키는 결과를 가져온다. 대체로, 운동, 증가된 사회적 상호작용, 스트레스 감소, 종교적이고 영적인 활동과 같은 생활양식 변인이 정신건강에 미치는 영향은 과소평가되고 종종 무시되어 왔다(Walsh, 2011).

서로 다른 유형의 치료가 심리적인 건강을 어떻게 증진시키는지를 고려할 때, 환자의 문제를 넓은 문제 범주로 분류하는 것이 유용하다. 여러 장애의 종류에 상관없이, 많은 환자들은 세상에 대해 역기능적인 방식으로 생각한다. 인지치료는 역기능적 사고와 핵심 역기능적 인지 도식을 변화시키는 데 초점을 둔다. 물론 보다 많은 적응적인 인지를 갖는 것이 "건강하다"는 점에도 주목한다. 그러나 다른 치료들도 종종 그런 문제를 다루지만, 다른 용어를 사용한다(예 생애 초기에 발달된 애착 유형은 넓은 의미에서 인지도식과 유사함). 역동 치료사들은 인지행동 치료사와는 매우 다른 절차를 사용하지만, 역동 치료사들의 개입 또한 인지를 변화시킨다. 서로 다른 유형의 치료를 받고 있는 환자들은 개입의 결과로 역기능적 사고에 변화를 경험하게 될 것이다. 이에 대해서는 8장에서 논의할 것이다. 많은 환자들은 대상(몇몇 공포증)이나 상황(예 사회 공포)을 회피한다. 많은 치료법은 회피를 줄임으로써 이 문제를 다루는데 흔히 노출이 활용된다. 당연히 이런 방법은 내담자에게 이득을 가져온다. 8장에서 논의하게 되겠지만, 노출을 못하는 회피성 환자를 위한 치료를 설계하는 것은 어렵다. 그리고 "다시 도전해(getting back on the horse)"라는 생각은 우리 문화에서 거의 보편적으로 받아들여지고 있다(Anderson, Lunnen, & Ogles, 2010). 앞에서 논했듯이(Wampold 등, 2010), 외상 사건에 대한 논의를 하지 않는다고 하는 치료도 어느 정도 노출의 요소를 가지고 있다. 더 넓게 말하면, 많은 환자들은 곤란한 심리적 주제(materials)를 피하거나 특정한 정서를 두려워한다. 그런데 어떤 처치는 이런 문제를 직접적으로 다룬다(예 정서중심치료, Greenberg, 2010와 감정 공포 치료, McCullough & Magill, 2009). 여러 장애에 걸쳐, 많은 환자들은 종종 대인 관계에 어려움을 겪는다. 대부분의 처치들은 이 문제를 다룰 것이다. 비록 이 문제에 초점을 맞춘 처치(예 대인관계 치료, Klerman, Weissman, Rounsaville, & Chevron, 2984)에서 하는 정도는 아니지만 말이다. 일부 치료법은 더 강한 자기감을 발달시켜 행복을 증진시킨다(예 자비 중심 치료법; Compassion Focused Therapy; Gilbert, 2010). 일부 환자들은 술이나 약물 사용, 강박적인 행동, 혹은 불필요한 걱정과 같은 어떤 종류의 행동을 줄이고 싶어 한다. 환자들은 전형적으로 이런 특성들을 가지고 있다. 서로 다른 치료법은 주 진단명이 무엇이건 상관없이 그 속성에 따라 다른 방식의 개입을 할 것이다. 각 치료법은 설득력 있게 심리적 안녕을 증진시키고 증상을 감소시킨다. 심리치료 연구의 어려움(환자에겐 다행이지만)은 한 영역에 있어서의 내담자 조력이 다른 영역으로 일반화될 것이라는 점에 있다(8장 참조). 어떤 유형의 치료에서든 세상을 덜 역기능적으로 생각하지 않고서 더 나아지기는 어렵다. 또한 어떤 유형의 행동치료에서든 자신에 대해 더 긍정적으로 생각하지 않고서는 더 나아지기 어렵다. 또한 대인 관계가 개선되지 않은 채 알코올 사용과 약물 사용을 줄이는 것은 어렵다. 이 책의 대략적인 주장은 많은 치료법이 맥락 모델(<그림 2.2> 참조)에 요약적으로 제시된 심리치료의 지형 요건을 충족시키지만, 심리적 활동의 특정한 풍미(flavor)가 반드시 치료법이 어떻게 작동해야 하는지를 안내하는 기계적인 지침은 아니라는 것이다.

5. 요약

본 장에서, 우리는 주요 개념이 명확하도록 용어를 정리했다. 왜냐하면 용어가 애매하면 종종 심리치료 연구에 혼돈을 초래하기 때문이다. 이 책에서는 특정 성분으로 인한 심리치료의 효과를 가리키기 위해 "특정 효과"라는 용어를, 공통요인으로 인한 이득을 지칭하기 위해 "일반 효과"라는 용어를 사용했다. 우리는 맥락 모델을 강조하면서, 의학 모델에 대한 다양한 대안을 제시했다. 맥락 모델은 심리치료에서 변화를 일으키는 세 가지 경로(실제 관계, 기대, 그리고 특정 성분)를 제안한다.

Chapter 03

맥락 모델 대 의학 모델

발전적인 연구 프로그램 선택

Baker, McFall, 그리고 Shoham(2008)의 "임상심리학의 주된 목표는 과학적으로 타당한 증거에 근거한 지식을 창출하여, 정신 및 행동 건강의 향상에 충분히 활용하는 것"(p.68)이라는 선언은 너무나 명백해서 보편적인 합의를 이룰 수 있다. 그러나 다른 한편, 이 진술은 정신건강 서비스 관련 학문 및 증거의 성격에 대한 근본적인 문제를 제기한다. 이성을 가진 사람이라면 과학의 핵심이 증거라는 데 이의를 제기하지 않을 것이다. Isaac Asimov는 자신이 믿는 바를 얘기하도록 도전받았을 때, 다음과 같은 대답을 했다.

> 나는 증거를 믿는다. 나는 독립적인 관찰자에 의해 확인된 관찰, 측정, 추론을 믿는다. 아무리 거칠고 우스꽝스럽더라도 증거가 있으면 무엇이든 믿겠다. 무엇인가가 더 거칠수록 그리고 우스꽝스러울수록, 그에 대한 증거는 더 강력하고 더 확실해야 할 것이다.

Carl Sagan은 과학과 사이비 과학에 대해 "나는 사이비 과학보다 과학에 훨씬 더 많은 경이로움이 있다고 주장한다. 또한 이 용어에 의미를 부여하는 준거가 무엇이든, 과학은 추가적인 미덕을 가지고 있는데, 결코 사소하다고 할 수 없는 '진실'이라는 것이다."

간단히 말해서, 과학은 진리를 발견하기 위해 증거를 이용한다. 불행히도 증거와 진리의 개념은 모호하다. 무엇이 증거를 구성하는가? 진리는 확립될 수 있을까? 20세기 후반 과학철학자들 특히, Karl Popper, Thomas Kuhn, Imre Lakatos, 그리고 Paul

Feyerabend 등이 이 같은 질문에 몰두했다. 논쟁의 중심은 과학과 사이비 과학의 구분 문제였다. 여기에는 프로이트의 정신분석과 마르크스주의 경제학이 사이비 과학이라는 것을 보여주려는 목적이 있었다. 물론, 과학에서의 진보가 무엇인지를 밝혀 보려는 목적도 함께 있었지만 말이다. Paul Meehl(1967, 1978)이 약 30여 년 전에 이미 지적했듯이, 이런 문제들은 여전히 심리치료의 본질을 이해하는 데 핵심이 된다.

> 심리학에서 "말랑한(soft)" 분야의 이론들은 과학 지식의 축적이라는 특성이 결여되어 있다. 그들은 반박되지도 확증되지도 않는 경향이 있고, 사람들이 흥미를 잃으면 단순히 사라져 버린다.
>
> (Meehl, 1978, p.806)

과학의 본질을 이해하기 위해, 과학철학자들은 과학이 어떻게 발전했는지를 "재구성"하거나 설명할 수 있는 다양한 도식을 개발했다. 증거, 진리, 과학 대 사이비 과학 등의 개념과 관련된 철학적 어려움에도 불구하고, 인기나 정치가 아니라 축적된 과학 지식에 기반한 증거 해석을 위해서는 과학이 작동하는 방식에 관한 어떤 모델을 도입해야 한다. 이 책의 목적상, 우리는 Popper가 제안한 추측 및 반증(일명 비판적 합리주의; Miller, 1994; Popper, 1963 참조)과 Kuhn이 기술한 과학 혁명 사이 어딘가에 놓여있는 Lakatos(Lakatos, 1970, 1976; Larvor, 1998; Serlin & Lapsley, 1985, 1993)의 재구성을 이용한다. 이 특정한 재구성을 채택한다고 해서 이 책의 결론이 바뀌지는 않는다. 왜냐하면 급진적 구성주의를 제외하면, 어떤 도식을 이용하든 같은 결론이 나오기 때문이다. 간단히 말해, Lakatos가 제시한 재구성은 심리치료의 증거를 이해하는 데 매우 유용하다.

1. 과학철학: Lakatos와 연구 프로그램[1]

이론은 핵심적인 실험들을 통해 반증될 수 있을 뿐이지 입증될 수는 없다고 흔히 얘기한다. 그렇다고 해도, 하나의 실험으로 이론적 추측이 확인되거나 반증되는 경우는 드물다. 반증에 대한 비판적 합리주의 발상에 따르면, 이론 T는 어떤 조건에서 수집된, 무슨 증거가 T를 거짓이라고 할 것인지 사전(a priori)에 규정해야 한다(Lakatos, 1970; Miller, 1994; Popper, 1963). 비판적 합리주의의 재구성은 "부정 논법(modus tollens)"에 있다. 즉, 'A라면 B이다. 그런데 B가 아니라면, A가 아니다'는 것이다. 심리학에서 가설을 거짓으로 만드는 증거는 전형적으로 분포의 모수치에 관한 진술로 주어진다. Serlin과 Lapsley(1985)는 다음과 같은 전략을 제시했다.

> 어떤 이론 T에 근거하여, 우리는 두 모집단 간 모수치가 다를 것이라고 추론했다[그리고 δ를 두 모수 간의 차이를 나타낸다고 하자]. 이 결론을 확인하기 위해서, 우리는 영가설(point-null hypothesis)을 세우고(H_0: $\delta = 0$), 이를 예측된 결과(H_1: $\delta \neq 0$)에 대비해(against) 검증한다.
>
> (p.74)

과학자로서 우리는 부정 논법에 기반을 두고 반증을 통해 이론을 검증한다고 믿기 원한다. 그러나 이 생각은 현실을 잘 반영하지 못한다. Meehl은 이 아이디어를 다음과 같이 신랄하게 비판했다. “단순히 영가설 기각에 거의 전적으로 의존하는 것은 끔찍한 실수다. 기본적으로 건강하지 못한 잘못된 과학 전략이며, 심리학 역사에서 발생한 최악의 일 중 하나이다”(1978, p.817).

심리치료 연구의 몇 가지 예를 살펴보면, 하나의 연구를 통해 결론 내리는 일의 어려움을 알 수 있다. 우울증에 대한 인지행동치료는 가장 널리 보급되고 검증된 심리치료법이다. 이제 우울증에 대한 인지행동치료와 관련된 이론 명제를 검토하는 연구를 생각해 보자. 이 연구의 목적은 우울증에 대한 인지행동치료(CT)의 효과성(efficacy)을 설명하기 위해 A. T. Beck, A. J. Rush, B. F. Shaw, 그리고 G. Emery(1979)가 제시한 변화 이론을 실험적으로 검증하는 것이다(Jacobson et al., 1996, p.295). 이 목표를 성취하기 위해 주요 우울증 환자는 다음의 세 치료 조건 즉, (a)인지행동치료 전체(CT)–행동활성화(BA), 자동적 사고 수정(AT), 핵심 도식 수정 모두를 포함한 조건, (b)행동활성화(BA)와 자동적 사고 수정(AT)만 포함한 조건, 그리고 (c)행동활성화(BA)만 포함한 조건 중 하나에 무선할당되었다. 저자들은 다음과 같은 구체적인 예측을 했다. “우울증에 관한 인지 이론에 따르면, CT는 AT보다 유의하게 더 나아야 하고, AT는 BA보다 유의하게 더 나아야 한다”(p.296). 예상과 달리, 종결 시점과 추수 시점에서 BA조건의 결과는 CT조건의 결과와 비슷했다.

> Beck과 그의 동료들은 부정적 인지도식을 수정하려는 직접적인 노력이 처치 성과를 극대화하고 재발을 방지하는 데 필수적이라고 제안한 바 있다. 그런데 이 결과는 Beck과 그의 동료들이 제시한 우울에 관한 인지모델의 가설과 상충한

> 다. 이 결과는 매우 놀라운 것인데, 흔히 심리치료 연구에서 성과와 관련되는 것으로 알려진 충성심 효과(Robinson, Berman, & Neimeyer, 1990)와 반대되기 때문이다.
>
> (Jacobson et al., 1996, p.302).

예상치 못한 결과는 저자들로 하여금 CT의 변화 기제를 재고하는 동시에, 우울증에 대한 적합한 치료법이 무엇인지 다시 생각하게 만들었다. "BA 및 AT가 CT 만큼 효과적이고, 변화에 필수적이라고 생각되는 요소도 변하게 한다면, 이론만이 아니라 치료법도 수정될 필요가 있다"(p.303). 그러나 이론도 치료법도 거부되거나 근본적으로 수정되지 않았다. 결정적인 실험에 의해 이론이 기각될 수 있는 천체물리학과는 달리, 이는 "말랑한" 심리학의 결함을 보여주는 예인가? 많은 과학 철학자들이 지적하듯이, 결정적인 실험이 과학적 사고의 흐름을 바꾼다는 낭만적 생각은 신화다. 대표적인 예로는 "유명한" Michelson－Morely 실험[1)]이 에테르 이론을 명백하게 반박한 경우이다. 에테르 이론은 힘의 원거리 전파를 설명하려는 시도였다. 실제 에테르의 존재는 Michelson과 Morely의 실험 이후에도 몇 년 동안 과학에서 사라지지 않았다. 이런 상황은 연구자들에게 추가적인 증거를 제시하고 원래의 실험에서 산출된 자료를 재해석할 시간을 주었다(Lakatos, 1970). 단 하나의 연구를 이론적 명제의 증거로 제시하게 되면, 이처럼 애매모호한 상황을 낳는다.

Meehl(1978년)이 분명히 지적한 또 다른 문제는 통계적 검증력이 충분하고 모수치가 정확히 0이 아닐 경우, 영가설(예 H_0: δ = 0)이 기각될 가능성이 높다는 점이다. 따라서 표본 크기가 큰 연구에서 영가설은 거의 매번 기각될 것이다. 이 문제는 복수의 성과 측정치를 활용하는 심리치료 효과성 검증 실험이나 복수의 변인을 가진 과정 연구에서 더욱 악화된다. 예를 들어, Leichsenring 등(2013)은 사회불안에 대한 인지행동치료와 정신역동치료를 비교했다. 그 결과, 두 처치 사이에 아주 작은 차이를 발견했다. 차이가 아주 작았음에도 불구하고, 몇몇 차이는 통계적으로 유의했다. 표본 수가 비교적 많았기 때문이었다(각 조건에서 200명 이상; 이 연구에 대해서는 제5장에서 더 자세

---

1) 당시 모든 파동은 파동을 전달하기 위한 매질이 필요하다고 생각되었다. 따라서 빛 역시 이를 전달하는 매질이 있을 것으로 추측하였고, 이를 '에테르'라고 불렀다. 만약 에테르가 존재한다면 태양 주위를 공전하는 지구는 공전 중에 에테르의 바람을 맞을 것이고, 그 결과 빛의 속도는 동서남북 방향에 따라서 달라야 할 것이다. Michelson－Morely 실험은 이런 차이가 존재할 것이라 가정하고 실험을 진행하였으나 실험 결과 빛의 속도는 모든 방향에서 일정한 것으로 나타났다. 실험 결과로부터 도출된 합리적인 결론은 '빛이 진행하기 위해서 에테르(매질)는 필요하지 않다'였다. 즉, 소리가 공기라는 매질을 필요로 하는 것과는 달리, 빛은 매질을 필요로 하지 않는다는 것이다－역자 주.

히 검토됨). 마찬가지로, 2000명 이상의 환자가 있는 실제 임상 장면에서, Wampold & Brown(2005)은 환자의 진단명에 따라 변화의 정도가 다르다는 것을 발견하였다. 그러나 진단명의 차이는 성과 변산의 0.2% 미만을 설명하는 것으로 나타났다. 표본 크기가 증가하고 다른 조작이 보다 정밀해짐에 따라(예, 더 신뢰할 수 있는 도구), 심리치료 문헌은 유의한 결과로 넘쳐나게 될 것인데, 그 중 다수는 거의 0에 가까운 효과일 것이며, 일부는 단순히 1종 오류일 것이다(말하자면, 영가설이 참이어도, 5%의 연구들은 영가설을 오류로 기각하게 될 것이다).

마지막으로, 어떤 연구도 타당도에 대한 모든 위협을 배제할 수 없기 때문에, 단일 연구 한 편이 완벽한 반증을 제공할 수는 없다. 종종 두 가지 다른 처치를 비교하는 심리치료 연구는 결과가 쉽게 의심될 수 있다는 것을 잘 보여준다. Tarrier et al.(1999)는 상상 노출(imaginal exposure; IE)을 인지치료(CT)와 비교한 성과 연구에서 "유의하게 더 많은 수의 IE 환자들이 치료를 받으면서 더 악화되었다"(p.17)고 결론 내렸다. 그러나 Devilly & Foa(2001)는 Tarrier 등이 IE를 부적절하게 시행했다고 주장했다.

> 예를 들어, 비록 Tarrier 등은 치료사가 참여자들에게 현재 시제로 말하도록 안내했다고 했지만, 이것이 효과적으로 회기에 통합되었는가? 치료사는 적절한 지점(핫스팟)을 찾고, 참여자가 여기에 익숙해지게 했는가?
>
> (p.115)

이는 충실성에 관한 비판이다(8장을 보라). 처치를 전달하는 치료사들이 치료 프로토콜을 충실하게 따르지 않았을 수 있다는 점에서 그렇다. 즉 필수적인 것으로 알려진 특정 성분이 적절하게 제공되지 않았다는 주장이다. 그러나 비교하는 두 처치 모두 충실히 프로토콜을 따랐다는 평정을 받은 경우에도 이런 비판이 제기된다. Snyder & Wills(1991)는 행동부부치료(BMT)와 통찰지향 부부치료(IOMT)를 비교하였다. 그 결과, 치료 후 이혼으로 이어진 쌍의 수가 통찰지향 부부치료 집단에서 유의하게 더 적게 나타났다는 것을 발견하였다. 이에 대해 열등한 처치(행동부부치료)의 옹호자는 이 조건의 치료사가 이 치료법에만 한정되는 행위라 할 수 없는 공감과 정서적 돌봄을 충분히 제공하지 않았고, 희망도 적절하게 조성하지 않았다고 주장했다(Jacobson, 1991). 다시 말해, 공통 요소에서 비동등성이 있었다는 것이다. 또 다른 연구에서는 공황장애에 대한 인지치료가 이완 치료보다 우월하다는 결과가 나타났다(Clark et al., 1994). 이 연구에서 이완 프로토콜은 인지치료와 중복되지 않도록 중요한 측면에서 변경되었고(충실성 이슈), 두 처치를 모두 실시했던 치료사들은 우월한 치료법(즉, 인지치료)에 충성심 효과를 보인 것으로 확인되었다(Wampold, Imel, & Miller, 2009; 충성심 효과에 대한 검토는 5장을 보라).

여기서 핵심은 단 하나의 연구로는 이론에 대한 결정적인 증거를 제공하지 못한다는 점이다. 그러나 이 외에도 더 많은 문제가 있다. 연구들이 비판되는 방식을 보면, 이론과 관련된 문제들이 드러난다. 과학 철학자들은 보조이론이 예상밖의(anomalous) 결과를 설명하기 위해 필요하거나, 심지어 연구 수행을 위해 반드시 필요한 것이라고 주장한다. 앞서 제시한 예에서 충실성과 충성심은 심리치료 효과성 실험 결과를 이해하는 데 도움이 되는 보조이론들이다. Lakatos에 의해 제안된 과학의 재구성은 이런 문제가 과학의 진전에 핵심이 된다고 주장한다.

Lakatos에 따르면, 견고하고 변하지 않는 하나의 이론에 초점을 두고, 이 이론이 거짓임을 입증하려는 시도 속에서 살아남거나 아니면 반증에 의해 무너진다고 하면, 이는 과학의 작동 방식을 잘못 나타내는 것이다. 이론은 새로운 발견이나 기대하지 않던 결과를 수용하기 위해 바뀐다고 하는 편이 보다 정확하다.

> 그것은 일련의 이론들이지 과학적 또는 유사과학적이라고 평가되는 하나의 이론이 아니다. 그러나 그런 일련의 이론들은 서로를 이어 붙여서 하나의 연구 프로그램으로 만드는 놀라운 연속성에 의해 연결되어 있다.
>
> (Lakatos, 1970, p.132)

프로그램은 핵(hard core)을 가지고 있는데, 이는 이론의 본질적 원리를 담고 있다. 이와 함께, 핵에 대한 과학적 연구를 수행하고 그 결과를 해석하는 데 필요한 보조가설도 지니고 있다. Popper도 이론 검증을 어렵게 만드는 보조가설의 존재를 인식했다. 반증되었다면, 이는 핵에 있어서의 결함 때문인가? 보조이론 중 하나가 옳지 않기 때문인가? 아니면 무언가가 학습되어서, 새로운 보조이론이 필요하기 때문인가? 보조이론에 대해 자세히 논의한 Lakatos에 따르면, 핵에 영향을 주지 않는 한, 보조가설은 관찰된 현상을 설명하기 위해 수정될 수 있다. 그래서 보조이론은 이론을 보호하는 벨트가 된다. 보조 가설의 변경이 더 나은 예측이나 설명력으로 귀결되면, 그 프로그램은 발전적(progressive)이라 할 수 있다. 반면, 이례적인 현상을 설명하기 위해 필요했던 수정이 새로운 예측을 산출하거나 설명력을 증가시키지 못하면, 그 프로그램은 퇴보적(degenerative)이라 할 수 있다. 퇴보적 프로그램은 여러 경우에 보조이론을 일관되게 적용하지 않거나, 너무 많은 보조이론을 축적한다. 그 결과, 이론이 과도하게 복잡해진다. 또한 퇴보적 프로그램은 거짓으로 드러나는 보조이론을 활용한다.

Lakatos에 따르면, 발전적 대안이 없는 한 기존 연구 프로그램을 포기해서는 안 된다. Lakotos의 재구성에서, "이전 프로그램의 모든 사실을 설명할 수 있을 만큼 충분히 강력한, 그리고 새로운 사실(이 중 일부는 이미 확인된)을 예측할 수 있는 충분한 생성력을 가진 경쟁 프로그램이 존재할 때", 기존이론은 폐기되어야 한다(Serlin & Lapsley, 1993, p.205). Larvor(1998년)가 기술한 바와 같이, Popper의 관점에서 이론은 반증에 시달린다. 반면, "Lakatos 관점에서 이론과 프로그램은 포기에 시달린다 … 지배적인 이론은 증거를 설명하기(즉, 정당화) 위한 수단이다. 이런 지배적인 이론에 대한 우리의 신뢰는 지배적인 이론에 의문을 던지거나 혹은 그 이론 내에서 표현될 수 없는 발견에 의해 훼손될 것이다"(pp.34-35).

이 책에서 심리치료에 관한 의학 모델은 일반적으로 인정되는 이론이다. 이에 대해서는 1장에서 논의하였다. Lakatos의 재구성이 요구하듯, 경쟁 프로그램이 존재해야 하는데, 맥락 모델이 경쟁 이론이다. 두 프로그램 모두 연구 증거가 수집되고 제시됨에 따라 수정된다. 두 프로그램 모두 연구를 수행하고 증거를 설명하기 위해 보조이론을 사용한다. 두 프로그램 모두 이론을 "확증하는" 것으로 보이는 개별 연구들에 의해 지지된다. 두 프로그램 모두 예측과 상반되는 개별 연구들에 의해 약화된다. 이 책에서는 맥락 모델이 발전적인 연구 프로그램이며, 의학 모델은 퇴보적인 징후를 보인다는 것을 시사하는 증거가 제시된다. 두 연구 프로그램이 제시하는 예언을 검토하기 전에, 바람직한 혹은 허용 가능한 증거의 유형에 대한 논의를 먼저 할 것이다.

2. 증거의 인정 가능성: 증거로 간주되는 것은 무엇인가?

Baker 등(2008)이 임상심리학에 대해 논의한 사례에서 알 수 있듯이, 맥락 모델을 과학으로 인정하는 데 대한 일반적인 저항이 있는 것 같다.

> 비특정 효과에 관한 연구[예 맥락 모델의 요인들]는 현재의 심리학적 실무에 어떠한 지원도 하지 못하고 있다. 비특정 효과를 둘러싸고 정당하고 중요한 이슈들이 제기되고 있다. 하지만, 비특정 효과에 대한 이런 논쟁이 해결된다고 해서 임상심리학의 과학기반 실무를 타당화해 줄 가능성은 거의 없다 … 이 구인들이 차지하고 있는 과학에서의 지위가 주변적이라는 점에 주목해 보라.
>
> (p.82)

맥락 모델의 과학적 타당성에 대한 또 다른 비판은 치료적이라고 알려진 요소들이 심리치료의 성과와 인과적으로 관련된다고 보기 어렵다는 것이다(Baker et al., 2008; DeRubeis et al., 2005; Siev, Huppert, & Chambless, 2009). 왜냐하면 변수를 실험적으로 조작하는 것이 어렵거나 비윤리적이기 때문이다. 이러한 관점에 따르면, 치료 방법에 초점을 두는 무선할당 임상실험(RCTs)이 으뜸의 지위를 부여받아야 한다.

> 성과에 영향을 미치는 심리치료의 모든 측면 중에서 치료사가 훈련될 수 있는 유일한 측면은 처치 방법이다. 또한 그 가치를 검증하기 위해 임상실험(즉, RCTs)에서 조작될 수 있는 유일한 측면이다. 만약 가치 있는 것으로 입증되면, 다른 심리치료사에게 전파될 수 있는 유일한 측면이기도 하다.
>
> (Chambless & Crits－Christoph, 2006, pp.199-200)

과학 발전에 관한 재구성의 입장은 어떤 증거가 허용될 수 있는지에 관해 알지 못한다는 것이다. 왜냐하면 모든 관찰은 특정한 실험 방식(arrangements)으로 인해 발생하는 부수적인 문제를 갖고 있기 때문이다(Lakatos, 1970; Latour, 1999; Larvor, 1998; Miller, 1994; Serlin & Lapsley, 1985, 1993). 많은 이론들은 자연적인 관찰을 통해 검토되었다. 여기에 천문학(예 행성 운동, 빅뱅 이론), 경제학(예 통화주의, 공유재, 신무역 이론), 생물학(예 진화), 자연사(예 공룡의 멸종), 의학(예 헬리코박터필로리와 위궤양, 흡연 및 건강)의 많은 이론들이 해당한다. 실제로, 노벨상 수상자들의 연구물을 검토해 보면, 많은 수상자들이 실험적인 방법보다는 관찰 방법을 사용했다는 것이 드러날 것이다. 그리고 임상실험을 통해 나타난 증거로 노벨 생리의학상을 받은 사람은 소수에 불과하다. 인과의 관점에서 보면, 한 변인이 이론적으로 조작될 수 있다면, 그 변인을 조작하는 것이 가능한지 또는 윤리적인지와 관계없이, 그 변인을 한 원인요인으로 간주하는 것은 적절하다(Holland, 1986, 1993; Rubin, 1986). 앞서(그리고 이후의 이어지는 장들에서) 논의한 바와 같이, 무선할당 임상실험도 결론에 관한 논란에서 자유롭지 못하다. 그리고 타당도를 위협하는 요인들을 가지고 있다. 결론적으로 말해, 어떤 하나의 설계가 다른 설계보다 낫다고 할 수는 없다. 어떤 설계든 증거를 산출하기 때문이다. 물론, 그 증거를 산출한 연구가 갖는 한계를 파악하는 것은 중요하지만 말이다. RCT도 많은 한계를 갖고 있다.

논의해야 할 몇 가지 문제가 더 있다. 심리치료에 대한 수천 건의 연구가 있다. 특히 임상실험(4장, 5장 참조) 및 동맹(7장)과 같은 과정 변인에 대한 연구물이 많다. 위에서 논의한 바와 같이, 이런 연구들도 타당도에 대한 어느 정도의 위협을 지니고 있다. 이 문제와 얽혀 있는 한 가지 고려할 사항이 있다. 즉, 하나의 이론적 입장을 지지하는 연구만을 선택하고, 다른 연구는 무시하거나 그 결과에 의문을 제기했던 경우가 심리치료 연구의 역사에서 많다는 것이다. 따라서, 유사한 연구 문제를 검토하는 많은 개별 연구는 과학적인 방법으로 통합되고 요약되어야 한다. 과학자들은 연구들을 통합하는 양적 수단으로 메타분석을 받아들였다(Hunt, 1997).

1) 메타분석에서 효과 크기

심리학에서 메타분석은 어디서나 발견되고, 연구방법 수업에서도 이 절차를 빼지 않고 가르치고 있다. 그래서 여기서는 이 방법의 기본 내용만 제시하되, 효과 크기의 해석에 중점을 둔다. 효과 크기는 관계의 강도를 재는 표준화된 지수이다. 집단 설계에서 효과 크기는 두 개 집단의 분포에서 나타난 평균 점수의 차이를 표준화한 것이다. 예를 들어, 어떤 장애로 처치를 받은 환자의 모집단을 처치를 받지 않은 환자의 모집단과 비교한다고 하자. 이때 환자들은 두 조건(처치 TX 및 대기자 통제 WLC) 중 하나에 무선할당된다. 표본 효과 크기는 $(M_{TX}-M_{WLC})/SD_{pooled}$가 된다. 여기에서 M_{TX}는 처치집단의 처치 후 결과 평균이고, M_{WLC}는 대기자 통제집단의 처치 후 시점에서의 결과 평균이다. SD_{pooled}는 통합표준편차이다(통합표준편차란 두 집단을 합쳐 하나의 집단으로 만들었을 때 산출되는 표준편차를 의미함－역자 주). 효과 크기가 클수록 치료 효과도 크다. “얼마나 커야 크다고 할 수 있는가?”라는 질문에 대한 답은 아래에서 설명될 것이다. 메타분석의 중요한 단계는 같은 가설을 검토한 연구들에서 산출된 효과를 통합하는 것이다. 어떤 장애에 대한 치료 효과를 검토한 연구가 10개 있다면, 개별 연구에서 산출된 효과를 “평균”해서 통합된 효과를 만들 수 있다. 이 통합된 효과가 처치 효과의 추정치가 된다. 이 추정치는 단일 연구에서 제공된 추정치보다 더 정확하다(즉, 추정의 표준오차가 더 작다). 이 과정 이면에는 다음과 같은 통계 이론이 있다. 즉, 소표집에 기인한 편향 교정, 각 연구가 얼마나 정확한지에 따라 연구물에 가중치 주기(더 정확한 추정치는 일반적으로 더 많은 수의 표본에서 도출된다. 보다 정확한 추정치는 덜 정확한 연구에서 보다 더 큰 가중치를 부여받은 것이다.), 각 개별연구의 효과 추정과 통합 효과 추정에서의 오차 추정하기, 효과의 신뢰구간 설정하기(Cooper & Hedges, 2009; Hedges, 1981; Hedges & Olkin, 1985) 등이 그것이다. 효과가 연구의 전집에서 표집된 것으로 간주된다면, 무선효과 모형에 따라 메타분석을 수행하는 것이 일반적이다(Raudenbush, 2009).

심리치료의 과정 연구는 종종 어떤 과정 변인과 성과 사이의 상관관계를 검토한다. 치료사—내담자 동맹과 성과 간의 상관(7장을 보라) 혹은 치료사의 충실성 또는 역량과 성과 간의 상관(8장 참조)이 그 예이다. 이런 상관계수는 집단 간 효과를 추정할 때와 동일한 방식으로 통합될 수 있으며, 이를 통해 모집단 상관계수의 통합 추정치와 그 표준오차가 산출된다(Shadish & Haddock, 2009).

d가 되었건 r이 되었건 통합 효과 크기에 대한 가설은 일반적으로 메타분석에서 검증된다. 전형적으로, 영가설은 통합 효과 크기가 0(처치의 효과가 없다)이라는 것이고, 그에 대한 대안 가설은 통합 효과 크기가 0이 아니라는 것이다. 또한 효과의 이질성이 검토될 수 있다. 효과가 이질적이라면, 예상보다 효과에 더 큰 변산이 있다는 의미이다. 이때, 무엇이 이런 변산을 만들어내는지를 검토하는 것이 중요하다. 이를 위해 일반적으로 조절변인의 수준에 따른 효과 크기의 차이를 검증한다.

효과 크기가 갖는 장점 중 하나는 유의성을 검증하는 것과는 다른 정보를 제공한다는 점이다. 앞서 논의한 것처럼, 어떤 연구에서 표본 크기가 크면 효과는 매우 작아도 통계적으로는 유의할 수 있다. 반면, 효과 크기는 크지만 통계적으로는 유의하지 않을 수 있다. 효과의 크기를 판단하는 것은 다소 까다롭지만, <표 3.1>은 이러한 목적에 유용하다.

▼표 3.1 효과의 크기

d	Cohen의 설명	처치집단의 평균점수보다 낮은 통제집단 환자의 비율	r	R^2	NNT
1.0		0.84	.45	0.20	2
0.9		0.82	.41	0.17	3
0.8	크다	0.79	.37	0.14	3
0.7		0.76	.33	0.11	3
0.6		0.73	.29	0.08	4
0.5	중간	0.69	.24	0.06	4
0.4		0.66	.20	0.04	5
0.3		0.62	.15	0.02	6
0.2	작다	0.58	.10	0.01	9
0.1		0.54	.05	〈0.01	18
0.0		0.50	.00	0.00	∞

d=집단 간(between group) 효과 크기, Cohen(1998)이 지정함. 성공비율은 대안처치집단의 평균점수보다 더 나은 점수를 받은 처치집단 환자의 비율임, r=상관 계수, R^2=요인으로 설명되는 분산의 비율, NNT=처치 필요 수

"d" 라벨이 붙은 첫 번째 열은 위에서 설명한 바와 같이 효과 크기다. Jacob Cohen은 사회과학 연구 결과들을 검토한 뒤, d=0.8은 크고, 0.5는 중간이며, 0.2는 작다고 기술했지만(Cohen, 1988; 두 번째 열 참조), 많은 사람들은 이를 임의적이라고 비판했다. 4장에서 논의할 것처럼, Cohen에 따르면 심리치료 대 무처치(예 대기자 통제집단)는 약 0.8의 효과를 나타내는데 이는 큰 효과이다. 세 번째 열은 두 집단의 정상분포가 서로 겹치는 부분에 토대를 둔 것으로 효과에 대한 상식적 해석을 제공한다(Glass의 해석, 1976년). 한 연구에서 처치가 무처치보다 우월하며, 효과 크기 추정치는 0.60이라는 것을 발견했다고 가정해보자. 그림 3.1과 같이, 이는 처치집단에서 평균점수를 받은 사람이 처치를 받지 않은 사람들의 73%보다 더 나을 것임을 나타낸다고 해석될 수 있다. 이러한 해석은 상식적인 해석이기 때문에 특히 호소력이 있다. 예를 들어, 이 치료를 받으면 치료 받지 않은 환자들의 73%보다 더 나아질 것이라는 말을 환자가 이해할 수 있을 것이다. 물론 처치의 가치가 전혀 없는 경우(즉, d = 0.00) 처치집단의 평균점수를 받은 사람은 치료를 받지 않은 사람의 50%보다 더 나을 것이다. 네 번째 열은 효과 크기 d를 상관계수(Rosental, 1994)로 변환한 것인데, 이를 통해 임상실험에서 얻어진 효과(d)와 과정 변인과 성과 간의 상관에서 나온 효과(r)를 비교할 수 있다.[2]

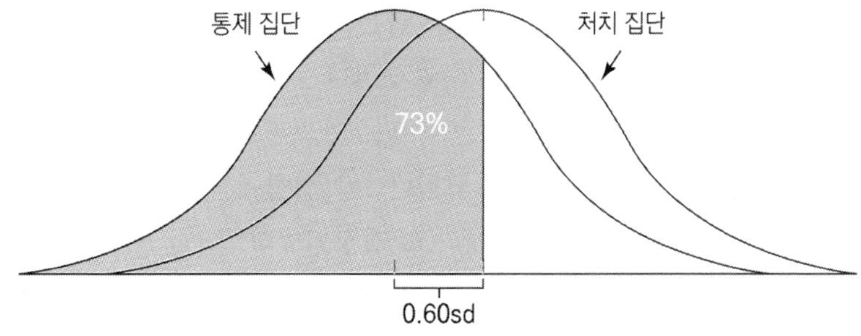

▌그림 3.1▐ 중복된 분포에서 효과 크기의 해석

다음 열은 검토되고 있는 요인에 의해 설명되는 성과 분산의 비율인 R^2의 값을 나타낸다.[3] 다시, d=0.80인 큰 효과의 예를 들면, 성과 변산의 14%가 요인과 관련됨을 의미한다. 처치와 무처치 통제(예로, 대기자 통제집단)를 비교하는 무선할당 임상실험에서 산출된 .80의 효과를 고려해보자. 이 효과는 임상실험에 참여한 환자들의 성과 변산(예 우울 점수) 중 14%는 환자가 어느 집단에 소속되었는지와 관련됨을 뜻한다. 여기에서 논의해야 할 몇 가지 문제가 있다. 첫째, 어떤 요인을 원인이라고 할 때 요구되는 신중함이다. 인과성은 까다로운 개념이다. 무선할당 임상실험의 경우와 같이, 변인이 조작되고 이 조작의 영향이 관찰되는 실험설계에서는 무엇이 원인이고 무엇이 결과인지를 결정하기가 더 쉽다. 그러나, 무선할당 임상실험도 인과관계에 대한 논의를 어렵게 만드는 타당도에 대한 위협들을 가지고 있다는 점을 명심하자. 원인으로 귀인되는 수준(level) 또한 적절한 추론을 하는 데 중요하다. 전등 스위치를 켤 때 불이 들어 왔다. 스위치를 켜는 것이 광자 방출의 원인이 되는가? 분명히 그렇다. 하지만 이것은 이론적으로 그리 유용한 실험은 아니다. 인과성은 이론의 핵심이다. 그러나 연구를 통해 직접 추론하기란 매우 어렵다. 이런 점은 이 책에서 제시되는 증거를 통해 분명해질 것이다. 요인에 의해 설명되는 변산에 관한 두 번째 문제는 비록 큰 효과라도 비교적 작은 비율의 성과 변산을 설명하는 것처럼 보일 수 있다는 점이다. 만약 심리치료를 받지 않은 것에 비해 심리치료를 받는 것이 성과 변산의 14%를 설명한다면, 환자들의 성과 변산의 86%는 다른 요인들 때문이다. 이것은 심리치료가 그다지 효과적이지 않은 것처럼 보일 수도 있다. 환자들의 성과 변산에 기여하는 다른 많은 요인들이 있다는 점을 명심하는 것이 중요하다. 치료 전에 상대적으로 더 고통 받는 환자들은 치료의 효과와 상관없이, 치료 후에도 상대적으로 더 고통스러울 것이다. 초기 고통은 성과 분산의 약 50%를 설명한다. 그 다음, 환자 요인이 있다. 어떤 환자들은 더 동기화되어 있고, 변화할 준비가 되어 있으며, 경제적 자원과 사회적 지원을 받는다(Bohart & Tallman, 1999; Prochaska & Norcross, 2002). 물론, 측정, 연구 운영, 그리고 실험관련 절차들로 인해 발생하는 기타 요인들 때문에 생겨나는 오차 변산도 있다. 그렇더라도 의학적 실무와 비교할 때, 14%는 꽤 인상적이다. 아스피린이 심장마비를 예방한다는 것은 한 무선할당 임상실험을 통해 확립되었다. 이 실험에서 위약 집단에는 아스피린이 주어지지 않았는데, 이것이 비윤리적이라고 결정되었다. 이런 이유로 이 실험은 중단되고 말았다. 아스피린은 성과 변산의 1%를 설명할 뿐이지만 말이다. 성과 변산에 대한 항우울제의 설명량은 위약보다 약 3% 더 많다. 증거를 해석할 때, 다양한 요인으로 인한 성과 변산의 비율을 비교하는 것은 심리치료의 성공에 중요한 요인을 확인하기 위한 것이다.

<표 3.1>의 마지막 열은 효과들을 처치필요 수(Number Needed to Treat; Kraemer & Kupfer, 2006)로 변환한 것이다. 이 숫자는 한 명의 추가적 성공(통제 조건에서의 효과와 비교해서)을 달성하기 위해 처치를 받아야 하는 환자의 수를 의미한다. 치료를 받지 않았을 때와 비교해서 치료를 받았을 때 0.8의 효과를 나타내는 예를 들어보자. 이 효과 크기는 세 명의 환자가 심리치료를 받으면 세 명이 모두 무처치집단에 배정되었을 때보다, 세 명 중 한 명은 더 나은 성과를 낼 수 있다는 것이다. 달리 말하자면, 세 명

의 환자 중 두 명은 심리치료를 받았을 때 얻을 수 있는 성과가 처치를 받지 않았을 때 얻을 수 있는 성과와 다르지 않다는 것이다. 다시 말하지만, 이러한 점은 심리치료의 효과에 대한 의문으로 해석될 수도 있다. 이 NNT를 많은 의학적 처치의 NNT와 비교하기 전까지는 말이다. 더 작은 NNT가 더 큰 효과를 나타낸다는 점을 이해한다면, 심리치료는 일반적으로 받아들여지는 많은 의학적 처치들과 비교했을 때 긍정적으로 해석된다. 이런 의학적 처치에는 심장학적 처치(예 b−blocker의 NNT=40, 위약과 비교해서), 소화기내과 처치(예 소화성 궤양 출혈에 대한 양성자 펌프 억제제의 NNT = 6, 위약과 비교해서), 정형외과 처치(예 목뼈 손상에 대한 적극적 처치의 NNT = 5, 기존 처치와 비교해서), 호흡기 질환 처치(예 금연을 위한 니코틴 흡입제, NNT = 10, 위약과 비교해서), 1차 진료(예 독감예방을 위한 독감 예방접종 NNT=12, 위약과 비교해서), 그리고 다른 많은 처치(http://ktclearinghouse.ca/cebm/glossary/nnt/를 참조하라)가 포함된다. 이런 의학적 처치 중 일부는 매우 비싸고, 심각한 부작용을 지니고 있다.

2) 메타분석: 확장과 이슈

메타분석은 발전을 거듭하고 있다. 그 덕택에 심리치료에 대해 더 깊이 이해할 수 있게 되었다. 하지만 여전히 문제도 있다. 여기서는 메타분석에 대해 간단히 논의한다. 이미 앞에서 논의했듯이, 무선효과 메타분석 모형을 사용하는 것이 일반적이다. 그러나 이 개념은 종종 잘못 이해되고 있는 것 같다. 무선효과 모형에서, 메타분석에 포함된 연구들은 특정한 효과를 연구하는 연구들의 전집에서 무선 표집된 것으로 간주된다. 이로 인해 연구들을 표집하는 데 따른 분산 항과 개별연구 내 참여자 표집에 따른 분산 항이 도입되었다(Raudenbush, 2009). 실제 전집에서 효과가 있고, 그 효과를 찾아내고 추정하기 위해 많은 연구들이 설계된다고 가정해보자. 다양한 연구들로부터 산출된 추정치는 서로 다를 것이다. 연구들 간 차이가 있기 때문은 물론이고, 참가자들을 연구 내의 조건들에 무선할당하기 때문이다. 여러 연구들에서 나온 효과의 변산이 통계 이론에 의해 기대되는 것 정도라면, 그 효과들은 동질적이라고 할 수 있다. 그러나, 만약 변산이 예상보다 크다면(즉, 동질성 검증의 결과 영가설이 기각된다면), 그 효과들은 이질적이라고 할 수 있다. 만약 효과들이 동질적이라면, 메타분석을 통해 추정한 실제 효과에 대한 신뢰는 증가한다. 효과가 이질적이라면, 조절 변인으로 설명되는 연구 간 변산이 존재하게 된다. 이 조절 변인은 연구들의 특징일 것이다. 종종 이질성을 나타내는 지수가 제시된다. 한 세트의 연구들에서 관찰된 효과 변산의 30%는 연구 간 변산에 기인한 것일 수 있다는 것이 한 예이다. 우리는 연구 간 변산을 조절변인으로 설명할 수 있다. 그러나 때로는 그런 이질성은 설명되지 않는다. 예를 들어, 우리가 보게될 것처럼, 좋은 연구설계로 수행된 연구는 부실한 설계로 수행된 것보다 더 큰 효과를 산출한다. 동질성 검증은 처치의 상대적 효과성을 검증하는 데에도 사용될 수 있다(Wampold & Serlin, 2014 참조). 이에 대해서는 5장에서 논의한다.

메타분석에 대한 비판 중 하나는 매우 다른 연구들을 섞어 버린다는 것이다. 이 문제는 제4장의 절대적 효과성의 맥락에서 논의될 것이다. 현시점에서 연구 설계의 질과 같은 연구 수준(study level)의 변인에 있어서의 차이는 이것이 효과의 이질성을 낳는지 여부를 검증함으로써 검토될 수 있다는 점만 지적하자.

심리치료 성과 연구에서 중요한 한 가지 문제는 임상실험이 일반적으로 복수의 종속 측정치들을 포함하고 있다는 점이다. 효과 크기는 각 성과 변인마다 계산되지만, 이 성과 변인들은 상호 독립적이지 않다. 이는 메타분석을 심리치료 성과 연구에 처음 적용했을 때부터 지적된 문제이지만 무시되어 왔다. 한 연구에는 8개의 종속 측정치가 있고, 다른 연구에는 2~3개만 있는 경우, 이 연구의 8개 효과를 메타분석에 투입하는 것은 심각한 문제가 된다. 여러 해 동안 다양한 전략이 사용되어 왔다. 첫 번째 전략은 그 문제를 무시하고, 모든 효과를 메타분석에 투입하는 것이다. 그러나 위의 문제 때문에 이 전략은 더 이상 사용되지 않는다. 두 번째는 연구 내 효과들의 평균을 산출하는 것이다. 보통 적절하게 산출하지 못하지만 말이다. 성과 변인들은 상호 상관을 갖고 있어서 평균을 산출할 때 고려해야 한다(Gleser와 Olkin, 2009를 보라). 그러나 메타분석 보고서에 기술하지는 않지만, 일반적으로 이 평균(average)은 효과들의 단순 평균이다. 이렇게 하면, 추정의 표준 오차에 영향을 주게 된다(Hoyt & Del Re, 2018). Wampold 등(1997b)은 Gleser와 Olkin이 제시한 방법을 사용하여 복수의 변인 간 상관을 고려한 후, 복수의 성과측정치에 대한 적절한 효과 추정치를 산출했다(Hoyt & Del Re, 2018을 보라). 세 번째는 개별연구 각각에서 하나의 변인만을 선택하는 것으로서 자주 사용된다. 이 전략은 다음과 같은 이유에서 문제가 있다. (a)다른 변인들로부터 얻을 수 있는 정보를 무시한다. 그래서 모든 변인을 사용할 때 얻을 수 있는 것보다 덜 정확한 추정치를 산출한다, 그리고 (b)성과의 다른 측면은 배제한 채 한 측면에만 초점을 두게 된다. 이 경우 선택된 하나의 변인은 보통 처치가 표적으로 하는 증상을 반영한다(장애의 증상에 특화된 측정치, 주 측정치, 혹은 표적 측정치 등으로 불린다). 반면, 다른 중요한 변인은 무시된다. 예컨대, 다른 증상들, 성과에 대한 전반적 측정치, 삶의 질 등과 같은 측면은 무시된다. 이런 변인들도 중요한 성과의 측면이고, 처치의 효과성을 해석하는 데 영향을 미친다(Bell, Marcus, & Goodlad, 2013; Laska, Gurman, & Wampold, 2014; Minami,

Wampold, Serlin, Kircher, & Brown, 2007).

3. 의학 모델과 맥락 모델의 예측들

과학의 특징 중 하나는 이론 T가 검토될 수 있는 추측을 생성한다는 생각이다. 추측이란 기본적으로 특정 조건에서 관찰될 것에 대한 기대이다. 즉, 연구자는 어떤 조건을 만들어 관찰한다. 그리고 관찰한 것이 예측과 일치하는지 여부를 결정한다. 이것이 과학에서 이루어지는 일이다. 앞에서 논의한 다양한 재구성은 추측이 어떻게 발전으로 이어지는지에 대해 서로 차이를 보인다. 그러나 모든 재구성의 핵심에는 어떤 조건하에 무엇이 관찰될 것인가에 관한 이론적 특정성이라는 관념이 존재한다. 이 장의 나머지 부분에서는 의학 모델과 맥락 모델의 추측이 논의된다. 이 논의는 이론적인 핵심과 다양한 보조이론을 가진 Lakatos의 연구 프로그램이라는 렌즈(즉, 관점－역자 주)를 통해 이루어진다. 그러나 많은 보조이론은 후속하는 장들에서 다양한 연구 증거가 검토될 때라야 명확히 드러날 것이다.

1) 의학 모델

의학 모델의 핵심은 심리치료를 작동하게 하는 것이 특정한 결함을 치료하는 특정 성분이라는 것이다. David Barlow(2004)는 이를 다음과 같이 간결하게 요약했다. 효과가 있는 모든 심리치료는 “치료 동맹, 변화에 대한 긍정적 기대의 유도, 사기회복”과 같이 모든 처치에 공통적인 측면을 품고 있지만, “해당 정신 병리를 표적으로 하는 중요한 특정한 심리적 절차”도 품고 있다(p.873). 몇몇 추측은 바로 이 이론 명제에서 도출된다. 이 추측들은 <표 3.2>에 요약되어 있다.

▼표 3.2 의학 모델과 맥락 모델의 예측들

의료의학 모델	맥락 모델
절대적 효과(4장)	
1. 심리치료가 무처치보다 효과적임	1. 심리치료가 무처치보다 효과적임
2. 특정 성분이 없는 심리치료는 특정 성분이 있는 심리치료보다 덜 효과적임	2. 특정 성분이 없는 심리치료는 특정 성분이 있는 심리치료보다 덜 효과적임

의료의학 모델	맥락 모델
3. 특정 성분이 없는 심리치료는 무처치보다 효과적임	3. 특정 성분이 없는 심리치료는 무처치보다 더 효과적임
상대적 효과(5장)	
1. 처치 효과성에 변산이 있음(예 어떤 처치가 다른 처치보다 더 효과적임)	1. 처치 효과의 동질성: 치료적인 의도를 갖는 모든 처치는 동등하게 효과적임
2. 특정 장애의 경우 처치 A가 처치 B보다 더 효과적임	
치료사 효과(6장)	
1. 치료사 효과는 작음. 특히, 증거기반 처치를 제공하고, 그 처치 모델을 충실히 따를 때, 치료사 효과는 작음	1. 치료사 효과는 비교적 클 것임. 특히, 특정 성분 효과와 비교할 때 치료사 효과는 상대적으로 클 것임
	2. 치료사 효과의 차이는 관계(relationship) 요인 때문일 것임
일반 효과(7장)	
1. 관계 요인은 심리치료 성과에 중요한 요인이 아님	1. 치료 동맹은 성과와 관련될 것임
	2. 다른 관계요인들(예 공감, 목표 합의와 협력, 실제 관계)은 성과와 관련될 것임
	3. 기대는 성과에 중요함
	4. 연구자 충성심, 특히 치료사 충성심은 심리치료 성과와 관련될 것임
	5. 문화적 변용(adaptations)은 치료 효과를 증가시킬 것임
특정 효과(8장)	
1. 과학적으로 확립된 처치에서 특정 성분을 제거하는 것은 치료의 효과를 약화시킬 것임. 반면에 성분을 추가하면 효과가 강화될 것임	1. 과학적으로 확립된 처치에서 특정 성분을 제거하는 것은 치료의 효과를 약화시키지 않을 것임. 성분을 추가해도 효과성이 증대되지는 않을 것임
2. 처치 T1은 증상 S1을 치료하는 데 T2보다 더 효과적일 수 있음. 그러나 증상 S2를 치료하는 데에는 그렇지 않음	2. 충실성과 처치 특정적 능숙함은 성과와 관련되지 않을 것임
3. 충실성과 처치 특정적 능숙함은 성과와 관련될 것임	

첫 번째 추측은 심리치료가 효과적인 이유는 특정한 성분들이 실제로 효과적이기 때문이라는 것이다. 즉, 심리치료는 무처치보다 더 효과적인데, 이를 절대적 효과성(4장)이라고 부른다. 의학 모델 옹호자 대부분은 공통요인이 심리치료가 전달되기 위해 필요하고, 그 자체로 약간의 이득을 준다고 인정한다. 그리고 특정 성분이 있는 처치들이 특정 성분이 없는 처치들보다 더 효과적이며, 특정 성분이 없는 처치는 무처치보다 더 효과적이라고 생각한다. 2장에서 제시한 맥락 모델에서 보자면, 의학 모델은 세 번째 경로 즉, 특정 성분을 강조한다.

의학 모델에서 나온 가장 강력한 예측은 상대적 효과성의 영역에 있는데, 한 치료법이 다른 치료법보다 더 효과적인지의 여부에 관한 것이다. 의학 모델에 따르면, 과학적으로 심리적 결함을 다루는 성분을 가진 처치는 효과적이지만, 비활성(즉, 결함을 치료하지 않는) 성분을 품고 있는 처치는 효과적이지 않을 것이다. "과학적" 성분과 다른 성분의 구별은 행동 치료의 기원으로 거슬러 올라간다. 그 당시 Eysenck(1961년)는 과학적인 근거를 지닌 학습이론과 다른 종류의 치료법을 구분했다.

> 학습 이론에 기초한 심리치료 절차를 통해 치료된 신경증 환자는 정신역동 혹은 절충 심리치료를 통해 치료되었거나 혹은 심리치료를 전혀 받지 않은 환자들보다 더 빨리 호전된다 … 따라서, 이론적 및 실용적 관점에서 검증 가능한 예측을 하는 데 유용하지 못한 정신분석적 모델을 폐기하고, 이론적으로 그리고 적용면에서도 훨씬 더 유망해 보이는 학습 이론 모델을 잠정적으로 채택하는 것이 바람직해 보인다.
>
> (pp.720-721)

Eysenck는 이론적으로 빈곤하다는 이유에서(비과학적이라는 의미에서) 정신분석 치료와 절충주의 치료를 공격했다. 여기에서 이 논리의 중요한 측면은 성분(ingredients)의 과학적 지위가 처치의 효과성과 관련된다는 점이다. 이는 의학 모델의 토대이다. 좀 더 최근에 Baker 등(2008)은 같은 방식으로 과학적 처치와 다른 처치를 구분하려 했다.

> 과학적 그럴듯함(plausibility)은 개입이 이론적 근거에 기반하여 이해되는 정도와 그 개입방법의 기제에 관한 공식적인 증거가 있는지의 여부를 지칭한다. 그러나 효과의 발휘에 관한 입증되었거나 그럴듯한 **특정 기제**가 없다는 것은 특히, 심리사회적 개입의 경우, 그 개입이 믿음이 가는 비특정적인 의식(ritual)이

나 위약 효과를 이용한 것일 수 있다는 가능성을 열어둔다.

(강조는 저자에 의한 것임, p.72)

그럴듯한(plausible) 특정 기제를 지닌 치료법의 예로서, 외상 후 스트레스 장애(PTSD)에 대한 장기노출치료(PE; Foa, Hembree, & Rothbaum, 2007)를 고려해보자. 이 처치는 정서 처리 이론(Foa & Kozak, 1986)에 기반을 둔 것이다. PE의 성분(즉, 노출)은 공포망을 활성화시킨 후 습관화시켜(익숙하게 해서-역자 주) 공포 반응이 소거되게 한다. 장애에 대한 과학적 설명과 과학이 보증하는 성분은 보다 효과적인 처치로 이어질 것이다. Foa 등에 따르면, PE가 이런 경우에 해당한다. 어떤 의미에서 더 강력한 성분과 더 효과적인 처치가 동일하다는 것을 암시한다.

결과적으로, 의학 모델은 두 수준에서 상대적 효과성에 대한 예측을 한다. 가장 일반적인 수준에서, 의학 모델은 처치의 효과에 변산이 있을 것으로 예측한다. 즉, 과학적으로 타당한 기반이 있는 처치는 과학적으로 덜 타당한 근거를 지니고 있거나 과학적 근거가 없는 처치보다 더 효과적일 것이라는 예측이다. 보다 구체적인 수준에서는 특정 장애에 대한 두 개의 특정 처치(Tx A와 Tx B라고 하자)에 대한 가설이 만들어진다. 예를 들어, 많은 사람들은 PTSD에 대해 PE가 EMDR(안구운동 탈민감화 및 처리)보다 더 효과적이라는 가설을 가질 수 있다(Herbert et al., 2000; McNally, 1999 참조). PE는 과학적 성분을 포함하고 있지만, EMDR은 과학적 성분을 포함하고 있지 않다고 믿기 때문이다. 의학 모델을 지지하는 사람들은 한 걸음 더 나아가서 특정 성분이 표적으로 하는 증상의 특정성을 다음과 같이 제안한다. "처치 T1은 증상 S1을 치료하는 데 T2 보다 효과적일 수 있지만, 증상 S2를 치료하는 데는 아닐 수 있다"(Hofmann & Lohr, 2010, p.14).

특정 성분에 관한 한 가지 예측은 해체 설계(Borkovec, 1990)에서 도출되었다. 이 설계에서는 이미 입증된 효과성을 지닌 처치에서 핵심이 되는 특정 성분이 제거된다. 의학 모델에 따르면, 이론적으로 처치의 성공에 결정적인 것으로 알려진 성분을 제거하면 처치 효과가 약화될 수 있다. 또한 기존 치료에 과학적 근거가 있는 성분을 추가하면 처치의 효과를 높일 수 있다.

의학 모델 예측은 임상실험에서 산출된 증거에 기반을 두고 있다. 임상실험에서 환자는 처치가 이루어지는(혹은 대기자 통제집단에 할당되어 처치를 받지 않음) 다양한 치료 조건에 무선할당된다. 무선할당 임상실험 설계에는 많은 방법론적 이슈가 있는데, 그 중 몇 가지는 예측과 관련되기 때문에 여기에서 논의한다. 이전에 언급한 바와 같이 무선할당 임상실험을 적절하게 실시하기 위해서는 처치가 적절한 방식으로 전달되어야 한다. 그래야 이득을 산출하는 데 필수적이라고 알려진 성분들이 충분히 제공된다. 즉, 연구의 타당성을 위해서 치료사는 치료 프로토콜에 충실해야 한다. 처치 완전성(integrity)이라고 불리는 충실성은 "치료사가 처치 매뉴얼에서 하라고 명시한 개입과 접근을 사용하고 매뉴얼에서 금지한 개입 절차를 사용하지 않은 정도"라고 정의된다(Waltz, Addis, Koerner, & Jacobson, 1993년 620). Lakatos의 용어로, 충실성은 보조개념이다. 연구를 수행하고 적절한 해석을 하는 데 필수적이기 때문이다(Bhar & Beck, 2009; Perpletchikova, 2009을 보라). Perepletchikova는 다음과 같이 지적했다.

> 처치 완전성(integrity)은 처치 성과연구 방법에 필수적인데, 특히 정확도와 명확성이 요구되는 무선할당 임상실험(RCT)을 할 때 그렇다(Kendall & Comer, 출판중). 하나의 개입과 성과 간의 관계에 관한 타당한 추론을 위해서는 처치가 의도대로 이루어졌음을 확립하고 문서화하는 것이 필수적이다.
>
> (p.380)

분명히, 충실성은 의학 모델의 관점에서 볼 때 합리적인 보조개념이다. 그러나 우리가 지적했듯이, 충실성은 자신의 관점에 반하는 연구 결과를 공격하기 위해 사용될 수도 있다. 따라서 충실성이라는 보조개념과 그것의 적용 방법은 주의 깊게 검토되어야 한다(8장을 보라). 무엇보다, 충실성이 설명적 보조개념이 되기 위해서는, 충실성의 정도(즉, 처치에서 특정 성분을 제공하고, 금지된 성분의 사용을 피하는 정도)와 성과가 임상실험에서 서로 관련이 있어야 한다. 둘째, 충실성은 임상실험에서 평가되어야 하고, 충실성 보조개념을 활용하여 연구를 공격하려는 시도는 한 연구에서 다른 연구로 일관되게 적용해야 한다. 단순히 결과가 자신의 추측과 맞지 않을 때에만 적용해서는 안 된다. 충실성의 세 번째 측면은 맥락 모델의 보조개념으로 논의될 치료사 효과와 관련된다. 근본적으로 치료사 효과는 성과에 있어서 치료사 간 변산을 의미한다. 즉, 치료사 효과가 나타난다면, 어떤 치료사는 환자의 특성과 상관없이, 다른 치료사보다 더 나은 결과를 일관되게 얻을 것이다. 의학 모델에서는 치료사 간 차이(만약 존재한다면)가 충실성의 결여 때문에 생겨난다고 추측한다. 즉, 치료사가 프로토콜에 따라 증거 기반 치료를 제공하면, 치료사 효과는 작거나 없을 것이라고 주장한다(Crits-Christoph et al., 1991; Shafran et al., 2009).

충실성과 관련된 개념은 처치 특정적 치료사 역량이다. 충실성은 어떤 성분이 제공되는지 여부를 가리킨다. 반면, 처치 특정적 역량은 치료사가 그 성분을 얼마나 잘 제공하는지를 가리킨다. 역량은 "치료를 전달하는 기술 수준으로 정의되는데, 여기서 기술은 개입을 수행하는 치료사가 치료 맥락의 적절한 측면들을 고려하고, 이 맥락 변인들에 적절히 반응하는 정도"이다(Waltz 등, 1993, p.620). 의학 모델에 따르면, 역량 평정 점수는 성과와 관련되어야 한다.

2) 맥락 모델

맥락 모델의 예측들은 2장에서 논의한 변화의 세 경로로부터 나온다. 맥락 모델에 따르면, 어떤 심리치료가 세 경로 각각에 해당하는 요소들을 포함하고 있다면, 이 처치는 효과가 있을 것이다. 맥락 모델을 의학 모델과 구분 짓는 중요한 측면 중 하나는 세 번째 경로의 특정 성분이다. 맥락 모델에 따르면, 효과적인 처치는 구체적인 행위를 가져야 하는데, 이 아이디어는 Jerome Frank로 거슬러 올라간다(Frank, 1961). 그러나, 특정 성분의 힘은 내담자를 치유활동에 참여시킨다는 것이다. 치유활동에의 참여는 기대를 형성하는 데 필수적이고, 나아가 바람직한 변화로 이끈다(2장을 보라). 의학 모델과는 반대로, 맥락 모델에서는 성분이 특정 심리적 결함을 치유한다거나, 성분이 어떻게 작동하는지에 대한 과학적으로 "그럴듯한" 설명을 제공한다는 가정을 하지 않는다. 실제, 가짜로 보이는 성분을 포함하는 몇 가지 처치가 효과적이라는 것을 이 책에서 제시할 것이다. 맥락 모델의 핵(hard core; Lakatos 용어)은 심리치료의 효과가 2장에서 기술한 세 경로를 통해 작동한다는 것이다. 즉, 심리치료의 효과는 개별 처치 접근이 주장하는 특정 성분의 과학적 근거와는 관련이 없다는 것이다. 요약하면, 맥락 모델에서, 특정 성분에 관한 과학적 근거는 치료 효과와 무관하다. 그러나 이 모델은 과학적이다. 이 모델이 사회과학에 기반을 두고 있기 때문이기도 하고, 더 중요하게는 관찰을 통해 검토될 수 있는 예측을 산출하기 때문인데, 이는 모든 과학 재구성의 특징이다.

절대적 효과성의 측면에서, 맥락 모델의 예측은 의학 모델의 예측과 동일하다. 물론 이유는 다르다. 맥락 모델에 따르면, (a) 내담자가 받아들이는 설득력 있는 원리를 갖춘 치료, 그리고 (b) 처치를 신뢰하고, 내담자의 신뢰를 받으며 내담자를 이해하고, 전문지식이 있으며, 내담자의 건강 증진을 이끌어 낼 수 있는 치료사가 실시하는 치료는 효과가 있을 것이다. 더욱이, 임상실험에서 다양한 유형의 통제로 활용되고, 상담현장에서 일부 치료사에 의해 제공되기도 하는 특정 성분이 없는 치료는 특정 성분을 포함한 치료보다 덜 효과적일 것이다. 그러한 치료는 맥락 모델의 세 번째 경로가 제거되었기 때문이다. 그러나 그런 치료들은 처음 두 개의 경로들(실제 관계와 기대들)을 포함하기 때문에, 무처치보다는 더 효과적일 것이다.

의학 모델의 예측과 맥락 모델의 예측 간 중요한 차이는 상대적 효과성 측면에서 발견된다. 의학 모델은 어떤 처치가 다른 처치보다 더 효과적일 것이라 예측한다. 반면, 맥락 모델은 처치들이 동등하게 효과적일 것이라 예측한다. 다시 말해, 모든 치료들이 세 경로의 요소들을 포함하고 있다면, 똑같이 효과적일 것이다. 증거가 제시되면 볼 수 있겠지만, 임상실험에서 검증되고 있는 "처치"는 종종 치료적 기능을 하도록 의도된 것이 아니며, 설득력 있는 이론 및 치료 행위도 포함하고 있지 않다. 그래서 세 번째 경로는 없는 것이 된다. 이런 처치는 필수 성분이 포함된 처치만큼 효과적이지는 않을 것이다.

맥락 모델에서는 어느 한 특정 성분이 중요하다는 증거는 거의 없을 것이라 예측한다. 따라서 이미 (효과성이－역자 주) 확립된 처치에서 한 가지 중요한 특정 성분을 제거해도 치료의 설득력이 유지되고 충분한 특정 성분이 남아있다면 처치의 효과는 약화되지 않을 것이다. 마찬가지로, 치료 성분 하나를 기존 처치에 추가해도 치료 효과는 증가하지 않는다.

맥락 모델의 핵심 요소는 치료사와 내담자의 관계이다. 어떤 치료사는 내담자와 관계를 더 잘 맺을 수 있고, 보다 기술적으로 치료 요소를 구동시킬 수 있다. 결과적으로 어떤 치료사는 다른 치료사보다 더 효과적일 것이다. 더욱이 치료사 차이는 치료 프로토콜에 대한 충실성 혹은 치료 특정적 역량이 아니라 관계 요인에 기인하여 나타날 것이다.

맥락 모델은 관계요인이 성과 변산의 많은 부분을 두드러지게 설명할 것이라고 예상한다. 첫 번째 경로인 실제 관계와 관련하여, 실제 관계 및 공감을 나타내는 지표는 처치 성과와 관련될 것이다. 두 번째 경로(즉, 기대)와 관련하여, 작업 동맹, 목표 합의, 그리고 협력이 성과와 관련될 것이다. 8장에서 탐색하겠지만, 작업동맹은 심리치료를 효과적으로 만드는 많은 측면들에 매우 중요하다. 또한, 치료를 통해 형성되는 기대와 처치로 귀인되는 특성(the attributions made about the treatment)도 심리치료 성과에 중요할 것이다.

의학 모델에서 충실성은 연구를 타당하게 수행하고, 관찰된 바를 해석하는 데 필수적으로 요구되는 보조개념이다. 맥락 모델에서는 충성심이 충실성과 유사한 방식의 역할을 하는 보조개념이다. 의학에서 전형적인 무선할당 임상실험은 이중 맹검법이라는 장치를 갖는다. 즉, 약을 제공하는 사람도 약을 받는 환자도 그 처치에 활성 성분이 포함되어 있는지 아닌지(즉, 위약) 알지 못한다. 그러한 이중 맹검법은 심리치료 연구에서는 가능하지 않은데, 그 이유는 치료사가 처치에 무엇이 포함되어 있는지를 당연히 알고 있기 때문이다. 전형적으로 그런 것은 아니지만, 연구자들은 종종 연구되고 있는 처치들 중 어느 하나에 충성심을 갖고 있다. 연구자 충성심은 그 처치의 효과를 증가시키는 것으로 흔히 알려져 있다((Luborsky et al., 1999; Munder, Brutsch, Leonhart, Gerger, 2013; Wampold, 2001b). 연구자 충성심은 여러 요인에 기인하여 생겨날 수 있지만, 맥락 모델에서 특히 중요한 것은 치료사 충성심이다. 맥락 모델은 치료사라는 사람을 강조한다. 그래서 처치의 효과성에 대해 강한 믿음을 갖고 있는 치료사가 처치를 수행할 때, 처치가 보다 효과적이게 된다고 예측한다.

2장에서 논의한 바와 같이, 환자가 설명을 받아들일 경우에만 기대가 생긴다(Wampold & Budge, 2012; Wampold, Imel, Bhati, & Johnson Jenings, 2006). 맥락 모델에서, Vygotsky의 용어를 사용하자면, 그 설명은 특정 환자의 근접 발달 영역(the zone of proximal development) 내에 있어야 한다고 추측된다. 즉, 설명과 처치는 환자의 문화적 믿음과 양립 가능해야 한다는 것이다. 이 견해에 따르면, 증거기반 처치는 환자의 문화적 믿음에 맞추어 조정되어야 더 효과적이 된다. 이런 견해는 의학 모델과 상반된다. 의학 모델에서는 장애 이면의 심리적 결함은 문화마다 다르지 않은 것으로 가정되며 이런 결함이 다루어지는 한, 그 처치는 효과적일 것이라고 주장된다.

이 두 모델에 따른 예측들은 <표 3.2>에 요약되어 있다. 이 예측들은 그 증거가 후속 장들에서 제시될 때 더 깊이 검토된다.

4. 요약

본 장에서는 의학 모델과 맥락 모델의 증거를 검토하기 위해 과학에 관한 Lakatos의 관점인 재구성을 빌어왔다. 과학의 재구성은 이론이 특정한 조건에서 관찰될 수 있는 것을 예측해야 한다고 규정하고 있다. Lakatos에 따르면, 관찰이 예측과 일치하고, 연구를 수행하고, 결과를 해석하며, 기대하지 않은 결과를 설명하기 위해 필요한 보조개념이 새로운 증거를 기대할 수 있게 한다면, 그 연구 프로그램은 발전적이다. 반면, 관찰을 설명하기 위해 많은 땜질식(ad hoc) 보조개념이 필요하고, 보조개념 자체의 타당성이 의심된다면, 연구 프로그램은 퇴행적이다. 증거를 설명할 수 있고 새로운 사실을 기대하게 하는 대안이 있다면 기존 연구 프로그램은 폐기된다.

이 책에서, 우리는 많은 연구들의 결과를 통합하기 위해 메타분석을 사용했다. 메타분석은 [연구결과를 - 역자 주] 서술적으로 리뷰할 때 발생하는 문제를 피할 수 있게 해 주고, 의학 모델과 맥락 모델에서 제기되는 많은 가설들을 검증할 수 있게 해 준다. 이 장에서 논의된 의학 모델과 맥락 모델은 다양한 심리치료 연구의 결과를 아주 다르게 예상한다.

주석

1. (70쪽) Lakatos는 "programme"이라는 용어를 사용했다. 그의 책이 영국에서 출판되었기 때문이다. 그가 재건(재구성)이라고 지칭한 것은 "programmes"을 가리킨다. 따라서 우리는 Lakatos programmes를 지칭할 때 이 철자법을 사용한다. 물론, 영어 철자법에 따른 표기도 사용하겠지만 말이다.
2. (79쪽) 기술적으로 동등화되는 것은 d와 점이연 상관이다. 그러나 우리의 목적에는 d와 Pearson r을 비교하는 것만으로도 충분하다. r을 d로 변환하거나 d를 r로 변환하는 공식은 다음과 같다: $r^2 = d^2/(d^2 + 4)$.
3. (79쪽) 회귀 분석의 표기법 R^2이 일반적으로 사용되기 때문에 여기에서도 사용한다. 그러나 분산 분석에서는 이 비율은 η^2으로 표기될 것이다. 이 값은 표본치이며, 설명되는 분산 비율의 전집치에 대한 편향된 추정치이다. 왜냐하면, 전집치는 표본치보다 더 작을 것이기 때문이다. 이런 구분이 중요할 때면, 독자에게 주목해주기를 요청할 것이다.

Chapter 04

절대적 효과성

메타분석을 통해 확인된 심리치료의 이득

심리치료의 효과에 대한 논쟁은 1950년대 초반부터 1980년대 중반까지 심리치료계를 뒤흔들어 놓았다. “편향되고 적의가 가득했던”(Smith, Glass, & Miller, 1980, p.7) 이 논쟁은 이제 기억에서 사라지고 있다. 그리고 심리치료가 효과적이라는 것은 일반적인 사실로 여겨지고 있다. 이 논쟁의 한 쪽 입장은 심리치료가 잠정적으로 해로울 수 있다고 주장하는 사람들이었다. 말하자면 심리치료의 성공률은 기껏해야 자연회복률과 같거나 더 낮다는 것이었다. 이 입장의 가장 유명한 옹호자는 Hans J. Eysenck(1952, 1961, 1966)와 Stanley Rachman(1971, 1977)이었다. 이 두 사람은 행동치료(심리치료와는 구분되는)[1]를 과학적 처치의 모범이라고 옹호하였다. 다른 한편은 전통적인 심리치료를 방어하는 사람들로, Saul Rosenzweig(1954), Allen Bergin(1971; Bergin & Lambert, 1978)과 Lester Luborsky(1954; Luborsky, Singer, & Luborsky, 1975)와 같은 사람들이었다. 이들은 심리치료의 효과를 부정하는 Eysenck와 Rachman의 주장에는 결함이 있으며, 많은 증거가 심리치료의 효과를 지지한다고 주장하였다. Mary Lee Smith와 Gene V. Glass는 심리치료 성과에 대한 첫 메타분석을 실시하였다(Smith & Glass, 1977). 이 분석 결과는 논쟁의 성격을 극적으로 변화시켰다. Smith와 Glass는 심리치료는 놀랍도록 효과가 있으며, 그 가치를 폄훼하는 사람의 주장은 경험적으로 지지되지 않는다는 것을 발견하였다. 이 메타분석에 대해서는 여러 비판이 있었다. 그럼에도 불구하고, 후속분석(Smith et al., 1980)과 메타분석의 발전(예 Eysenck, 1978; Eysenck, 1984; Wilson & Rachman, 1983) 덕분에 심리치료의 효과성은 이제 공고하게 확립되었다. 그리고 더 이상 논쟁이 되는 주제도 아니다. 흥미롭게도, 초기 메타분석에서 산출된 효과 크기 추정치는 놀랄 만큼 강력한 것이었다.

이 장에서는 심리치료의 효과성에 대한 찬반 논쟁의 역사를 두 부분으로 나누어 제시한다. 첫 부분은 "절대적" 효과성(즉, 처치를 받으면 처치를 받지 않을 때보다 더 나은가?)을 확립하는 데 활용되는 연구 설계를 논의할 것이다. 그리고 메타분석이 출현하기 전 심리치료의 효과에 대한 논쟁이 특히 치열했던 시기를 요약할 것이다. 이 외에도 발견적 개관에 내재한 문제[문헌을 선별적으로 검토하여 특정한 방향의 결론을 내리고자 할 때 발생할 수 있는 문제를 의미함－역자 주]를 보여줄 것이다. 두 번째 부분에서는 효과성을 확인하기 위해 시도된 초기 메타분석을 제시할 것이다. 또한, 여기에는 (a)특정 DSM 장애에 대한 다양한 심리치료의 절대적 효과성을 보여주는 보다 최근의 메타분석, (b)실무현장에서 심리치료의 효과를 보여주는 연구, 그리고 (c)특정한 심리치료의 의원성 효과[iatrogenic effects; 병의 원인이 의사에게 있다는 의미임－역자 주]에 대한 증거가 포함될 것이다.

1. 발견적 개관과 통제되지 않은 연구들: 추론적 혼란 상태

절대적 효과성이란 처치를 받지 않을 때와 비교한 처치의 효과를 말한다. 절대적 효과성은 처치를 받은 환자와 받지 않은 환자를 비교하는 연구설계를 통해 가장 잘 확인될 수 있다. 효과성을 검증하기 위한 전형적 설계에서는 특정한 기준(예 우울증 진단 기준)을 충족하는 환자가 모집단에서 무선 선발되어 두 집단(즉, 처치집단과 무처치 통제 집단) 중 하나에 무선할당된다. 무처치집단은 종종 "대기자 통제집단"이 된다. (처치의 효과성이 검증될 것이라고 가정하면서) 이 집단에 속한 환자는 연구가 종결된 후 치료를 받게 될 것이라는 약속을 받기 때문이다. 대기자 통제집단 설계에서는 처치 전체(즉, 처치 패키지)의 효과성이 검토된다. 그래서 이 설계는 처치 패키지 설계로 지칭된다(Kazdin, 1994). 이 설계에서 한 집단은 처치를 받고 다른 집단은 처치를 받지 않는다는 점이 두 집단(그리고 두 모집단 – 통계적 추론에 의해)의 유일한 차이이다. 따라서, 실험을 통해 얻게 되는 차이는 모두 처치의 효과성을 보여주는 증거가 된다. 이것이 처치 패키지 설계의 논리이다. 만약 처치집단의 사후 점수가 대기자 통제집단의 점수보다 유의하게 높다면(또는 낮다면), 그 처치는 효과가 있는 것으로 간주 된다. 이런 결론은 일반적으로 통계적 유의성 검증(예 ANOVA, ANCOVA, 또는 종단 자료에 대한 다층 모델링 같은 좀 더 복잡한 모델)을 통해 도출된다.

그러나 심리치료 역사의 초기에는 통제된 설계의 이점을 누리지 못하였다. 다양한 정신 역동 처치와 절충적 치료법이 효과가 있다는 지지자들의 믿음이 있을 뿐이었다.

이런 주장(claims)은 사례 연구와 통제되지 않은 실험을 근거로 "과학적으로" 정당화되었다. 지지자들은 요즘의 기준으로 미약하다고 간주될 수밖에 없는 증거에 근거해 처치 효과의 존재를 거리낌 없이 정당화하였다. 이 때문에 1장에서 언급한 것과 같은 흥미로운 주장이 제기되기도 하였다.

> 심리치료에서 이론 접근 간의 경쟁은 프로이트까지 거슬러 올라갈 만큼 오래되었지만 평범한 역사를 가지고 있다. 이 분야의 초창기에 치료이론들은 서로 싸우는 형제자매처럼 관심과 애정을 받기 위해 서로 경쟁하였다 … 서로 경쟁하는 접근의 지지자 상호 간 반감과 유치한 욕설의 교환이 일상이었다.
>
> (Norcross & Newman, 1992, p.3)

분명히, 미사여구보다는 경험적 증거에 근거하여 주장들이 펼쳐지기 위해서는 심리치료의 효과성을 검토하는 연구가 필요했다. 1952년, Eysenck는 그 증거를 찾고자 하였다.

1) Eysenck(1952): 효과성 문헌 개관의 첫 시도

1952년, Eysenck는 정신역동 및 절충 심리치료의 24개 연구물을 개관하여, "사실에 근거한 설명을 추구하기 위해 심리치료의 실제 효과와 관련된 증거를 조사하는" 시도를 하였다(p.319). 이 리뷰에 포함된 연구들은 통제되지 않은 것이었다.(예 그 당시에는 심리치료의 효과에 관한 무선할당 임상실험을 시도한 연구는 출간되지 않았다). "어떤 형태의 치료이든지 간에 치료의 효과를 평가하기 위해서 무처치 통제 집단의 데이터가 필요하다"(p.319)라는 점을 깨닫고, 그는 두 편의 다른 연구에서 도출된 자연적으로 일어나는 회복률을 사용했다. 하나는 "보호관찰 병동에서 심리치료를 거의 받지 못하고 있는" 심각한 신경증 환자들의 경우였고(p.319), 다른 하나는 신경증으로 인한 장해를 호소하는 경우로 일반의의 처치를 받은 경우였다. 24개 연구에서 도출된 회복률은 두 연구로부터 도출된 회복률과 비교되었다. 문헌을 개관한 후 Eysenck는 다음과 같은 결론을 내렸다.

> 정신분석 치료를 받은 환자들의 경우 44%가 회복되었다. 그리고 절충 치료를 받은 환자의 경우 64%가 회복되었다. 보호관찰만을 받거나 일반의로부터 치료를 받은 환자의 경우는 72%가 향상되었다. 그래서 심리치료와 회복 간에는 역

> 상관이 있는 것으로 나타났다. 즉, 심리치료를 받을수록 회복률은 낮아진다 … [이 자료는] 정신분석이든 아니든 심리치료가 신경증 환자의 회복을 촉진한다는 사실을 입증하지 못한다.
>
> (Eysenck, 1952, p.322)

Eysenck의 결과는 상당히 충격적이었다. 포괄적이고 객관적이고자 했던 문헌 개관 연구는 심리치료가 효과적이지 않으며 심지어 해롭기까지 할 수 있음을 보여주었다! 이 결론은 출간되었고 여러 곳에서 인용되었다. *New York Times*에는 "정신분석의 분석"이라는 제목의 긴 기사가 실리기도 했다(Hunt & Corman, November 11, 1962). 그러나 Eysenck의 결론은 심리치료 지지자들로부터 도전을 받았다(예 Bergin, 1971; Bergin & Lambert, 1978; Luborsky, 1954; Rosenzweig, 1954). Eysenck의 방법에는 많은 문제가 있었지만 가장 뚜렷하고 위험한 것은 통제집단의 표본이 처치집단과 매우 다르다는 점이었다. 특히 환자는 처치집단과 통제집단에 무선할당되지 않았다(예 24개의 처치집단과 2개의 통제집단). 이로 인해 처치집단과 통제집단 간에 처치의 유무만이 아닌 다른 많은 인식되지 않은 차이가 존재할 가능성이 있게 되었다. Luborsky(1954)는 이 타당도에 대한 위협을 다음과 같이 언급하였다.

> 나는 Eysenck가 적절한 통제집단을 갖고 있다고 믿지 않는다. 그렇다고 실험집단 내에서 집단 간 비교가 이루어질 수 있다고 믿지도 않는다. … 그의 결론이 타당하기 위해서는 환자가 하지도 않은 어떤 일을 했다고 가정해야 한다. 즉, 환자가 스스로를 정신과 의사, 일반의, 그리고 주립 병원을 무선 선택했다고 말이다.
>
> (p.129)

한 연구의 내담자를 다른 연구의 내담자와 비교하려는 시도에는 인식되지 않은 혼란이 따르기 마련이다. 앞으로 보겠지만, 상대적 효과성(5장 참조)을 검토하는 노력 또한 연구 간 비교에 따른 유사한 어려움을 겪는다. 어쨌거나 Eysenck는 심리치료의 실패를 입증한 그의 "성공"으로 더욱 대담해졌고, 그의 초기 결론을 강화하는 후속 개관연구를 여러 편 출간하였다.

2) Eysenck의 후속편들

Eysenck는 두 편의 개관연구를 출간하였다(Eysenck, 1961; Eysenck, 1966). 둘 다 정신역동과 절충치료는 부적절하며 행동치료는 효과적이라는 자신의 견해를 반복하는 것이었다. Rachman(1971)도 같은 길을 갔다. 이전에 언급한 것처럼, 여기서 심리치료와 행동치료는 유사한 것으로 간주되지 않았다. 그래서 상대적 효과성을 둘러싼 논란은 심리치료의 절대적 효과성에 대한 초기 주장으로까지 거슬러 올라간다. 지금 관점에서 보면, 이들이 사용한 이러한 구분은 적절하지 않다. 심리치료는 정신건강 문제에 대한 치료를 원하는 환자와 치료사 간의 대화에 의존하는 모든 개입 유형을 포함하는 포괄적인 용어이다(심리치료의 정의는 2장 참조). 행동치료, 인지치료, 정신역동, 마음챙김에 근거한 스트레스 감소는 모두 여러 형태의 심리치료이다. Eysenck와 동료들은 이러한 처치를 잠정적으로 효과적이며 과학적 원리라고 알려진 것에 근거한 것(예 행동치료)과 과학적 원리에 근거하지 않은 것으로 나누었다. 전자의 우월함과 후자의 결함을 보여주려는 목적에서였다.

심리치료 지지자들은 단념하지 않고, 자신들의 개관연구를 출간하였다(Bergin, 1971; Luborsky et al., 1975; Meltzoff & Kornreich, 1970). 말할 것도 없이, 두 입장은 완전히 다른 결론을 내렸다. Eysenck와 Rachman은 정신역동과 절충 심리치료는 효과적이지 않다고 결론을 내렸고, Bergin, Meltzoff & Kornreich, Luborsky는 정반대의 결론을 내렸다. 문헌을 개관한 두 입장의 연구자들은 같은 연구물을 사용하였는데 어떻게 다른 결론을 내릴 수 있었을까? 이 질문에 대한 답을 탐구하는 과정에서 어떤 논문을 개관에 포함시킬지를 주관적으로 결정하고 결과를 요약하기 위해 비-메타분석적 방법을 사용하는 발견적/질적 개관의 부적절성이 드러날 것이다. 이 논쟁의 양측에 의해 제기된 문제는 Smith 등(1980)에 의해 논의되었다. <그림 4.1>은 이를 나타낸다.

이 그림에는 각 개관연구에서 사용된 연구의 수, '의심스러운'(부적절한 연구 설계로 인해 결과를 믿기 어려운) 연구의 수, 결과가 혼합된(일부 결과는 심리치료의 효과성을 지지하고 일부는 아닌) 연구의 수, 결과에 차이가 없는(심리치료를 지지하는 결과가 아닌) 연구의 수, 그리고 긍정적인 연구의 수가 포함되어 있다.

<그림 4.1>에 포함된 연구들과 관련하여 몇 가지 중요한 논의점이 있다. 첫째, <그림 4.1>에서는 통제된 연구(즉, 심리치료 대 통제)만이 요약되어 있다. 비동등 통제집단과의 비교도 계속되었는데, 여기서 Eysenck(1961)는 자연 회복률을 3분의 2 정도라고 주장하였다. 반면 Bergin(1971)은 약 3분의 1 정도라고 주장하였는데, 이 수치는 심리치료로 인한 이득을 더욱 크게 보이도록 한다. 그러나 두 경우 모두 비교에 결함이 있었는데, 처치집단의 피험자와 통제집단의 피험자는 비교될 수 있을 만큼 동등하

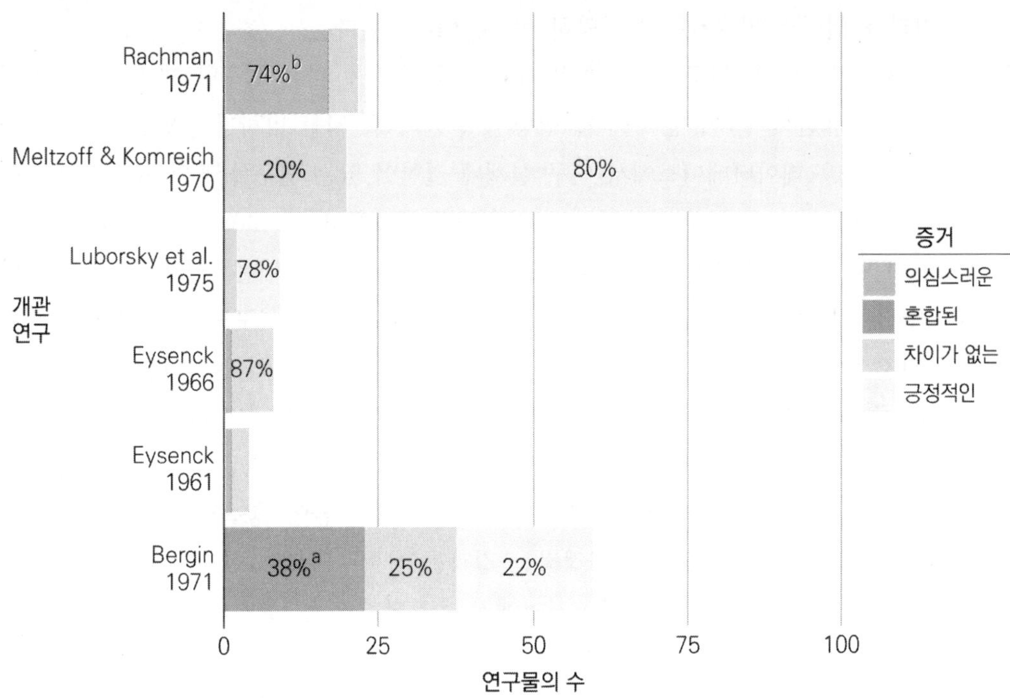

[a] 15개의 연구는 "의심스러운"이고 8개는 이유가 알려지지 않은 채 표에 포함되지 않음

[b] 17개의 연구는 "의심스러운"(15개는 긍정적이고 2개는 결과에 차이가 없음)

"혼합된"의 연구들은 처치집단이 통제집단과 유의미하게 다르지 않았거나, 통제집단이 더 나았거나, 또는 처치집단이 효과성을 나타내기 위한 최소한의 점수를 넘지 않은 연구들을 포함하고 있다. Eysenck(1961/66)의 두 개관에서 한 연구(긍정적 결과)는 방법론상의 이유로 포함되지 않았다. 아동과 정신증환자를 위한 처치 그리고 행동치료는 Rachman(1971)의 개관에서 제외되었다. Luborsky 등(1975)에서는 '의심스러운' 연구의 수가 확인되지 않는다. 설계의 질이 낮아서 분석에서 배제한 연구물이 어떤 것인지를 보고하는 데 문제가 있었기 때문이다. 행동치료와 정신증에 대한 치료도 제외되었다.

| 그림 4.1 | 비-메타분석적으로 심리치료 임상실험을 개관한 연구들에 대한 리뷰

출처: *The benefits of psychotherapy,* by M. L. Smith, G. V. Glass, and T. I. Miller, 1980, Baltimore: The Johns Hopkins University Press.

지 않았기 때문이다.

둘째, 통계적으로 유의미한 연구의 수를 계산하여 심리치료의 효과를 확인하는 것에는 문제가 있는데, 이에 대해서는 2장에서 논의하였다. 한 예로, Bergin(1971)은 통제된 연구의 37%에서 긍정적인 결과가 나타났다는 것을 발견하고, "지난 40년 동안 이루어진 심리치료가 약간(modestly) 긍정적인 평균 효과가 있는 것 같다"는 결론을 내렸다(p.263). 약간의 효과란 무엇인가? 연구의 37%가 호의적인 방향이라는 사실이 그 효과를 의미하는 것인가? 발견적 개개관은 애매모호해지기 쉽다. 그리고 개관 연구자는 결과를 언어로 기술하는데 상당히 큰 자유를 누린다.

셋째, 이들 개관 연구자는 결론을 내리기 위해 서로 다른 연구물 세트를 사용하였다. 대체로 개관 연구자들은 연구를 어떻게 선별해냈는지를 밝히지 않았다. 더욱이 개관 연구자들은 데이터베이스에서 연구 설계에 결함이 있는 연구를 제외시키기 위한 규칙을 설정했는데, 종종 비일관적으로 적용하였다. 1970년에 Meltzoff과 Kornreich는 101편의 연구를 개관하면서 연구들을 "적절한" 또는 "의심스러운" 설계로 구분하였다(두 설계는 모두 <그림 4.1>에 포함됨). 이 개관에서는 어떤 연구도 "의심스러운"으로 분류되지 않았다. 반면에 비슷한 시기 Rachman(1971)은 23개의 논문만을 개관하였는데, 이 중에서 17개를 "의심스러운"에 포함시켰다. 흥미롭게도 17개의 의심스러운 연구에서 15개는 심리치료의 효과를 지지하는 결과를 보여주었다! Rachman의 판단은 편향되어 있거나 적어도 임의적인 것으로 보인다.[2] 예를 들어, 종속변인 측정치에서 비일관적인 결과(3개의 측정치는 긍정적인 결과를 보여주었으나 한 개는 그렇지 않음, 종결 시기의 긍정적인 결과가 추수 시기에는 유지되지 않음, 출간되지 않은 검사를 사용함, 결과를 도표로 제시함)가 나타났기 때문에 의심스러운 연구로 분류하였다.

<그림 4.1>에 제시된 통제된 연구물에 대한 개관은 심리치료에 대한 과학적 이해에 있어 상당한 딜레마를 제공한다. 같은 연구물을 가지고도 저명한 연구자들은 놀랍도록 다른 결론을 도출하였다. 더욱이 결론은 개관을 한 사람이 사전에 가지고 있던 입장과 일치하였다. 이는 과학을 위한 증거가 아니라 관점을 위한 증거였다(Wampold, 2013 참조). 여기서 논의된 개관에는 (a)체계적인 연구물 선택, (b)객관적이고 과학적인 포함 기준, (c)객관적인 규칙을 활용한 연구물 코딩과 코더들 간의 일치, 그리고 (d)연구물의 결과를 통합하기 위한 적절한 통계적 수단이 결여되어 있었다.

그래서 이 개관은 기껏해야 발견적이라고 밖에 할 수 없을 것이다. 심리치료의 효과성에 대한 메타분석 이전의 개관은 발견적 개관을 특징 짓는 비일관성을 보여준다. 메타분석은 1977년에서야 심리치료 연구에 적용되었다. 이에 대해 다음 절에서 설명하겠다.

2. 처치 패키지 설계를 통해 산출된 연구결과 메타분석: 혼돈으로부터의 질서

심리치료 연구에 대한 발견적 개관이 이루어진 시기에 심리치료에 대한 Eysenck의 고발은 이 분야를 흔들어놓았다.

> 학계 대부분은 6편의 통제된 연구에 기반하여 내려진 결론, 즉 신경증 환자 75%는 치료를 받든 안 받든 좋아진다는 Eysenck(1952, 1966)의 과격한 비판 그 이상을 읽지 못했다. 심리치료는 효과가 없다는 것을 연구들이 보여주고 있다는 인식은 전문가들 사이에서조차 일반적인 통념이 되었다.
>
> (Smith & Glass, 1977, p.752)

1977년에 Smith와 Glass는 메타분석을 사용하여 효과성 문제를 해결하고자 시도하였다.

1) Smith & Glass(1977) 와 Smith, Glass, & Miller(1980)

Smith와 Glass(1977)의 메타분석의 목적은 심리치료 효과의 크기를 양적으로 추정하기 위하여 심리치료와 상담을 통제집단과 비교하거나 다른 치료와 비교한 모든 연구의 결과를 종합하는 것이었다. 그들은 다양한 탐색 전략을 사용하였고 이를 잘 기술하였는데 375편의 출간되거나 미출간된(예 학위논문이나 발표자료) 연구들을 찾아냈다. 어떤 연구도 설계의 결점을 이유로 배제시키지 않았다. 설계의 특징을 연구의 다른 많은 특징들과 함께 코딩하여 효과 크기와의 관계를 조사하였다.

각 연구의 종속변인 각각에 대한 표본 효과 크기(표준화된 평균 차이, 또는 통제집단 평균과 처치집단 평균의 차이를 통제집단 표준편차로 나눈 것으로 d라 불림; 3장 참조)가 계산되었다. 이 당시 효과 크기 추정을 위한 메타분석의 통계 이론은 초창기였다. 그래서 Smith와 Glass가 사용한 통합 방법은 개별연구에서 산출된 d를 산술평균내는 방식이었다.

결과는 분명하였다. 375편의 연구에서 833개의 효과 크기가 만들어졌고(각 연구에서 2개 이상의 d가 만들어짐) 평균 d는 .68로 나타났다. 이 효과는 <표 3.1>을 참조하여 해석할 수 있다. 이 효과는 (a)사회과학 분야에서 중간 크기의 효과와 큰 크기의 효과 사이에 있는 것으로 분류되고, (b)치료를 받은 내담자의 평균은 치료를 받지 않은 내담자의 75%보다 더 나음을 의미하며, (c)처치는 성과 변산의 약 10%를 설명하고, (d)NNT = 3(예 3명의 환자가 치료를 받아야 그 중 1명이 치료를 받지 않을 때보다 나은 성과를 갖는다.)을 의미한다. Smith와 Glass는 간단하지만 중요한 결론을 내렸다. "이 연구의 결과는 상담 및 심리치료가 이롭다는 것을 보여준다(p.760)." 이 결과가 다양한 도전을 견뎌낸다면, 심리치료에 대한 비판이 틀렸다는 것을 설득력 있게 보여줄 것이다.

1980년에 Smith 등은 Smith와 Glass(1977)의 후속연구를 발표하였다. 후속연구에서는 연구물을 확대하였고 좀 더 정교한 분석을 하였다. 1977년 이후 간행 및 미간행된 상담 및 심리치료 통제연구를 찾기 위하여 광범위한 조사가 다시 한번 이루어졌다. 모두 475편의 연구가 발견되었고 Smith와 Glass의 연구와 동일한 방식으로 계산된 1,766개의 효과 크기가 생성되었다. 전체 효과 크기는 .85였으며 이전에 발견된 것보다 큰 것으로 나타났다. 효과 크기 .85는 사회과학에서 큰 효과를 의미하며, 처치를 받은 집단의 평균적인 내담자는 무처치 집단의 내담자 80%보다 더 나음을 의미한다(<표 3.1> 참조).

Smith와 Glass(1977)와 Smith, Glass, Miller(1980)의 메타분석에는 다른 많은 결과들이 있다. 이 책에서 이들에 대한 논의는 검토하고자 하는 가설과 관련될 때 다시 제시될 것이다.

2) 초기 메타분석에 대한 도전

심리치료가 이롭지 않다는 주장을 입증하려고 시도했던 사람들(예 Eysenck와 Rachman)이 이런 메타분석(그리고 후속된 메타분석)의 결과를 비판한 것은 놀라운 일이 아니다. 물론 메타분석방법 그 자체도 이들의 비판 대상이 되었다(Eysenck, 1978; Eysenck, 1984; Rachman & Wilson, 1980; Wilson, 1982; Wilson & Rachman, 1983). 이러한 비판을 여기에서 간략히 검토해 본다.

한 가지 비판은 메타분석은 연구의 질에 있어서 다양한 연구들을 종합하기 때문에 부실하게 수행되어 오해를 줄 수 있는 결과에 가중치를 줄 수 있다는 것이다. 물론, 이에 대한 대안은 연구자가 판단해서 결함이 있는 연구물을 배제하는 것이다. 그러나 발견적 개관에서 나타난 것처럼 사전에 정해진 입장을 지지하지 않는 연구물이 체계적으로 배제되는 결과로 나타날 수 있다. Smith와 Glass(1977; Smith, Glass, & Miller, 1980)가 사용한 전략은 질에 상관없이 모든 연구를 포함하는 것이었다. 즉, 연구의 질을 객관적으로 평정하여(예 특정한 기준과 복수 평정자의 활용), 질이 성과와 관련이 있는지를 확인하는 것이었다. 모든 결과를 여기서 논의할 수는 없지만, 하나의 예로 연구의 내적 타당도를 고려해 보겠다. 내적 타당도가 낮은, 보통의, 높은 연구들의 효과 크기는 각각 0.78, 0.78, 그리고 0.88이었다. 가장 잘 설계된 연구들(즉, 높은 내적 타당도)과 가장 부실하게 설계된 연구들(즉, 낮은 및 보통의 내적 타당도) 간 차이가 작더라도(즉, .10), 결론은 더 잘 설계된 연구가 더 큰 효과를 낳는다는 것이었다. 결과적으로, 부실한 연구를 배제했다면 비판가들이 말하는 것과는 반대로 전체 효과 크기가 더 크게 나타났을 것이다! 메타분석은 연구 설계의 질을 분석을 통해 대답될 수 있는 경험적 질문으로 취급한다. 물론 모든 연구가 부실하다면, 메타분석의 결과를 신뢰할 수 없을 것이다. 그렇다면 이와 동일한 연구물 세트를 분석한 다른 모든 시도의 결과도 마찬가지일 것이다. 여기서 이 비판과 이에 대한 대응은 Lakatos가 발전적 연구 프로그램이라고 기술한 것의 한 예이다. 추측이 만들어졌고(심리치료는 효과적이다), 관찰이 이루어졌으며(심리치료의 전체 효과는 대략 0.80이다), 예측한 대로 결과가 나타났다. 이 결과에 대한 비판이 따랐으며(효과는 부실하게 설계된 연구로 인한 것이다), 이론은 이 비판을 해결할 추가적인 분석 결과를 기대한다(더 잘 설계된 연구는 더 큰 효과를 산출한다).

메타분석에 대한 또 다른 비판은 이것이 무이론적이어서 이론적인 추측과는 무관한 사실들을 축적한다는 점이다. 그러나 메타분석은 이론적으로 도출된 추측을 검증하기 위해 활용될 수 있으며, 종종 활용되고 있다. 분명 개별 연구들과 메타분석은 무이론적으로 사용될 수 있다. 예를 들어, 처치 A가 효과적인지를 확인하는데 활용될 수 있다. 다른 한편 메타분석은 이 책에서와 같이 두 개의 경쟁하는 이론의 타당성을 확인하기 위해서도 활용될 수 있다.

세 번째 비판은 메타분석이 "사과와 오렌지"(종류가 다른 것을 섞어버리는 것을 의미함－역자 주)를 종합한다는 것이다. 그 예로 여기서 논의된 메타분석은 광범위하고 다양한 심리치료를 하나로 합쳐 버린다. 그래서 여기서 내려진 결론은 모호하다(gross one). 불행히도 이런 초기 메타분석이 실시될 당시에는 효과 크기의 동질성 검정이 개발되지 않은 상황이었다. 그래서 추정된 효과 크기가 모든 개별연구에서 산출된 효과 크기를 잘 대표할 수 있는지(one size fits all)를 확인할 수 없었다. 그러나 Smith와 Glass(1977; Smith, Glass, & Miller, 1980)는 효과 크기가 처치에 따라 다른지를 확인하기 위해 처치 유형에 따라 연구물을 분류하였다. 이 분석의 결과는 상대적 효과성의 맥락에서 논의될 것이다(5장). 종류가 다른 것을 섞어버리는 것을 의미하는 "사과와 오렌지"와 관련된 주장은 다양한 메타분석에 대한 공개적인 비난이었다. 그러나 그 비판의 진실성 여부는 "사과"와 "오렌지"에 대한 집단 간 차이검증을 수행함으로써 경험적으로 검증될 수 있었다. 말하자면 "사과"에 의해 만들어진 효과는 "오렌지"에 의해 만들어진 효과와 다른가? 유사하게, 진술식 개관도 동일한 문제를 가지고 있다. 다양한 연구의 결과를 이해하려 하지만, 이런 현상이 그 분야에서 발생하고 있는지 여부에 대한 객관적 검증을 결여하고 있다는 점에서 그렇다.

마지막 비판은 연구의 특성을 평정하는 데 활용되는 준거, 그리고 연구의 포함과 배제를 결정하는 데 활용되는 준거에 관한 것이다. Eysenck(1984), Rachman과 Wilson(1980)은 Smith, Glass, Miller(1980)의 메타분석에서 내려진 결론은 중요한 행동치료 연구들이 생략되었기 때문에 결함이 있다고 지적하였다. 메타분석 진영의 대응은 이런 비판자들을 초대해서 함께 배제/포함 기준을 만들어 분석한 후, 그 결론이 달라지는지를 보자는 것이다. 이에 대해서는 다음 절에서 논의할 것이다.

대부분의 비판에 대한 메타분석 진영의 반응은 이런 쟁점들이 경험적으로 다루어져야 한다는 것이다. 메타분석에 대한 대부분의 비판은 결과에 대한 혐오 때문에 만들어졌다고 생각할 수밖에 없다. 대부분의 비판자들은 자신의 가설을 경험적으로 검증하기를 주저했다. 그러나 두 편의 메타분석(Andrews & Harvey, 1981; Landman & Dawes, 1982)은 Smith와 Glass(1977), Smith, Glass, Miller(1980)의 일부 결론에 도전하기 위하여 재분석을 시도하였는데, 다음 부분에서 이를 다룰 것이다.

3) 면밀한 검토에도 잘 견뎌내고 있는 Smith 등의 결과

Smith와 Glass(1977; Smith, Glass, & Miller, 1980)의 메타분석에 대한 빈번한 비판은 분석된 많은 연구에서 임상적으로 문제가 있거나 어떤 장애, 문제 또는 불만으로 치료를 받고 있지 않은 내담자를 포함하고 있다는 데 있었다. 실제로 Smith, Glass, Miller에 의해 분석된 연구의 46%만이 흔히 심리치료를 받는 유형인 "신경증, 공포증, 우울 그리고 심인성 신체화 장애를 가진 환자"를 포함하고 있었다. 또한 22%의 연구만이 "자발적으로 혹은 의뢰되어 치료를 시작한 환자"를 포함하고 있었다(Andrews & Harvey, 1981, p.1204). 이것이 바로 "사과와 오렌지" 논쟁이다. 임상 표본을 가지고 연구하면, 비임상 표본을 가지고 한 연구와는 다른 효과가 나타날 것이라는 주장이 제기될 수 있다.

Andrews와 Harvey(1981)는 Smith, Glass, Miller의 메타분석에 사용되었던 81개의 연구를 분석함으로써 이 비판에 대응하였다. 이들 연구의 참여자들은 장애, 문제, 또는 불만 때문에 임상적으로 스트레스를 받고 있어서 처치를 받으러 온 사람들이었다. 81개의 연구에서 얻어진 292개의 효과의 평균은 0.72로, 이전 두 개의 메타분석에서 얻어진 효과의 크기와 비슷하였다. 이 결과는 임상적으로 문제가 있어 치료를 받으러 오는 내담자에게 심리치료가 이롭다는 것을 보여준다.

Landman과 Dawes(1982)는 Smith와 Glass(1977)의 메타분석과 관련하여 몇 가지 추가적인 쟁점을 해결하였다. 첫째, 리뷰된 연구의 질이 메타분석의 결과에 영향을 미칠 수 있는지를 확인하고자 하였다. 둘째는 관찰의 독립성과 관련되었다(3장에서 제기된 문제). Smith와 Glass의 분석에서는 상호의존적인 관찰치(독립적이지 않은 관찰치–역자 주)가 만들어졌는데, 주로 각 개별 연구에서 활용된 복수의 종속 변인 측정치로부터 도출된 복수의 효과 크기 추정치였다. 일반적으로 상호의존적인 관찰치는 통계적 가정을 위반하여 타당하지 않은 결과를 만든다. 통계적 가정에 대한 다른 위반은 결론에 큰 영향을 미치지 않는 반면에 비–독립성은 극적인 결과를 가져올 수 있다. 이에 대해서는 치료사 효과를 논의하는 6장에서 다룰 것이다.

Landman과 Dawes(1982)는 Smith와 Glass(1977)의 연구에 포함되었던 65편의 연구를 무선선택하고 여기에 93편의 연구를 추가했다. 그러나 실제분석에서는 방법론적으로 우수한 42편의 연구만 투입했다(p.507). 이 연구에서는 관찰치들 간의 상관을 제거하기 위해 개별 성과 측정치가 아니라 개별연구물이 분석의 단위로 활용되었다. 42편의 연구에서 평균 효과 크기는 0.90으로 나타났다. 이는 Smith와 Glass의 초기값인 0.68보다 상당히 큰 값이었으며, Landman과 Dawes 논문의 부제인 Smith **등의 결과가 면밀한 검토를 견뎌내고 있다**에 잘 반영되어 있다.

Smith와 Glass가 수행한 메타분석의 영향은 과소평가되지 말아야 한다. 1977년까지 심리치료의 이득에 대한 논란이 팽배하였다. 일반인뿐만 아니라 많은 전문가들도 심리치료는 가치가 없다는 믿음을 갖게 되었다. Smith와 Glass(1977)의 결론은 상당한 비판을 초래하였지만, "합의에 도달하다: 심리치료는 효과가 있다"라는 제목으로 인기 있는 신문의 1면 머리기사로 발표되었다(Adams, 1979). 심리치료로 인한 이득은 Andrews와 Harvey(1981), Landman과 Dawes(1982) 그리고 다른 메타분석의 도전을 견디고 난 후에야 받아들여졌다. 더욱이 Glass(1976)에 의해 선구적으로 개발되어 초기의 심리치료 메타분석에 사용된 메타분석 방법은 교육학, 심리학 및 의학 분야의 연구에서도 사용되고 있다(Hunt, 1997).

다음 절에서는 심리치료의 효과성에 대한 추가적인 메타분석 결과를 요약하여 제시할 것이다.

3. 절대적 효과성에 대한 현재 상태: 임상실험과 메타분석의 확산

Smith와 Glass의 중대한 공헌이 있은 후에 심리치료의 임상실험과 메타분석의 수가 폭발적으로 증가하였다. PubMed 데이터베이스 검색에서 주제어를 "심리치료"(서로 다른 유형의 심리치료, 즉 정신역동, 인지치료, 행동치료 등을 포괄하는 일반 용어임)로 하고, 출판유형을 "임상실험"으로 하면 놀랍게도 총 12,511건이 검색된다. 2013년만 해도 619건이 검색된다(<그림 4.2> 참조).

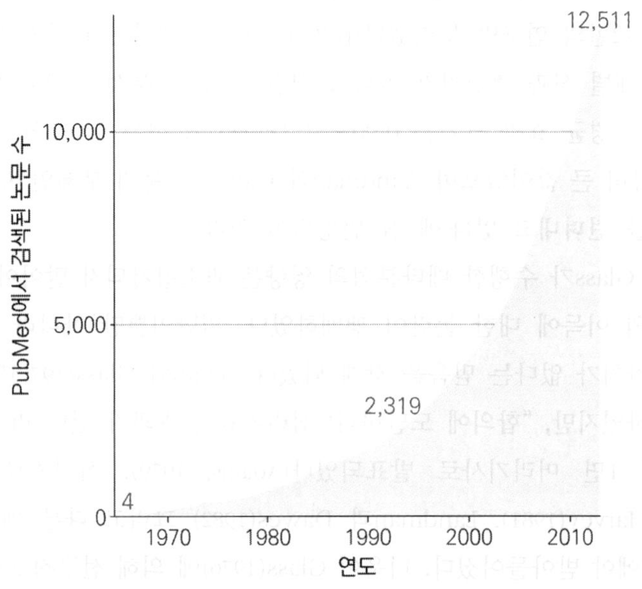

▌그림 4.2▐ 심리치료 임상실험의 연도별 수

이처럼 확대되고 있는 임상실험에서 적절한 결론을 도출하기 위해 메타분석이 점점 더 널리 활용되고 있는 상황은 놀라운 일이 아니다. PubMed에서 "심리치료"와 출판유형을 "메타분석"으로 검색하면 총 703건의 심리치료 메타분석이 검색되며, 2011년만 해도 51건이 검색된다(<그림 4.3> 참조). 현재, Smith와 Glass의 기념비적인 개관 시기에 있었던 임상실험보다 더 많은 심리치료 메타분석 건수가 존재한다. 결과적으로 심리치료분야에서 전체 메타분석 문헌을 자세히 검토하는 것은 불가능하게 되었다. 따라서 메타분석을 개관한 논문을 통해 메타분석의 결과를 요약하고, 현재 영향을 미치고 있는 최근의 몇 가지 메타분석을 조명할 것이다.

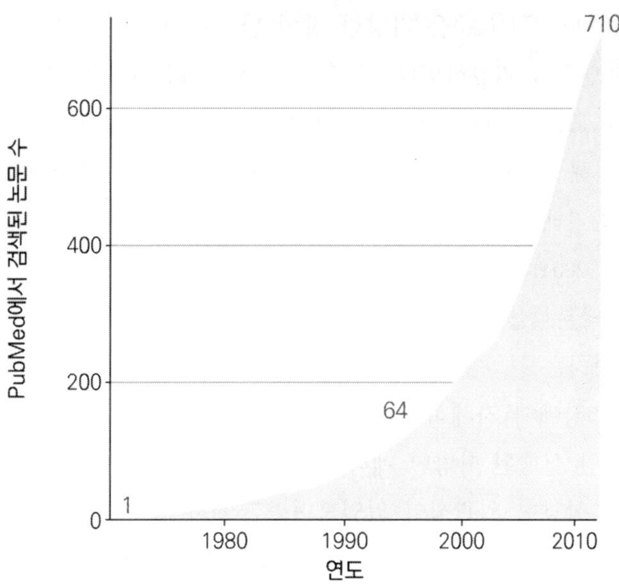

그림 4.3 심리치료 메타분석의 연도별 수

Lipsey와 Wilson에 따르면, 1993년까지 일반적인 심리치료 또는 특정한 문제를 위한 특정한 심리치료의 메타분석은 40편 이상 존재했다. 이러한 메타분석은 연구에서 사용한 처치가 효과적(efficacious)이란 것을 보여주었다. 또한, 인지행동이라고 불리는 다양한 처치들뿐만 아니라, 일반적인 심리치료의 효과(effectiveness)에 대한 증거도 제공하였다. 비록 Lipsey와 Wilson이 심리치료의 효과에 대한 전체 효과 크기를 제공하지는 않았지만, 성인을 대상으로 한 처치를 무처치 통제와 비교한 효과 크기는 그들이 제시한 결과표에서 알 수 있다(Lipsey & Wilson, 1993, 표 1, Section 1.1 Psychotherapy, General, p.1183 참조). 이 13개 메타분석의 평균 효과 크기는 .81이었는데, 이는 Smith와 Glass의 초기 연구에서 밝혀진 결과에 상응하는 효과이다.

Lambert와 Ogles(2004)가 주목한 바와 같이, 최근의 심리치료 메타분석은 방향이 달라졌는데, 아마도 특정 장애에 대한 경험적으로 지지되는 특정 처치 개발에 대한 초점을 반영하는 것 같다. 이러한 메타분석은 전형적으로 DSM－Ⅳ 진단과 같은 특정 문제에 대한 특정 유형의 심리치료가 갖는 효과(예 공황장애에 대한 CBT)라는 좀 더 제한된 질문에 초점을 두고 있다. Lambert와 Ogles(2004)는 우울(k＝19), 불안(k＝28)에 대한 처치뿐만 아니라 기타 처치와 장애(k＝57)에 대한 메타분석을 개관하였다. 모든 범주에 걸쳐, 일반적인 결론은 이전의 개관들과 일치한다. 심리치료 개입은 대기자 및 무처치 통제보다 우수하였으며, 우울과 불안에 대한 약물치료에 상응하는 효과를 보였다. 비슷하게 Butler 등(2006)은 다양한 장애 및 문제에 대한 CBT의 처치 효과를 메타분석한 16편의 연구를 리뷰하였다. 효과 크기는 장애들에 걸쳐 비교적 일관성 있게 나타났다. 검증된 모든 문제에 CBT는 긍정적인 효과가 있었다(Western & Bradley, 2005 참조). CBT에 비해 정신역동 처치에 대한 임상실험 문헌은 상대적으로 적었지만, 지난 20년간 크게 증가해왔다(즉, 메타분석 리뷰는 없지만, 현재 몇 개의 메타분석이 있다). Leichsenring 등(2004)은 특정 정신적 장애에 대한 단기 정신역동 심리치료(STPP)의 효과성에 대한 메타분석을 하였다. 사전–사후 및 처치와 대기자/무처치 차이의 효과 크기(역자 주) 추정치는 큰 편이었고, CBT에서 보고된 것과 유사하였다. 특정 접근간 상대적 효과성은 5장에서 자세히 다룰 것이다.

여러 해 동안 실행된 다양한 메타분석을 토대로 했을 때 절대적 효과성에 대한 전체 효과 크기는 상당히 일관성이 있었으며, .75에서 .85까지의 범위로 나타났다. 다양한 처치와 환자를 포함하는 대규모의 메타분석 연구들 간에도 효과 크기의 변산은 거의 없다. 심리치료의 효과성에 대한 합리적이고 보수적인 추정치는 .80일 것 같은데, 이 책에서 사용되는 값이다. <표 3.1>에 제시된 바와 같이 이 수치는 사회과학 분야에서는 큰 효과 크기로 분류된다. 말하자면 치료를 받은 내담자의 평균은 치료를 받지 않은 내담자 집단의 79%보다 낫다는 것을 의미한다. 또한 심리치료는 성과 분산의 약 14%를 설명하고, 심리치료를 받은 세 명의 환자 중 한 명은 심리치료를 받지 않을 때보다 더 나은 성과를 보인다는 것을 의미한다. 간단히 요약하면, 심리치료는 적어도 임상실험에 의해 확인된 바에 따르면 매우 효과적이다.

4. 절대적 효과성에 대한 다른 증거

심리치료가 효과적이라는 것이 분명해지자, 연구의 관심은 다른 더 구체적인 질문에 초점을 두게 되었다. 심리치료의 효과성에 대한 포괄적인 질문을 검증하는 대신에 연구자들은 특정 처치가 효과적인지에 관심을 두었다. 물론, 이것은 처치가 증거기반으로 분류될 수 있는지(말하자면, 경험적으로 지지된 치료, 증거기반 치료, 연구 지지를 받은 심리치료)와 관련된 중요한 질문이었다. 더구나 심리치료 연구의 목적은 서비스의 질을 향상시키는 것인데, 따라서 중요한 질문은 심리치료가 실제 현장에서 효과가 있는지 여부일 것이다. 지금부터는 이 쟁점을 다룬다.

1) 경험적으로 지지된 처치, 증거기반 처치, 연구 지지를 받은 심리적 처치

경험적으로 지지된 처치 운동은 특정한 심리치료의 효과에 대한 증거를 어떻게 만들고, 해석하고, 확산시켜야 하는지에 대하여 놀라운 영향을 미쳤다. 이 운동과 후속 활동(예 증거기반 처치, 연구 지지를 받은 심리학적 처치)은 "심리치료는 효과가 있는가?"란 포괄적인 질문을 "특정한 처치를 증거기반 처치로 분류할 수 있을 만큼 증거가 충분한가?"와 같이 더 구체적인 질문으로 변화시켰다. 특히, "강력한 연구 지지를 받는 처치로 분류되기 위해서는 … 서로 다른 연구자들에 의해 수행된 잘 설계된 연구의 결과가 처치의 효과성을 지지하는 것으로 수렴되어야 한다"(Chambless et al., 1998; SCP, 2007).

처치를 연구에 의해 지지를 받는 것으로 분류하는 데 대한 초점은 특정 처치에 대한 연구를 확산하도록 이끌었다. 임상심리분과는 장애별로 연구 증거를 범주화하였다(http://www.div12.org/PsychogicalTreatments/index.html, 2013년 1월 접속됨). <그림 4.4>는 각 장애별 증거의 범주 내 치료의 수를 보여주고 있다. 각 동그라미의 크기는 각 범주로 분류된 치료의 수를 의미하고, 음영은 이런 처치 중 인지행동 접근에 포함될 수 있는 처치의 비율을 나타낸다. 대략 "CBT"라고 불릴 수 있는 처치들이 "강력한 연구 지지를 받은"으로 분류되는 처치의 대다수를 차지한다는 것은 분명하다. 그러나 다양한 다른 처치들도 좀 더 폭넓게 나타나기 시작하고 있다. 심리치료 임상실험이 증가하고 있음을 감안하면 이 수는 증가할 것으로 예상된다. 그러나 처치방법이 거의 없는 장애들도 많다(예 공황장애, 강박장애). 또한 증거가 부족하거나 논란이 있는, 혹은 어쩌면 환자에게 잠정적으로 해로울 수도 있는 많은 처치들이 있다. 이 장의 후반부에 이 쟁점을 다룰 것이다.

2) 임상실제에서의 심리치료의 효과

치료 성과 연구는 일반적으로 효과성(efficacy)과 효과(effectiveness) 연구로 구분될 수 있다(Seligman, 1995). 효과성은 잘 통제된 임상실험의 맥락에서 처치와 무처치 통제를 비교하여 도출된 심리치료의 이득을 말한다(Westen, Novotny, & Thompson-Brenner, 2004; Westen, Novotny, & Thompson-Brenner, 2005). 처치 패키지 설계에서 처치가 대기자 통제집단에 비해 우수한 것으로 밝혀지면 처치는 효과성이 있다고 말할 수 있다. 반면에 효과는 실제 임상 상황에서 심리치료를 통해 얻는 이득을 말하며 "'실제 상황'에서 내담자에게 시행된 처치는 얼마나 효과적인가?"에 대해 답한다. 임상실험은 실제 맥락에서 이루어지는 치료를 대표하는 것이 아닌 인위적인 맥락 속에서 이루어지므로,

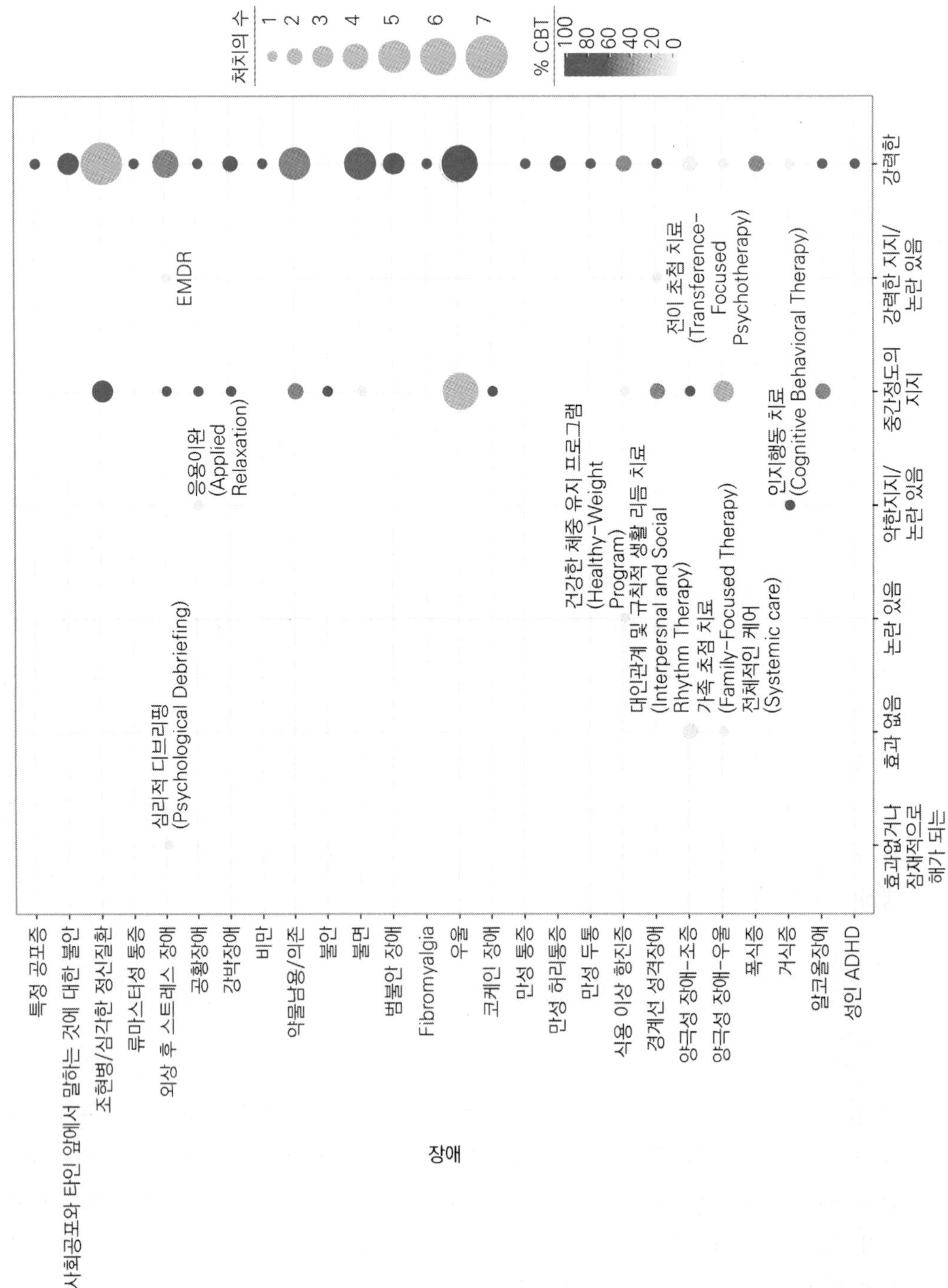

▌그림 4.4▐ 임상심리분과(Division 12)의 경험적으로 지지된 처치 웹사이트에 제시된 각 처치의 지지 수준과 처치의 수를 보여주는 비율 풍선 도표

결과적으로 심리치료 효과성이 확인되었다고 해서 치료가 임상실제의 내담자에게 이득이 된다는 것을 의미하지는 않는다(Westen et al., 2004; Westen et al., 2005). 임상실험과 실제 상황의 맥락에 대한 구분이 항상 분명한 것은 아니다. 예를 들어, 많은 임상실험은 자연적인 임상실제를 닮은 장면에서 수행되었다(Shadish, Matt, Navarro, & Phillips, 2000을 보라). 이러한 이유로 효과와 효과성은 동의어가 될 수 있기 때문에 이 용어들을 엄격하게 구분하지 않는다. 그럼에도 불구하고, 실제 현장 상황에서 심리치료의 효과에 대한 질문은 실제뿐만 아니라 이론과 정책적인 면에서 매우 중요하다.

연구자들은 실제 상황에서의 심리치료 효과를 검토하기 위해 대표적으로 다음과 같은 방법을 활용해 왔다. (a)좀 더 임상적으로 관련된 상황에서 연구되는 심리치료 "처치 패키지" 효과 검토하기, (b)실제 장면(naturalistic settings)에서 얻어진 처치 효과를 임상실험에서 도출된 효과와 비교하는 벤치마킹 연구, (c)효과가 입증된 처치와 일반적인 처치(TAU treatment-as-usual; 때때로 UC 또는 usual care라고 불림)를 비교하는 임상실험.

임상적 대표성

임상실험과 실제 현장에서 처치의 실시는 여러 면에서 다르다(Westen et al., 2004). 전형적인 임상실험에서 처치는 선발된 치료사에 의해 수행되는데, 치료사는 훈련을 받고 매뉴얼에 따라 처치를 실시하는지에 대해 관리감독을 받는다. 환자는 포함 및 배제 기준에 따라 선발된다. 이런 기준에 따라, 공병 장애(우울의 경우, 예를 들면, 성격장애, 정신증 증상, 그리고 약물남용)를 가지고 있거나 위험성(예 자살 가능성)이 높은 사람, 그리고 정신과 약물 복용 중인 사람은 제외된다. 이런 의미에서 임상실험에 포함된 환자들은 동질적이다. 그들은 일반적으로 흔히 대학 병원이나 다른 의료기관에서 임상실험에 참여하도록 모집된다.

임상적 대표성 전략은 실제 상황의 심리치료 효과를 검증하는 가장 오랜 방법이다. 이 전략은 실제 상황과 실험실을 구분하는 요인이(예 장면(setting), 내담자 모집방법, 처치에 대한 무선할당, 처치 매뉴얼의 사용) 어느 정도나 처치 효과를 중재하는지 검토하기 위해, 기존에 출간된 연구들을 메타분석적으로 조사하는 것이다. 흥미롭게도 임상적 대표성을 살펴본 첫 조사는 Smith와 Glass의 초기 메타분석이었다(Smith & Glass, 1977; Smith et al., 1980). Smith와 Glass는 처치가 이루어지는 장면이 심리치료의 효과에 영향을 미친다는 것을 발견했다. 처치 효과는 대학 장면(예 "심리학 실험실, 치료 훈련 센터, 학생 정신건강 클리닉")에서 가장 크게 나타났다(p.117, $d=1.04$). 정신건강센터에서 실시된 연구는 드물었지만, 효과는 가장 작게 나타났다($d=0.47$). 환자들이 광고를 통해 모집되었을 때 또는 연구자가 참여를 요청했을 때 처치 효과($d=1.00$과 0.92)는 환자가 자발적으로 참여했을 때($d=0.71$)보다 더 크게 나타났다. Smith 등은 "내담자를 모집하는 방법(실제적인 방법(true-to-life)과 실험실 방법)과 관련한 이 신뢰할만한 효과의 차이는 실험실에 기반한 치료의 결과를 일반화하는 데 있어 불리한 증거이며, 인위적인 조성으로 수행되는 연구를 뒷받침할 실제 현장기반의 평가가 필요함을 시사한다."(p.122)고 결론내렸다.

임상적 대표성 메타분석을 실시한 다른 시도들이 있었지만(예 Shapiro & Shapiro, 1982), 이들은 방법론적인 문제를 가지고 있었다. 이런 문제는 Shadish 등(Shadish et al., 1997; Shadish et al., 2000)에서 해소되었다. 이들은 임상적 대표성을 나타내는 여러 차원을 따라 연구들을 체계적으로 코딩하고 이 차원들이 효과 크기에 미치는 영향을 조사하였다(Minami & Wampold, 2008 참조). 이러한 차원들에는 처치가 이루어진 장면, 치료사 특성, 의뢰 경로, 매뉴얼의 사용, 충실성 모니터링, 추가적인 훈련, 내담자 이질성, 처치 기간의 유연성이 포함되었다. Shadish 등(2000)은 1,000여 개의 연구를 검토한 끝에 임상적 대표성이 있는 이상적인 심리치료는 임상실험에서 관찰되는 것과 유사하거나 그보다 약간 낮은 효과 크기를 산출할 것이라고 결론 내렸다. 그러나 이 연구들 대부분이 임상적으로 대표적이지 않았기 때문에 그 결론에 대한 믿음은 감소된다(즉, 진료소 치료와 '다소 유사한'으로 분류된 처치를 포함한 연구는 56개였고, 진료소 치료의 준거를 모두 충족하는 처치를 포함한 연구는 단 한 편이었다). 그래서 Shadish 등의 결론은 잠정적인 것으로 간주되어야 하는 추정이라 할 수 있다.

벤치마킹

심리치료는 임상실제 장면에서 도움이 된다는 증거가 확실히 있다. 예를 들어, 영국의 국가의료서비스(National Health Service)로부터 얻은 대규모 표본(N > 10,700명의 환자)에서 Saxon과 Barkham(2012)은 CORE-OM(정신건강을 측정하는 한 측정도구)의 점수가 임상범위에 있었던 사람들 중 61% 이상이 회복되었다는 것을 발견했다. 그러나 연구에서 관찰된 효과와 이 효과를 어떻게 비교할 것인가? 벤치마킹은 임상실험에서 심리치료가 효과적인 정도를 추정하고, 이를 실제 임상 장면에서 산출된 효과와 비교하는 것이다. 보다 구체적으로, 임상실험으로부터 효과 크기가 계산된다. 이 효과크기는 임상장면에서 산출된 효과와 비교되기 위한 벤치마크가 된다. 처치는 대개 TAU 이거나 실제 상황으로 옮겨져서 검토된 증거기반 처치일 수 있다.

초기 벤치마킹 연구 중 하나는 지역사회 정신건강센터에서 실시된 CBT의 효과를 평가한 것이다. 이 연구에서 Wade, Treat, Stuart(1998)는 공황장애로 처치받기 원했던 110명의 내담자를 대상으로 실시된 CBT의 임상 성과를 두 개의 임상실험으로부터 도출된 벤치마크와 비교하였다. 비교 결과, 그 효과는 "유사한"(p.237) 것으로 나타났다. 이 연구는 증거기반 처치가 실제 임상 장면으로 성공적으로 이동될 수 있다는 것을 보여주었지만, 임상현장에서 실시되는 일반적인 처치에 대해서는 알려주지 않는다. 실제 임상 장면에서는 볼 수 없는 절차 즉, 치료사 대상 CBT 매뉴얼 활용 훈련과 처치 프로토콜에 대한 충실성 평가가 있었기 때문이다. Merrill, Tolbert, Wade(2003)는 같은 클리닉에서 이 연구를 반복하였다. 그러나 직전 연구와 마찬가지로 그 결론은 임상현장에서 실시되는 그대로의 심리치료 효과에 대해서는 별로 정보를 주지 못했다.

Weersing과 Weisz(2002)는 TAU를 임상실험에서 도출된 벤치마크에 비교하는 최초의 벤치마킹 연구를 수행하였다. 이 연구는 이전 연구들보다 개선된 것이다. 벤치마크를 청소년 우울증 치료 임상실험 연구들에 대한 메타분석에서 도출했다는 점에서 그렇다. 이 벤치마크에는 임상실험에서의 통제집단(무처치, 대기자, 또는 "관심 위약")과 처치집단의 효과가 각각 포함되었다. 그들은 Los Angeles의 6개 지역사회 정신건강센터에서 처치를 받았던 아동 67명의 성과를 이 두 벤치마크와 비교하였다. 처치를 시작한 지 세 달이 되었을 때, 아동들의 진전 정도는 통제집단 벤치마크와 거의 비슷했으며, 처치집단 벤치마크보다는 유의하게 작았다. 그들은 청소년 우울증 TAU를 지지하는 증거는 없다고 결론 내렸다.

벤치마킹에 있어서 한 가지 문제는 가설 검증 전략이다. 일반적인 전략은 영가설을 기각하는 것이다. 그러나 벤치마킹에서의 목표는 임상 현장에서 산출된 치료 효과가 벤치마크와 "동등(equivalent)" 하거나 벤치마크와 상당히 가깝다는 것을 말하는 데 있다. 그러나 표본이 크다면(많은 임상 현장 연구에서 실제 그러하며, 바람직한 것으로 여겨짐; Saxon & Barkham, 2012; Wampold & Brown, 2005 참조) 벤치마크와 "통계적으로" 유의한 차이가 나타날 가능성이 높다. Minami 등(Minami, Serlin, Wampold, Kircher, & Brown, 2008)은 Serlin의 충분히 좋은(good enough) 방법에 근거하여(Serlin & Lapsley, 1985, 1993), 범위 영 전략(range null strategy)을 개발하였다. 이 전략을 통해 산출된 효과가 벤치마크의 범위 안에 있는지 여부가 결정된다. 이 범위는 임상적으로 유의하지 않은 차이를 나타낸다. Minami 등은 관리의료 체계에서 수집된 임상실제 데이터를 사용하여 성인 우울 치료의 벤치마크 연구를 수행하였는데, 이때 이 전략을 사용하였다(Minami, Serlin, Wampold, Kircher, & Brown, 2007). 첫째, 그들은 우울증 증거기반 처치들에 대한 임상실험 연구들을 메타분석한 것으로부터 처치 전과 처치 후의 차이에 대한 벤치마크를 만들었다. 다음과 같은 3개의 표본이 있었다. 치료를 받을 의향이 있었던 사람들(탈락자도 포함되어 있음-역자 주; intent to treat), 치료를 완료한 사람들(completer), 자연 경과자(즉, 무처치 통제집단에 속한 치료를 받지 않은 사람들). 연구자들은 전반적인 심리적 기능을 측정하는 도구에서보다 BDI 또는 HRS-D와 같은 특정 증상 척도에서 더 큰 효과가 산출되었다는 것을 발견하였다. 특히, 처치 효과성 벤치마크와 비교할 때, 연구자들은 벤치마크보다 많아야 10% 낮은 효과 크기 추정치까지를 임상적으로 동등한 것으로 간주했다. 자연경과 벤치마크(즉, 무처치 통제)와 비교했을 때, 임상 장면의 데이터는 이 기준보다 최소한 $d=0.2$정도 더 클 것을 필요로 했다. 이런 기준들은 보수적으로 비교하기 위해 선택되었다.

Minami, Wampold 등(2008)의 벤치마크 연구에서 대규모 환자 집단(분석에 따라서는 5,700명 이상)의 자료가 사용되었다. 환자들은 처치기간 동안 OQ-30(Ellsworth, Lambert, & Johnson, 2006)에 정기적으로 응답하였다. 이 척도는 증상, 사회적 역할 기능, 대인관계를 포괄적으로 측정한다. 이 연구에서는 처음과 마지막 관찰치가 활용되었다. OQ-30은 전반적으로 측정하는 도구이기 때문에 전반적인 측정치에 해당하는 벤치마크가 사용되었다. 이 연구에서 3개의 임상장면 표본이 벤치마킹되었다. 이 표본들은 임상실험 환자들의 임상 특성과 동등한 정도에서 서로 차이가 있었다. 첫 표본은 공병장애의 유무와 상관없이 모든 내담자를 포함하고 있는데(임상 표본으로 불림), 이들은 임상실험 환자의 스트레스와 유사한 수준으로 스트레스를 경험하고 있었다. 두 번째 표본에서는 공병장애 또는 자살 위험을 가진 환자가 제외되었다. 따라서 우울증에 대한 임상실험연구 환자와 비슷하였다(무공병 표본으로 불림). 세 번째는 우울증에 대한 증거기반 처치와 비슷한 양(12~20회기)의 처치를 받은 환자였다. 처음의 두 표본은 치료받을 의향이 있는(the treat to intent) 환자 벤치마크와 비교되었다. 세 번째는 치료 완료자 벤치마크와 비교되었다. 환자들은 또한 동시에 약물복용 중인지에 따라 구분되었다. 자연경과 환자의 효과는 초기 OQ-30 점수와 마지막 OQ-30 점수를 기반으로 하였다.

결과는 실제 임상 장면에서 관찰된 처치 효과가 임상실험 벤치마크와 비슷하거나 때로 초과한다는 것이었다(<그림 4.5>). 세 비교 모두에서 이들 표본은 임상적 동등성의 통계적 기준을 충족시켰다. 즉, 관리의료 환경의 서비스 제공자에 의해 얻어진 성과들은 임상실험에서 얻어진 성과에 필적하였으며, 자연 경과 벤치마크보다 유의미하게 높았다. 중요한 점은 우울증 치료에 관한 임상실험에서 평균 회기수가 16회였던 데 비해 실제 임상 장면에서는 평균 회기수가 9회 이하였다는 것이다. 이는 유사한 크기의 효과가 더 적은 회기수의 처치에서 발견된다는 것으로 실제 임상 장면의 TAU가 효과적임을 의미한다(대학상담센터의 내담자를 대상으로 한 반복연구는 Minami 등, 2009 참조).

이와 같은 벤치마킹 연구는 실제 임상 장면에서 이루어지는 심리치료가 효과적이라는 것을 의미한다. 청소년 대상 임상 장면에서 나타난 증거는 그렇지 않지만 말이다. 물론 벤치마킹은 분명한 한계를 가지고 있다. 어떤 의미에서 벤치마킹 전략은 Eysenck(1952, 1961, 1966)가 사용한 방법의 역인 과정인데, 그는 실제 임상 장면으로부터 벤치마크를 만들어서 연구들의 결과와 비교하였다. 이를 통해 심리치료 효과가 실제 임상 장면에서의 효과만큼 큰지를 조사하였다. 물론, 현재의 벤치마킹 연구의 세련됨은 Eysenck의 방법보다 우수하지만, Eysenck의 방법에 대한 비판(즉, 환자가 실제 상황, 임상실험의 처치, 그리고 무처치에 무선으로 할당되지 않았다는)이 벤치마킹 연구에도 적용될 수 있음을 기억할 필요가 있다.

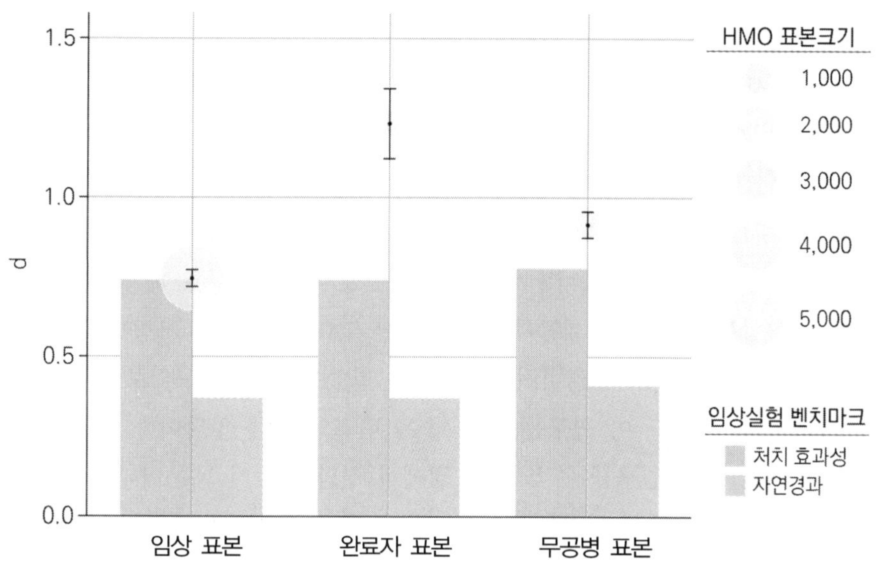

각각의 막대는 처치 효과성과 자연 경과의 벤치마크 효과 크기를 나타낸다. 처치 효과성과 자연 경과의 벤치마크 효과 크기는 HMO의 처치 효과가 임상실험 효과와 동등하거나 더 낫다는 결론을 얻기 위해 반드시 충족시켜야 하는 기준이다. 작은 점과 표준오차 막대는 각 표본에서 HMO로부터 관찰된 효과 크기를 나타낸다. 회색 점의 크기는 표본의 크기를 의미한다.

▌그림 4.5▐ 임상실제장면에서 산출된 효과 크기를 임상실험에 대한 메타분석적 추정치(벤치마크)에 비교한 결과

효과가 입증된 처치와 TAU의 직접 비교

임상 실제 상황에서 TAU의 효과성은 임상 장면으로 이동된 효과가 입증된 처치와 TAU를 직접 비교함으로써 평가될 수 있다. 입증된 처치의 성과는 동일한 장면에서의 TAU의 성과와 비교된다. 이 방법은 TAU를 실험적으로 평가하는 타당한 방법이다. 그러나 실제로 이를 구체적으로 실현하는 방식은 다양하다. 일반적인 전략은 공황장애에 대한 증거기반 처치와 TAU를 비교하는 연구를 통해 설명될 수 있다. Addis, Hatgis, Krasnow, Jacob, Bourne, 그리고 Mansfield(2004)는 연구 참여를 자원한 치료사를 공황통제 치료(panic control therapy; Craske, Meadows, & Barlow, 1994)를 실시하는 조건 또는 자신이 해오던 처치를 그대로 실시하는 조건에 무선할당했다. 환자도 두 처치 조건에 무선할당했다. 공황통제 치료를 실시하는 치료사는 공황장애 및 공황통제 치료에 대한 2일간의 워크숍에 참여하였고, 두 사례에 걸쳐 공황통제 치료를 시도한 후에 워크숍을 진행한 전문가로부터 30분간의 전화 자문을 받았다. 뿐만 아니라 주 연구자 및 연구팀으로부터 격주로 1시간 가량의 집단 자문을 받았다. 이 자문은 "사례에 대해 논의하고 [공황통제 치료]와 이 치료의 배경인 인지-행동 원리에 대한 치료사의 지식을 심화하기 위한"(p.629) 것이었다. 공황통제 치료 회기들은 녹음되었고 공황통제 치료를 위해 개발된 평정 매뉴얼에 따라 충실성 정도가 무선적으로 평정되었다. 이때 공황통제 치료를 위해 개발된 평정 매뉴얼이 활용되었다.

Addis 등(2004)의 연구는 인정할 만한 특징을 많이 가지고 있다. 치료사와 내담자를 두 조건에 무선할당함으로써 치료사 역량으로 인한 위협을 배제하였다(8장 참조). 그럼에도 공황통제 치료를 제공하는 치료사는 TAU 치료사가 제공받지 않은 저명한 전문가가 운영한 워크숍, 수퍼비전, 자문 등을 받았는데, 이는 공황통제 치료에 이점을 주는 것이었다. 그래도 이 연구는 가장 좋은 비교연구 중 하나이다. 증거기반 처치와 TAU를 비교한 다른 연구들은 몇 가지 점에서 결함을 갖기 때문이다. 첫째, 증거기반 처치집단이 더 많은 양의 처치를 받는다. 둘째, 연구자가 EBTs의 개발자이거나 옹호자이다. 이로 인해 EBTs에 대한 충성심 효과가 발생한다(5장의 연구자 충성심에 대한 논의를 보라). 셋째, 치료사를 무선할당하지 않는다. 이로 인해, EBTs에 유리한 조건이 만들어진다(예를 들면, TAU 치료사는 그 장애를 위한 어떠한 처치훈련도 받지 않는다). 넷째, TAU의 속성이 문제가 되기도 한다. 왜냐하면 TAU는 종종 어떠한 심리치료도 제공하지 않거나 의심스러운 서비스를 제공하기 때문이다(예 환자들은 종종 일반 의사를 찾아가서, 그 의사가 추천하거나 제공하는 처치를 받는다).

증거기반 처치와 TAU를 비교한 몇 편의 메타분석이 있긴 하지만 모두 부적절한 비교를 하였다. Weisz, Jensen–Doss, 그리고 Hawley(2006)는 청소년 대상 EBTs와 TAU를 직접 비교했던 32개의 무선할당 임상실험을 메타분석하였다. 연구자들은 "이 연구의 결과는 임상실험 연구들에서 이루어진 직접 비교에서 EBTs가 TAU보다 우수하다는 우리의 견해를 지지한다."(p.684)고 결론 내렸다. 하지만 Weisz 등은 EBT와 TAU의 공평한 비교는 환자, 치료사, 임상장면, 처치의 양과 관련된 혼입변인들(confounds)을 통제해야 한다는 것을 알고 있었다. 그러나 불행히도 32편의 연구 중 어떤 것도 이 목표를 달성하지 못했다! 터무니없이 부적절한 통제를 한 연구의 예(즉, Kazdin, Esveldt–Dawson, French, & Unis, 1987)에서는 EBT를 지지하는 가장 큰 효과 크기가(d =1.12) 산출되었다. 이 연구에서 문제해결 기술 훈련 즉, EBT는 두 배 이상의 처치양(45분, 2–3회/주 대 20분, 2–3회/주)이 주어졌으며, TAU는 어떤 정의에 의해서도 심리치료적 개입이 될 수 없는 것이었다. "[처치 양이 차이가 났던] 이유는 좀 더 연장된 회기들에서 나타날 수 있는 정서적으로 부담스런 주제에 대한 깊은 대화를 회피하기 위한 것이었다 … 이 회기들에서 치료사의 과업은 일상적인 활동에 대한 논의에 아동을 참여시키는 것이었다. [그리고] 아동의 감정이나 임상적 문제를 탐색하거나, 통찰이나 자기수용 혹은 관련 과정을 개발하려는 어떤 시도도 없었다."(p.79). Kazdin 등의 연구에서 TAU는 분명히 불리했고, EBT의 성과가 더 우수한 것은 놀라운 일이 아니었다.

Spielmans, Gatlin, McFall(2010)은 Weisz 등(2001)에서 나타난 혼입변인들을 모델링하여 재분석하였다. 혼입변인들이 일단 모델링되자, EBT의 이득은 작아졌고 종종 통계적으로 유의하지 않았다. 더욱이 더 많은 혼입변인이 모델링 되자 이득은 더욱 줄어들었다(Minami & Wampold, 2008 참조).

성인을 대상으로 한 EBTs 대 TAU를 비교한 두 개의 메타분석이 있었다. Wampold 등(2011)은 우울과 불안 처치를 위한 EBTs와 TAU를 비교했던 14편의 연구를 검토하였다. 전체 효과는 상당한 차이(d=0.45)로 EBTs를 지지했다. 그러나 TAU가 심리치료인 경우 EBTs의 이득은 통계적으로 유의하지 않았다. 14편의 연구 중에, 단지 3편만이 확실히 심리치료이면서 훈련이나 수퍼비전이 제공되지 않았던 TAU를 포함하고 있었다. Budge 등(2013)은 성격장애에 대한 EBT와 TAU를 비교한 30편의 연구를 검토하여 유사한 결과를 얻었다. 전체 효과는 EBTs를 지지했지만(d=0.40), 30편 중에 7편만이 심리치료이면서 치료 양/시간, 수퍼비전 및 훈련의 균형을 맞추지 않은 TAU를 포함하고 있었다. 그러나 이 연구에서 EBT는 TAU가 심리치료인 경우에도 TAU보다 유의하게 더 효과적이었다. 이러한 결과는 성격장애에 대한 특별한 훈련과 수퍼비전이 효과가 있을 것임을 시사한다. 이 추측에 대한 직접적인 검증은 없었지만 말이다.

실제 임상 장면에서 실시되는 심리치료의 효과에 대한 결론

실제 임상 장면에서 이루어지는 심리치료의 효과를 조사했던 세 전략은 모두 타당도에 대한 위협 문제가 있다. 그러나 증거에 따르면, 실제 장면에서 이루어지는 심리치료는 임상실험에서 검증된 심리치료만큼 그리고 실제 임상 장면으로 이동시킨 EBTs만큼 효과적이다. 또한 성격장애 치료를 위한 훈련과 수퍼비전이 치료사에게 도움이 될 것이다.

심리치료가 최소한의 개입 또는 무처치에 비해 성과를 향상시킬 수 있다는 좋은 증거를 TAU 연구가 제공한다. 그러나 EBTs가 TAU보다 우수하다는 것은 일군의 처치가 다른 처치보다 우수함을 시사한다는 주장이 또한 제기되고 있다. 치료의 상대적인 효과성에 대한 증거를 다음 장(5장)에서 논의할 것이지만, 상대적 효과성에 대한 결론은 각 처치에게 성공적일 수 있는 기회를 (공평하게—역자 주) 제공하는 임상실험으로부터 도출될 필요가 있다. TAU는 종종 심리치료가 전혀 아닌 경우가 있으며, TAU가 심리치료일 때도 TAU를 실시하는 치료사는 증거기반 처치 조건에서 제공되는 훈련이나 수퍼비전, 자문을 받지 못한다.

5. 해를 주는 처치?

심리치료가 효과적이라는 증거를 제시한 후에 심리치료가 해를 줄 수 있다는 주장으로 논의를 끝내는 것이 역설적으로 보일 수 있다. 이 장의 시작에서 인용했던 Eysenck의 일반적인 주장과 반대로 의원성 효과(iatrogenic effect, 치료가 질환의 원인이 되어 발생하는 부작용)에 대한 최근 논쟁은 특정한 처치들에 더 초점을 둔다. 처치가 해를 줄 수 있는가?는 여전히 중요한 질문이다. 치료사의 첫 번째 윤리적 책임은 "해를 끼치지 않는다"이기 때문이다. 우리의 관심과 관련하여 보자면, 어떤 특정 심리치료가 해를 끼칠 수 있는지 여부는 의학모델과 맥락모델을 구분하는 데 있어서도 매우 중요하다. 내담자에게 해로울 수 있는 처치(예 고함치는, 창피를 주는, 비윤리적인 행동)를 고안하거나 실시할 가능성은 명백히 존재한다. 하지만 의학/맥락 모델의 구분에서 중요한 질문은 2장에서 정의된 것과 같은 전통적인 "bona fide" 심리치료의 정의와 일치하지만 동시에 해가 되는 심리치료 범주가 존재하는지 여부이다. 어떤 심리치료는 해를 줄 수 있지만 다른 심리치료는 그렇지 않다면, 이는 어떤 특정한 심리치료 접근이 다른 치료보다 더 효과적이라는 분명한 증거가 된다. 이런 경우 맥락모델과는 일치하지 않을 것이다.

반세기 전까지 거슬러 올라가서 경험적 문헌을 검토해 보면(예 Bergin, 1963, 1971; Lambert, Bergin, & Collins, 1997), 심리적 처치가 유사한 의원성 효과를 낳을 가능성에 대한 염려가 심리학에서 오랜 역사를 갖고 있음을 알 수 있다. 해로운 효과의 증거에 대한 관심은 경험적으로 지지되는 처치를 지정하고자 하는 운동과 연결되어 생겨났다. 최근 Lilienfeld(2007)는 특정 유형의 경험적 증거를 기반으로 "십중팔구 해로운(probably harmful)"으로 범주화 될 수 있는 10개의 처치 목록을 제안했다. 이후 더 잠정적인 의미의 "아마도 해로운(possbily harmful)"으로 분류할 수 있는 두 개의 처치를 추가하였다(특정한 치료 양식이 해를 준다는 증거를 제시한 추가적인 개관 문헌 참조; Mercer, 2002; Moos, 2005; Neimeyer, 2000; Rhule, 2005; Werch & Owen, 2002). 그런데 이러한 주장의 근거는 무엇인가?

1) 해로움의 정의

심리적 처치가 해로울 수 있다는 주장을 검토하기 위해서는 악화와 해를 구별할 필요가 있다. 어떤 사람이 악화되었다는 것은 처치 시작 때보다 처치 후에 하나 또는 그 이상의 성과 측정에서 기능이 더 나빠졌음을 나타내는 점수를 받았을 때이다. 그래서 우울 척도에서 처치 시작 때보다 처치 후에 더 높은 점수를 보인 내담자는 악화된 것이다. 어떤 결과를 '해롭다'라고 말하려면, 이 악화가 사실은 의원성이라는 것 즉, 처치가 악화의 원인이라는 것을 보여야 한다. 해를 준다라고 말할 수 있으려면, 관찰된 악화에 대한 가능한 경쟁 가설을 배제해야만 한다. 즉, 악화가 치료에 의한 것인지 혹은 치료와 관련 없는 다른 요인들에 의한 것인지를 질문해야 한다.

악화를 설명하기 위해 어떤 요인들이 고려될 수 있는가? 가장 핵심적인 요인은 자연경과(natural history)이다. 치료를 받지 않았을 때 관찰될 수 있는 기능에서의 변화를 말한다. 내담자는 치료를 받든지 안 받든지 간에 악화될 수 있다. 악화되고 있는 내담자여도 처치를 통해 도움을 받을 수 있다. 이는 화학치료로 생명이 연장되지만, 처치과정 동안 점차 악화되는 암환자의 경우와 비슷하다. 심리적 기능 또한 개입 이외의 다양한 원인, 즉 처치와 관련 없는 삶의 사건(예 죽음, 예상치 못한 관계의 어려움, 재정 손실) 때문에 악화될 수 있다. 측정오차는 심리척도 점수의 변산을 가져오는 원인 중 하나인데 관찰된 악화를 해석할 때 고려해야 할 또 다른 요인이다. 측정오차는 일부 참여자를 악화된 것처럼 보이게 만들 수 있다. 극단적인 경우를 예로 들어 보자. 어느 척도의 점수를 전혀 신뢰할 수 없다면(즉, $\gamma_{XX}=0$), 검사받은 사람들의 반은 실제로 향상되었는지에 상관없이 시기 1보다 시기 2에서 점수가 더 안 좋을 가능성이 있다. 측정오차는 여러 개의 성과 척도들을 사용하는 연구에서 나타나는 비정상적인 점수를 설명할 수 있다. 예를 들어, 내담자가 몇 가지 척도에서는 향상을 보이지만, 다른 척도에서는 악화를 보일 경우, 이것은 증상이나 영역에 따른 의미 있는 성과 차이를 나타내거나 단순히 측정오차를 반영한 것일 수 있다.

해로움의 증거는 단순히 악화되었다는 주장 이상이어야 하며, 처치로 인해 악화되었다는 증거를 보여주어야 한다. 즉, 처치를 받지 않았다면 처치 후의 저하된 기능은 관찰되지 않았을 것이라는 점을 보여주어야 한다. 치료의 이로운 효과에 대한 연구와 비슷하게, 치료로 인해 해가 발생했다는 결론은 처치집단과 무처치집단 간의 차이가 통계적으로 유의하다는 것을 보여주는 무선할당 실험에 기반을 둘 때 가장 강력하다. 앞으로 살펴보겠지만, 이런 종류의 결과는 비교적 드물며, 대개는 예방적 개입 그리고/또는 심리치료로 간주되지 않는 개입에서 나타난다.

불행하게도 해를 주는 처치에 관하여 말하는 사람들이 항상 이런 더 강력한 증거에 기반을 두었던 것은 아니다. 덜 명확한 증거에 의존하는 이유는 부분적으로 경험적 증거가 부족하기 때문이다. 그러나 그 보다 흔한 경우는 의원성 효과 가설을 일부 지지하는 연구들에 대한 선택적 해석에 기반을 두고 결론을 내리기 때문이다. 이때 이와 다른 결론이 내려질 수도 있는 연구 결과들은 간과된다. 이런 상황은 Eysenck 시기를 연상시킨다. 이제 해롭다고 알려진 처치와 관련한 증거를 개관하려 한다. 이를 통해 증거에 대한 선택적 주의가 어떻게 연구 결과에 대한 과장된 혹은 왜곡된 결론으로 이어지는지 보여줄 것이다. 다음 절에서는 몇몇 처치들이 해롭다는 주장을 지지하는 것으로 제시되었던 증거를 검토한다.

2) 해로운 효과의 증거

간단히 말해서, "잠정적으로 해로울 수 있다(potential harm)는 강력한 증거"를 가진 것으로 열거된 많은 처치들은 심리치료가 아니다. 의심스러운 "처치" 중 일부를 여기서 기술하지만, 이 처치가 이 책에서 정의한 것과 같은 심리치료는 아니라는 것에 주목하자.

"충격 감금"이나 "겁주기" 프로그램은 엄격한 군대식 훈련인 단기간의 감금을 포함한다. 7편의 무선할당 임상실험에서 이들 프로그램은 통제집단에 비해 비행률을 유의하게 상승시킨 것으로 나타났다(Petrosino, Turpin-Petrosino, & Beuhler, 2003). 이 결과에 따른다면, 이런 유형의 개입이 목표로 하는 성과에 의도하지 않은 부정적 영향을 미친다고 결론내리는 것이 합리적이다. 충격 감금과 유사한 군대식 신병 훈련소는 훈련과 권위에 대한 복종을 강조한다. Lilienfeld(2007)는 "신병 훈련소" 개입에 참여했던 청소년 및 성인 범죄자들이 처치를 받지 않은 범죄자들과 동일한 재범률을 보인다는 사실에 주목하였다(Mackenzie, Wilson, & Kider, 2001). 더구나 신병 훈련소 개입 동안 일어났던 사망 사건에 대한 산발적인 언론 보도는 이런 개입이 가져올 수 있는 위험에 대한 염려를 키웠다. 임상실험은 없지만, 다양한 애착 치료(재탄생, 안아주기 치료)는 한 건 이상의 사망 보고에 근거하여 잠정적으로 해로운 치료로 분류되었다(예 한 아동은 재탄생 개입동안 담요에 말려 있었는데, 이로 인해 질식사하였다; Lilienfeld, 2007). 잠정적으로 해로운 심리치료라고 인용된 많은 처치는 증상과 상관없이 위기에 처할 수 있는 모든 사람에게 제공되는 예방 프로그램이거나 가족구성원에게 문제가 될 수 있는 외현화 행동 때문에 강제되는 프로그램이었다. 이런 처치의 대부분은 2장에서 제시된 심리치료의 정의를 충족시키지 않는다. 참여자가 문제나 불만 때문에 치료를 찾은 것이 아니기 때문이다.

심리적 디브리핑(Psychological Debriefing; PD)은 외상에 대한 반응으로 나타나는 부정적인 효과를 감소시키려는 목적을 갖는 단기(3-4시간)의 구조화된 개입이다. 임상실험 연구들에 대한 한 메타분석에서는 PD 처치를 받은 환자들에게 추수시기에 더 적은 수의 PTSD 증상이 나타난다는 증거를 발견하지 못했다(Rose, Bisson, & Wessely, 2001). 이후의 메타분석에서 van Emmerik, Kamphuis, Hulsbosch와 Emmelkamp(2002)는 처치를 받은 참여자들이 처치를 받지 않은 참여자보다 (대략) 6-12개월의 추수기간에 PTSD 증상이 나타날 가능성이 더 높다고 주장했다. 그러나 개입 시점에서 디브리핑 참여자들은 개입이 도움되었다고 보고하였다(McNally, Bryant, & Ehlers, 2003). 어쨌든, PD의 장기적인 효과성에 대한 의심(그리고 장기적 해로움의 가능성)은 PD를 하나의 개입으로 추천해야 할지에 대한 심각한 의문을 불러일으킨다. 명백히 PD는 심리치료가 아니다. 왜냐하면 이 처치는 외상 사건에 노출되었지만 증상으로 발전되지 않은 사람에게, 그리고 더욱 중요하게는 이런 문제로 처치를 받으러 오지 않는 사람에게 제공되기 때문이다. 그래서 예방 프로그램이라 할 수 있다.

Werch와 Owen(2002)은 청소년과 대학생을 위한 알코올 및 약물 예방(ADP) 프로그램(예 DARE)에 대한 연구들을 개관하였다. 이 연구에서 찾은 152편의 예방 연구물(그리고 18편의 개관 논문)에서 17편의 연구만이 부정적인 결과를 포함한 것으로 나타났다. 이 때 부정적인 결과란 알코올 또는 약물 관련 성과 변인 중 최소한 한 개에서 나타난 처치집단과 통제집단 간 유의한 차이로 정의되었다. 저자들이 주목한 것처럼, 이는 비교적 적은 수의 부정적인 효과라 할 수 있는데, 1종 오류에 기인한 것일 수 있다. Werch와 Owen(2002)은 17편의 연구에서 43개의 유의한 부정적인 결과가 산출되었다는 점에 주목하였다. 그러나 이들은 17개의 연구에서 몇 번의 통계적 유의성 검정이 수행되었는지를 보고하지 않았다. 또한 부정적 성과의 증거를 발견하지 못한 ADP 개입 연구들에서 몇 번의 유의성 검증이 수행되었는지도 보고하지 않았다. 개관된 많은 연구들에서 표본의 크기는 컸으며, 그래서 작은 부정적 효과라도 감지해 낼 수 있을 만큼 통계적 검증력이 높았다. 예를 들어, Ellickson 등(1993)은 유사한 개입 프로그램에 참여한 약 4,000명의 학생들을 6년 동안 추적하여 약물 사용과 관련한 다양한 행동 및 태도를 조사하였다. 연구자들은 세 번의 평가 시점에서 수행된 324개의 유의성 검증에서 통제집단에 유리한 방향으로 나타난 세 개의 통계적으로 유의한 비교를 확인하였다. 이 데이터에 나타난 이런 경향이 처치의 위험을 나타내는지 아니면 1종 오류에 기인한 것인지 궁금해 하는 것은 합리적이다. 이 결과를 해석하는 데는 주의가 요구된다. 문헌을 선택적으로 개관한 경우에 해당하기 때문이다.

어떤 사람들은 사랑하는 사람의 상실 혹은 죽음 후에 애도 상담을 받는다. 애도 상담의 부정적인 효과에 관한 주장들은 중요한 논쟁의 주제이며, 학술지나 정책 보고서뿐만 아니라 일반 대중을 대상으로 한 서적이나 뉴스에 특집으로 게재되기도 하였다(Hoyt & Larson, 2008; Larson & Hoyt, 2007). 애도 상담이 해롭다는 주장은 한 박사학위 논문(Fortner, 1999)에 대한 Neimeyer(2000)의 요약에 기반을 두고 있다. 이 학위논문은 애도 상담 후 악화(treatment-induced deterioration effect; TIDE)를 보고한 23개의 임상실험을 메타분석한 것이었다. 분석결과, 내담자의 38%는 처치를 받지 않았을 때 보다 처치를 받으면서 더 나빠진 것으로 나타났다. "정상적으로 사별을 겪은"(vs. 외상적 사별을 겪은) 내담자를 대상으로 한 애도 처치의 추수시점 분석에서는 더 급격한 TIDE 비율이 나타났는데, 이는 50%에 가까운 내담자들이 해를 입었음을 나타낸다. Fortner의 학위논문은 이 TIDE 결과를 산출한 새로운 통계기법이 적절함을 나타내는 어떠한 설명도 제공하지 않았다. 단지, 이 기법을 Anderson(1980)의 석사학위 논문 및 아마도 이 논문에 기반을 둔 것으로 보이는 학회발표 자료에서 가져 왔다고 했을 뿐이었다. 방법론 전문가가 실시한 사후검토(Larson & Hoyt, 2007에 기술되어 있음)는 이 분석방법이 해로움을 나타내는 타당한 지표가 아니며, 따라서 내담자의 50%(또는 다른 백분율)가 해를 입었다고 주장할 수 있는 경험적 또는 통계적인 근거는 없다고 결론 내렸다. 좀 더 최근의 메타분석에서 애도 상담은 처치 직후에 약간의 긍정적인 효과를 보이지만 추수시기까지 유지되지는 않는 것으로 나타났다. 그러나 이 효과는 처치가 사별시점과 가까운 경우, 그리고 사별로 인해 뚜렷한 적응의 어려움이 있는 사람에게는 상당히 크게 나타났다(Currier, Neimeyer, & Berman, 2008).

이제부터는 증상이 있는 환자에게 제공된 처치의 잠정적으로 해로운 효과에 대하여 기술하고자 한다. 두드러진 예외 하나를 제외하면 해로움의 증거는 매우 적다. 일련의 기법(예 최면, 암시)은 억압된 기억을 "복구하기" 위해 사용되었다. 이러한 기법의 해로운 효과는 처치 후 통제집단과 비교해서 증상이 증가했다는 것이 아니라 부정확한 기억의 생성에 집중되어 있는 것으로 보인다. Loftus와 Davis(2006)는 기억-회상 치료가 때로는 왜곡된 혹은 날조된 기억을 낳을 수 있음(예 Goldstein & Farmer, 1994)을 시사하는 사례 보고와 기초과학 연구를 검토했다. 이러한 발견의 잠재적인 중요성이 과소평가되어서는 안 된다. 학대 또는 외상에 대한 날조된 기억은 환자뿐만 아니라 환자의 가족에게 심각한 함의를 가질 수 있기 때문이다. 기억-회상 치료의 경우에서 잠재적인 해로움에 대한 증거는 암시 기법의 사용에 주의를 요하라는 권고를 이끌어 내었고, 일반인이 사전에 충분한 정보를 가지고 이러한 유형의 개입에 참여할지를 결정할 수 있도록 교육하는 노력을 이끌어냈다(예 APA Office of Public Communications, 1995).

환자가 호흡, 시각화, 바이오피드백을 통해 이완을 하도록 가르치는 것은 불안에 대한 전형적인 치료이다. 예를 들어, 응용 이완법은 공황 장애에 대한 증거기반 처치이고(Öst, 1987), 여러 인지 행동 처치의 한 요소이다. Lilienfeld(2007)는 이완법을 "어떤 사람에게는 잠정적으로 해로울 수 있는" 처치 목록에 포함시켰는데 "공황상태에 빠지기 쉬운" 환자에게 공황 발작을 유도할 수 있다고 하였다. 이 주장은 1980년대와 1990년대에 나타난 일련의 사례보고에 토대를 두고 있다. 예를 들어, Cohen, Barlow, Blanchard(1985)는 이완훈련 동안 공황 발작을 경험한 두 사례를 보고하였다. 첫 번째 환자는 "몸 전체를 이완하세요. 그 다음에 얼굴과 이마를 이완하세요."라는 말을 듣고 공황 발작을 경험하였고, 두 번째 환자는 세 번째 회기의 바이오피드백에서 경험하였다(p.97). 또 다른 연구에서, Heide와 Borcovec(1984)은 첫 이완 회기 동안 14명의 환자에게서 긴장의 증가가 나타났다고 보고했다. 그러나 환자들은 처치 종료 직후 불안 증상의 일반적인 향상을 보고하였다. 그러나 공황 장애나 공황 발작에 대해서는 평가되지 않았다. 이러한 초기 보고들에도 불구하고 이완 조건에 참여한 사람들에게서 공황 발작의 빈도 또는 강도가 통제집단에 비해 증가했다는 것을 알려주는 어떠한 임상실험도 이루어지지 않았다.

환자를 두려운 자극에 노출시키는 것은 많은 인지 행동 처치의 핵심 성분이고

(예 노출 지속 치료: Foa, Hembree, & Rothbaum, 2007), 여러 형태의 심리치료에 걸친 공통 요인으로 열거되어 왔다(Garfield, 1995). 노출 기반 개입은 여러 불안장애(외상 후 스트레스 장애, 강박장애, 공황장애; SCP, 2007)를 위한 증거기반 처치로 간주된다. 이러한 높은 위상 덕분에 Lilienfeld(2007)가 노출기법을 잠정적으로 해로운 처치의 목록에 넣지 않은 것은 놀라운 일이 아니다. 그러나 노출의 결과로 스트레스나 증상 악화를 경험할 수 있음을 시사하는 증거가 이완이 공황을 유발할 수 있음을 시사하는 사례 보고보다 확실히 더 많이 나타나고 있다. 한 예로, Tarrier 등(1999)은 인지행동치료 조건에 할당된 환자들에 비해 상상 노출(imaginal exposure; IE) 조건에 할당된 환자들 가운데 증상 악화를 경험한 경우(처지 전에 비해 처치 후 PTSD 증상 점수의 증가를 나타내는 경우)가 더 많다는 것을 발견했다. 이에 대해 Devilly와 Foa(2001)는 증상 악화가 엄격하게 정의되지 않았으며, IE가 이전 임상실험에서보다 효과가 적게 나타났다는 점을 지적하였다. Devilly와 Foa는 이를 근거로 Tarrier 등의 실험에서 실시된 IE의 완전성(integrity)에 의문을 제기하였다.

Mohr(1995)는 두 개의 성과연구(Beutler, Frank, Scheiber, Calvert, & Gaines, 1984; Mohr et al., 1990)에 토대를 두고 그가 "표현적-체험적"(EE)이라고 기술한 처치의 범주가 해로울 수 있다고 주장하였다. Beutler 등(1984)은 정신과 입원환자들을 서로 다른 처치를 실시하는 세 개의 단기 입원 집단과 무처치 통제집단에 무선할당하였다. 처치 종결 시점에서 실시한 분석에서는 처치집단들 간 차이를 보이지 않았다. "처치 종결 시점까지 모든 집단은 향상되었다"(75쪽). 그러나 성과를 증상 변화의 잔차로 양화했을 때, EE 집단에서는 잔차 평균이 음의 값이었고(즉, 평균 잔차 점수는 0보다 적었다), 행동 집단과 무처치 통제집단에서는 0이었으며, 대인 과정 집단에서는 양의 값이었다. 이 분석에서도 집단 간 유의한 차이는 없다고 보고되었다. 저자들은 EE 집단의 잔차 평균이 통제집단의 잔차 평균 보다 "약간 낮았다(almost worse)"(74쪽)고 하였으나, 이 차이는 유의하지 않다 그러나 Beutler 등(1984)은 EE 집단의 부적인 잔차 평균을 이 집단에 속한 내담자들이 악화되었다는 것을 의미한다고 해석하였다. 이 분석에서 부적인 잔차 점수는 음의 값을 갖는 사전-사후 점수의 차이와 일치할 수도 있고 아닐 수도 있다(부적인 잔차는 사전검사 점수에 의해 예측된 사후검사 점수가 실제 점수보다 낮다는 것을 의미할 뿐이다). 이 집단의 잔차 평균이 통제집단 보다 낮다는 사실은 주목할 가치가 있다. 그러나 두 집단 간 유의한 차이가 없다면, EE 환자들에게 "체계적인 악화 효과"가 나타났다는 결론(Mohr, 1995, p.17)은 정당화되지 않는다.

두 번째 연구에서(Mohr et al., 1990), 우울 환자를 대상으로 세 가지 처치가 실시되었다. 세 가지 처치란 (a)초점화된 표현 심리치료(Mohr가 "EE로 분류한 게슈탈트 기반의 분노-자극 치료"; Mohr, 1995, p.17), (b)인지치료, 그리고 (c)지지적/자기 주도적 개입이었다. 부정적인 반응을 보이는 환자의 비율에서는 처치 간 차이가 없었다(p.624). 그러나 Mohr(1995)는 EE 처치가 잠재적으로 해롭다는 주장을 지지한다는 취지에서 세 집단의 악화율이 다르다고 하였다. 그러나 이 세 비율의 차이가 통계적 유의하지 않다는 점을 언급하지 않았다. 더욱이 처치 전 기능수준을 고려하여 조정된 평균 점수에서도 처치 간 유의한 차이가 없었다. 마지막으로 우울의 자연경과를 확인할 수 있게 해 주는 통제 집단이 없었고, 그래서 악화율에서의 차이를 해로움의 증거로 해석하는 것은 가능하지 않다. EE 처치의 해로움을 나타내는 것으로 제시된 두 사례(Mohr, 1995; Lilienfeld, 2007 참조)는 각각의 연구로부터 유의하지 않은 결과를 선별하여 해석한 것이다. 더욱이 이 선별된 연구는 Greenberg의 정서 중심 치료(EFT, 이전에는 과정-체험 치료로 불림)와 같이 EE 치료로 분류될 수 있는 처치가 효과적이라는 것을 보여준 엄격한 임상실험 연구의 결과(예 Watson, Gordon, Stermac, Kalogerakos, & Steckly, 2003)와도 다르다고 볼 수 있다.

Dishion 등(1999)은 행동문제를 가진 청소년을 대상으로 집단 처치하는 데서 발생할 수 있는 의원성 효과의 증거를 논의하였다. 이들은 집단원들 사이의 "일탈훈련(deviancy training)"(p.755)이 약물 사용, 공격적 행동과 비행을 포함하는 문제 행동을 감소시키기 보다는 증가시킬 것이라는 가설에 기반을 두었다. Dishion 등(1999)은 이들 청소년을 대상으로 하는 집단 처치에 해로운 효과가 있음(즉, 처치를 받지 않은 사람들에 비해 성과가 낮음)을 시사하는 두 편의 개입 연구 결과를 길게 요약하였다. Weiss 등(2005)은 Dishion 등(1999)에 의해 제시된 증거를 신중하게 검토하였다. 이들은 그런 처치에 의원성 효과가 있다는 것을 경험적으로 지지한다고 주장하는 증거에 몇 가지 문제가 있음을 발견하였다. 말하자면, (a)저자가 선호하는 이론에 좀 더 호의적인 연구에서 도출된 결과에만 선택적으로 주목함, (b)연구에 포함된 많은 성과 측정치 중에서 한 가지에만 선택적으로 주목함, (c)사후(post hoc) 가설 검증에서 유의함과 유의하지 않음의 경계(marginally significant)에 있는 효과에 의존함, (d)부정적인 것으로 보이는 효과의 원인을 처치의 여러 요소 중 어느 하나로 임의 귀인 함, 그리고 (e)연구자가 선호하는 이론을 지지하는 것으로 해석되는 결과에 대한 가능성 있는 여러 대안 설명을 부적절하게 취급함(Weiss et al., 2005) 등과 같은 문제를 발견하였다. 또한 Weiss 등(2005)은 아동 및 청소년의 외현화 행동문제에 초점을 둔 115개의 처치집단을 포함하고 있는 66편의 연구물을 메타분석한 새로운 증거를 제시하였다. 그들의 분석이 시사하는 바는 동료집단 요소를 포함하고 있는 개입의 성과가 이 요소가 없는 경우보다 더 좋으며(비록 유의하지는 않았지만), (무처치 통제집단과 비교해서) 동료집단 개입이 동료집단이 없는 개입보다 부정적인 효과 크기를 산출할 가능성이 유의하게 낮다는 것이었다. 이미 출간된 연구물들에 대한 강력한 개관에 근거를 둔 이 연구의 결론은 다음과 같다. "[청소년 행동장애에 대한 동료집단 개입의] 의원성 효과를 지지하는 문헌은 거의 찾을 수 없다. 그것이 일탈 훈련에 기인한 것이든 아니든 간에 말이다"(p.1044).

Weiss 등의 반대되는 결과에도 불구하고, Rhule(2005)은 "일탈 훈련" 가설을 해로움에 대한 증거가 되는 주된 예로 간주하였다. 또한 Lilienfeld(2007)는 행동장애에 대한 동료집단 개입을 잠정적으로 해로운 치료의 목록에 포함시켰다(비록 레벨 Ⅰ, "십중팔구(probably) 해로운 결과를 낳는"이 아닌 레벨 Ⅱ, "아마도(possibly) 해로운 결과를 낳는"에 포함되었지만). Lilienfeld는 Weiss 등(2005)의 결론이 Dishion 등(1999)의 일탈 훈련에 기반한 설명을 지지하지 않는다는 것을 지적하면서, "연구 결과가 이렇게 뚜렷한 불일치를 보이는 이유에 대해 해명할 필요가 있다고 주장하였다"(p.62). 반면 Weiss 등은 적절한 연구물을 찾기 위한 광범위한 검색을 실시하고, 우세한(preponderance) 증거에 근거하여 결론을 내리는 추천된 방식을 따랐다. 반면에 Dishion과 동료들은 자신들의 이론적인 입장을 지지하는 연구 및 결과에만 초점을 두는 선택적인 전략을 활용하였다. 이 두 접근이 다른 결론을 내린 것은 놀라운 일이 아니다.

3) 해로운 치료에 대한 결론의 요약

요약하면, 심리치료의 의원성 효과에 대한 주장은 강력한 증거에 기반을 두고 있는 것 같지 않다. 좀 더 자세히 들여다보면, 이러한 현상에 대한 증거로 인용된 몇몇 연구는 부정적 성과에 대한 분명한 증거를 제시하는 데 실패하였고, 악화가 개입의 해로운 효과로 인한 것이라는 근거가 되기에는 약했다. (재탄생이나 CISD와 같이 포괄적으로 정의된) 어떤 "행동적" 개입은 해로울 수 있다는 증거가 있는 것처럼 보인다. 그러나 이러한 처치는 이 장에서 정의된, 또는 일반적으로 이해되는 의미로 본다면 심리치료가 아니다. 행동적으로 실시된 개입이라고 해서 모두 심리치료의 예로 고려되어서는 안 된다. 이 책의 결론에서 논의할 것이지만, 해로움에 대한 질문은 "심리치료"의 범위와 관련하여 중요한 질문을 제기한다. Lilienfeld가 작성한 치료 목록에 올라와 있는 많은 처치는 이 역치를 충족시키지 못한다. 예를 들어, 중대 사건 스트레스 디브리핑, 정상적인 상실 반응을 보이는 개인을 위한 애도 상담, 약물남용 저항교육(Drug Abuse Resistance Education, DARE) 프로그램은 모두 증상과 상관없이 개인에게 제공되는 예방적 개입들이다. 그래서 전통적인 형태의 심리치료라고 간주될 수 없다. 잠정적으로 위험스러운 신체적 개입(예 탄생의 재경험, 신체적 박탈)을 포함하고 있는 애착 치료와 신병 훈련 캠프는 심리치료보다는 신입생 신고식과 더 닮은 것 같고, 분명 위험스러워 보인다. 여기서 주목해야 할 점은 Lilienfeld가 작성한 처치 목록이 결코 행동 개입이라는 형태로 환자에게 제공되는 돌팔이 치료를 모두 망라한 것은 아니라는 것이다(정신 건강 전문가에 의해 수행되는 수용할만한 치료의 범위에 대해서는 마지막 장 참조; Singer & Lalich, 1996). 전통적인 심리치료(예 체험적)가 해롭다는 주장에 관해 내려진 결론들은 매우 선택적인 문헌검토에 근거하고 있다. 이는 부정적인 결과(항상 통계적으로 유의하지는 않은)에 우선권을 주고 관련 연구의 우세한 증거를 간과하는 것이다.

6. 결론

약 40년 전에 심리치료가 자연적인 회복률보다 더 나은 성과를 만드는지에 대한 논쟁이 있었다. 놀랍게도, 처치를 필요로 하는 환자(즉, 문제를 가지고 있거나 스트레스를 경험하고 있어서 도움을 추구하고 있는 환자)를 대상으로 했을 때, 경험적으로 검증된 심리치료 중 효과적이지 않은 예를 찾기는 어렵다. 몇몇 처치가 잠정적으로 해로운 것으로 밝혀졌지만, 이 처치는 심리치료가 아니었고, 문제가 있거나 치료를 받고자 하는 사람이 아닌 사람에게 제공되었으며, 매우 제한된 증거에 근거하고 있다. 메타분석 사용 전에는, 심리치료의 반대자나 옹호자들은 자신의 입장을 지지하는 연구를 찾아 개관 연구를 할 수 있었다. 첫 메타분석은 논란이 있긴 했지만, 이 분석 및 후속 메타분석 결과는 심리치료가 상당히 효과적이라는 결론으로 수렴되었다. 심리치료 효과성 연구 역사에서 메타분석은 같은 가설을 검증하는 연구들을 종합하는 객관적이고 유용한 방법으로 확립되었다.

심리치료의 효과가 확인되었으므로 이제 다양한 심리치료가 동등하게 효과적인지에 초점을 두고자 한다. 어느 정도 효과가 있다고 입증된 처치의 수 증가, EST 목록 내 CBT 관련 처치의 범람, 그리고 일부 심리치료는 해로울 수 있다는 최근의 논쟁에도 불구하고 심리치료의 절대적 효과성에 대한 증거는 맥락 모델이나 의학 모델 중 어느 한쪽을 지지하지는 않는다. 특정한 처치가 처치와 무처치 조건을 비교하는 처치 패키지 설계에서 효과적임이 밝혀졌더라도, 그 효과가 특정한 성분으로 인한 것인지 또는 처치의 부수적인 요인으로 인한 것인지는 알 수 없다. 말하자면, 이 설계는 일반 효과로부터 특정 효과를 분리해 내는데 충분하지 않다. 각 처치의 옹호자는 이득이 특정한 성분에 기인한다고 주장할 것이다. 그러나 절대적 효과성 증거로는 맥락모델과 의학모델을 구별할 수 없다. 상대적 효과성은 상당한 실무적인 중요성이 있다는 점 외에도 맥락모델 대 의학모델과 관련하여 좀 더 구체적인 증거를 제공한다.

주석

1. (92쪽) 심리치료의 효과에 대한 초기의 도전은 또 다른 형태의 "대화치료"의 옹호자로부터 비롯되었음은 주목할 만하다. "심리치료"의 비효과성에 대한 초기 주장은 정신역동 치료에 대한 행동주의의 비판에 의해 시작되었다. 그래서 그 당시 심리치료의 절대적 효과성에 대한 의문은 다른 치료 접근의 상대적 효과성에 뿌리를 두고 있었다. 역동적/비행동적 치료와 행동적 치료 사이의 긴장은 심리치료 연구 역사 전체를 가로지르고 있으며, 지금까지도 이어지고 있다. 그러나 "심리치료"는 현재 환자와 치료사 사이의 대화에 근거한 일련의 처치에 폭넓게 적용되는 옴니버스 용어이다(예 행동 치료는 이제 많은 심리치료 중의 한 형태로 여겨진다). 실제로 PubMead의 주제어인 "심리치료"는 다양한 심리치료의 하위 주제어로 인지치료, 행동치료 등을 포함하고 있다. 이 장에서 우리는 다른 처치 간의 상대적인 효과성에 대한 질문은 생략하고, Eysenck의 결과가 주는 함의점에 집중하였다. 이 때문에 원래의 의도에도 불구하고 심리치료 효과 일반에 대한 문헌이 되고 말았다.
2. (98쪽) 더욱이, 연구를 비판하기 위해 Rachman이 사용한 기준은 심리치료와 행동치료에서 각기 달랐는데, 이는 추가적인 편파로 작용하였다.(Smith, Glass, & Miller, 1980, 5장 참조).
3. (120쪽) 선별된 부정적 효과에 대한 해석은 Rhule(2005)과 Lilienfeld(2007)와 같은 이후의 개관 논문에서 제시되었다. 이 논문의 저자들은 Werch와 Owens(2002)의 논문에 기반을 두었는데, Werch와 Owens가 해로운 결과에 대해 제시한 것보다 더 초점화된 결론을 내렸다. Rhule과 Lilienfeld은 DARE 프로젝트(Drug Abuse Resistance Education)를 잠정적으로 해로운 처치라고 주장했다. 그 근거로 DARE가 알코올 및 다른 약물의 사용을 실제로 증가시킬 수 있다는 Werch와 Owens (2002)의 개관 논문을 제시하였다. 이런 주장의 한 가지 문제는 Werch와 Owens이 부정적인 결과에 대한 증거를 보여주는 단 한 편의 연구(Rosenbaum & Hanson, 1998)만을 찾아냈다는 것이다. Werch와 Owens가 개관한 연구물들에서 종종 보이는 것처럼 서로 다른 수많은 성과 변인들에 대한 부정적 효과는 검토된 몇 개의 하위 모집단들 중 단지 하나(교외 지역의 학교)에서만 관찰되었다. 다른 약물 교육 프로그램에 대한 노출을 통제하면, 하나를 제외한 모든 성과변인에서 이 효과는 사라졌다.

   대조적으로, West와 O'Neal(2004)은 DARE에 관심을 두고 광범위한 메타분석을 수행하였다. 이 리뷰는 동료 평가 및 검토가 이루어진 연구물을 게재하는 학술지 논문을 대상으로 하였는데, DARE를 통제집단과 비교하고, 개입 전과 후 모두에서 알코올, 불법 약물, 담배와 관련한 변인을 평가한 모든 연구를 포함시켰다. 11개의 연구가 이 기준을 충족시켰다(모든 연구는 2002년 전에 출간되었고 Rosenbaum & Hanson, 1998을 포함하고 있다). West와 O'Neal은 DARE 프로그램의 전체 효과는 거의 0에 가깝다고($d=.023$, DARE를 지지하는) 하였다. 이는 DARE가 효과적인 예방 프로그램은 아니지만, 해롭지는 않다는 것을 의미한다(예 여러 연구에서 통제집단과 비교했을 때 일반적으로 약물사용을 증가시키지는 않았다). 메타분석에서 사용된 11편의 연구 중에 하나만이 부정적인 효과가 있었다($d=-.117$, 매우 작은 효과). 이 메타분석은 어떤 처치가 해로운지 여부에 대한 결정이 선별된 한 개의 연구에 기초하기보다(특히 부정적인 효과를 보고했기 때문에 특별히 선택되었다면) 그 처치의 효과를 평가한 다수의 논문들에 근거하여 내려져야 한다는 점을 강조하고 있다.

Chapter 05

상대적 효과성

도도새는 여전히 살아있다

1936년, Rosenzweig는 여러 심리치료가 갖는 효과성이 공통요인에 기인할지 모른다고 주장하였다. 논리적으로 추론하면, 공통요인들을 담고 있는 심리적 처치들은 유익한 성과를 낳을 것이다. 그래서 모든 심리치료는 대략 동등한 이득을 낳을 것이다. 여러 심료치료 간 동등 효과성은 Rosenzweig의 논문 부제에서 강조되었다. 이 논문의 부제는 "마침내 도도새는 말하였다. '모두가 이겼으니, 모두가 상을 받아야 해'"(p. 142)였는데, 소설 '이상한 나라의 앨리스'에서 경주가 끝날 무렵 도도새가 내린 결론이었다. 흔히 도도새 효과라고 부르는 Rosenzweig의 동등 효과성 주장에 일치하는 증거는 전형적으로 공통요인이 심리치료의 효과를 가져온다는 예측에 대한 경험적 지지라고 할 수 있다. 반면, 특정 치료 접근을 지지하는 사람들은 일부 치료들(즉, "과학적" 요소를 담고 있는 치료)이 다른 치료들보다 효과적이라고 믿는다.

이 장에서는 다양한 심리치료의 상대적 효과성과 관련된 증거를 살펴본다. 먼저, 맥락 모델과 의학 모델의 예측에 대해 논의할 것이다. 그런 다음 상대적 효과성을 결정하는 연구설계상의 고려사항을 제시할 것이다. 마지막으로, 메타분석으로 드러난 경험적 증거를 검토할 것이다.[1]

1. 의학/맥락 모델의 예측

의학 모델과 맥락 모델에서 심리치료 간 동일 효과성 여부에 대한 예측은 명확하다. 두 가지 가능한 결과가 있다. 첫 번째는 처치들 간 효과성에 차이가 있다는 것이다. 즉, 어떤 처치는 대단히 효과적이며, 다른 처치는 적당히 효과적이며, 또 다른 처치는 전혀 효과가 없는 것으로 나타날 것이다. 아마도 성과에 있어 상대적인 차이는 어떤 처치의 특정 성분이 다른 처치의 특정 성분보다 강력하기 때문일 것이다. 따라서 다양한 처치 간 성과 차이는 의학 모델을 지지하는 증거가 될 것이다.

성과의 두 번째 패턴은 모든 처치가 거의 같은 정도의 성과를 낳는다는 것이다. 특정 성분보다 오히려 공통요인이 심리치료 효과성의 원인이라면 모든 처치가 동등한 성과를 가져올 것이다. 물론 특정 성분이 실제 인과적으로 중요한 요소며, 모든 특정 성분이 똑같이 강력하다고 주장할 수도 있다. 이 가설은 논리적으로는 문제가 없지만, 실제로 가능할 것 같지는 않다.

여기서 서로 다른 두 가설을 되풀이할 가치가 있다. 의학/맥락 모델 문제와 관련된 중요한 증거는 처치의 상대적 효과성에 대한 여러 연구물에서 산출될 수 있다. 특정 성분이 성과에 대한 책임이 있는 경우, 처치의 상대적 효과성에서 변산이 있을 것으로 기대된다. 반면 공통적 측면이 원인인 경우, 효과의 동질성(즉, 처치의 일반적 동등성)이 기대된다.

2. 상대적 효과성을 수립하기 위한 연구방법

상대적 효과성은 전형적으로 두 처치 간 성과를 비교함으로써 검토된다. 그러나 우리가 살펴보게 될 것처럼, 그런 설계에는 추리적 제한(inferential limitations)이 존재한다. 이런 제한은 1차 연구의 결과를 메타분석적으로 통합함으로써 해결할 수 있다. 이 절에서는 1차 연구에서 그리고 메타분석 맥락에서 상대적 효과성을 연구하기 위한 전략을 제시할 것이다.

1) 1차 연구에서 상대적 효과성을 연구하기 위한 전략

상대적 효과성을 검증하기 위한 기본 설계는 비교성과 전략(Kazdin, 1994)이다. 비교설계에서는 환자를 무선으로 처치 A와 B에 배정하여 처치를 시행하고, 사후검사를 실시한다. 이 설계는 두 집단 모두에서 처치가 시행된다는 점을 제외하고는(실험집단과 통제집단을 하나씩 두는) 통제집단 설계와 동일하다. 비교설계는 대기자 통제집단과 같은 통제집단도 포함하고 있다. 이를 통해 처치가 무처치보다 나은지를 결정할 수 있다. 그러나 이런 통제집단이 “처치 A가 처치 B보다 우수(또는 열등)한가?”라는 질문에 대답하기 위해 필요한 것은 아니다.

비교설계에서는 두 가지 가능한 결과가 있을 수 있는데, 둘 다 어느 정도의 모호함을 갖고 있다(Wampold, 1997 참조). 한 가지 가능한 결과는 두 처치 간 성과 변인의 평균에 유의한 차이가 없다는 것이다. 4장에서 제시한 효과성에 대한 전반적인 증거를 고려할 때, 두 처치 모두 무처치 통제집단보다 우수하다고 가정하자. 그리고 두 처치를 실시한 후, 성과를 평가하였을 때 서로 다르다는 증거가 나타나지 않았다고 하자. 하지만 이 결과에 대한 해석에는 모호함이 있다. 두 처치 모두 치료적이며 맥락 모델의 조건을 충족한다면, 이 결과는 맥락 모델에 대한 지지로 해석될 것이다. 그러나 이 효과성이 두 처치의 특정 성분에 기인했을 가능성을 배제하기 어렵다. 즉, 각 특정 성분이 거의 동일한 효능을 가질 수 있다. 더욱이, 한 세트의 특정 성분이 다른 세트의 특정 성분보다 강력할 수 있지만, 이 차이를 탐지하는 통계적 검증력이 낮았을 수도 있다 (Kazdin & Bass, 1989).

비교설계에서 나타날 수 있는 두 번째 가능한 결과는 비교된 처치들 중 하나의 처치에서 성과가 더 우수하게 나타나는 것이다. 이런 결과는 훨씬 덜 모호한 결론이 내려질 수 있게 할 것이다. 처치 A가 처치 B보다 우수하게 나타나면, 아마도 처치 A를 구성하는 특정 성분이 활성 성분일 것이다. 즉, 이 성분이 처치 A가 우위에 있도록 하는 원인일 것이다. 하지만 어느 한 처치가 더 우수하다는 것이 발견될 때조차도 모호성을 보여주는 경우가 있다.

Snyder와 Wills(1989)는 행동 부부치료(BMT)와 통찰지향 부부치료(IOMT)의 효과성을 비교했다. 사후검사와 6개월 후 추수검사에서 BMT와 IOMT는 무처치 통제집단보다 우수했지만 서로 간에는 동등했다. 저자들은 그 발견이 공통요인/특정 성분 설명을 풀어낼 수 없다는 것을 인식했다. "본 연구의 처치들은 상대 접근에 특정적인 개입 방법을 활용하지는 않았지만, 각 처치는 두 처치 모두에 공통적인 개입 방법을 사용하였다."(p.45) 치료 종료 4년 후, 처치 간 중요한 차이가 발견됐다. BMT 부부의 38%가 이혼한 반면, IOMT 부부에서는 3%만이 이혼했다(Snyder, Wills, & Grady-Fletcher, 1991). 이 결과는 IOMT의 특정 성분에 대한 증거를 제공하는 것으로 보이지만, BMT의 제안자인 Jacobson(1991)은 다음과 같이 주장했다. "IOMT 치료사는 BMT 매뉴얼에는 언급되지 않았지만 IOMT 매뉴얼에서는 허용된 비특정적인 임상적으로 민감한 개입에 크게 의존하고 있는 것이 분명해 보인다 … 나에게, … 이 결과는 BMT가 비특정적인 부분에 충분한 주의를 기울이지 못한 채 실행되었다는 것을 시사한다"(p.143). Jacobson은 BMT와 IOMT의 부수적인 측면에서의 비동등성 때문에 공정한 경기가 아니었다고 주장했다. Jacobson의 비판은 또한 상대적 효과성에 영향을 미치는 "연구자 충성심" 효과와도 관련이 된다. 이에 대해서는 이 장의 뒷부분에서 논의될 것이다.

두 처치의 성과 사이에 통계적으로 유의한 차이가 있다는 해석에는 또 다른 문제가 있다. 3장에서 논의했듯이, 통계 이론은 처치 간의 비교에서 차이가 없어도, 우연히 통계적으로 유의한 차이가 발생할 수 있다고 예측한다(즉, 1종 오류). 4장에서 언급했듯이(그림 4.2) 매년 많은 수의 심리치료 임상실험들이 발표된다. 이를 감안하면 일부 비교연구에서 처치 간 차이가 나타날 것으로 기대할 수 있을 것이다(Butler, Fennell, Robson, & Gelder, 1991; Leichsenring et al., 2013; Snyder et al., 1991; Vos et al. , 2012). 그러나 이런 결과는 우연히 발생하며, 소수의 연구에서만 나타날 수 있다. 더구나 하나의 연구에서 활용되는 여러 종속변인 중 일부에서만 그 차이가 자주 발견된다는(예 Snyder et al. 연구에서 이혼율) 사실은 이 문제를 더욱 심각하게 한다.

비교처치 설계는 상대적 효과성을 결정하기 위한 타당한 실험설계이다. 그럼에도 불구하고 어느 설계의 경우와 마찬가지로, 하나의 비교 연구로부터 나온 결과를 해석해 내는 데는 어려움이 있다. 결과가 통계적으로 유의한 차이를 보이든 아니든 말이다. 메타분석은 1차 연구 해석에서 제기된 많은 쟁점들을 해결할 수 있고, 상대적 효과성에 대한 안정적인(robust) 효과 크기를 추정하는 데 활용될 수 있다. 이제, 상대적 효과성을 결정하기 위한 다양한 메타분석 전략을 다루겠다.

2) 상대적 효과성을 결정하기 위한 메타분석 방법

메타분석은 처치 간 상대적 효과성을 검토하는 데 활용되고 있다. 즉, '처치들이 동등하게 효과적이다'라는 영가설과 '처치들이 효과 면에서 다양하다'는 대안가설 중 어떤 것이 타당한지를 검증하는데 메타분석이 활용되고 있다. 메타분석은 가설을 양적으로 검증하며, 현저하지만 대표성이 부족한 연구에 근거한 결론을 피할 수 있게 해준다. 질적 개관은 하나의 처치가 다른 처치보다 우수함을 보여준 연구들을 인용할 수 있다. 하지만 이 장과 4장에서 논의한 바와 같이 이러한 연구들에는 결함이 있을 수 있으며(예 충성심, 충실성 부족으로 인한 효과), 관찰된 결과가 1종 오류에 기인한 것일 수도 있다. 더욱이 차이를 보이지 않는 연구는 적절한 주목을 받지 못할 수 있다(Ehlers et al., 2010; Persons & Silberschatz, 1998 참조). 이 때문에 전체 연구물이 포함되었을 때 상대적 효과성이 존재하는지에 대한 답이 제시되지 못한다. 게다가 메타분석은 처치 효과의 크기에 대한 양적 지수를 제공해 준다. 예를 들면, '치료효과가 동등하지 않으면, 그 차이는 얼마나 되는가?에 대한 답을 제공한다. 끝으로, 메타분석은 1차 연구에서는 쉽게 대답될 수 없는 상대적 효과성에 대한 다른 가설들을 검토할 수 있게 해 준다(예 연구자 충성심이 있는 연구가 그렇지 않은 연구보다 큰 효과를 산출하는가?).

상대적 효과성을 검토하는 데는 두 가지 메타분석 방법이 있다. 첫 번째 방법은 무처치 통제집단을 사용한 처치 패키지 설계를 검토하는 것이다. 이 방법에 따르면, (a)연구에서 검토된 처치는 범주(예 인지행동치료, CBT, 역동적 치료 등)화 된다. (b)각 처치별 효과 크기가 무처치 통제집단과 비교하여 계산된다. (c)범주 내 효과 크기의 평균값이 산출된다(예 CBT의 평균 효과 크기는 CBT와 무처치 통제집단을 포함하는 연구들에서 계산된다). 그리고 (d)범주별 평균 효과 크기들이 비교된다(예를 들어, CBT 대 EMDR; 이런 예로는 Bisson et al., 2007이 있음).

무처치 통제집단 설계를 사용한 연구들에 대한 메타분석을 기반으로 상대적 효과성에 대한 추론을 하는 데는 문제가 있다. 한 범주의 처치에 대한 연구가 다른 범주의 처치에 대한 연구와 다를 수 있기 때문이다. 예를 들어, CBT와 무처치 통제집단을 비교한 연구와 역동 치료와 무처치 통제집단을 비교한 연구는 사용된 성과 변수, 장애의 심각도, 환자의 공존병리, 처치의 표준화, 처치 기간, 그리고 연구자의 충성심과 같은 요인에 있어서 다를 수 있다. 그러나 앞으로 살펴보겠지만, 상대적 효과성에 대한 많은 주장들은 처치집단과 무처치 통제집단을 비교한 것을 메타분석한 결과에 기반을 두고 있다.

혼입변인(confounding variables)을 다루는 한 가지 방법은 매개 및 중재 효과를 메타분석적으로 모델링 하는 것이다. 예를 들어, Shadish와 Sweeney(1991)는 장면(settings), 측정 반응성(reactivity), 측정 구체성(specificity), 측정 조작가능성(manipulability) 및 내담자 수가 처치와 효과 크기의 관계를 중재하고, 처치 표준화, 처치 실행 및 행동적 종속변인이 처치와 효과 크기의 관계를 매개한다는 것을 발견했다. 그러나 혼입변인을 메타분석적으로 사후 모델링하는 데는 큰 어려움이 있다. 일차연구에서와 마찬가지로 중요한 변인 생략, 모델 설정의 오류, 측정의 비신뢰성, 그리고 통계적 검증력의 결여와 같은 문제에 직면하기 때문이다.

통제집단과 비교된 처치집단의 범주들 간 비교로 인해 발생하는 대부분의 혼입을 피하는 방법은 두 가지 심리치료를 직접 비교하는 연구만을 모아 상대적 효과성을 검증하는 것이다. 예를 들어, CBT와 역동 치료의 상대적 효과성에 관심이 있다면, 이 두 가지 유형의 처치를 직접 비교한 연구만 검토한다. 이 전략은 종속변인, 문제유형, 처치가 이루어진 장면, 장애의 심각도 및 기타 내담자 특성과 같은 측면으로 인한 혼입을 피한다. 왜냐하면 각각의 비교에서 이런 요인들은 무선할당 덕분에 동등할 것이기 때문이다(예 CBT와 역동 치료를 직접 비교하는 연구에서는 같은 성과 측정치를 활용할 것이다). Shadish 등(1993)은 직접 비교가 "과거의 메타분석에서는 거의 보고되지 않았다.

직접 비교가 갖는 혼입 통제 가치가 과소평가되는 것 같다"라고 지적했다(p.998). 그러나 치료사의 기술, 충성심과 같은 혼입은 직접 비교 전략에 여전히 남아있다. 최근 몇 년 동안 심리치료 성과 분야에서 직접 비교를 활용한 메타분석의 수는 증가했지만 직접 비교 연구를 거의 찾기 어려운 장애도 여전히 많이 있다. 게다가, 연구자 충성심은 처치들 사이에서 관찰된 차이의 한 원인이 될 수 있다. 왜냐하면 1차 연구에서 충성심이 잘 통제되지 않는다면, 이런 연구들을 대상으로 하는 메타분석도 유사하게 오염되기 때문이다. 그러나 나중에 볼 것이지만, 이런 혼입은 모델링 될 수 있다.

직접 비교에 대한 메타분석에는 해결되어야 하는 한 가지 문제가 있다. 맥락 모델 가설을 적절히 검증하기 위해서는, 비교되는 처치들이 맥락 모델에 규정된 바와 같은 심리치료라는 것이 중요하다. 즉, (a)두 처치 모두 효과가 있는 것으로 환자에게 보여야 하며 논리적 근거가 설득력 있고 수용할 만한 것이어야 할 필요가 있다. (b)치료사는 처치에 대한 확신을 가져야 하고 상당한 정도 치료가 합당하다고 믿는다(예 가짜가 아님). (c)처치는 제공된 근거와 일관된 방식으로 전달되어야 하며, 내담자가 자신의 문제를 합리적으로 다루는 치료 행위에 참여하도록 유도하는 행위를 포함해야 한다. (d)처치는 치유의 맥락 안에서 제공되어야 한다. 연구에는 종종 치료 효과가 있을 것으로 의도하지 않거나 제한된 처치, 즉 상당히 잘 훈련된 임상가가 보기에는 합당하지 않은 처치가 포함된다. 이런 처치들은 흔히 "대안" 요법, 위약 통제 또는 "지지치료"(Mohr et al., 2009; Wampold et al., 1997b; Westen, Novotny, & Thompson-Brenner, 2004)로 불린다. Westen 등(2004)은 이러한 처치를 "실패하도록 의도한(intent-to-fail)" 처치라고 불렀다. 그 이유는 비교 대상이 되는 처치보다 효과가 덜 하도록 설계되었기 때문이다. 우리는 이러한 처치를 유사위약(pseudo-placebos)이라고 칭한다(이 문제에 대한 전체 설명은 8장 참조).

치료적으로 의도되지 않은(그래서 맥락 모델 검증에 적절하지 않은) 처치의 한 예는 Foa, Roth-Baum, Riggs, Murdock(1991)이 노출 지속 치료(PE; PTSD에 대한 행동치료)의 경험적 근거를 확립하는 데 사용한 것이다. 비교 처치는 지지 상담(SC)이었으며, 내담자 표본은 최근(전년도를 포함한) 강간 문제로 PTSD 진단을 받은 여성들이었다. SC 처치에서 (a)내담자는 일반적인 문제해결 기법(내담자의 문제에 맞추지 않은)을 배웠다. (b)치료사는 에둘러 반응했으며 무조건(unconditionally) 지지적이었다. (c)내담자가 "폭행에 대한 이야기를 하면 즉각적으로 방향을 전환해서 현재의 일상적인 문제에 초점을 맞추도록 했다."(p.718). 틀림없이 이 상담은 심리치료라고 할 수 없을 것이다. 왜냐하면 SC는 특정한 이론 근거나 일반적으로 받아들여지고 있는 변화 원리를 포함하고 있지 않기 때문이다. 또한 다른 구성 요소가 부재한 상태에서 "최근 일어난 강간에 대해 상담에서 얘기하지 못하게 하는 것을 치료적이라고 받아들일 사람은 거의 없을 것이기 때문이다"(Wampold, Mondin, Moody, & Ahn, 1997a, p.227). 명백히, SC는 치료적으로 의도된 것이 아니었다. 또한, 치료사가 효과에 대한 충분한 믿음을 가지고 이 처치를 실행한 것도 아니었다. SC에서 외상 이야기를 금하는 것은 노출요소(예 안전하고 지지적인 장면에서 외상을 내적으로 경험함)를 제거하려는 것이다. 그래야, 외상기억에 대한 노출이 지속 노출 치료의 활성성분인지 여부가 결정될 수 있기 때문이다. 그러나 이렇게 치료사에게 "수갑을 채우는 것(handcuffing)"은 수많은 추가적인 위협을 가져온다(Mohr et al., 2009). 그 결과, 이 통제처치는 처치를 효과적이게 하는 맥락모델의 여러 요소들을 상실한다. 이 요소로 처치가 효과적이라고 믿는 치료사, 설득력 있는 이론적 근거, 치료의 목표와 과제에 대한 합의, 환자의 문제에 초점을 둔 치료활동 등을 들 수 있다. 이런 "가짜" 처치는 연구문헌에 자주 등장하며, 연구방법을 자세히 읽지 않고는 이를 탐지하기 어려울 수 있다. 예를 들어, Gilboa-Schechtman 등(2010)은 PTSD 진단을 받은 청소년들을 대상으로 하는 치료에서 PE와 "정신역동치료"를 비교했다. 이 연구에서 PE는 정신역동치료보다 다소 우수했기 때문에 PE가 청소년 PTSD에 대한 정신역동치료보다 효과적이라는 결론을 내릴 수 있다. 그러나 연구를 면밀히 조사한 결과, 이 정신역동치료는 전혀 정신역동적이 아니라는 것이 밝혀졌다. 이 연구에서의 정신역동치료(PD)는 유사위약 통제였다.

> [정신역동(PD) 치료]는 15~18회기로 구성되었으며, 각 회기당 50분 정도 진행되었다. 초기 회기에서는 기본적으로 관계 및 작업동맹의 형성과 핵심 문제정의에 중점을 두었다(2~3회기). 나머지 회기에서는 핵심 문제를 "훈습(workingthrough)" 하는 데 전념했다. 내담자는 내면의 생각, 일상의 어려움, 자유 연상을 얘기하도록 격려받았고, 치료사는 핵심 문제와 관련된 주제에 대해 선택적 듣기와 해석을 했다. 치료사는 외상 사건을 언급하지 않았으며, 만일 내담자가 기억의 세부사항을 얘기하면 그 기억에 대해 더 말하도록 격려함 없이 사건의 의미를 핵심주제 맥락에서 얘기했다.
>
> (p.1037)

PE 치료사는 PE 개발자가 진행하는 5일간의 훈련 워크숍에 참석하였으며, 이 연구의 제1저자로부터 지도감독을 받았다. PD 치료사는 이틀간 지역의 정신역동 수련

감독자로부터 교육을 받았다. PD 치료사는 특정한 한 행동(즉, 환자에게 외상에 대해 이야기하게 하는 것)을 하지 않도록 금지당했다. 이 행동은 치료사라면 틀림없이 수행할 것이고, 대부분의 정신역동 치료사에게는 핵심적이라고 여겨질 것이다. 서로 경쟁하는 의학모델과 맥락 모델을 공정하게 검증하기 위해서는 처치를 비교할 때 이 처치들이 치료적인 효과가 있을 것으로 의도된 것이어야 한다.

다음 절에서는 상대적 효과성에 대한 증거를 검토할 것이다. 충성심(allegiance)은 심리치료를 비교하는 실험을 해석하는 데 있어 중요한 개념이다. 그래서 우선 그 개념을 소개하고 그것의 효과에 대한 근거를 검토하는 것부터 하고자 한다. 그다음 우리는 상대적 효과성 주장에 대한 증거에 초점을 맞출 것이다. 메타분석 출현 이전 문헌에 있었던 혼란에 대해 검토한 후, 최근의 메타분석과 주요 개별 연구들을 살펴볼 것이다.

3. 충성심(Allegiance)

충성심은 치료사 또는 연구자가 어느 한 치료를 효과적이라고 믿는 정도를 말한다. 내담자가 가진 신성불가침의 가정 중 하나는, 치료사가 자신이 실시하는 치료의 효과를 믿고 있다는 것이다. 심리치료 상황에서 내담자는 치료사가 내담자 장애에 대한 설명과 이 설명에 일치하는 처치전략을 가지고 증상을 개선시켜주기를 기대한다. 이것은 맥락 모델의 두 번째 경로인 변화에 대한 기대를 창출하는 핵심 기제이다. 치료사가 처치를 효과가 있는 것이라고 믿지 않는다면, 즉 그것을 가짜라고 생각한다면 심리치료의 기본 요소인 신뢰는 사라지고, 심리치료의 기본 원칙은 훼손당할 것이다. 대부분의 경우, 치료사는 심리적 고통과 건강, 변화의 과정, 그리고 내담자와 문제의 속성에 대한 자신의 이해 및 개념과 양립할 수 있는 심리치료 접근을 선택한다. 그래야 치료사가 자신이 제공하는 치료의 효과를 믿고 그 치료에 전념하고 있다고 내담자가 확신할 수 있다. 이런 방식으로 생각해 보면, 치료사 충성심은 어떤 치료법이든 그 치료가 전달될 때 반드시 존재해야 하는 기본적인 공통요인이라 할 수 있다.

맥락 모델에서 치료사가 자신이 실시하는 치료가 개선을 가져올 것이라고 믿는 것은 심리치료 처치를 효과가 있도록 하는 데 필수적인 요소이다. 충성심이 심리치료 실제에서 보편적으로 존재하기는 하지만 심리치료의 임상실험에서 충성심은 상당히 다양한 양상으로 나타난다고 여길 만한 이유가 있다. 예를 들어, 교차 설계(crossed design)를 사용하여 우울증에 대한 인지행동과 대인관계 치료를 비교하는 임상실험을 생각해 보자. 이러한 설계에서 치료사는 두 가지 처치 모두를 제공할 것이지만, 하나의 처치에만 충성심을 갖고 있을 수 있다. 특정 치료의 옹호자가 임상실험을 수행할 때, 치료사는 이 옹호자가 지도하는 대학원 학생이거나 실험실 학생일 수 있고, 종종 그 치료법의 옹호자 또는 개발자가 치료사를 지도감독할 수도 있다. 결과적으로 이 치료사들은 그 연구의 다른 처치보다 자신이 속한 랩에서 강조하는 처치에 더 큰 충성심을 가질 수 있다. 예를 들어, 비교되는 처치는 지역 임상가로부터 훈련과 감독을 받는 반면(앞서 논의된 청소년 역동적 치료의 경우처럼), 선호하는 조건에 속한 치료사는 그 치료의 개발자 또는 전국적으로 인정받는 전문가로부터 교육과 지도감독을 받는다고 하자. 이 경우, 후자에 해당하는 치료사의 충성심은 더욱 커질 것이다.[2] 치료사가 어느 한 치료에 우호적이라고 하자. 그리고 연구자가 이 치료를 대안 처치보다 더 효과적일 것으로 기대하는 상황을 생각해보자. 치료사가 자신이 전달하는 처치가 대안 처치라는 것을 안다면, 이때 충성심 효과는 두드러지게 나타날 것이다. 치료사가 연구에 참여할 때(예 공동 저자) 그 효과는 훨씬 더 뚜렷해진다. 의학의 무선할당 이중맹검 위약 연구에서 충성심 효과는 처치를 담당하는 임상의가 어떤 처치를 제공하는지 알지 못하기 때문에 통제된다. 심리치료 연구에서는 치료사가 자신이 실시하는 처치를 알 수밖에 없기 때문에 치료사 맹검은 불가능하다. 따라서 심리치료 연구에서 충성심과 처치는 구분되지 못할 수 있다(즉, 어떤 처치는 다른 처치보다 더 높은 충성심을 지닌 치료사를 활용한다). 충성심의 정도는 다양하기 때문에 성과에 미치는 충성심의 영향을 조사할 수 있다.

치료사의 치료에 대한 믿음은 맥락 모델에서 중요한 요소이기 때문에 충성심은 성과와 관련될 것으로 예측된다. 즉, 치료사의 충성심이 높을수록 성과는 더 좋아질 것이다. 의학 모델 지지자는 충성심이 중요하다고 인정하지만, 처치의 핵심이라고 생각하지는 않을 것이다. 의학 모델에서 충성심이 상대적으로 덜 중요하다는 것은 역사적으로 통제집단(위약 또는 대체치료법)이 설계될 때 충성심이 고려되지 않았다는 사실에서 드러난다. 즉, 임상 과학학자들은 치료사가 유사위약치료, 대안 처치, 또는 이론적 정합성을 갖지 못한 대안 처치에 충성심을 갖고 있지 않은 것에 대해 관심이 없는 것 같다. 그래서 충성심 효과는 중요하지 않은 것으로 가정된다고 할 수 있다. 하지만 처치에 대한 충성심 효과 여부는 의학 모델 대 맥락 모델을 검증할 수 있게 해주는 한 가지 준거가 된다. 충성심은 맥락 모델에서 중요한 요인이지만 의학 모델에서는 비교적 덜 중요하다. 다음 절에서는 충성심과 관련한 연구 증거를 제시할 것이다.

비록 1차 연구에서는 처치에 대한 치료사 개개인의 충성심을 평가하지 않지만, 성과 연구에서 치료사들의 충성심은 추론될 수 있다. 위에서 논의한 것처럼 연구자가 연구에서 시행되는 처치 중 하나를 지지하고 연구자가 치료사를 훈련하면, 치료사가 그 처치에 충성심을 갖고 있다고 추론할 수 있다. 위약 효과와 유사하게, 충성심의 영향은 미묘하여 매우 잘 훈련된 연구자조차도 감지하지 못할 수 있는데(그러므로 이중맹검 심리치료 임상실험은 달성하기 어려운 목표라 할 수 있다), 여기에는 참여자 모집 전략의 차이, 처치가 기술되는 방식 등이 포함될 수 있다. 몇몇 연구와 충성심에 대한 메타분석을 검토하기 전에, 연구자 충성심과 치료사 충성심 사이의 중요한 구분을 명확하게 할 필요가 있다. 연구자는 처치 X에 대한 충성심을 가질 수 있다. 또한 이를테면 특정한 처치에 충성심을 가지고 있으며, 비슷한 정도의 자격을 갖춘 사람이 제공하는 유사한 훈련과 지도감독을 받은 치료사만을 활용하여 (치료사의) 충성심을 신중하게 통제하는 연구를 설계할 수 있다. 그러나 연구자 충성심은 치료사가 아닌 다른 방법들로도 나타날 수 있다. 비교되는 처치에 크게 또는 작게 변화를 주는 것은 일반적이다. 이를 위해 선호하는 처치와 중첩되는 비교 처치의 한 요소를 제거하기도 한다(예 노출을 배제하기 위해 회기 중에 외상에 대해 말하지 못하게 한다). 종종 이러한 변경 때문에 처치는 본래 설계된 방식으로 실시되지 못한다.

예를 들어, Clark, Salkovskis, Hackmann, Middleton, Anastasiades, 그리고 Gelder (1994)가 공황장애 치료를 위해 수행한(약물치료 조건과 함께 실시한) CBT 및 응용 이완법(Applied Relaxation; AR)을 생각해 보자. 이 연구의 첫 번째 저자(David M. Clark)는 인지치료를 옹호하는 선도자이자 연구에서 사용된 CBT의 개발자이다(두 번째 저자와 함께). 이 논문의 서론에 인지치료를 주로 논의하였으며, AR을 인지치료의 타당화(이 용어는 'empirically validated treatment의 하나가 되도록'이라는 의미로 사용됨 – 역자 주)를 위해 선정한 (효과성이) 확립된 대안 처치라고 명백히 기술하였다. (연구)방법에서는 두 개의 논문을 인지치료의 (이론적)기반으로 인용하였는데, 둘 다 Clark의 논문이었다. 반면, 대안 처치는 다른 연구자 집단이 고안하고 옹호하는 것이었다. 또한, 이 연구에 참여한 두 명의 치료사(Salkovskis와 Hackmann)가 CBT와 AR을 모두 제공하였는데, 그들은 공동저자였고 그중 한 명은 처치의 공동개발자였으며, 둘 다 CBT 옹호자였다. 마지막으로, 인지치료 옹호자이자 제1저자(Clark)가 두 치료의 임상 감독자 역할을 수행하였다. 이 연구에서 저자들이 어떤 처치에 충성심이 있는지 분명하다. 즉, 치료사들이 인지치료에 공을 들였고, AR에 대한 충성심은 낮았다는 점이 명백히 드러난다. 이 예는 연구자의 치료에 대한 옹호가 어떻게 치료사 충성심으로 변환되는지를 보여준다. 그러나 이 연구에서는 CBT를 유리하게 하는 또 다른 연구 조작(operation)이 있었다. Wampold, Imel, Miller(2009)는 표준적인 AR절차를 변경한 것과 관련하여 다음과 같이 기술했다.

> 더 중요한 [AR]의 두 번째 변경은 다음과 같다. Öst가 [AR]을 개발했을 때, 불안촉발 자극에 대한 노출을 이완훈련이 완성된 후(8 – 10회기)에 하도록 했다. 그러나 Clark 등은 노출을 4회기 후에 하게 했다. 즉, Clark 연구팀은 내담자가 이완을 학습하기 전에 내담자를 두려워하는 자극에 노출시켰다.
>
> (p.148)

연구자의 충성심은 여러 편향(예 참여자 모집, 비맹검과 편향된 평가, 기존 치료법 수정, 비무선적 데이터 입력 오류 등)으로 이어질 수 있다. 하지만, 임상실험에서 치료사 충성심은 연구자/치료 옹호자가 치료사를 훈련하고 지도감독하며, 치료사가 연구자와 처치 접근에 충성심을 가지고 있을 때 드러난다. 중요한 것은 연구자 충성심 효과가 존재한다면, 그 원천이 무엇인지 아는 것이다.

충성심의 영향을 관리하는 연구를 설계하고 수행할 수 있다. 충성심 효과를 최소화한 연구의 좋은 예가 국립정신보건연구원(National Institute of Mental Health; NIMH)의 우울증 치료 협동연구 프로그램(NIMH TDCRP; Elkin, 1994)이다. 이 연구의 저자는 두 가지 심리치료(즉, CBT, 대인관계치료(IPT))의 옹호자가 아니였다. 전문가로 구성된 위원회가 연구설계를 하였다. CBT와 IPT 실시장소는 CBT와 IPT를 사용하는 단체들의 신청을 접수받아 선정하였다. 자신이 실시하는 처치에 충성심이 있는 치료사들이 처치를 전달하였으며, 그들은 각각의 처치를 옹호하는 사람들로부터 훈련과 지도감독을 받았다(이 장의 뒷부분에 이 연구에 대해 더 설명하겠다).

심리치료를 직접 비교하는 연구자들이 조사대상 처치의 효과에 관해 독단적이지 않기를 희망한다. 그러나 심리치료를 연구하는 분야가 이러한 방식으로 기능하지 않는 현실에 현장은 익숙해져 있다. 대체로 처치의 효과성 검증은 처치를 개발하고 효과성 확립과 확산에 힘쓰는 임상과학 당사자들에 의해 이루어진다. 이것은 의약품 사용 승인을 받으려는 제약회사의 노력과 크게 다르지 않다(Spielmans & Kirsch, 발간 중 참조).

1) 충성심 관련 증거

충성심 효과는 여러 연구 결과를 비교함으로써 조사할 수 있다. 즉, '여러 처치가 이 동등하게 효과적이다'는 영가설과 '여러 처치가 효과 면에서 다양하다'는 대안 가설 중 어떤 것이 타당한지를 검증하는데 메타분석이 활용되고 있다.

충성심 효과를 확인하려는 가장 초기의 시도는 Smith 등(1980)의 메타분석이었다. 4장에서 Smith 등이 1977년까지의 상담 및 심리치료에 관해 발행 또는 미발행된 모든 통제된 연구를 광범위하게 조사했다는 사실을 떠올려보자. 총 475편 연구의 평균 효과 크기(처치 대 통제)는 0.85로 크다고 할 수 있었다. 이 메타분석에 포함된 각 연구에서 충성심의 존재 여부를 결정하는 기준은 "연구가설의 진술 방향, 선행연구의 우호적인 결과를 무비판적으로 수용함, 선호하는 처치의 유의한 효과를 찾지 못한 후에 이루어지는 합리화, 그리고 특정 관점에 대한 노골적인 칭찬"이었다(p.119). 선호 처치와 비교 대상이 되는 대안 처치는 종종 "분명한 멸시를 받으며 성공을 위해 충분한 기회를 부여받지 못했다"(p.119). 명백한 충성심 효과가 감지되었다. 통제집단과 비교했을 때, 실험자가 충성심을 가진 처치는 효과 크기 0.95를 산출한 반면, 실험자가 충성심을 갖지 않은 처치는 효과 크기 0.66을 산출하였다. 이 두 효과 크기의 차이(즉, 효과 크기 0.29)는 충성심 효과에 대한 대략적인 추정치이다. 얼마 지나지 않아 Luborsky, Singer, Luborsky(1975)는 이렇게 언급했다. "실험자의 치료적 충성심이 … 결과에 영향을 미칠지 … 여부를 묻는 것은 당연한 일이다"(p.1003).

몇 년 후, 자기진술 수정(Self-Statement Modification; SSM)을 조사한 연구들을 메타분석한 Dush, Hirt, 그리고 Schroeder(1983)의 연구에서 특정 연구자의 흥미로운 충성심 효과가 나타났다. 그 당시 인지치료는 한창 유명세를 타고 있었다. 세 가지 접근법, 즉 Ellis의 합리적 정서치료, Beck의 인지치료, Meichenbaum의 SSM이 두드러졌다. Dush 등은 SSM을 무처치 통제집단 또는 위약 통제집단과 비교한 69편의 연구를 조사했다. 무처치 통제집단과 위약 통제집단에 대한 SSM의 평균 효과 크기는 각각 .74와 .53이었다. 이 값은 여러 메타분석을 통틀어 발견된 처치의 효과성 값과 일치한다(4장과 8장 참조). 그러나 Meichenbaum이 저술 또는 공동저술하였는지 여부에 따라 연구들을 분리해 보았을 때, 효과 크기에 있어 극적인 차이가 나타났다. Meichenbaum이 저술한 논문이나 공동저술한 논문에서 효과 크기는 무처치 통제집단과 비교했을 때 다른 연구에서보다 거의 두 배 가까이 큰 것으로 나타났으며, 위약 통제집단과 비교했을 때는 두 배 이상 큰 것으로 나타났다(그림 5.1 참조). 덧붙이자면, 위약 통제집단과 무처치 통제집단을 사용하였을 때 거의 동일한 효과 크기를 나타냈기 때문에, Meichenbaum이 수행한 연구에서 위약 통제집단의 효과는 현저하게 떨어지는 것으로 나타났다(즉, 유사위약 통제집단은 본질적으로 무처치 통제집단으로 보였다). Meichenbaum의 연구에서 얻어진 효과 크기와 다른 연구에서 얻어진 효과 크기의 차이를 활용하여 계산해본 결과, .60에서 .70까지의 충성심 효과가 얻어졌다. 이 SSM 연구는 SSM 처치 개발자이자 주 옹호자인 Meichenbaum의 충성심 효과를 보여준다.

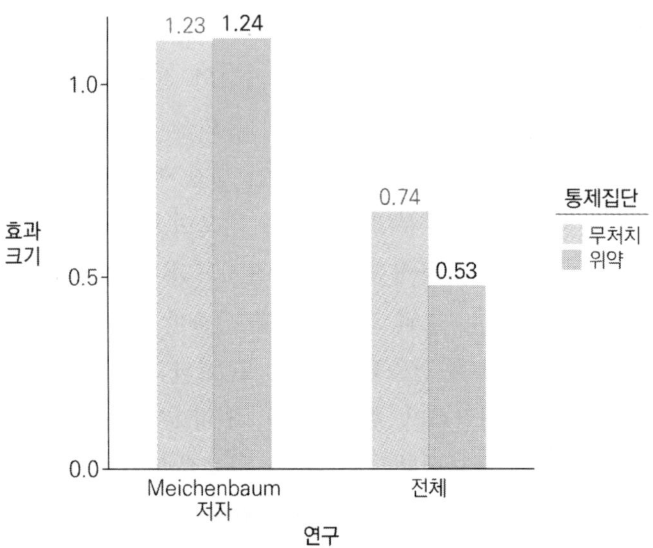

▎그림 5.1 ▎ Meichenbaum이 (공동)저술했는지 여부에 따른 자기진술 수정(SSM)의 효과 크기

출처: "Self-statement modification with adults: A meta-analysis," by D. M. Dush, M. L. Hirt, H. Schroeder, 1983, *Psychological Bulletin, 94,* p.414에서 인용함. Copyright by the American Psychological Association. Adapted with permission.

강력한 충성심 효과를 발견한 또 다른 메타분석은 Robinson, Berman, Neimeyer (1990)의 우울증 치료 개관이다. 비록 Robinson 연구팀은 우울증에 대한 다양한 처치 간 효과성 차이를 발견했지만, 이러한 차이는 다양한 처치에 대한 충성심 차이에 의해 설명되었다. 이 메타분석에서 충성심은 이전에 논의한 단서(예 가설의 방향, 치료를 설명하는 세부사항 수준)를 사용하여 5점 척도로 평정되었다. 이 메타분석에 참여한 두 명의 평정자는 충성심 평정에서 현저한 일관성을 보였다(급간 내 상관계수 0.95). 결과적으로 충성심 평정치와 연구에서 산출한 효과 간의 상관은 .58이었으며, 이것은 눈에 띄게 큰 수치이다. 즉, 검토된 연구들에서 산출된 효과 크기 변산의 약 1/3 $[(0.58)^2=0.34]$은 연구자의 충성심 때문이었던 것이다. 메타분석에 포함된 개별 논문에서 분석 결과가 그 논문의 서론 기술에 영향을 미쳤을 수 있다. 이런 이유로 Robinson 등은 연구자 충성심이 그 연구자의 이전 연구에 의해 확인될 수 있는 연구만을 찾았다. 이들 연구를 대상으로 한 분석에서도 효과 크기와 성과 간의 상관은 여전히 높은 것으로 유지되었다($r=.51$). 전체적으로, Robinson 등은 기존 심리치료 성과연구 분야에서 큰 충성심 효과가 있음을 발견했다. Luborsky 등(1999)은 충성심을 결정하는 세 가지 다른 방법을 사용하여 충성심과 성과 사이에 매우 강한 관계가 있음을 확인하고, 다음과 같은 결론을 내렸다. "본 연구에서 3개의 충성심 측정치들은 비교된 처치들의 효과 크기와 유의한 상관이 있다. 이 충성심 측정치들의 조합은 성과와 매우 큰 상관을 보여준다 (r=.85!)"(p.103).

비록 이전의 메타분석이 충성심의 해악 효과라는 부정적인 묘사를 하였지만, Gaffan, Tsaousis, 그리고 Kemp-Wheeler(1995)는 충성심 효과가 시간이 지나면서 감소할 수 있다는 증거를 제시했다. 그들은 인지치료와 다른 처치들을 비교한 두 세트의 연구를 검토했다. 첫 번째 세트는 Dobson(1989)의 연구에서 검토된 28개의 연구를 포함하고 있었으며, 1976년에서 1987년 사이에 출판된 것이었다. 두 번째 세트에는 1987년에서 1994년 사이에 출판된 37개의 연구가 포함되어 있었다. 첫 번째 세트의 경우, 통제집단이나 대안 처치보다 인지치료(CT)가 유리한 입장에 있었다. 또한, 충성심 평정값은 CT와 다른 집단 간의 비교에서 얻은 효과 크기와 관련이 있었다. 두 번째 연구 세트에서, 집단 간 비교에서 얻은 효과 크기는 전반적으로 더 작았다. 충성심 지수도 더 작았다. 중요한 점은 충성심 점수가 효과 크기와 관련이 없었다는 것이다. 저자들은 다음과 같은 결론을 내렸다.

> Dobson의 연구세트에서만 그런 관계가 나타났다. 이는 특히 1985년 이전, CT에 유리한 큰 [효과 크기]를 산출한 비교연구들이 CT에 대한 강한 충성심과 관련되어 있었기 때문이기도 하고, 다른 한편 1970년대 후반에서 1980년대까지 [효과 크기]와 충성심이 동시에 감소했기 때문이다. 1990년대에 이르러서는 이 상관이 사라져버렸다.
>
> (p.978)

충성심에 관한 다양한 메타분석을 이해하기 위해 Munder, Brütsch, Gerge, Barth(2013)는 이미 수행된 메타분석 30개를 대상으로 메타분석을 실시했다(말하자면, 메타-메타분석). 이때 많은 연구들이 여러 메타분석에 포함되었다는 사실도 고려했다. 30편의 메타분석 연구에서 충성심과 성과의 전반적인 상관은 r=.26(d=0.54에 해당, 표 3.1 참조, 중간 크기의 효과)이었다. 흥미롭게도, 메타분석 연구자의 충성심 개념에 대한 충성심(이를테면 충성심에 대한 충성심)은 그다지 큰 차이를 만들어내지 않았다. 그러나 메타분석 연구자가 충성심 개념의 옹호자가 아니었을 때조차(또는 심지어 부정적인 태도를 가지고 있을 때), 충성심은 성과와 유의한 상관을 나타냈다(r=.17, d=0.35에 해당). 이 분석에서 충성심 효과는 그 어떤 조절변인보다 강력하게 작용했다.

충성심 연구들에 대한 일반적인 비판은 이 연구들이 상관연구라는 것이다. 그래서 충성심과 성과 간의 관련은 전혀 편파(흔히 생각하는 인과의 방향－역자 주)가 아닐 수 있다. 말하자면, 인과의 방향이 정반대일 수도 있다. 즉, 연구자가 단지 더 효과적인 처치에 충성심을 가질 수 있다(Leykin & DeRubeis, 2009). 이와 유사하게, 연구의 결과가 보고서에 영향을 미칠 수도 있다. 예를 들면, 더 나은 처치를 긍정적으로 기술해서 충성심을 갖고 있다는 인상을 줄 수 있다(이 경우, 편집자가 비효과적인 처치를 묘사하는 부분의 분량을 줄여달라고 요청할 수도 있다). 이러한 비판을 검증하기 위해 Munder, Flückiger, Gerger, Wampold, Barth(2012)는 처치 사이의 차이가 최소한이라고 간주되는, 즉 외상－초점 PTSD 치료들에 국한하여 메타분석을 실시했다. 메타분석에서 외상－초점 치료들을 직접 비교했을 때 어떠한 차이도 없었다. 따라서 충성심 효과는 더 우수한 처치에 대한 충성심 또는 다른 요인으로 귀인될 수 없다. 그럼에도 불구하고 충성심 평정은 성과 분산의 12%를 설명하는 것으로 나타났다. 이는 충성심 효과가 처치 간(효과－역자 주) 차이의 결과로 나타난 것이 아니라는 점을 시사한다.

Munder, Gerger, Trelle, Barth(2011)는 충성심 편향에 책임이 있는 연구방법 요인들을 검토해 보았다. 이 메타분석의 결과에서는 연구설계의 질이 낮을 때 충성심 효과가 더 크게 나타났는데, 이는 성과에 대한 충성심 효과를 설계의 질이 조절함을 시사한다. 어떤 하나의 처치에 충성심이 있었지만 설계의 질이 높았던 경우, 충성심 효과는 미미했다. 더구나 이론적 신뢰성(credibility)에 초점을 두고 처치를 기술할 때, 그 개념적 질은 충성심과 성과 간의 관계를 매개했다. 요약하면, 이러한 연구 결과들은 연구자 충성심이 성과에 영향을 미치는 한 가지 경로가 연구설계임을 확인하고 있다. Munder 등은 치료사 충성심이나 훈련 및 지도감독이 충성심 효과와 관련이 있다는 증거를 찾지 못했다.

Falkenström, Markowitz, Jonker, Philips, Holmqvist(2013)는 치료사(연구자가 아닌) 충성심을 직접 다루기 위한 시도로서, 치료사가 한 연구 안에서 두 가지 치료를 제공한 연구들을 검토했다(즉, 교차설계). 대부분의 연구에서는 치료사 충성심을 통제하지 못했다. 치료사 충성심을 통제하지 못한 연구에서는 연구자 충성심이 강할수록 선호치료에 대한 성과가 훨씬 더 좋게 나타났다. 반면 치료사 충성심이 통제된 연구에서는 연구자 충성심이 성과에 아무런 영향을 미치지 못했다. 이 결과는 치료사 충성심이 심리치료에서 중요한 요인이며, 최소한 통제된 이 연구들에서 연구자 충성심 효과를 설명한다는 것을 시사한다. 또한 Falkenström 등은 CBT 연구자들이 다른 이론적 접근의 연구자보다 치료사 충성심을 덜 통제한다는 사실도 발견했다.

2) 충성심과 관련한 결론

충성심을 조사한 메타분석은 소수의 예외(예 Gaffan et al. 1995)를 제외하면 일반적으로 충성심 효과를 발견했다. 충성심 효과의 크기는 최대 0.65까지 나타났다. 이는 심리치료 성과에 차이를 가져오는 다른 변산원들과 비교했을 때 큰 효과 크기이다. 충성심에 관한 두 가지 중요한 결론이 있다. 첫째, 맥락 모델은 충성심, 특히 치료사 충성심이 심리치료의 이점을 창출하는 데 중요한 요인이 될 것이라고 예측한다. 연구자 충성심에 대한 증거는 꽤 견고하지만 치료사 충성심을 지지하는 증거는 그다지 많지 않다. 치료사 충성심은 연구하기 어렵다. 실무현장에서 치료사는 효과가 있다고 믿는 처치를 제공한다. 그래서 연구자(치료사의 오기일 것으로 추정됨 – 역자 주) 충성심의 변산은 존재하지 않는다. 임상실험에서 치료사 충성심은 직접적으로 조작된 적이 없다. 다만 연구 설계의 결함으로 발생할 뿐이다. 이것은 두 번째 결론으로 이어진다. 임상실험을 해석할 때, 치료사 충성심뿐만 아니라 연구자 충성심에도 항상 주의를 기울여야 한다.

4. 상대적 효과성과 관련된 증거

1) 메타분석 이전: 혼돈(Chaos)에 대한 재검토

여러 번 언급했듯이, 1936년 Rosenzweig는 다양한 심리치료 접근의 일반적 동등성을 논했다. 그러나 당시 심리치료는 주로 정신역동적 접근이었다. 행동치료가 생겨났을 때, 이 접근을 옹호하는 사람들은 "심리치료"(아마도 정신역동)와 비교하여 행동치료의 우수함을 보여주고자 합심하여 노력하였을 것이다. 1961년, Eysenck가 심리치료 효과성에 관한 연구들을 검토했을 때, 그는 상대적 효과성 문제도 다루었다. 이전 장에서 그가 심리치료의 효과성을 뒷받침할 어떤 증거도 없다는 결론에 이르렀다는 점을 지적했다. 하지만 Wolpe(1952a, 1952b, 1954, 1958), Phillips(1957), Ellis(1957)의 통제되지 않은 연구를 바탕으로 Eysenck는 "**학습이론**에 근거한 심리치료로 치료받은 신경증 환자는 정신분석이나 절충적 접근으로 치료받은 환자 또는 심리치료를 전혀 받지 않은 환자보다 유의하게 더 빨리 호전된다"고 결론내렸다(강조는 저자에 의한 것임, p.720). 이 증거를 바탕으로 Eysenck는 학습이론에 기반한 처치의 특정 성분이 우수한 성과의 원인일 것으로 추측했다.

> 그러므로 이론적으로나 실용적으로 검증가능한 예측을 만들어 내지 못하는 정신분석 모델은 폐기되는 것이 바람직하며, 이론적으로나 적용가능성에 있어서 훨씬 더 유망한 학습이론 모델을 적어도 잠정적으로라도 채택하기를 추천하는 바이다. (p.721)

흥미롭게도, Eysenck가 인용한 세 경우 모두 이 방법을 지지하는 사람들이 수행한 연구였는데, 여기에는 충성심 문제가 있다. 더욱이, 이 각각의 처치는 학습이론을 제대로 적용했는지 의심스러운 것이었다.[3] Eysenck의 주장은 흥미롭다. 특정 접근(즉, 행동치료)이 다른 처치보다 더 과학적인 근거를 가지고 있으며, 이론에 기술된 특정 성분이 처치의 효과를 가져온다는 것을 보여준 초기 시도이기 때문이다.

Eysenck(1961)가 학습이론 처치의 우수성에 관한 논문을 발표한 것과 동일한 시기에 Meltzoff와 Kornreich(1970)도 다양한 심리치료 유형의 상대적 효과성에 대한 연구를 검토했다. 근본적으로 그들은 Eysenck와 동일한 문헌을 활용했지만, 상당히 다른 결론에 도달했다.

> 현재까지 우리가 알게 된 것들을 요약하면, 하나의 전통적인 심리치료 부류가 다른 부류보다 더 나은 성과를 낳는다는 증거는 없는 것과 다름없다. 사실, 이 문제가 공정한 검증에 회부된 적은 거의 없다. 모든 이슈들이 아직 논쟁 중이고 전문적인 여론 수준에 머물러 있다. 예시적 사례에 대해 권위자가 하는 말에 따라 중요성 정도가 달라지는 상황에 있다. 다양한 삶의 철학 또는 삶의 문제를 해결하기 위한 여러 접근으로부터 처치법을 고안해 낼 수 있다. 그러나 어느 한 방법이 정신병리와 증상을 완화시키며, 일반적인 적응수준을 개선하는 데 다른 방법보다 더 성공적이라는 증거는 현재 존재하지 않는다. (p.200)

상대적 효과성 연구의 요약을 시작했던 초기에는 절대적 효과성 연구를 요약했을 때와 마찬가지의 문제에 봉착하였다. 즉, 각 연구의 결론이 서로 달랐고 연구자의 선입견에 영향을 받았다.

1975년 Luborsky, Singer, Luborsky는 상대적 효과성 질문을 다루기 위해 여러 유형의 심리치료를 직접적으로 비교한 연구들을 검토했다. 이들은 과거의 개관 연구에서 연구물을 평가하고 위치시키는데 어려움이 있었음을 인지하고 "몇몇 이전 개관 연구자들이 특정 심리치료의 상대적 가치를 평가한 연구물을 대상으로 편향된 결론을 제시한 것은 놀랄 만한 일이 아니다"라고 했다(p.1000). 그래서 그들은 체계적으로 연구물을 검색하고 평가했다. 직접 비교 연구들만 검토함으로써 이 장의 앞부분에서 언급한 혼입요인들을 배제할 수 있었다. 그러나 Luborsky 등은 메타분석 절차를 알지 못했고, 박스점수(box scores; 유의한 결과의 수를 세는 것)에 의지해야 했다. 다양한 전통적인 치료들(즉, 행동치료가 아닌)을 비교한, 잘 통제된 11편의 연구 중 4편만이 최소 하나의 유의한 차이를 보이는 결과를 가지고 있었다. 오직 내담자중심 치료에서만 전통적인 치료 범주 간 상대적 효과성을 검토하는 데 요구되는 충분한 수의 연구물을 확보하고 있었다. 내담자중심 치료는 다섯 편의 연구 중 네 편에서 다른 전통적인 심리치료와 유의하게 다르지 않았고, 나머지 한 편의 연구에서는 다른 전통적인 심리치료가 더 효과적인 것으로 나타났다. 행동치료와 심리치료를 비교한 19편의 연구가 있었는데, 그 중 13편의 연구에서는 둘 간의 차이가 없는 것으로 나타났다. 나머지 6편의 연구에서는 행동치료가 나은 것으로 나타났으나 그중 5편의 연구는 질적 수준이 매우 낮다는 평가를 받았다. Luborsky 등은 다음과 같은 결론을 내렸다. "다양한 형태의 심리치료를 비교한 대부분의 연구에서는 심리치료 종결시점까지 향상된 내담자들의 비율에서 유의한 차이를 발견하지 못했다"(p.1003). 비록 "행동치료가 몇몇 공포증 증상 치료에 효과를 보인다 해도" 말이다. 우리는 심리치료 문헌에서 지속되어 온 (Frank & Frank(1991)처럼 공통요인 이론의 충실한 옹호자도 제기했던) 주장을 여기서 보게 된다. 즉, 여러 심리치료의 효과는 일반적으로 동등하다는 주장 말이다. 하지만 행동치료(그리고 현재의 인지행동치료)는 공포증, 강박장애, 공황장애와 같은 몇몇 불안장애에 대한 처치법으로 분명히 선호되고 있는 것이 사실이다. 우리는 이 장의 뒷부분에서 이런 장애에 대한 처치 간 상대적 효과성에 관한 증거를 검토할 것이다.

전반적으로, 우리는 성과 연구에 대한 초기 개관 연구들이 결론에 있어서는 일치하지 않는다는 점을 발견했다. 한 예로 행동치료의 옹호자들은 행동치료는 효과가 있는 반면, 전통적 심리치료는 효과가 없다는 증거를 발견했다. 반면에 동일한 연구들을 분석한 다른 연구자들은 전통적인 심리치료도 그만큼 효과적이라는 결론에 도달했다. 메타분석 이전 시기가 끝나갈 무렵, 통제된 연구에 대해 보다 엄격한 검토가 이루어졌다. 그 결과, 다양한 심리치료의 성과는 동등하다는 결론이 내려졌다. 또한 가장 잘 통제되고 가장 엄격한 비교성과 연구에서도 전통적 심리치료와 행동치료 간의 차이는 발견되지 않았다(정신역동치료와 행동치료 간의 잘 통제된 초기 비교연구의 예로는 Sloane,

Staples, Cristol, Yorkston, & Whipple(1975)가 있다). 그렇지만 메타분석이 이루어지기 전까지는 상대적 효과성 유무를 엄격하게 검토하기 어려웠다.

2) 일반적 메타분석: 회복된 질서

상대적 효과성에 대한 수많은 메타분석이 있다. 이 메타분석들은 이전 연구의 문제점을 수정하고 최근의 연구들을 포함시켜 분석하였다. 초기 메타분석에 대한 상세한 내용은 이 책의 초판을 참고하기 바라며, 이 책에서는 지난 20년간 출판된 메타분석에 중점을 두고자 한다.[4] 상대적 효과성에 대한 증거는 계속 논란이 되고 있으므로(예를 들면, Crtis-Christoph, 1977; Ehlers et al., 2010; Hofmann & Lohr, 2010; Howard, Krause, Saunders & Kopta, 1997; Siev & Chambless, 2007; Wilson, 1982), 이런 메타분석의 결과는 어느 정도 세세하게 제시할 것이다. 그리고 특정 진단 영역에서 수행된 메타분석, 비판, 그리고 우수한 개별 연구물도 검토할 것이다.

Wampold 등(1997b)은 메타분석 대상을 처치 간의 직접 비교연구로 제한하고, 처치를 유형으로 분류하지 않음으로써 초기 메타분석에서 나타났던 주요 방법론적 쟁점을 해결하려 했다. 처치를 범주화하는 것은 처치 범주 간 차이가 없다는 가설을 검증하려는 것이지만, Wampold 등(1997b)의 메타 분석은 모든 처치 간 비교의 차이가 0이라는 가설을 검증하는 것이었다. 이 전략은 일반적인 도도새 예측을 검증했을 뿐 아니라, 처치범주들 간 쌍 비교와 관련하여 초기 메타분석이 가졌던 몇 가지 문제를 피할 수 있었다. 첫째, 이전의 메타분석에서는 연구가 없거나 소수만이 있는 처치범주 간의 쌍 비교가 많았다(최근 예로 Bisson et al., 2007을 보라-한 편의 1차 연구로부터 나온 추정치였다). 둘째, 누구라도 믿을 수 있을 만큼 처치의 범주가 명확하지 않았다(Baardseth et al., 2013 참조). 셋째, 처치유형 간 비교는 처치 유형 내 비교를 어렵게 한다. 처치 유형 내 비교는 특정 성분의 효과성을 검증하기 위해 설계된 것이다. 마지막으로, 중요한 점은 처치유형을 쌍으로 비교하면 도도새 예측에 대한 옴니버스 검증을 할 수 없게 된다(모든 비교된 처치 간 차이가 하나라도 있는가?).

Wampold 등(1997b)은 치료 목적의 처치를 직접 비교한 심리치료 성과연구를 주로 게재해온 6개 학술지에 실린 1970년부터 1995년까지의 모든 연구물을 활용하여 메타분석을 실시하였다. 그들은 치료를 목적으로 하는(즉, bona-fide) 처치로 제한하였으며, 따라서 통제집단(위약)으로서의 의도가 있거나 치료사가 신뢰하지 않는 처치는 제외하였다. 이 제한은 중요하다. 왜냐하면 심리치료의 맥락 모델은 치료사와 내담자가 처치가 치료적인 목적을 가진다고 믿느냐가 치료의 효과성을 좌우한다고 규정하고 있기 때문이다. 처치의 포함 여부는 다음 요건을 진정으로 충족하는지에 따라 결정되었다. (a)치료사는 적어도 석사학위를 받았고, 내담자와 치료적 관계를 발전시켰으며, 내담자에게 맞게 치료를 조정하여 진행하였다. (b)치료된 문제는 심각성이 고려되지는 않았지만(즉, 진단이 DSM 준거를 충족시킬 필요는 없었지만) 내담자들이 가지고 있는 문제들을 대표하는 것이었다. (c)처치는 다음 네 가지 조건 중 두 가지를 충족시켰다. 네 가지 조건은 기존 치료에 대한 인용(예 내담자 중심 치료, Rogers, 1951a를 언급함), 심리적 기제에 대한 언급(예 조작적 조건화)과 처치에 대한 설명 제시, 처치실시 방법을 안내하는 매뉴얼 활용 또는 처치의 효과를 낳는 활성 성분이 특정되고 언급됨이다. 이런 문헌선택 전략을 활용한 결과, 277개의 심리치료 간 비교가 산출되었다.

이 메타분석의 주요 초점은 치료를 목적으로 하는 처치 간의 진정한 차이는 0이라는 영가설을 검증해 내는 것이다. 도도새 예측과 관련된 두 가지 추가적인 가설이 검증되었다. Stiles 등(1986)은 보다 민감한 성과 측정, 그리고 매뉴얼화된 처치와 같이 연구방법을 개선한다면 과거에는 알기 어려웠던 처치 간의 진정한 차이를 감지해낼 수 있을 것이라고 예측했다. 이 가설을 검증하기 위해 Wampold 등(1997b)은 더 나은 연구방법을 사용했으리라 추측되는 최근의 연구들이 예전 연구들보다 더 큰 차이를 산출해 내는지를 살펴보았다. 두 번째 가설은 연구의 분류와 관련된 것이었다. 만일 특정 성분과 처치의 효과성이 인과관계에 있다면 유사한 성분을 포함하는 범주(예 인지행동치료) 내의 치료들은 비교적 작은 차이를 생성하는 반면, 서로 다른 범주(인지행동과 정신역동)의 치료들은 매우 다른 성분을 포함하기 때문에 비교적 큰 차이를 만들어 낼 것이다. Wampold 등은 처치 유사성을 처치 간 차이의 크기와 관련지음으로써 이 가설을 검증하였다. 만일 도도새 예측이 옳지 않다면(즉, 처치들이 효과성에서 차이가 있다면), 상대적으로 더 유사한 처치를 비교할 때보다 유사하지 않은 처치를 비교할 때 더 큰 차이가 나타날 것이다. 반면, 도도새 예측이 사실이라면 치료 유사성은 관련이 없을 것이다.

처치를 범주로 분류하지 않은 것은 한 가지 방법론적 문제를 야기했다. 비교 성과 연구에 대한 이전 메타분석에서는 처치를 범주화 한 후, 효과 크기에 대한 대수 기호를 부여하기 위해 어느 한 범주를 기준이 되는(primary)것으로 (임의) 분류했다. 예를 들어, 대부분의 메타분석에서는 어느 한 처치가 기준으로 분류된다. 그래서 정적 효과 크기는 정해진 치료(예를 들어, 인지치료)가 대안 처치보다 우수하다는 것을 나타낸다. 하지만 Wampold 등(1997b)은 각 처치 간 비교치(즉, 각 1차 연구)마다 대수 기호를 부여해야 했다. 두 개의 대안이 있는데, 둘 다 활용되었다. 첫째, 각 비교치들이 정적 효과 크기를 산출할 수 있도록 양의 부호를 지정할 수 있다. 그러나 이 전략은 집계된 효과 크기를 과대평가한다. 그럼에도 불구하고, 양으로 표시된 효과의 합계는 bona fide 치료간 성과 차이의 상한 추정치를 제공한다. 두 번째 선택사항은 대수 기호를 개별 비교치의 효과 크기에 무선으로 할당하는 것인데, 이렇게 하면 "+"와 "−"로 표시된 효과가 서로를 상쇄하므로 집계된 효과 크기는 0이 되는 상황이 만들어진다. 그러나 처치들 간에 실제 차이가 있다면(즉, 도도새 예측이 옳지 않고 특정성분이 몇몇 처치에서 효과를 나타낸다면), <그림 5.2>에서 보는 바와 같이, 비교치들은 무선으로 할당된 효과의 분포에서 두꺼운 꼬리(thick tails)를 만들어 내며 많은 큰 효과들을 산출해 낼 것이다. 반면, 처치들 간에 차이가 없다면(즉, 도도새 예측이 맞다면) 효과 크기의 대부분은 0에 가까울 것이고, 분포도의 꼬리 부분에서 바깥으로 나간 것들은 우연에 의해 기대되는 것에 해당할 것이다. Wampold 등의 메타분석은 <그림 5.2>에 제시된 것과 같이 도도새 예측이 참일 때 기대할 수 있는 효과 크기 분포도를 보이는지, 즉 효과가 0을 중심으로 동질적으로 분포되는지를 검증하였다. 밝혀진 바와 같이, 이 메타분석에서 사용된 방법에 대한 통계적 분석은 Wampold 등이 활용한 검증방법이 아주 잘 기능한다(즉, 바람직한 통계적 특성을 가지고 있다)는 것을 밝혀 주었다. 또한 "+"와 "−"를

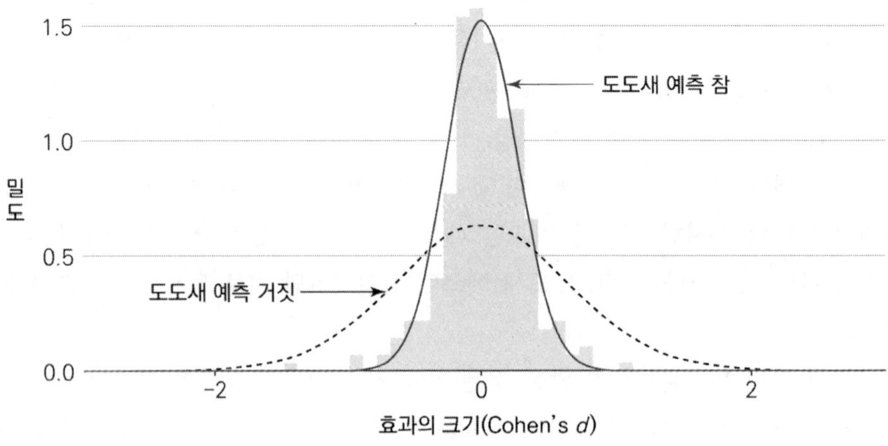

히스토그램은 Wampold 등의 메타분석에서 산출된 효과 크기를 나타냄.

▌그림 5.2▐ 도도새 예측이 참일 때와 거짓일 때의 (무선할당된 기호가 부여된) 효과 크기 분포

출처: "A meta-analysis of outcome studies comparing bona fide psychotherapies: Empirically, 'all must have prizes,'" by B. E. Wampold, G. W. Mondin, M. Moody, F. Stich, K. Benson, and H. Ahn, 1997b, *Psychological Bulletin, 122,* p.206. Copyright 1997 by the American Psychological Association. Adapted with permission.

무선할당하는 것은 불필요하며, 영가설이 참일 때 기댓값(Wampold & Serlin, 2014)이 얼마인지도 알려 주었다.

Wampold 등(1997b)이 메타분석에서 산출한 증거는 모든 측면에서 도도새 예측과 일치하였다. 첫째, 효과는 0을 중심으로 동질적으로 분포되었다. 즉, 대부분의 효과는 0에 가까웠고, 더 큰 효과의 빈도는 효과 크기 표집 분포를 감안하면 우연히 산출될 수 있는 정도였다(<그림 5.2> 참조). 둘째, 비록 각각의 비교치에 양의 부호가 붙어 있을 때조차, 통합 효과 크기는 대략 .20이었는데,[5] 이것은 작은 효과이다(<표 3.1> 참조). 영가설이 참일 때에도 무선 오차(random errors)로 인해 분포도의 꼬리 부분에 위치한 연구가 존재한다는 점에 주목할 필요가 있다. 실제로, 전에 논의한 바와 같이 유의수준 .05로 설정한 알파값은 처치 간 전혀 차이가 없을 때에도 연구 100편당 5편 꼴로 유의한 결과를 산출한다는 것을 의미한다. 효과들의 절대값은 우연히 기대되는 것보다 작으므로 상한값 .20은 치료간 차이를 크게 과장한 것이다(Wampold & Serlin, 2014). 그럼에도 불구하고 9장에서 심리치료 성과 변산을 요약할 때 이 수치를 사용할 것이다. 0.20의 효과 크기는 사회과학에서 작은 효과이며(<표 3.1> 참조), 심리치료 효과성의 효과 크기와 비교해 볼 때(즉, .80) 특히 그렇다는 점을 명심하라. 0.20의 효과 크기는 열등한 치료를 받는 사람의 42%가 우수한 치료를 받는 사람의 평균보다 "나은" 것을 나타낸다. 더욱이 효과 크기 0.20은 성과 분산의 1%만이 치료로 인한 것임을 나타낸다. 끝으로 이 효과는 NNT값 9와 동등하며, 열등한 처치를 받았을 때보다 한 단위 더 나은 성과를 얻으려면 9명의 내담자가 더 우수한 처치를 받아야 함을 나타낸다. 여기에서 요점은 치료 간의 차이에 대한 가장 관대한 추정치조차도 매우 작다는 것이다.

Wampold 등(1997b)은 처치 간의 성과 차이가 연구가 발표된 연도 또는 처치의 유사성과 관련이 있다는 어떠한 증거도 발견하지 못했다. 연도와 효과 크기 사이의 관련성 부족은 연구방법이 개선되었다고 해서 처치들 간의 차이를 더 많이 찾아낼 수 있는 것은 아님을 나타낸다. 상당히 다른 처치들을 비교한 결과가 서로 비슷한 처치들을 비교한 것보다 더 큰 효과를 산출하는 것으로 나타나지도 않았다. 이 결과는 도도새 예측과 일치한다. 세기의 전환기에 이루어진 가장 포괄적인 메타분석(즉, Wampold et al., 1997b)은 동등한 효과성(uniform efficacy)이라는 도도새 예측에 전적으로 일치하는 증거를 제시했다.

3) 특정 영역에서의 메타분석

처치 간 효과 차이가 0이 아님을 보여주는 소수의 연구가 존재할 가능성은 위에서 논의되었다. 특히, 장애에 관계없이 처치들의 상대적 효과성을 비교하는 것은 내담자가 경미한 감기를 앓고 있는지 아니면 더 심각한 세균 감염문제를 갖고 있는지 알지 못한 채 타이레놀(Tylenol)과 항생제 아지트로마이신(Azithromycin)의 효과성을 비교하는 것과 같을 수 있다. Wampold 등(1997b)의 분석에서 검토된 연구들이 특정 문제나 장애에 대한 처치를 포함하고 있었다는 사실에도 불구하고, 이런 비판은 특정 장애들에 대한 분석이 필요하다는 점을 시사한다. 이 장의 나머지 부분에서는 (a)우울증, (b)PTSD 및 기타 불안장애, (c)물질사용장애를 포함한 특정 장애에 대한 상대적 효과성을 검증하는 메타분석 및 몇몇 1차 연구들을 검토하였다. 물론 검토할 수 있는 많은 다른 장애들이 있지만, 특히 이 장애들에서 특정 성분의 중요성 논쟁이 가장 뜨겁게 그리고 가장 많이 연구되고 있다. 더욱이 이러한 메타분석들을 검토하면 (a)충성심과 같은 변인에 기인한 혼입, (b)직접 비교 결여, (c)분류 및 다중 비교와 관련된 문제들이 나타날 것이다. 앞으로 살펴보겠지만, 한 가지 처치, 즉 특정한 인지행동처치가 다른 모든 처치보다 또는 몇몇 다른 처치보다 우수하다는 주장이 많이 제기되고 있다.

우울증

우울증에 대한 심리치료 연구는 아마도 모든 주요 정신장애에서 가장 발전한 분야일 것이다. 이 절의 뒷부분에서 설명하는 최근 메타분석에서 Barth 등(2013)은 우울증에 대한 다양한 심리치료들을 직접 비교한 연구결과를 살펴보는 데 유용한 그림을 제시했다(<그림 5.3> 참조). "중심점(node)"의 크기는 해당 범주의 처치를 직접 비교한 실험에 등록한 환자 수를 나타내며, 처치범주 간을 잇는 선의 폭은 해당 범주의 처치들이 직접 비교된 횟수를 나타낸다. 제시된 바와 같이, CBT는 지금까지 가장 많이 검증된 처치이다. 1979년 이래 CBT는 우울증 치료를 위한 처치로 확고한 지위를 점해왔으므로 이것은 그리 놀랄 일이 아니다.

또한 이 그림에서 다수의 비교는 대기자 통제집단과의 비교였다. 가장 흔히 비교된 일부 개입 성격을 띤 처치는 '일상적 돌봄'과 '지지 치료'였다. 두 치료조건은 이 책에서 활용된 bona fide 치료의 정의를 충족시키지는 않는다. 그래서 문제는, '우울증에 대한 인지치료와 bona fide 치료 간 공정한 비교가 이루어진다면, 특히 그 처치를 옹호하는 사람들이 실시한다면(즉, 충성심을 통제하면) 인지치료가 더 우수할 것인가?'이다.

메타분석으로 가기 전에 NIMH 우울증 치료 협동연구 프로그램(NIMH TDCRP, Elkin,

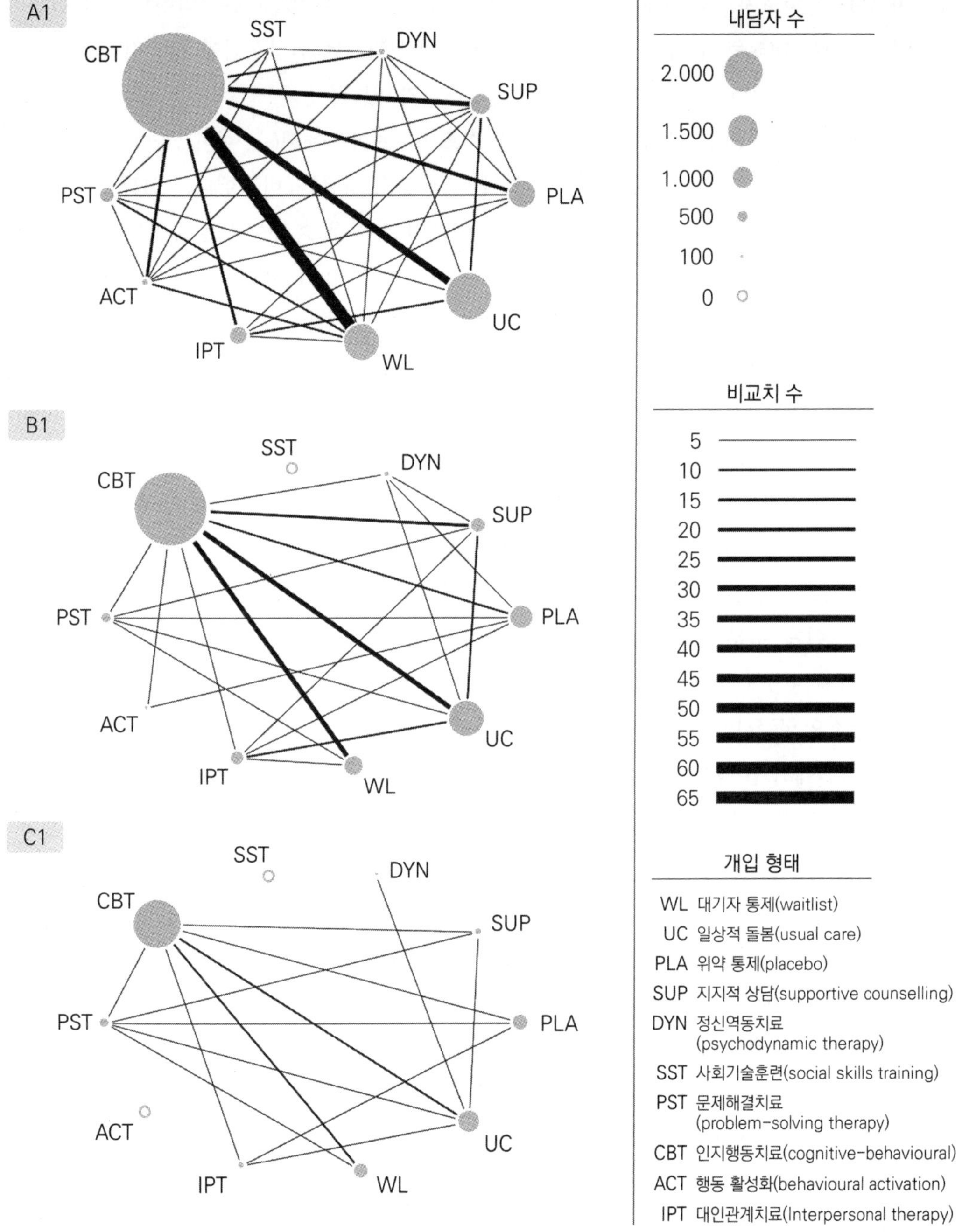

▍그림 5.3 ▍ 임상실험 증거의 네트워크(AI: 모든 임상실험, BI: 중간 정도 크기의 임상실험, CI: 큰 임상실험)

출처: Comparative efficacy of seven psychotherapeutic interventions for patients with depression: A network meta-analysis by J. Barth, T. Munder, H. Gerger, E. Nuesch, S. Trelle, 2013, *PLoS Med, 10* (5), p.12. Copyright Barth et al.

1994)을 살펴보자. 이 연구는 심리치료 분야에서 실시된 첫 시도로 의학연구의 협력적 임상실험에 비교될 수 있는 것이었다. 이 연구는 심리치료 임상실험이라는 것을 생성하는 데 영감을 주었기 때문에 충분히 고려할 가치가 있다.

NIMH TDCRP는 CBT, 대인관계심리치료(IPT), 항우울제(즉, 이미프라민(imipramine))와 임상관리, 위약과 임상관리라는 네 가지 우울증 치료를 비교했다. CBT와 IPT 간의 비교는 당시 우울증의 표준 심리치료였던 CBT의 상대적 효과성을 검증한 좋은 예를 제공했다. CBT는 일반적으로 활용되고 있는 CBT 매뉴얼(Beck, Rush, Shaw, & Emery, 1979)에 따라 수행되었다. 그래서 우울증에 대한 표준 인지치료(prototypic cognitive therapy)를 대표한다. IPT는 내담자가 대인관계 문제에 대한 이해를 갖도록 돕고 다른 사람들과 관계 맺는 적응전략을 개발하는 것을 목표로 하는 처치이다. IPT는 Klerman, Weissman, Rounsaville, Chevron(1984)이 개발한 매뉴얼에 따라 수행되었다. 본래 약물치료를 위한 통제 개입으로 개발된 IPT는 정신역동치료의 파생물이다. 최근 IPT가 때때로 별개의 범주로 간주되고 있지만, 다양한 메타분석에서는 유형분류 기준에 따라 "대화치료", "정신역동치료" 또는 "기타 심리치료"로 분류되기도 한다. 두 치료의 특정 성분은 쉽게 구분되었다(Hill, O'Grady, & Elkin, 1992).

처치는 3개 장소에서 이루어졌으므로(그래서 협력적연구로 분류됨) 이 결과가 어느 한 장소의 독특함 때문일 가능성은 줄어든다. 치료사는 CBT 조건에서 8명, 그리고 IPT 조건에서 10명이었다. 이들은 각각의 처치에 대한 경험이 많은 숙련된 치료사들이었는데, 이러한 특성으로 인해 처치 내에 치료사가 내재된(nested) 설계를 이루었다(6장 참조). 또한, 치료사들은 각 처치의 전문가로부터 교육 및 지도감독을 받았다. 마지막으로, 치료사들은 각 처치 프로토콜에 충실했다. 이러한 치료사에 관한 설계 측면을 감안하면, 충성심 효과가 잘 통제된 것으로 보인다.

여기서 3개의 중첩된 내담자 표본들에 나타난 결과를 고려해보자. 치료를 시작한 239명의 내담자들 중 204명이 "적절한 양"의 치료를 받았고(최소 3.5주간 치료를 계속한 것으로 정의), 84명이 끝까지 치료를 받았다(즉, "완료자"). 비교적 많은 수의 내담자들이 CBT와 IPT의 상대적 효과성에 대한 좋은 측정치를 제공했다. 모든 내담자들은 주요 우울장애의 현재 삽화 진단기준을 충족시켰다. 우울증상은 해밀턴 우울평가 척도(Hamilton Rating Scale for Depression), 전반적 기능평가 척도(Global Assessment Scale), 벡 우울척도(Beck Depression Inventory), 홉킨스 정신진단검사(Hopkins Symptom Checklist-90 Total Score)로 측정되었다.

이 임상실험의 결과는 명백했다. 큰 표본(즉, 있어야 하는 효과를 감지하기에 충분한 검증력)에도 불구하고, 그 어떤 표본에서도 처치 간 유의한 차이를 발견하지 못했다. 이 연구의 효과 크기를 조사하면 상대적 효과성에 대한 중요한 사실을 파악할 수 있다. 완료자 표본에서 IPT는 통합효과 크기에서 0.13 표준편차 단위만큼 더 우수했다. 개별 변인에서의 효과 크기는 0.02에서 0.29 사이의 범위였다(<그림 5.4> 참조). 이러한 효과 크기는 회복율에 있어 IPT가 조금 우수하지만 그 차이는 유의하지 않은 것으로 번역될 수 있다. 만약 치료사 효과가 고려된다면, 이 차이는 사라진다(Kim, Wampold, & Bolt, 2006). 6장에서는 상대적 효과성으로 인한 효과가 작음에도 불구하고 치료사 차이에 의해 과장된다는 사실, 즉 처치 간 차이는 보여지는 것보다 훨씬 작다는 것을 보여줄 것이다.

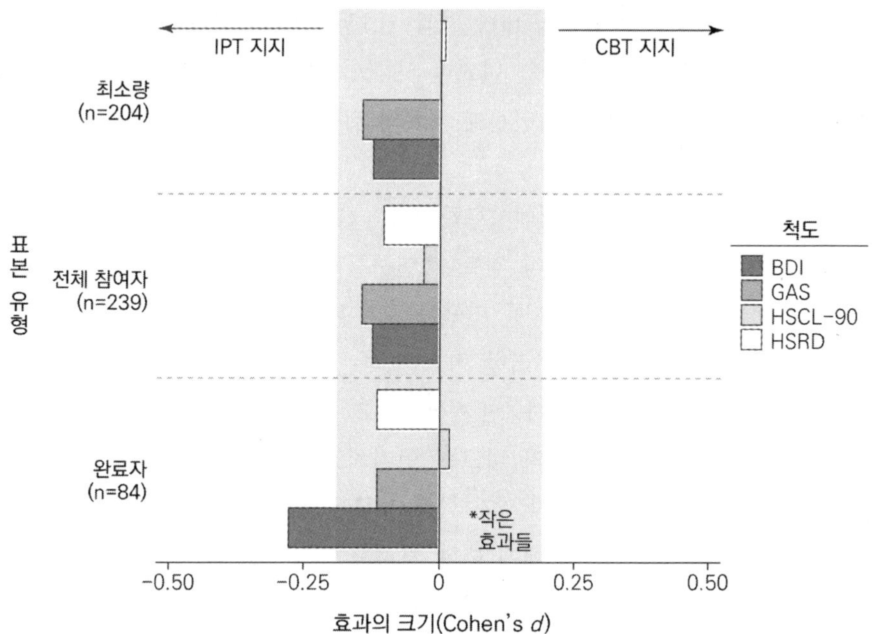

HRSD, 해밀턴 우울평가 척도(Hamilton Rating Scale for Depression); GAS, 전반적 기능평가 척도(Global Assessment Scale); BDI, 벡 우울척도(Beck Depression Inventory); HSCL-90, 홉킨슨 정신진단검사(HSCL-90 Hopkins Symptom Checklist-90 Total Scores); IPT, 대인관계치료(Interpersonal Therapy); CBT, 인지행동치료(Cognitive Behavioral Therapy).

▌그림 5.4▐ 우울증에 대한 인지행동치료와 대인관계치료의 비교-NIMH 우울증 치료 협동연구 프로그램

출처: "National institute of mental health treatment of depression collaborative research program: General effectiveness of treatments,": I. Elkin, T. Shea, J. T. Watkins, S. D. Imber, S. M. Sotsky, J. F. Collins, … M. B. Parloff, 1989, *Archives of General Psychiatry, 46,* p.975.

NIMH TDCRP에 대한 비판이 있는 것은 사실이다(Elkin et al., 1989; Elkin, Gibbons, Shea & Shaw, 1996; Jacobson & Hollon, 1996a, b, Klein, 1996). 그러나 우울증에 대한 인지치료와 역동 치료의 상대적 효과성을 공정하고 타당하게 검증한 가장 포괄적인 임상실험 중 하나였다.

당연히, 어떤 개별연구든 결함이 있을 수 있다. 그래서 우울증 치료법에 대한 메타분석으로 초점을 옮겨 보겠다. 일반적으로 충성심을 통제하면, 우울증 치료에 대한 메타분석은 TDCRP의 결과와 일치한다. 즉, 처치 간에 차이가 없음을 보여준다. Dobson(1989)은 다른 처치에 비해 인지치료가 우수하다는 증거를 발견했다. 그러나 이 연구는 인지적 접근에 일관되게 유리한 측정도구,[6] 즉, 벡 우울척도(BDI; Beck, Ward, Mendelson, & Erbaugh, 1961)에 의존했으며, 연구자 충성심을 통제하지 않았다. Robinson, Berman, 그리고 Neimeyer(1990)는 자신들이 (a)인지적, (b)행동적, (c)인지행동적, (d)말로 진행되는 일반치료로 분류했던 처치들을 비교한 58개의 통제된 연구를 분석했다. 맨 마지막 범주는 정신역동, 내담자중심, 대인관계 치료의 집합이었다. 충성심을 통제했을 때 처치들 간의 차이는 사라졌다.

Dobson의 메타분석을 업데이트하고자, Gaffan, Tsaousis, 그리고 Kemp－Wheeler(1995)는 Dobson(1989)이 검토한 연구들과 1995년 이전에 출판된 35개의 추가적인 연구들을 재분석하였다. 이 연구들은 우울증에 대한 인지치료를 다른 처치와 비교한 것이었다. 일반적으로 이러한 비교는 작은 효과(0.03－0.34 크기 범위)와 유의하지 않은 차이(6개 효과 크기 중 하나만 통계적으로 유의)를 나타냈다.

통계적으로 유의했던 하나의 비교는 인지치료와 "기타 심리치료" 간의 비교였으며, 보다 자세한 검토가 필요하다. "기타"로 분류된 처치보다 특정한 처치들이 더 우수하다는 것은 우울증 및 다른 장애에 대한 처치를 대상으로 한 메타분석에서 다시 나타날 것이다. 우선, "기타 심리치료"로 분류된 12개의 처치 중 몇 가지를 고려해 보자. 그 중 하나는 목회상담이었으며, 아래에 기술된 바와 같았다.

> 각 회기는 비지시적 경청에 약 75%의 시간이, 그리고 환자의 관심사와 관련이 있는 성경 구절 또는 종교적 주제를 토론하는 데 25%의 시간이 [소요되었다]. CBT 치료와 유사하게 과제가 할당되었다. 그러나 [목회 상담]에서 과제는 단순히 다음 회기에서 논의할 사안의 목록을 작성하는 것이었다.
>
> (Propst, Ostrom, Watkins, Dean & Mashburn, 1992, p.96)

맥락 모델의 본질적 특징 중 하나는 2장에 제시된 심리치료의 정의에 명시된 바와 같이 처치가 치유 목적을 가지며 심리적 원리에 기반한다는 것이다. 위의 처치는 심리적 원리에 기반하지 않으며 치유를 목적으로 한 처치로 간주될 수도 없다. 이 부류의 또 다른 처치에는 독서치료의 일부로 비전문가가 전화로 제공한 지지적이고 자기지시적인 치료가 포함되어 있었는데, 치료사의 반응은 "감정반영, 명료화, 정보수집 질문"으로 제한되어 있었다(Beutler & Clarkin, 1990, p.335). 이 치료는 이 책에서 사용된 심리치료의 정의에 맞지 않는다. 왜냐하면 면대면 상호작용이 없었고, 치료사는 훈련받지 않았으며, 치료는 심리적 원리에 근거하지 않았기 때문이다.[7] "기타 심리치료"로 분류된 세 번째 처치는 운동집단이었다. 여기서 핵심은 간단하다. 즉, 목회상담, 지지지지적 및 자기지시적 치료, 운동 또는 분명히 심리치료가 아닌 다른 처치보다 우수하다는 것을 보여줌으로써 인지치료를 우수한 심리치료라고 주장하는 것은 의미가 없다는 것이다. 일반적으로 어떤 입장을 지지하지 않는다고 해서 그 연구를 메타분석에서 삭제하는 것은 권장되지 않기 때문에 주의를 기울여야 한다. 그럼에도 불구하고, 치유를 목적으로 하는 처치(예를 들면 인지치료)를 그렇지 않은 처치와 비교하거나 심리치료의 정의에 맞지 않는 처치와 비교하는 것, 특히 전자(치유를 목적으로 하는 처치)의 옹호자가 수행한 이런 비교연구는 심리치료의 상대적 효과성을 검증하는 데 활용될 수 없다.

Gloaguen, Cottraux, Cucherat, 그리고 Blackburn(1998)이 수행한 우울증에 대한 인지치료의 효과성 메타분석은 주목할 만하다. 왜냐하면 Hedges와 Olkin(1985, 3장 참조)이 개발한 최신의 메타분석 절차를 사용했기 때문이다. Gloaguen 등은 1977년부터 1996년까지 발표된 우울증에 대한 인지행동치료와 다른 치료를 비교한 통제된 임상실험 연구결과를 리뷰했다. 48개 연구가 포함 준거를 충족시켰고, BDI를 이용하여 비교를 표준화했다. 그리고 효과 크기 간의 비 독립성(nonindependence)을 피하기 위해서 성과평가는 이 측정도구로 한정하여 이루어졌다. 또한, 효과의 크기는 직접 비교로부터 산출된 것이었다. 그래서 많은 혼입변인의 영향을 제거할 수 있었다. 효과의 크기는 편향(bias)을 감안해 교정하였고, 추정된 분산의 역수를 가중치로 주어 통합하였다. 효과 크기에 대한 동질성 여부도 검증하였다(Hedges and Olkin, 1985; 3장 참조). 행동치료와 비교되었을 때 통합 효과 크기는 0.05였으며 통계적으로 유의하지 않았다. 이러한 비교에서 얻어진 13개의 효과 크기는 동질적이었는데, 어떠한 조절효과도 없는 것으로 보이기 때문에 우울증에 대한 인지치료와 행동치료가 똑같이 효과적이라는 결론에 확신을 준다. 그러나 인지치료는 "기타 치료" 범주보다 우수한 것으로 나타났다(22개 비교치의 통합 효과 크기는 0.24로, 유의수준 .01에서 유의함). 그러나 여전히 작은 크기이다(3장, <표 3.1> 참조). 하지만 효과 크기는 이질적이었으며, 이는 결과에 영향을 주는 변인 또는 조절 변인이 있음을 나타낸다.

Gaffan 등과 마찬가지로, Gloaguen 등(1998)의 "기타 치료" 메타분석은 치료를 목적으로 하는 처치뿐 아니라 치료를 목적으로 하지 않는 처치(예 지지상담, 전화상담)도 포함시켰다. Wampold, Minami, Baskin 그리고 Tierney(2002)는 CT와 "기타 치료들" 간 차이의 이질성은 "기타 치료들"이 치료를 목적으로 하는 처치(즉, bona fide 치료)와 그렇지 않은 처치(즉, non-bona fide 치료)를 포함하기 때문이라고 가정했다. 그들은 CT가 bona fide "기타 치료들"과 비교될 때 효과 크기는 0으로 도도새 예측과 일치한다고 예측했다. 실제로, CT가 bona fide "말로 진행되는 치료"와 비교되었을 때, 효과 크기가 0이라는 영가설은 기각되지 않았다. 하나의 극단치가 제거되었을 때, 통합 효과 크기는 무시할만했다(즉, 0.03). 예상한 바와 같이, CT는 non-bona fide(즉, 본래 통제집단이었던) 치료보다 우수했다. Gloagen 등의 결과와 Wampold 등의 재분석은 치료를 목적으로 하는 우울증에 대한 여러 심리치료가 동등한 정도의 효과를 가지고 있음을 보여준다.

인지행동처치들과 "기타 치료들" 간의 차이가 없다는 일반적인 패턴은 후속 메타분석에서도 반복되었다(Cuijpers, van Straten, Andersson, & van Oppen, 2008a; Cuijpers, van Straten, Warmerdam & Andersson, 2008b; Spielmans, Pasek, & McFall, 2007). Tolin(2010)은 CBT 대 "기타 치료들" 논쟁을 업데이트하면서, CT와 다른 bona fide 치료들을 비교한 연구 26편을 메타분석했다. 그는 사후 및 추수검사에서 CBT가 정신역동치료보다 우수하게 나타났다고 보고했다(d=0.28). 대인관계 또는 지지치료에서는 그렇지 않았지만 말이다. 그는 또한, CBT가 표적 측정치에 있어서만 우울증에 대한 다른 치료들보다 더 우수하다는 것을 발견했다. 그러나 그 효과의 크기(d=0.21)는 작았다.

Tolin(2010)의 우울증 처치에 대한 분석 결과는 변인 범주에 관한 중요한 문제를 제기한다. 전형적으로 임상실험, 특히 CBT와 같이 초점화된 처치에 대한 임상실험은 종종 표적 변인(targeted variables)이라 불리는 증상 특정적 측정치에서의 효과를 강조한다. 그러나 이러한 실험을 하면 관련 증상의 측정치(예 불안연구에서 우울 측정치), 삶의 질 측정치 등과 같이 목표하지 않았던 일련의 측정치도 얻게 된다. 이전에 잠깐 언급한 바와 같이, 오직 표적 증상에만 집중하는 메타분석은 초점화된 처치에 유리하다. 단순히 특정 장애의 증상을 없애려고 심리치료에 오는 내담자는 거의 없다. 정신역동치료와 같이 어떤 처치는 치료적 변화를 보다 광범위하게 개념화한다.

> 정신역동치료의 목적은 급성 증상의 완화를 포함하지만 그 이상의 것이다. 심리적 건강은 단순히 증상이 없는 것이 아니다. 더 큰 자유로움과 가능성을 느끼며 살아갈 수 있게 하는 내적 역량과 자원이 존재한다는 적극적 의미이다.
>
> (Shedler, 2010, p.105)

이 문제에 대해 Baardseth 등(2013)은 Tolin(2010)의 우울증 연구를 검토하여 비표적 변인에 대한 효과를 평가했다. 그들은 CBT가 비표적 변인에서는 다른 우울증 치료보다 더 우수하지 않다는 것을 발견했다(d=.03).

끝으로, 최근의 두 메타분석에서는 상대적 효과성을 조사하기 위해 표준기법뿐 아니라 "네트워크(network)" 기법을 사용했다. 네트워크 메타분석은 한 연구에서 실제로 비교되지 않은 처치 간의 직접 비교를 시뮬레이션하기 위해 베이지안 방법(Bayesian methods)에 의존하는 비교적 새로운 통계적 접근법이다. 이 방법은 현존하는 문헌에 대해 보다 강력한 검증을 제공할 가능성이 있다(이 접근이 갖고 있는 잠재적 문제에 대해서는 Del Re et al., 2013을 참조하라). 만일 CBT를 수용전념치료(ACT)와 비교하고, 대인관계치료(IPT)를 CBT와 비교하면, 이 정보는 ACT와 대인관계 치료 간의 직접적인 비교를 시뮬레이션하는 데 사용될 수 있다. Braun, Gregor, Tran(2013)은 주요우울장애에 대한 2개 이상의 bona fide 심리치료를 직접 비교한 연구 53편(내담자 3,965명)의 성과를 조사했다. Barth 등(2013)은 bona fide 처치, 비 bona fide 처치, 대기자 통제집단 및 일상적 돌봄 비교집단의 내담자 15,118명이 포함된 연구 198편을 대상으로 보다 큰 규모의 메타분석을 실시했다. 두 가지 분석방법 모두에서 결과는 이전 연구와 전반적으로 일치했다. 즉, 일반적으로 처치 간의 차이는 발견되지 않았다. 그러나 추가 검토가 필요한 몇몇 특정한 처치의 효과가 있었다.

Barth 등(2013)은 네트워크 메타분석 접근을 활용해서, 대인관계 치료와 지지치료 사이의 작지만 중요한 차이를 발견했다(표준 메타분석에서는 이 두 치료 간에 유의한 차이가 없었다). 게다가 Braun, Gregor, Tran(2013)은 환자가 보고한 성과, 임상가가 보고한 성과, 그리고 임상적으로 의미 있는 변화(clinically significant change)에서 어느 한 처치 범주와 모든 다른 범주들을 직접 비교(표준 메타분석 절차 사용)한 별개의 메타분석 31건을 실시했다. 지지치료가 다른 처치들보다 덜 효과적임을 시사하는 (지지치료를 포함하고 있는 8개의 메타분석에서) 4개의 작지만 유의한 효과가 있었다. 그러나 최소한 5개의 직접 비교가 있는 처치쌍들로 제한하여 메타분석을 실시했을 때 처치 간 차이는 사라졌다.

언뜻 보기에 이러한 메타분석 결과는 bona fide 처치들의 효과가 전반적으로 동등하며, 통제조건으로 설계된 개입(가장 흔한 예로 지지치료)은 일반적으로 덜 효과적이라는 결과와 일치한다. 그러나 Braun 등은 의도적으로 bona fide 치료만으로 제한하여 분석하였다. 즉, 이 연구에서 비교된 지지치료는 Wampold 등(1997b)이 제시한 규준을 충족시켰을 것이다. 게다가 Barth 등의 메타분석에서 관찰된 어떤 효과에서도 연구자 충성심 효과는 없었다. 면밀히 살펴보았을 때, 이런 처치(즉, 지지치료) 중 어떤 것은 bona fide 준거를 명목상 충족시켰지만(효과가 있는 것으로 확인된 접근을 인용했다는 점에서), 대부분은 분명히 통제집단으로서의 의도가 있는 것이었다. 처치에 대한 설명이 두 문장에 불과한 예가 많았으며(예 Milgrom et al., 2005), 어떤 것은 처치명에 통제라는 단어가 실제로 포함되어 있기도 했다(예 "높은 요구 통제", McNamara & Horan, 1986). 게다가 "지지치료"와의 비교를 통해서 처치를 평가하는 데 관심이 있는 연구자들이 대부분의 연구들을 설계하였다. 그래서 충성심 변산은 거의 없었다고 할 수 있다. 이를 감안하면, 충성심이 효과 변산을 설명하지 못하는 것은 당연하다. 실로 지지치료는 내담자에게 모호한 이론적 근거를 제시하였고, 거의 모든 치료에서 공감 반응 외에 어떠한 치료적 행위도 취하지 않았다. 즉, 맥락 모델에서 제안하는 요소들이 결여된 유사 위약이었다. 이론적 관점에서 볼 때 매우 주목할 만한 점은 이런 처치가 치료를 목적으로 설계된 처치만큼이나 효과적이었으며, 이런 처치(즉, 치료를 목적으로 하는 처치–역자 주)를 옹호하는 사람들에 의해 검증되었다는 것이다.

다양한 처치와 관련된 모든 증거를 감안할 때, 우울증 치료에 있어 어떠한 심리치료도 다른 bona fide 심리치료보다 일관성있게 우수하지는 않다고 결론 내릴 수 있다. 앞서 검토한 메타분석 결과는 일반적으로 인지치료와 다른 치료의 성과가 통계적으로 다르지 않음을 보여준다. 충성심이 통제된 후에야 차이가 없다는 결과(null results)가 나타나는 경우도 있지만 말이다. 가장 뚜렷한 차이가 인지치료와 말로 진행되는 또는 "기타 치료" 간에 있는 것처럼 보이지만, 앞서 지적한 대로 이런 치료들에는 종종 심리치료의 정의에 맞지 않는 처치들이 포함되기도 한다(예 치료목적이 아니거나 분명히 전혀 심리치료가 아닌). 하지만 치료목적을 가진 처치는 일반적으로 표준처치로 인정받는 인지치료와 동등하게 효과적인 것 같다. 실제로, 임상심리분과는 '경험적으로 지지되는 처치' 준거를 활용하여, 강력한(strong) 또는 어느 정도(modest) 지지를 받은 심리적 처치들을 열거하고 있다(4장 참조). 여기에는 다음과 같은 처치가 포함된다. 행동치료/행동활성화(강력한 지지), 인지치료(강력한 지지), 심리치료의 인지행동분석체계(강력한 지지), 대인관계 치료(강력한 지지), 문제해결 치료(강력한 지지), 자기관리/자기조절 치료(강력한 지지), 수용전념 치료(어느 정도 지지), 행동적 부부 치료(어느 정도 지지), 정서중심 치료(어느 정도 지지), 합리적 정서행동치료(어느 정도 지지), 회상/인생회고 치료(어느 정도 지지), 자기체계 치료(어느 정도 지지), 단기 정신역동치료(어느 정도 지지)(http://www.div12.org/PsychologicalTreatments/disorders/depression_main.php 참조). 분명히, 다양한 치료 성분들을 포함한 많은 치료들이 우울증 치료에 효과가 있다.

외상 후 스트레스 장애(PTSD)와 다른 불안장애들

동물과 인간의 불안 반응이 실험적으로 유도될 수 있다는 점이 보여졌기 때문에(1장 참조), 행동치료사는 고전적 조건형성 패러다임에 담긴 다양한 기술들이 불안장애 치료에 효과적이라고 주장했다. 불안의 감소를 이끌 것으로 생각되는 가장 분명한 치료 성분은 두려운 자극에 대한 노출이다. 노출 기술에는 많은 변형들이 있지만, 노출은 불안장애(예를 들어, 강박장애, 공황장애, 사회불안, PTSD)에 대한 행동처치의 핵심 요소이다.[8] 불안장애를 위한 인지치료들도 개발되고 검증되었다. 인지치료는 두려운 자극에 대한 인지적 평가가 중요하다는 것과 그러한 평가를 변경하는 것이 치료적이라는 개념에 기반을 두고 있다. 인지행동치료는 인지를 변경하는 기술과 행동기술을 결합한다. 당연히 이 분야의 성과연구는 주로 행동적, 인지적, 그리고 인지행동적 테크닉에 초점을 두었다. 비인지/비행동 치료와 비교한 여러 CBT의 상대적 효과성에 관한 가설은 더 최근에 와서야 검증되었다.

행동적 및 인지적 관점은 별개의 이론 모델에 의존하기 때문에 성과의 상대적 효과성에 대한 증거는 특정(요소) 효과에 대한 정보를 제공할 것이다. 더욱이 특정 불안장애에 대한 인지행동치료의 우수성은 특정성에 관해서 아마도 가장 지속적이고 빈번하게 제기되는 주장일 것이다. 대부분의 장애에 있어 처치 간 차이가 작을 것이라는 데 동의하는 사람들조차도 불안장애에 있어서는 인지행동치료가 다른 처치들보다 더 우수하다고 주장한다(Frank & Frank, 1991; Lilienfield, 2007). 즉, 특정 불안장애에 대한 처치 간 상대적 효과성은 심리치료 의학 모델의 지속에 핵심이 되고 있으며, 그래서 자세히 검토되어야 한다.

PTSD의 심리치료적 처치에 대한 표준적 관점에서 보면, 최상의 결과를 얻기 위해서는 외상기억 및 관련 상황에 대한 반복적 노출(즉, 실제적 또는 심상적 노출)을 포함하고 있는 특수한 외상초점 치료가 필요하다(National Collaborating Centre for Mental Health, 2005; Surgeon General, 1999). PTSD를 위해 개발, 검증된 대다수의 치료는 외상경험에 중점을 두고 있지만, 이러한 치료의 상대적 효과성에 관한 논쟁은 여전히 우울증 분야 연구에서의 논쟁과 유사하다. 구체적으로 말하면, 일반적으로 어떤 특정 bona fide 치료가 다른 처치보다 더 효과적이라고 시사하는 증거는 찾아보기 힘들다. 처치 간 차이는 위에서 기술한 '기타' 범주와의 비교가 있을 때 드러난다. 기타 범주에는 bona fide 처치들과 그렇지 않은 처치들이 섞여 있다.

인지치료 및 노출치료에는 종종 중첩되는 요소가 포함된다. 예를 들어, 인지치료에서 내담자가 두려워하는 자극을 이야기하면, 내담자는 심상적 노출로 해석될 수 있는 사건의 심상적 표상을 경험한다. 이 한계를 해결하기 위해 Tarrier 등(1999)은 만성 외상 후 스트레스 장애 치료를 위한 임상실험을 설계했다. 인지치료와 노출이 전형적으로 혼동된다는 사실을 인식하고, Tarrier는 노출치료와 외상에 대한 이야기를 나누지 않는 CT를 비교했다. 피험자들은 외상범주에 따라 층화되었고(stratified), 노출 없는 인지치료(CT) 또는 심상적 노출(IE)에 무선할당되었다. 이 연구에서 CT는 "감정에 초점을 맞추고, 이전의 신념체계를 고려하여 사건의 의미에 대한 신념과 그에 따른 내담자의 귀인을 이끌어낸 다음, 부적응적 인지 및 정서패턴을 확인하여 수정하는 데 초점을 두었다(p.14)". 노출과 구별하기 위해 이 처치에서는 외상 자체에 대한 논의를 회피했다. IE는 외상 초점적이며, 내담자에게 사건을 시각화 하여 마치 현재 일어나고 있는 것처럼 기술하도록 지시함으로써 정서적 반응에 익숙해지도록 하는 것이었다"(p.15). 처치가 믿을만한 것인지에 대한 내담자의 평가와 내담자의 동기수준에 대한 치료사의 평가에서 두 처치 간 차이가 없었다. 전반적으로 내담자들은 사전검사보다 사후검사에서 향상되었지만, 상대적 효과성 관점에서 볼 때 중요한 결과는 성과 측정치 7개 중 어떤 것에서도 두 처치 간 유의한 차이가 없었다는 것이다. 이 연구 결과는 노출이 PTSD 증상 호전에 필수적인 특정 성분이라는 주장을 지지하지 않는다. 아마도 이 연구는 PTSD 치료의 특정 성분이 효과를 낳는 주요 요인이 아니라는 점을 시사할 것이다. 이제 PTSD 문헌을 살펴보자.

초기 PTSD 메타분석에서 Sherman(1998)은 PTSD 치료에 대한 모든 통제된 연구를 조사했다. 널리 알려진 처치로는 행동치료, 인지행동치료뿐 아니라 정신역동치료, 최면치료, 코치 프로그램(Koach program), 분노조절, EMDR, 모험기반 활동, 사이코 드라마, 코츠빌 PTSD 프로그램(Coatsville PTSD)이 있다. 효과 크기는 처치집단과 통제 집단을 비교하여 계산하였으며, 개별 연구 내 종속변인들의 효과 크기를 통합하고, 또한 종속변인 범주(즉, 침투, 회피, 과각성, 불안, 우울)별로 효과 크기를 통합하였다. 8.40의 비현실적인 효과 크기를 나타낸 하나의 극단치를 제거한 후, 연구 내 모든 종속변인들을 통합하여 도출한 효과 크기는 동질적인 것으로 나타났다. 이질성을 나타냈던 유일한 표적변인은 과각성이었는데, 저자들은 이 구인을 평가하는 데 사용한 방법이 다양했기 때문이라고 보았다.

Bradley, Greene, Russ, Dutra, Westen(2005), Bisson과 Andrew(2009), Bisson 등(2007)은 CBT, 노출과 인지치료, EMDR을 포함한 다양한 처치의 효과 크기가 비슷하다는 것을 발견했다. 그러나 지지치료 통제집단은 더 작은 효과를 산출했고, "기타 치료들"은 대기자 통제집단이나 일상적 돌봄 집단과 다르지 않았다. 그러나 위의 모든 결과는 더 타당한 결론을 내리는 데 필요한 조건, 즉 한 연구 내에서 치료들을 직접 비교한 것이 아니라 여러 연구들에 걸친 효과 크기 비교치들에 기반한 것임에 주의하자.

몇몇 PTSD 메타분석들은 직접 비교방법을 활용하였으나 약간 모순되는 결과를 산출했다. Davidson과 Parker(2001)는 EMDR과 노출기반 치료를 직접 비교했을 때 차이가 없다는 것을 발견했지만 연구물 편수가 적었다(Seidler & Wagner, 2006 참조). 유사하게, Bradley 등(2005)도 직접 비교를 통해 처치들 간 차이에 대한 증거를 거의 발견하지 못했다. 이들은 특정 범주에 속한 처치의 개수가 강력한 결론을 내리기에 충분치 못하다고 지적했다. Bisson과 Andrew(2009), Bisson 등(2007)도 여러 처치 간 차이가 없다는 것을 발견했으나, 다양한 처치들(예 외상 중심 CBT, EMDR)이 스트레스 관리는 물론, "기타 치료들"보다 우수하다는 것도 발견했다.

이 장의 앞부분에 언급했듯이, 비교되는 처치의 개수가 적을 때 상대적 효과성 검증을 위해 (처치를 범주화하여－역자 주) 처치 범주 간 비교하는 방식에는 한계가 있다(일반적으로 PTSD 및 기타 불안장애의 경우가 바로 그 예가 된다. 아래 참조). Benish, Imel, 그리고 Wampold(2008)는 Wampold 등(1997b)의 연구를 바탕으로 메타분석을 수행했다. 이 연구에는 한 연구 내에서 직접 비교된 bona fide 개입만 포함되었다. 이 메타분석은 bona fide 처치(17개의 비교; 958명의 내담자)를 포함하였다. 여기에는 PE, 역동 치료, EMDR, 현재중심 치료(Present－Centered Therapy; PCT, 자세한 내용은 아래 참조), 그리고 (노출 있는 또는 노출 없는) CBT와 같은 다양한 처치가 포함되어 있었다. Wampold 등과 유사하게, 저자들은 처치를 범주화 하지 않았고 모든 처치가 동등하게 효과적이라는 영가설을 검증하고자 0을 중심으로 한 동질성을 검토하였다. Wampold 등의 연구와 일관되게, 실제로 효과는 0 주위에 동질적으로 분포되어 있었다. 이는 직접 비교한 처치 간에 차이가 없음을 시사했다. 이 결과와 방법은 PTSD 치료연구 선도자로부터 심한 비판을 받았다. 이 메타분석에 "효과적인" 처치만을 포함시켰다는 것이 그 이유였다. 하지만 이러한 비판은 어떻게 처치가 bona fide 치료로 분류될 수 있는지에 대한 잘못된 이해로부터 나온 것이다(Wampold et al., 2010 참조). 게다가 결과는 노출기반치료와 기타 활성처치의 직접 비교에서 차이가 없다는 것을 나타내는 최신 메타분석(예 Powers et al., 2010)과 대체로 일치한다.

PTSD에 대한 어느 한 치료가 다른 어떤 것보다 우수하다는 증거는 거의 없는 것 같다. PTSD에 관한 한, 의학 모델에 심각한 도전이 되는 추가적인 증거가 있다. 위에서 논의한 것처럼 PTSD 연구에서 도전해야 할 과제 중 하나는 특정 치료 성분을 포함하지 않는 처치를 설계하는 것이다. 앞서 말한 대로 Foa 등(1991)은 아무런 노출도 없고 인지적 요인도 없는 지지적 상담 처치를 개발했는데, 이는 PE의 통제집단 용도로 의도한 처치로 분명히 bona fide 치료는 아니었다. 그러나 Schnurr 등(2007)은 "관찰된 PE의 효과가 특정 효과로 귀인될 수 있도록 비 특정 치료 요인을 통제하는 신뢰로운 치료적 대안을 개발하였는데"(p.823), 이것이 바로 현재중심 치료(Present-Centered Therapy; PCT, Frost, Laska, & Wampold, 2014 참조)이다. 하지만 Foa 등과는 달리 Schnurr 등은 내담자의 현재 삶에 미친 외상의 영향에 관한 심리교육, 현재의 부적응적 관계 패턴/행동 변경에 초점 맞추기, 문제해결 전략 사용 등의 치료성분을 포함시켰다. 그러나 여전히 PCT는 노출 없는 치료(내담자가 외상을 언급하면 현재 문제를 해결하도록 방향을 돌림) 또는 외상에 대해 인지적으로 재구조화하기 또는 귀인 변경하기로 해석될 수 있는 행위가 없는 처치이다. 즉, PCT는 과학적이라고 간주되는 요소들(노출, 외상처리, 어떤 류의 인지적 재구조화)을 의도적으로 포함하지는 않았다. 그러나 설득력 있는 합리적 근거와 치료적 행위는 포함하고 있었다. PCT를 위한 다양한 매뉴얼이 개발되었고, 치료사들은 치료실시 훈련을 받았으며, 기준에 맞는 정당한 치료로 인정받았다. 중요한 점은 PCT를 가장 과학적인 증거기반 처치와 비교한 임상실험연구를 메타분석한 결과에서 PCT가 표적, 비표적 변인 모두에서 증거기반 치료만큼 효과적이라는 것이 나타났다는 것이다(Frost et al., 2014). 실제로 현재 임상심리분과는 PCT를 PTSD에 대한 강력한 경험적 지지를 받는 심리적 처치로 인정하고 있다(http://www.div12.org/Psychological Treatments/disorders/ ptsd_main.php 참조). PTSD 치료에 필수적인 특정 성분들을 고려하는 의학 모델에서 PCT에 대한 이런 증거들은 혼란스러운 결과라고 할 수 있다.

PTSD 치료에 내포된 더 혼란스러운 증거가 있다. EMDR의 효과성을 검토했던, 위에서 논의된 모든 메타분석에서 EMDR이 최상의 PTSD 처치법에 필적한다는 사실을 발견했다는 점이다(Seidler & Wagner, 2006 참조). 그러나 EMDR은 과학적 관점에서 볼 때 의심스러운 요소를 기반으로 한다. EMDR은 유사과학으로 분류되었고(예 Herbert et al., 2000), 의학 모델 지지자들은 이것을 Mesmerism에 비유하였다(McNally, 1999). 임상과학자들은 효과성과 효율성에 대한 근거없는 주장과 그것이 널리 알려지고 전파되는 방식에 불쾌해 했다(Davidson & Parker, 2001; Rosen, 1999 참조). Herbert 등(2000)은

"EMDR의 홍보는 유사과학이 무엇인지를 보여주는 좋은 예를 제공한다. 그리고 정신건강 임상가에게 유사과학이 어떻게 판매되는지 보여준다. 이들 정신건강 임상가 중 일부는 발표된 EMDR 연구에 대해 잘 알지 못했을 수 있다"(p.955)라고 주장했다. 그러나 이 유사과학으로 알려진 처치는 PTSD에 대한 "과학적" 증거기반 치료만큼 효과적이다[9].

PTSD 임상실험의 증거는 의학 모델의 관점에서는 여러 문제들을 포함하고 있지만, 맥락 모델과는 전적으로 일치한다. 노출 없는 CBT, PCT, 그리고 EMDR과 같이 다양한 요소를 가진 처치들은 동등한 정도의 효과가 있다.

이제 다른 불안장애들로 넘어가보자. 1990년대의 수많은 메타분석은 불안에 대한 인지행동치료는 물론, 여러 처치의 상대적 효과성을 다루었다(Abramowitz, 1996, Chambless & Gillis, 1993, Clum, Clum, & Surls, 1993, Mattick Andrews, Hadzi- Pavlovic, & Christensen, 1990, Sherman, 1998, Taylor, 1996, van Balkom et al., 1994). 비록 인지행동치료가 대안 처치보다 우수하다는 주장이 널리 퍼져 있지만, 이 분야의 연구들도 다른 심리치료 연구들에 존재하는 타당도에 대한 위협을 피하지는 못했다.

다양한 메타분석의 결과를 검토하기 전에 몇 가지 한계가 지적되어야 한다. 첫째, 불안에 대한 초기 성과연구의 많은 부분이 통제되지 않았기 때문에(즉, 통제집단을 포함하지 않음) 효과 크기는 전형적으로 사후검사와 사전검사를 비교하여 계산되었다[즉, (사후검사 평균-사전검사 평균)/표준편차]. 이러한 효과 크기는 평균으로의 회귀때문에 과장된다. 왜냐하면, 이 내담자들은 고통스럽기 때문에(즉, 불안 척도에서 높은 점수를 부여함) 선발될 것이고, 처치가 없다 해도 이들은 사후 검사에서 평균에 가까운 점수를 부여할 것이기 때문이다(통계적 회귀에 대한 탁월한 논의는 Campbell & Kenny, 1999를 참조). 하지만 더 어려운 문제는 소수의 메타분석만이 다양한 처치들 간의 직접 비교를 검토하였다는 점이다(Abramowitz, 1997; Clum et al., 1993; Ougrin, 2011). 이 때문에 다른 메타분석의 결론들이 혼입을 통제하지 못했다는 의심을 받는다. 더욱이 간접 비교를 활용한 메타분석에서는 충성심을 고려하는 시도를 하지 않았다. 또 다른 문제는 초기 메타분석에서 효과 크기 통계치의 바탕이 되는 통계이론을 활용하지 않았다는 점이다. 동질성 검증이 수행되지 않았고, 평균 효과 크기 검증과 처치 간 차이 검증은 (효과 크기-역자 주) 표본 분포에 근거하지 않았다. 결과적으로 이런 메타분석의 결과는 조심스럽게 해석되어야 한다. 끝으로, 다양한 처치에 관한 1차 연구, 특히 2개의 bona fide 심리치료를 직접 비교한 1차 연구가 드물다는 점에 유의해야 한다. 예를 들어, Abramowitz(1997)는 강박장애에 대한 심리치료 간 직접 비교 연구를 메타분석하였다. 그러나 이 메타분석은 5편의 연구에 제시된 6개의 비교치만을 근거로 한 것이었다.

공황 및 강박장애에 대한 가장 최근의 메타분석들에서는 노출기반 처치들이 유사 위약 및 대기자(무처치-역자 주) 대비 큰 효과를 보인다는 것이 발견되었다. 이 효과는 유사 위약 및 대기자 대비 인지 및 행동 처치가 갖는 효과와 다르지 않았다. 하지만 bona fide 치료간 직접 비교를 대상으로 한 메타분석은 여기에 포함되지 않았다(Rosa-Alcázar, Sánchez-Meca, Gómez-Conesa, & Marín-Martínez, 2008, Sánchez-Meca, Rosa-Alcázar, Marín-Martínez, & Gómez-Conesa, 2010). 또한 저자들은 노출기반 처치가 활성 통제 및 대기자 통제에 비해 더 우수한 반응을 보였다고 보고하였다. 이 효과는 비노출기반 처치를 활성 통제 및 대기자 통제와 비교했을 때 나타났던 것보다 우수했다. 그러나 비노출 기반 처치와 통제집단을 비교한 메타분석 연구는 강박장애에서(24편 중에서) 3편(Rosa-Alcázar et al.), 공황장애에서 (65편 중에서) 13편에 불과했다(Sánchez-Meca et al). 여기서 "비노출기반"으로 범주화된 공황장애 처치 중 하나가 '노출+체계적 둔감화'였다는 점에 주목하자(Mavissakalian & Michelson, 1986). 이 처치는 통제집단에 비해 매우 작은 효과를 나타내었다. 이 처치를 노출 범주에 포함한다 해도, 어느 경우에서도(즉, 대기자 통제집단 또는 활성 통제집단 대비) 범주 간(노출 대 비노출) 처치 효과 차이는 유의하지 않았다.[10] 여하튼, 이러한 처치 효과에 대한 검증은 한 연구 내에서 처치를 직접 비교한 것으로부터 나타난 것이 아니다. 그래서 연구들 간 차이로 인한 영향을 알 수 없다.[11]

Ougrin(2011)은 강박장애(연구 5편), 공황장애(연구 7편), PTSD(연구 5편), 사회공포(연구 3편) 등의 특정 불안장애를 위한 행동치료와 인지치료 간의 직접 비교를 대상으로 메타분석을 실시했다. 분석결과, 사회공포를 제외하고, 모든 장애에서 처치 간 유의한 차이가 없었다. 사회공포에서는 인지치료가 행동치료보다 더 우수하게 나타났는데, 이 결과는 전적으로 인지치료에 비해 노출기반 처치의 효과가 매우 낮았던 3편의 연구를 대상으로 분석한 것이었다(Clark et. al., 2003; Clark et al., 2006). Clark 등(2006)의 연구에서 노출치료 프로토콜은 "자기노출"로 명시되었다. 내담자는 치료사의 지시를 받았지만 치료사는 내담자와 의미있는 관계를 맺지 않았고, 노출 프로토콜을 가지고 도움을 제공하지도 않았다. 따라서 이 개입이 심리치료의 정의를 충족하는지에 대한 의문이 제기된다. 그리고 명백히 맥락 모델의 치료적 요소를 포함하지도 않는다. 끝으로 Clark 등의 연구에서 행동실험은 인지치료의 한 요소로 포함되었지만, 노출기반 개입에서 인지적 개입은 허용되지 않았다(Siev & Chambless, 2007; Siev, Huppert, & Chambless, 2009; 범불안장애 처치에 관한 유사한 논의를 참조하려면 Wampold, Imel, & Miller, 2009를 보라). 불안장애에 대한 행동치료와 인지치료 간 효과성 차이가 없다는 일반적 패턴에도 불구하고, 상대적 효과성에 대한 결론은 처치들 간의 상대적 유사성, 즉 많은 인지치료에 행동적 요소가 포함되어 있고 많은 행동치료에 인지적 개입이 포함되어 있는 문제 때문에 제한될 수밖에 없다.

CBT와 다른 처치를 비교한 최근의 임상실험들은 CBT가 몇몇 불안장애에 한해 더 효과적일 수 있다는 제한된 증거를 제공한다. Leichsenring 등(2013)은 사회불안장애로 진단받은 환자 495명을 25회기의 매뉴얼화된 CBT 또는 정신역동치료에 무선할당하였다. 두 치료 모두 대기자 통제집단보다 우수했으며, 사전 대 사후에서 큰 효과 크기를 나타냈다(CBT의 경우 d=1.32, 정신역동치료의 경우 d=1.02). 집단 간 효과 크기 차이는 작았지만(처치조건이 성과 분산의 1–3%를 설명함), 회복률(remission rate)에 있어서는 CBT(36%)가 정신역동치료(26%)보다 유의하게 높았다. 반응율에서는 처치 간 유의한 차이가 없었다. 흥미롭게도 처치 간 차이는 성과 분산의 5~7%를 설명하는 치료사 간 차이보다 작았다(6장 참조). 마지막으로 이 연구가 갖는 두 가지 제한점은 매뉴얼화된 정신역동치료가 최근에서야 개발되었고 이번 임상실험에서 처음 검증되었다는 점, 그리고 치료사 충실성을 분석한 결과 정신역동 치료사가 CBT 개입을 사용한 것보다 CBT 치료사가 역동적 개입을 더 많이 사용했다는 점이다. CBT가 이렇게 높은 기술적 융통성(technical flexibility)으로 인해 더 나은 성과를 보였을 수 있다는 의심을 들게 한다(더 자세한 논의는 Clark, 2013; Leichsenring, Salzer, & Leibing, 2013 참조).

IPT는 CBT와 비교한 2번의 작은 임상실험에서 저조한 결과를 보였다. 한번은 공황장애(n=91, Vos, Huibers, Diels, & Arntz, 2012), 또 한번은 사회불안장애(n=117; Stangier et al., 2011)에 대한 실험이었다. 그러나 특정 불안장애에 대한 연구는 우울증 및 기타 장애 연구에 비해 아직 발전하지 못한 상태이다. 따라서 확고한 결론을 내리기 위해서는 추가적인 실험들을 기대해야 한다.

CBT와 다른 처치를 비교할 때 한 가지 유의해야 할 점은 CBT가 의미하는 바와 관련이 있다. Tolin(2010)은 불안에 대해 CBT가 다른 처치보다 우수하다는 것을 발견했다(d=.43, 중간 크기의 효과). 이 결과는 불안장애에 대한 CBT의 우수성을 지지하기 위해 종종 인용된다. 그러나 이 결과를 더 자세히 살펴보면 많은 점을 알 수 있다. 이 효과는 단지 4편의 연구에 기반을 두고 있다. 이 중 2편은 1972년 이전에 발표되었으며, 장애 특정적 증상만을 제한하여 살펴본 것이다. 또한 Tolin이 불안장애에 대한 CBT 와 CBT가 아닌 bona fide 처치를 직접 비교한 연구를 네 편만 찾을 수 있었다는 점은 의아하다. Benish 등(2008)은 PTSD 메타분석에서 그런 연구 10편을 발견했는데 말이다. 그 답은 Tolin이 EMDR을 포함할 정도로 CBT를 상당히 폭넓게 정의했다는 데 있다. 따라서 그의 분석에는 EMDR과 CBT의 비교가 포함되어 있지 않았다. 이것은 범주화의 문제를 야기한다. Ehlers 등(2010)의 연구에서 EMDR은 CBT가 아니었지만, Tolin의 연구에서 EMDR은 CBT였다. 때로는 스트레스 저감(Stress Inoculation)이 CBT가 되기도 하지만, 때로는 그렇지 않다. 때로는 PCT가 CBT로 분류되기도 하지만, 때로는 그렇지 않다(Baardseth et al., 2013; Wampold et al., 2010 참조). CBT처럼 어떤 범주의 처치에 대해 논리적인 결론을 내리려면, 명확하게 정의된 유목(taxon)이 있어야 하며 그것은 연구에 따라 달라지지 않아야 한다(Baardseth et al., 2013). 이 문제를 해결하기 위해 Baardseth 등은 불안장애에 전문성을 가진 '행동 및 인지치료 협회(Association for Behavioral and Cognitive Therapies)' 회원들의 설문조사 결과를 근거로 불안 치료를 위한 처치를 CBT인지 아닌지로 분류했다. 합의된 CBT가 정의를 활용하여, Baardseth 등은 불안장애에 대한 CBT와 CBT가 아닌 bona fide 치료를 직접 비교한 연구 13편을 찾을 수 있었다. 이 연구에서 표적 변인와 비표적 변인에서의 효과(각각 d=0.13, d=−0.03)는 통계적으로 유의하지 않았다. 이렇게 불안장애에 대한 CBT의 우수성을 조사한 종합적인 메타분석에서는 CBT가 특히 효과적이라는 증거를 제공하지 못했다.

요약하면, 메타분석이 제공하는 증거의 대다수는 불안장애에 대한 bona fide 처치 간 실질적인 효과성 차이가 없다는 점을 시사한다. 현재 존재하는 증거는 충성심 효과가 통제되지 않은 단일 임상실험이나 3~4편의 연구를 메타분석한 것에서 도출된 것이다. 노출이 필수 요소임을 시사하는 증거(매우 큰 효과를 보이기도 함)는 연구 간의 비교에서 나온 것이며, 노출이 있는 처치와 없는 처치를 직접 비교한 연구에서 발견된 것이 아니다. 따라서 저명한 CBT 옹호자들의 지속적인 주장에도 불구하고, 특정 불안장애에 대한 CBT 대 다른 활성 처치의 상대적 효과성은 대체로 검증되지 않았다. 이런 추측(상대적 효과성–역자 주)에 대한 검증 결과는 그 주장을 지지하는 데 실패한다. 확실히 CBT는 효과가 있다. 그러나 다른 처치들에 비해 CBT가 우수하다는 강한 주장은 매우 제한된 수의 임상실험에 토대를 두고 있다.

물질남용

물질남용은 미국 제1의 공중보건 문제이다(Schneider Institute for Health Policy, 2001). 특정한 약물의 수만큼이나 많은 잠재적 물질사용장애가 존재하지만, 알코올이 가장 문제사용이 많은 물질이며 가장 많이 연구된 물질이다. 따라서 처치의 상대적 효과성을 검토하기 위해 알코올 사용 장애(AlcoholUse Disorders; AUD) 치료에 초점을 맞추고자 한다.

AUD 치료는 정신건강에 있어 가장 논쟁의 여지가 많고 뜨겁게 논의되고 있는 주제 중 하나이다(Marlatt, 1983, 1985; Pendery, Maltzman, & West, 1982; Sobell & Sobell, 1976, 1984a, b; Sobell, Sobell, & Christelman, 1972). 새로운 처치가 과학발전으로, 결함 있는 기술이나 과거 이론의 개선으로, 그리고 약물남용과 의존으로 계속 고심하고 있는 내담자를 위한 희망의 원천으로 속속 등장하고 있다(White, 1998). 예를 들어, Marlatt는 알코올 중독자 자조 집단(Ancoholics Anonymous, AA)과 비교해서 재발방지 처치가 갖는 이점을 다음과 같이 예측했다.

> 정확한 예방 기술 및 관련 인지 전략을 배우는 것이 의지력과 같은 막연한 구성개념에 의지하거나 "당신과 만취한 사람은 단 한 잔 차이입니다."와 같은 여러 슬로건에 내포된 충고를 따르는 것보다 내담자에게 더 많은 도움이 될 것이다.
> (Marlatt, 1985, p.51)

따라서 특정한 장애에서 처치 간 차이가 존재한다면, AUD 처치에서도 그런 차이가 나타날 것이다. 하지만 1차 연구, 질적 개관, 메타분석적 개관은 특정 치료가 가장 우수하다는 명확한 답을 제공하지 못했다.

많은 치료적 대안들이 있지만(Miller et al., 1998), AUD에 대해 연구자들이 관심을 갖고 있는 심리사회적 처치로는 12단계 프로그램뿐 아니라 행동적 자기조절훈련, 재발방지/기술훈련, 동기 면담 등의 인지행동치료가 있다(Emmelkamp, 2004; Sarlatt & Gordon, 1985; Nowinski, Baker & Carroll, 1992; White, 1998). 그러나 과학적 연구가 증가했음에도 불구하고, 이들 연구가 지난 두 세기 동안 지속되어 온 알코올 처치에 대한 모호성을 해소하는 데는 거의 기여하지 못했다. 경쟁하는 처치모델 간의 긴장은 현대의 중독연구까지 계속 이어지고 있으며, 1970년대와 1980년대 조절된 음주(controlled drinking) 논쟁에 와서는 최고조에 이르렀다(Marlatt, 1983, 1985; Pendery et al., 1982; Sobell et al., 1972; Sobell & Sobell, 1976, 1984a, b). 특히, 행동지향 연구자들은 알코올 의존 치료에서 유일하게 받아들일 수 있는 목표가 절대금주라는 가정에 의문을 갖기 시작했다(Davies, 1962; Mills, Sobell, & Schaefer, 1971; Sobell et al., 1972; Sobell & Sobell, 1973). 조절된 음주 옹호자들은 과학적 사기 혐의로 비난받았다. 그들의 연구에 대한 비평이 Science(Pendery et al., 1982)와 New York Times(Boffey, 1982)에 게재되었으며, 뉴스 프로그램 60 Minutes을 통해 전파를 탔다. 결국 국회차원의 조사를 받기에 이르렀다(Marlatt, 1983).

조절된 음주 개입에 대한 Pendery 등의 비판은 Sobell과 Sobell(1973)의 임상실험에 조절된 음주군으로 참여했던 환자들을 대상으로 실시한 상세한 면담과 사례 검토를 기반으로 하고 있다. Pendery의 연구결과에 따르면, 조절된 음주 치료는 절대적인 의미에서(즉, 환자가 얼마나 호전되었는가) 상당히 부진했다(예 다수의 환자가 사망했고 다수가 재발하였다). 이 발견은 조절된 음주가 비효과적이고 비윤리적 처치목표일 것이라는 잘못된 결론을 이끌어 냈다(Marlatt, 1983). 하지만 Pendery의 연구는 비교조건(금주기반 치료)에 대한 분석을 포함하지 못했는데, 비교집단 역시 장기적으로 볼 때 별로 효과적이지 못했다(예를 들어, 조절된 음주 치료를 받았던 환자들보다 금주기반 치료를 받았던 환자들이 더 많이 사망했다). 따라서 조절된 음주 논쟁에서 가장 타당성 있는 결론은 심하게 의존적인 내담자들에게 특별히 효과적인 처치는 없다는 것이다(Marlatt, 1983; Sobell & Sobell, 1984a). 그러나 이 논쟁의 격렬함은 알코올 사용 장애에 대한 처치가 갖는 핵심 가정(즉, 알코올 중독이 병이라는 개념과 유일하게 실행 가능한 치료목표가 금주라는 부수개념)이 의문시되고 있음을 시사하는 것이었다.

알코올 남용 치료를 비교한 가장 유명한 연구는 Project MATCH(1997)이다. 아마도 지금까지 bona fide 심리치료를 직접 비교한 연구들 중 가장 큰 연구일 것이다(내담자 수 n≈1200). 이 연구에서 내담자들은 (a)12단계 촉진(Twelve－Step Facilitation; TSF), (b)인지행동치료(CBT), (c)동기면담(MI)의 세 가지 처치양식 중 하나에 무선할당되었다. TSF(Nowinski et al., 1992)는 Project Match에서 활용할 목적으로 개발되었으며, 회복 과정에 있는 내담자를 돕도록 훈련 받은 상담사와 개별 만남을 갖는 것으로 구성되어 있었다. 회기 내용은 알코올중독자 자조 집단(AA)에서 제공하는 철학과 전략을 반영하고 강화하도록 설계되었다. 따라서 TSF에 참여한 개인들은 촉진 회기들과 12단계 모임에 정기적으로 참석해야 했다. 이 세 처치가 각각 매우 다른 이론적 토대를 갖고 있다는 사실에도 불구하고, 처치 간에 차이는 없었다. 그러나 우리는 상대적 효과성을 보다 자세히 검토하기 위해 메타분석으로 돌아가고자 한다.

AUD 처치에 대한 메타분석 문헌은 위에서 언급한 다른 장애의 메타분석에서 나타났던 것과 동일한 방법론적 문제들 때문에 제한점을 가지고 있다(예를 들어, 처치의 범주화, 특정 범주에 있어서 제한된 비교 연구의 수, 현대적인 메타분석 방법의 부재－유의한 p값 개수 세기, bona fide/non－bona fide 개입 모두를 포함하는 "기타" 범주의 활용; Imel et al., 2008 참조). 어떤 연구자들은 특정 처치가 과학적 증거에 의해 더 명확하게 뒷받침되고 있다고 주장하는 반면(예 Miller et al., 1998/2002), 다른 연구자들은 특정 처치가 다른 처치보다 더 우수하다는 것을 나타내는 증거가 부재하다고 주장한다. 그러나 이런 일은 그다지 놀라운 일이 아닐 것이다(Berglund et al., 2003).

Imel, Wampold, Miller, 그리고 Fleming(2008)은 이러한 한계점을 해결하기 위해 Wampold 등(1997b) 및 Benish 등(2008)과 유사한 메타분석을 실시했다. 이 연구에는 적어도 두 개의 bona fide 심리치료를 직접 비교한 AUD(알코올 사용 장애) 치료 임상 실험들이 모두 포함되어 있었다. 그들은 처치를 범주화하지 않았다. 그리고 0을 중심으로 처치 효과의 이질성을 검토함으로써 처치 간 차이를 검증했다. 30편의 연구(47개 효과, 내담자 3,503명)가 포함기준에 부합했다. 알코올 사용량을 기준으로 했을 때 처치 간 효과의 차이를 보인다는 증거는 없었다. 금주여부를 포함시킨 제한적인 연구들에서도 결과는 마찬가지였다. 즉, 직접 비교되었을 때 AUD에 대한 매우 다른 처치들은 동일하게 효과적이었다.

5. 동등 효과성이라는 메타분석 결론에 대한 비판

치료 목적의 심리치료들이 동등한 성과를 산출한다는 일반적인 메타분석 결과와 관련하여 많은 문제들이 제기되었다. 여기에서 이러한 문제들을 간략히 논할 것이다.

메타분석 결과에 대한 한 아이러니한 비판은 "무분별하게 상을 분배하는 것은 … 터무니없다"는 것이다(Rachman & Wilson, 1980, p.167). 여기서 아이러니는 전통적인 심리치료의 효과를 확신하고 그에 반하는 증거는 보지 않으려고 했던 심리치료 옹호자들에 비판적이었던 진영에서 이런 주장을 했다는 데 있다.

> [심리치료의] 효과에 대해 의문을 제기하면, 이를 심리치료에 대한 공격으로 여기는 상당히 강렬한 정서가 이 분야에 있다. Teuber와 Powers(1953)가 지적했듯이 "어떤 상담사들에게는 통제집단이라는 아이디어가 약간 불경스럽게 보이는 것 같다 … 마치 우리가 기도의 효과성에 대한 통계적 검증을 시도하는 것처럼 말이다 …".
>
> (Eysenck, 1961, p.697)

하지만 경험적 증거가 반대의 입장을 지지할 때, 그 결론은 "터무니없는"으로 명명된다. 어떤 사람들은 메타분석적 노력에 대한 아이젠크식 회의론(Eysenckian skepticism)으로 되돌아간다. Barlow(2010)는 상대적 효과성을 평가하는 한가지 유망한 방법인 메타분석을 비판했다.

> 사용된 방법은 메타분석 절차를 활용하여 여러 연구를 회고적으로 재분석하는 것이다 … 이 절차는 아주 작은 비틀기로도 쉽게 왜곡할 수 있는 것으로 악명이 높다(Dieckmann, Malle, & Bodner, 2009 참조). … 글쎄, 내담자와 치료사 모두 치료 효과를 믿는 "bona fide" 처치인 한, 만성 정신분열증, 특정 공포증, 양극성 장애, 또는 강박증 내담자에게 동일한 절차를 사용할 수 있다고 진짜로 믿는 임상가가 있을 것인가? 그렇다면 내담자중심 치료는 인지적 교정치료처럼 정신분열증의 인지적 결손에도 효과가 있을 것인가? 그리고 ERP(Exposure and Response Prevention, 노출 및 반응방지법)처럼 강박증에도 효과가 있을 것인가? 이 주장이 결코 설득력을 얻지 못하는 근본적인 이유는 임상실험이 어떻게 재해석되든 이것은 분명히 말이 안 되기 때문이다.
>
> (p.15-16)

여기서 Barlow는 동등 효과성 주장을 조롱하듯 확대해석하며(즉, 도도새 예측이 치료사가 내담자 또는 호소 문제와 관계없이 정확하게 동일한 절차를 사용해야 한다는 관점을 가지고 있다와 같은), 몇몇 특정한 처치의 우수성이 명확하다고 주장한다. 처치 효과성이 동등하다는 이론적 명제는 결코 임상가가 장애를 무시하고 단순히 모든 사람에게 똑같은 처치를 제공한다는 의미를 내포하지 않는다. 메타분석에 포함되기 위해서는 그 처치가 그 장애에 대해 치료적 효과가 있을 것으로 의도된 것이어야 한다. 지금껏 발견된 사실은 특정한 장애들에 대한 다양한 처치가 똑같이 효과적이라는 것이다.

더구나 메타분석자의 임상적 전문성에 의문을 제기하는 일도 흔하다. 즉 "[메타]분석을 수행하는 사람들은 해결해야 할 실체가 있는 문제보다 과제의 양적 측면에 대해 더 많이 알고 있는 것 같다."(Chambless & Hollon, 1998, p.14)는 것이다. 이 마지막 문장은 1960년에 통제집단 설계를 사용하는 행동지향적 임상과학자에게 정신분석학자가 할 수도 있는 말이다! 특정한 약물치료 옹호자가 약물치료 문헌을 타당하게 비판할 수 있는 유일한 연구자인가? 즉, 자신이 마음속으로 옹호하고 있는 모델(심리치료의 의학모델이 이 경우에 해당한다.)과 일치하지 않는다고 해서 증거를 폄훼하는 것은 비과학적이다. Popper(1962)가 지적한 바와 같이, 실제로 과학의 정신은 계속되는 비판과 그에 대한 대응의 변증법에 의존한다.

> "우리는 어떻게 오류를 발견하고 제거할 수 있을까?" … 다른 사람들의 이론이나 예측을 비판함으로써 … 그래서 "어떻게 알았습니까? 당신 주장의 출처나 근

> 거는 무엇입니까? " … 와 같은 질문에 대한 나의 대답은 다음과 같다. "저는 모릅니다. 나의 주장은 단지 예측이었습니다. 출처는 신경쓰지 마세요. 그것이 어디서 나왔는지는 별로 중요하지 않습니다. 많은 가능한 출처들이 있을 수 있습니다. 나는 그중 절반을 알지 못할 수 있습니다. … 그러나 내가 잠정적인 주장으로 해결하려고 했던 문제에 관심이 있다면, 가능한 엄격하게 비판해 주는 것이 저를 도와주는 것입니다…"
>
> (p.26-27)

메타분석 결과에 대한 또 다른 비판은 도도새 예측이 사실일 수 없다는 것이다. 왜냐하면 그에 반하는 사례가 있기 때문이라는 것이다. 즉, 처치 간의 차이를 발견한 연구들이 있다(Chambless & Hollon, 1998; Crits-Christoph, 1997). 그러나 전형적으로 1종 오류 확률(차이가 없다는 영가설을 잘못 기각함)은 5%로 설정된다. 그래서 처치 간 실제 차이가 0일 때, 적은 비율의 연구에서만 유의한 차이가 발견될 수 있을 것이다. Wampold 등(1997b)은 처치 간 비교에서 나타난 효과 크기 분포의 꼬리(tails)가 실제 효과 크기 0일 때 기대될 수 있는 것과 일치한다는 것을 보여주었다. 즉, 어느 하나의 처치가 유의하게 차이를 보이는 연구의 수는 표집 오차를 고려할 때 기대할 수 있는 것과 동일했다(<그림 5.2> 참조). 물론, 하나 또는 몇 개의 성과 측정 도구에서 나타난 유의한 차이를 근거로 반대 사례를 선택하면 표집 오차율은 증가한다. Crits-Christoph(1997)는 Wampold 등(1997b)의 메타분석에 포함되었던 15편의 연구를 찾을 수 있었다. 이 연구들은 인지행동치료와 비인지행동치료를 비교하는 것이었으며, 이들 연구에서 사용된 여러 변인 중 하나의 변인에서 인지행동치료의 우수성이 드러났다. 선정된 연구들에는 많은 문제가 있었지만(예를 들어, 비교 집단은 치료를 목적으로 하지 않았음), 주된 문제는 자신의 생각과 일치하는 결과의 예를 찾기 위해 데이터베이스를 샅샅이 뒤지면 분명히 그 생각을 확증할 수 있을 것이라는 점이다. 이 경우에는 3천 개 이상의 변인집합에서 15개 변인을 찾은 것이 된다.

몇몇 사람들은 메타분석에서 얻어진 함의를 폄훼했다. 이들에게 그런 결과는 성과 연구의 현재 상태를 나타낼 뿐이며, 상대적 효과성의 실제 상태나 성과연구의 미래 상태를 반영하지 않는 것으로 생각되었기 때문이었다(Howard et al., 1997; Stiles et. al., 1986). Wampold 등(1997a)은 다음과 같이 진술하였다.

> 오늘날 우리가 사용하는 처치보다 훨씬 더 효과적인 처치가 개발될 날을 고대

> 한다. 그러나 언젠가 그날이 오겠지만, 현재 존재하는 자료로는 처치 간 효과성의 차이가 존재하더라도 지극히 작다고 해야 할 것 같다.
>
> (p. 230)

어쨌든, 반대되는 자료가 제시될 때까지 과학적 입장은 영가설을 유지하는 것이다. 처치 간 효과성의 경우, 영가설은 차이가 없다는 것이 된다.

동등 효과성에 대한 많은 대립가설들이 제시되어 왔다. 예를 들어, Crits-Christoph(1997)는 Wampold 등(1997b)의 메타분석에서 추수 평가를 포함시킨 것이 차이를 감소시켰다고 언급했다. 왜냐하면 덜 효과적인 치료를 받은 내담자들이 자신의 장애 치료를 위해 다른 치료를 받으러 갈 것이기 때문이다. 또 다른 대립가설은 심각한 장애에서만 차이가 분명해진다는 것이다. "가벼운 조건에서는 처치의 비특정 효과 … 그 자체로 충분히 강력한 영향을 미칠 것이다 … 그래서 특정 요인들이 많은 역할을 할 여지를 거의 남겨주지 않을 것이다"(Crits-Christoph, 1997). 이런 가설과 몇몇 기타 대립가설은 사실일 수 있지만, 어떤 처치가 다른 처치보다 우수하다는 것을 확립하기 위해서는 경험적 검증이 필요하다(Wampold et al., 1997a). Wampold 등(1997a)이 종결 시에 측정된 성과 중에서 심각한 장애 처치(즉, DSM-IV 장애)에 해당되는 자료를 재분석하였을 때, 동등 효과성 결과가 유지되었다는 점에 유의해야 할 것이다.

어떤 사람들은 성과의 동등성이 나타나는 이유로 진단 시스템을 들었다. DSM 장애들은 다양한 병인 경로를 포함하는 범주들이며, 경로에 따라 특정한 치료가 필요하다는 논쟁이다(Follette & Houts, 1996). 예를 들어, 비합리적 신념으로 우울증이 유발된 사람에게는 인지행동치료를 실시할 것이고, 사회적 관계를 제한하는 사회적 기술 결핍으로 인한 외로움 때문에 우울증이 유발된 사람들에게는 사회기술훈련을 실시할 것이다. 이 예측이 사실이라면 특정 성분에 대한 강력한 증거가 될 것이고, 의학 모델을 분명하게 지지해 줄 수 있을 것이다. 하지만 8장에서 살펴보겠지만, 처치와 병인 경로의 상호작용 효과가 존재한다는 증거는 거의 없다.

어떤 사람들은 메타분석을 통해 통합된 1차 연구들이 무선할당, 탈락, 알려지지 않은 인과 변인과의 상호작용, 성과 측정도구 선택, 제한된 외적 타당도의 문제 때문에 결함이 있다고 주장했으며(Howard, Krause, Orlinsky, 1986; al., 1997), 결과적으로 메타분석에도 결함이 있다고 주장했다. Howard 등(1997)은 "비교 실험이 가지고 있는 이런 류의 모든 문제를 (메타분석이) 이어받고 있다"(p.224)라고 지적했다. 어느 정도는 사실이지만, 그렇다고 메타분석을 통해 얻은 결론을 틀렸다고 할 수는 없다. 다음과 같은 이유 때문이다. 만일 심리치료 성과연구에 결함이 있어서 그 결과가 어떠한 정보도 전달하지 못한다면, 그 결과는 모두 버려져야 하며 그러한 설계를 통해 산출된 결과를 바탕으로 결정이 내려져서는 안 될 것이다. 하지만 물론, 아무도 진지하게 그러한 설계가 완전히 타당하지 않다고 얘기하지 않으며, 단지 타당도에 대한 위협이 있다고 할 뿐이다. 메타분석은 그러한 연구가 일관성 있게 같은 결론을 도출해 내는지(즉, 공통적인 추정치에 수렴하는지)를 결정하는 데 활용될 수 있기 때문에 이점을 갖는다. 이 경우 신뢰가 증가한다. 동등 효과성이 바로 이 경우에 해당된다. 모든 비교 연구에는 결함이 있으며, 실제를 위해서든 이론을 위해서든 개별연구로부터 강한 진술을 하는 것은 위험을 수반한다. 하지만 Wampold 등(1997b)의 메타분석과 후속하는 장애별 메타분석에서 확인된 것처럼 277개의 비교가 0을 중심으로 균등하게 분포되어 있다면, 수많은 비교에서 나타난 이런 결과는 동등 효과성 추측과 일관된다고 이해되어야 한다. 즉, 이런 결론은 확신을 가지고 내려질 수 있다.

6. 결론

Rosenzweig(1936)는 "모든 치료방법은 제대로 잘 실시된다면 똑같이 성공적일 것이다"라고 예측했다(p.413). 1970년대와 1980년대, 초기 메타분석에서 도출된 증거는 Rosenzweig의 예측과 일치했다. 다음 30년 동안 모범적인 연구들과 방법론적으로 견고한 메타분석은 처치 간 작은 차이가 있음을 보여주는 증거를 산출했다. 비록 0은 아니지만 말이다. 이런 결과는 행동지향 처치가 특히 적절하며 다른 처치보다 우수하다고 생각되었던 두 영역 즉, 우울과 불안 처치에 일반화 되었다. 특정한 인지행동치료가 bona fide 비교 처치들보다 더 효과적이라는 주장은 흔하지만 지나치게 과장되어 있으며 추가적인 검증이 필요하다. 도도새 추측은 많은 검증에서 살아남았고, 기각할 만한 충분한 증거가 산출될 때까지 "사실"로 간주되어야 한다.

다양한 처치들 간 차이가 없다는 결론은 특정 성분이 심리치료의 효과를 담당한다는 가설에 의문을 제기한다. 특정 성분이 진실로 치료적이라면, 이들 성분 중 일부는 다른 성분보다 상대적으로 더 효과적일 것이라고 기대할 수 있을 것이다. 처치의 동등 효과성은 의학 모델이 심리치료 연구에서 산출된 경험적 연구결과를 설명할 수 없다는 첫 번째 증거가 된다.

주석

1. (128쪽) 초판에서는 많은 초기 리뷰와 1차 연구들이 검토되었다. 지난 15년 간 임상실험 문헌이 확장되었으므로, 이러한 초기 인용의 상당 부분을 제외시켰다. 현재의 리뷰는 몇 가지 고전적인 참고문헌(예 Elkin et al., 1989; Smith & Glass, 1977)을 제외하고는, 보다 최근의 1차 연구들과 메타분석에 초점을 맞추고 있다. 이 초기 연구들에 관심이 있는 독자들은 초판을 참고하기 바란다.
2. (136쪽) Ellis(1957)의 연구는 아마도 가장 악명 높을 것이다. 왜냐하면 그는 합리정서 치료를 개발하고 보급시켰으며, 모든 처치에 있어서 유일한 치료사이자 치료적 변화의 유일한 평가자였기 때문이다.
3. (144쪽) Wolpe가 제안한 상호억제 기제는 결함이 있는 것으로 판명되었다(Kirsch, 1985 참조). Phillips는 병리적이든 정상적이든 모든 행동은 타인과의 관계 및 자신에 대한 "주장"의 결과라고 주장했다. 이 주장은 당시 존재했던 학습이론과 거리가 있는 것처럼 보인다. 비록 Ellis는 자신의 합리적 치료를 위한 학습이론의 기초를 제안하지 않았지만, Eysenck은 이것에 대한 학습이론 설명을 개발하는 것이 "불가능하지 않을 것"이라고 설명했다(Eysenck, 1961, p.719).
4. (146쪽) 지금까지 수행된 초기 메타분석은 일반적으로 일관된 결과를 산출했다. 심리치료를 직접 비교한 1차 연구를 검토하는 것에 의존하지 못했던 초기 메타분석(즉, Smith & Glass, 1977; Smith et al., 1980)은 다양한 처치 범주들 간 효과성에 있어 약간의 차이가 있음을 발견했다. 하지만 혼입변인이 통계적으로 모델링되었을 때, 이러한 차이는 무시할만한 것이었다. 처치 범주들 간 직접 비교를 대상으로 한 초기 메타분석(즉, Shapiro & Shapiro, 1982)에서는 약간의 차이를 산출했지만 우연히 기대할 수 있는 것 이상은 아니었다. 더욱이, 특정 성분(즉, 체계적 둔감화보다 인지치료의 우수함)을 지지해 줄 수도 있었던 한 가지 결과는 이후 분석에서 존재하지 않는 것으로 밝혀졌으며, 충성심 때문에 그럴 가능성이 매우 높았다(Berman et al., 1985 참조).
5. (149쪽) Grissom(1996)은 다양한 심리치료들을 비교한 32개의 메타분석을 메타분석하였다. 각 차이에 양의 부호를 부여하고 효과 크기 차이 0.23을 계산해 냈다. 즉, Wampold 등(1997b)이 발견한 상한치를 재현한 것이다.
6. (154쪽) BDI의 편향에 대해서는 벡 우울척도의 문항들을 검토하면 많은 문항들이 인지를 언급하고 있다는 것(bias)에서 알 수 있다. Shapiro 등(1994)의 인지–행동 처치와 정신역동–대인관계 치료에 대한 연구는 경험적 증거를 제공한다. 8개의 성

과 측정치들 중, 6개의 차이에 대한 F 값은 1.00 미만이었으며, 이것은 치료 간에 절대적 차이가 없음을 나타낸다. 그러나 BDI는 인지행동치료에 유리하게 큰 효과를 산출해 냈다. BDI의 인지적 편향에 대한 추가적인 증거는 메타분석에서 나타났다. 즉, 메타분석을 통해 심리치료가 촉진한 인지유형의 변화는 (다른 우울증 척도가 아닌) BDI로 측정한 우울의 감소와 관련된다는 사실이 발견된 것이다(Oei & Free, 1995).

7. (155쪽) 흥미롭게도, 어떤 유형의 내담자들에게는 지지적이고 자기지시적인 치료가 가장 효과적이었다.
8. (159쪽) 정신장애진단 및 통계편람(Diagnostic and Statistical Manual of Mental Disorders) 5판에서는 더 이상 공식적으로 외상 후 스트레스 장애(PTSD)를 불안장애로 분류하고 있지 않지만, PTSD와 기타 불안장애를 위한 많은 치료들은 종종 노출－기반 메커니즘을 포함하고 있다. 일반적으로 PTSD와 불안장애를 분리해서 논의하지만, 많은 이론적 이슈들이 유사하기 때문에 우리는 이러한 논의들을 한데 모아 보았다.
9. (163쪽) EMDR을 비판하는 사람들은 그것이 본질적으로 노출기반 치료라는 점을 지적함으로써 그것의 효과를 설명한다. 본질적으로, EMDR은 효과가 없거나 치료 요소를 포함하고 있지 않기 때문이 아니라, 내담자에게 치료가 왜 효과가 있는지에 대해 잘못된 이론적 근거를 제공하고 불필요한 특정 행동에 참여하도록 요구하기 때문에 유사과학이라 할 수 있다(8장 참조).
10. (164쪽) 이 결과는 Sánchez－Meca 등(2010)의 정오표(corrigendum)에 보고된 효과 크기에 근거한다. 이 정오표에는 부록에 보고된 사례수(n)를 이용해 계산한 분산이 제시되어 있다. Mavissakalian과 Michelson(1986)의 연구로부터 나온 효과를 재범주화한 후, 활성 통제집단과 대기자 집단을 비교해 산출된 효과를 구분했다. 치료유형(노출 기반 vs. 비노출 기반)은 두 경우 모두 효과 크기의 중재변인이 아니었다(활성 통제집단의 경우 $d_{exp}=0.32$, 95% CI[－0.01–0.64], 대기자 통제집단의 경우 $d_{exp}=0.59$, 95% CI[－0.1,1.27]). 또한 저자들은 출판 편향이 결과에 위협이 되지 않는다고 보고하였지만, 42쪽 각주에 공황 측정치에 대한 출판 편향의 증거를 보고했다는 데 주의하자. 작은 표본크기를 가진 출판된 연구들에서는 더 적은 수의 작은 효과가 나타날 수 있음을 시사한다. 이것은 통합(aggregate) 처치 효과에 잠재적 상승 편향(potential upward bias)을 일으킬 수 있다.
11. (164쪽) Abramowitz(1997)는 강박장애에 대한 첫 메타분석을 실시하였다. 이 연구

에서는 노출 및 반응 방지, 인지치료, 그리고 노출 및 반응장비의 요소들(즉, 노출만 있는 것 또는 노출 방지만 있는 것)의 직접 비교를 개관하였다. 또한 노출–반응 방지는 이완과 비교되었지만, 이 연구에서 이완은 통제집단으로 활용되었으며 이 책에서 사용한 심리치료의 정의를 충족시키지는 못했다. 어떤 쌍의 치료에서도 차이가 발견되지 않았다.

Chapter 06

치료사 효과

간과되었지만 핵심적인 요인

유익한 성과를 가져오는 치료사의 질은 이 분야가 시작된 이후로 심리치료 연구자와 상담사의 관심이 되어 왔다. 치료사의 어떤 특성이나 행동은 다른 것보다 좀 더 바람직하며, 결과적으로 어떤 치료사는 다른 치료사에 비해 내담자와의 작업에서 좀 더 효과적이라는 것은 명백한 것으로 보인다. 이 점에서 치료사는 다른 전문직과 유사하다. 어떤 변호사는 다른 변호사보다 좀 더 많은 사례에서 승소를 하며, 어떤 예술가는 다른 예술가보다 좀 더 인상적이고 창의적인 작품을 만들고, 어떤 교사는 다른 교사들보다 학생의 더 훌륭한 성취를 촉진한다.

치료사 효과에 대한 관심에도 불구하고, 심리치료의 한 치료요인으로 치료사를 보지 않으려는 경향이 있어 왔다. 50여 년 전에 Donald Kiesler(1966)는 다음과 같이 말했다.

> 동등성 가정이 여전히 심리치료 연구에 존재한다. 심리치료에 내담자를 배정할 때, "심리치료"가 마치 단일한 동질적인 처치인 것처럼, 그리고 치료사의 차이는 없는 것처럼 여겨왔다. … 심리치료 연구가 발전하려면, 우선 상담의 최종 성과와 밀접하게 관련될 것으로 추측되는 치료사 변인(성격 특성, 기법적 요인, 관계 변인, 역할 기대 등)을 설정하고 측정하는 작업을 시작해야 한다.
>
> (p.112 − 113)

치료사가 심리치료의 과정과 성과에 영향을 미치는 다양한 방식을 이해하기 위하여 Beutler 등(2004)은 치료사 변인의 분류체계를 고안하였다. 치료사와 관련된 측면은 (a)객관적 대 주관적, (b)범상황적 특성 대 치료 특정적 상태의 두 차원을 따라 범주화되었다. 이에 따라 치료사 변인의 네 가지 유형이 도출되었다. 치료-특정적 상태에 대해서는 다른 장에서 상당 부분 다루었다. 즉, 충실성 및 특정 효과와 관련한 치료사 개입은 8장에서, 작업 동맹과 다른 관계 측면에 대해서는 7장에서 다루었으며, 상대적 효과성과 관련한 치료적 지향에 대해서는 5장에서 다룬 바 있다. 치료사의 범-상황적 특성은 치료사가 상담하는 다양한 내담자에게 비교적 일정하게 나타나는 치료사의 측면이다. 인구학적 특성(예 나이, 성별, 민족성), 치료사의 특성(예 성격, 대처 방식, 정서적 안녕감, 가치, 신념), 그리고 문화적 특성이 여기에 속한다.

Beutler 등(2004)은 심리치료 성과와 관련된 네 범주의 치료사 변인과 관련한 연구물을 개관했다. 다수의 증거는 치료-특정적 변인과 관련되어 있었고, 이전 장에서 개관했던 증거와 일치했다. 무엇보다 Beutler 등은 검토된 어떤 변인도 치료사 효과(effectiveness)와 명확히 관련되지 않으며, 치료사 변인에 초점을 맞춘 연구들의 수도 그 장이 쓰여진 시점까지(즉, 2003년까지) 감소해 왔다고 결론내렸다. 치료사 변인을 검토하는 것이 흥미롭고 많은 정보를 줄 수 있다 하더라도 논리적인 면에서 보면 순서가 잘못되었다. 치료사 효과와 관련된 변인을 찾기 전에 처치를 제공하는 치료사가 성과에서 차이를 만든다는 것이 먼저 확립되어야 한다. 만약 치료사들이 균일하게 효과적이라면, 효과적인 치료사의 특성이나 행동을 찾을 필요가 없다. 그런 것이 존재하지 않을 것이기 때문이다. 이 장은 치료사가 성과에서 차이를 만드는지, 만약 차이가 있다면 얼마나 차이가 있을지에 초점을 둔다.

의학 모델과 맥락 모델을 구분할 수 있는 핵심적인 이슈는 치료사가 치료의 성과에 영향을 미치는 정도에 있다. 즉, "특정 치료사가 중요한가?"이다. 의학 모델은 특정 성분이 치료 성과에 핵심이고 '내담자가 무슨 성분을 받았는지'가 '그 성분을 누가 전달했는지'보다 더 중요하다고 상정한다. 반면에 맥락 모델에서는 치료사가 성과에 핵심적인 역할을 한다. 왜냐하면 처치가 어떻게 전달되었는지가 치료의 성공에 핵심적이라고 인정하기 때문이다. 더욱이 맥락 모델은 효과적인 치료사의 행동이 특정 성분(예 처치 프로토콜에 충실함 또는 프로토콜을 충실히 준수함)과 무관하며, 반면에 우리가 공통요인이라고 생각하는(예 공감, 이해, 다양한 내담자와 동맹을 형성하는 능력과 같은) 것과 관련될 것이라고 제안한다. 의학 모델의 지지자도 어떤 치료사가 다른 치료사에 비해 특정 처치를 전달하는 데 더 유능할 것이라는 점을 인정한다.

> **역량**은 처치를 할 때, 치료사가 보여주는 기술의 수준을 [말한다]. [기술은] 치료사가 개입을 할 때, 치료 맥락의 적절한 측면을 감안하고 이러한 맥락변인에 적절히 반응하는 정도를 말한다. 맥락의 적절한 측면들은 다음을 포함하지만,

> 이것에 국한되지는 않는다. (a)손상의 정도와 같은 내담자 변인. (b)내담자가 가지고 있는 특정한 문제. (c)내담자의 생활과 스트레스. (d)치료 단계, 향상의 정도, 치료 회기 내 개입의 시기에 대한 적절한 민감성과 같은 요인.
>
> (Waltz, Addis, Koerner, & Jacobson, 1993, p.620)

이러한 방식으로 정의된 역량은 일반적으로 숙련된 치료사나 전문가에게 훈련받은 평정자에 의해 평가된다(8장 참고). 그러나 평정자에 의해 측정된 이와 같은 처치의 특성은 성과와 무관할 수 있다. 실제로 연구자들은 역량과 성과 측정치 간 상관을 찾으려고 혈안이 되어 있다. 이런 노력은 NIMH TDCRP에서 찾을 수 있으며, 한 메타분석(예를 들면, Shaw et al., 1999; Webb et al, 2010과 8장 참고)에서 확인된다.

여기서 제기하고 있는 의학 대 맥락 모델 논쟁의 중요한 쟁점은 '역량이 어떻게 측정되는가' 또는 '성과와 관련이 있는가'가 아니다. 그것보다는 '치료사 간 성과에 큰 변산이 있는지 여부'이다. 치료적일 것으로 의도된 처치를 비교하는 임상실험에서 치료사들은 선별되고, 훈련과 수퍼비전을 받는다. 그리고 처치를 전달하기 전에 적정 수준의 역량에 도달했을 것으로 기대된다. 그럼에도 불구하고 어떤 성분은 다른 성분보다 더 좋을 것이라는 의학 모델의 가정은 임상실험에서 치료사 차이를 최소화하는 절차와 결부되어서 처치 간 변산이 치료사 간 변산보다 더 커야 한다고 제안한다. 의학 모델에 따르면 환자가 받는 처치(처치 A 대 처치 B)가 처치를 전달하는 사람보다 더 중요해야 한다. 특히 치료사가 처치 프로토콜을 충실하게 따른다면 말이다. 이 점이 이 장의 나머지를 이끄는 중요한 질문이다.

이 장에서 역량은 성과로 정의된다. 간단히 말해서, 더 유능한 치료사는 덜 유능한 치료사보다 더 좋은 성과를 낳는다. 물론, 더 유능한 치료사와 덜 유능한 치료사의 차이를 만드는 것이 무엇인지를 밝히는 노력이 필요할 것이다. 그러나 놀랍게도 이러한 방향을 향한 연구는 거의 없다(이러한 연구 유형의 예에는 Anderson, Ogles, Patterson, Lambert, & Vermeersch, 2009; Baldwin, Wampold, & Imel, 2007; Blatt, Sanislow, Zuroff & Pilkonis, 1996 등이 있다). 역량이 성과로 정의되면, 치료사에 기인한 성과 변산은 역량에서의 차이를 나타낸다. 맥락 모델에서는 치료사 간 변산이 처치 간 변산보다 더 클 것이라고 예상한다. 유능한 치료사는 어떤 처치를 제공하든 훌륭한 성과에 도달할 것이다.

요약하면, 두 모델은 다른 가설을 가지고 있다.

의학 모델: 처치 변산 〉 치료사 변산
맥락 모델: 치료사 변산 〉 처치 변산

이 장의 앞 부분에서는 치료사 효과를 평가하기 위한 연구설계 이슈를 논의할 것이다. 후반부에서는 치료사 효과의 크기에 대한 증거를 산출한 연구들을 검토할 것이다.

1. 연구설계 이슈

치료사에 대한 고려는 처치의 효과성에 대한 적절한 결론을 내리는데 핵심이 되는 중요한 점이다. 심리치료 연구 설계에서 치료사를 간과하면 잘못된 결론에 이를 수 있다. 이 장에서 그 예를 제시할 것이다. 심리치료 연구에서 치료사 효과의 속성을 이해하는 것은 필수적이다. 이 절에서는 치료사를 처치에 할당하는 두 가지 방법, 즉 내재 설계와 교차 설계를 설명한다.

1) 내재 설계

내재 실험 설계에서 치료사는 그림 6.1과 같이 처치에 무선으로 할당된다. 즉, 각 치료사는 하나의 처치만을 전달한다. 내재 설계가 대부분의 실험 설계 교과서에 잘 논의되고 있지만(예 Kirk, 1995), 여기서 좀 자세히 제시하려 한다.

여기서 m을 각 치료사에게 무선으로 할당된 피험자의 수라고 하자. k를 각 처치에 할당된 치료사의 수라 하고, p를 처치의 수라 하자. 그래서 각 처치에는 mk 피험자가 있게 되고 총 mkp의 피험자가 있게 된다. 내재 설계가 사용될 때, 역사적으로 치료사 요인은 간과되어 왔다(Crits-Christoph & Mintz, 1991; Wampold & Serlin, 2000). 그러나 치료사 요인을 간과하면 1종 오류를 증가시킬 수 있고, 처치의 효과를 과대추정할 수 있다(Wampold & Serlin, 2000). 우수한 학술지에 게재되는 대규모 RCT 연구에서 치료사 효과를 인정하는 것이 일반적이 되어 가고 있지만(예 Ball et al, 2007; Leichsenring et al, 2013), 성과에서 치료사 차이를 적절하게 추정하기에 임상실험들은 규모가 너무 작다(예 Taylor et al, 2003). 그래서 저자들이 치료사 차이를 검증하기는 하지만 검증력 부족으로 인하여 이러한 효과는 감지되지 않을 수 있다. 그러나 통계적인 유의미함이 발견되지 않더라도 치료사 요인은 통계 모델에 분명하게 포함되어야 한다. 그렇지 않으면, 치명적인 결과가 초래되기 때문이다.

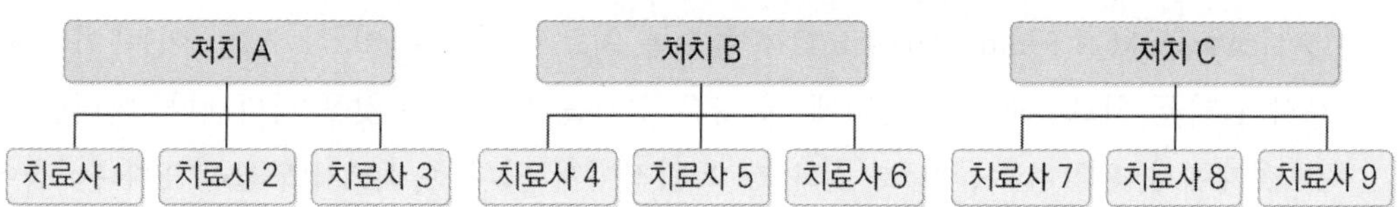

▌그림 6.1▐ 처치에 내재된 치료사

이 설계에 대해 더 검토하기에 앞서, 먼저 치료사가 무선 요인으로 간주되어야 한다(Crits–Christoph & Mintz, 1991; Wampold & Serlin, 2000)는 점을 지적하자.

> 이 모델에서 연구자는 연구하기로 선택한 특정 처치에 대한 결론에 관심이 있다. 그래서 처치는 고정 효과로 간주된다. 반면에 연구에서 활용되는 특정한 [치료사]에는 관심을 거의 두지 않는다. 쟁점은 일반적인 [치료사]가 산출해내는 성과에서 치료사 간 차이를 보이는지의 여부이다. 그래서 [치료사]는 무선 요인으로 간주되어야 한다. 그래야 일반적인 치료사에 대한 결론이 성립될 수 있기 때문이다. 이상적으로 [치료사]는 [치료사] 모집단에서 무선으로 표집되고 처치에 무선으로 할당된다. 실제에서는 특정 처치를 선택했거나 그 처치에 우호적인 치료사가 활용된다. 이는 [치료사]가 전문적으로 인정된 일련의 처치들 중에서 자신이 선택한 처치를 자유롭게 전달하는 현실세계의 상황을 반영한다. 이 경우에 [치료사]는 무선으로 처치에 할당되지 않으며, 따라서 연구의 결론은 일반적인 [치료사]보다는 "처치 X를 선호하는 [치료사]로 제한될 필요가 있다."
>
> (Wampold & Serlin, 2000, p.427)

내재 모델에서 치료사가 효과에서 다양하다면, 내담자 변인과 무관하게(내재 설계에서는 환자가 치료사에게 무선할당된다는 것을 기억하라.) 어떤 치료사에게 할당된 내담자는 다른 치료사에게 할당된 내담자보다 더 나은 성과를 보일 것이다. 치료사 변산은 처치 간 차이에 영향을 준다. 만약 치료사 요인을 간과하면, 처치 간 차이는 실제보다 더 크게 나타날 것이다.

통계적으로, 치료사 간 차이는 전체 변산에 대한 치료사 변산의 비율, 즉 급내 상관계수(ICC)로 표현된다. 즉, ICC는 치료사에 기인한 성과 변산의 비율이다. ICC는 동일한 치료사에 의해 치료되는 두 내담자의 성과가 서로 다른 치료사에 의해 치료되는 두 내담자의 성과보다 더 유사한 정도를 나타내는 지수이다(Kenny & Judd, 1986; Kirk, 1995; Wampold & Serlin, 2000). ICC가 클수록 치료사 간 변산이 더 크며, 이는 어떤 치료사가 다른 치료사보다 일관되게 더 나은 성과를 보인다는 것을 나타낸다. 이러한 연구 설계에서 관찰치(즉, 내담자 성과)가 독립적이지 않다(즉, 치료사에 달려 있다)는 점에 주목할 필요가 있다. 이는 치료사를 간과하면 RCT에서 사용되는 통계적 검증의 주요 가정에 위반된다는 것을 나타낸다.

내재 설계에서 정확한 분석을 위해서는 치료사가 무선 요인으로 고려되어야 한다(Serlin, Wampold, & Levin, 2003; Wampold & Serlin, 2000). 처치에 대한 평균 제곱의 기댓값은 치료사에 기인한 분산을 포함하고 있다. 즉, 처치들 간의 관찰된 차이에 기여하는 치료사 변산을 포함한다. 그래서 제대로 된 F는 처치의 평균 제곱과 치료사의 평균 제곱 비율로 계산된다. <표 6.1>은 정확한 분석과 부정확한 분석(즉, 치료사 효과를 무시하는)의 가설적인 예이다. 정확한 분모를 사용하여 분석이 수행되면 처치 효과의 F값과 자유도는 부정확한 분석일 때 나타났던 값에 비해 훨씬 작다.

▼표 6.1 내재 설계와 옳지 못한 설계에서의 소스 표

$\hat{\omega}^2=1$, $\hat{\rho}_I=.3$, m=4, p=3, k=5					
Source	SS	df	MS	F	Effect Size
내재 설계(옳은 분석)					
처치	9.064	1	9.064	3.339	$\hat{\omega}^2=.100$
치료사	21.714	8	2.714	2.714	$\hat{\rho}_I=.30$
WCell	30.000	30	1.000		
전체	60.778	39			
내재된 치료사 요인을 간과한 설계(옳지 못한 분석)					
처치	9.064	1	9.064	6.660	$\hat{\omega}^2=.124$
오차	51.714	38	1.361		
전체	60.778	39			

출처: "The consequences of ignoring a neste factor on measures of effect size in analysis of variance designs," by B. E. Wampold and R. C. Serlin, 2000, *Psychological Methods, 5,* p, 428. Copyright 2000 by the American Psychological Association. Reprinted with permission.

내재 요인이 무시되면, 관찰치가 독립적이어야 한다는 가정에 위배된다. 왜냐하면 어떤 치료사는 다른 치료사보다 효과적이기 때문이다. 관찰이 독립적이지 않다는 사실을 무시한 결과가 검토되고 연구자들에게 확산되어 왔지만(Barcikowski, 1981; Kenny & Judd, 1986; Kirk, 1995; Walsh, 1947; Wampold & Serlin, 2000), 대체로 간과되었다. 불행히도 부정확한 분석은 후한(liberal) F 값을 산출한다. 1종 오류의 가능성이 명목상의 값보다

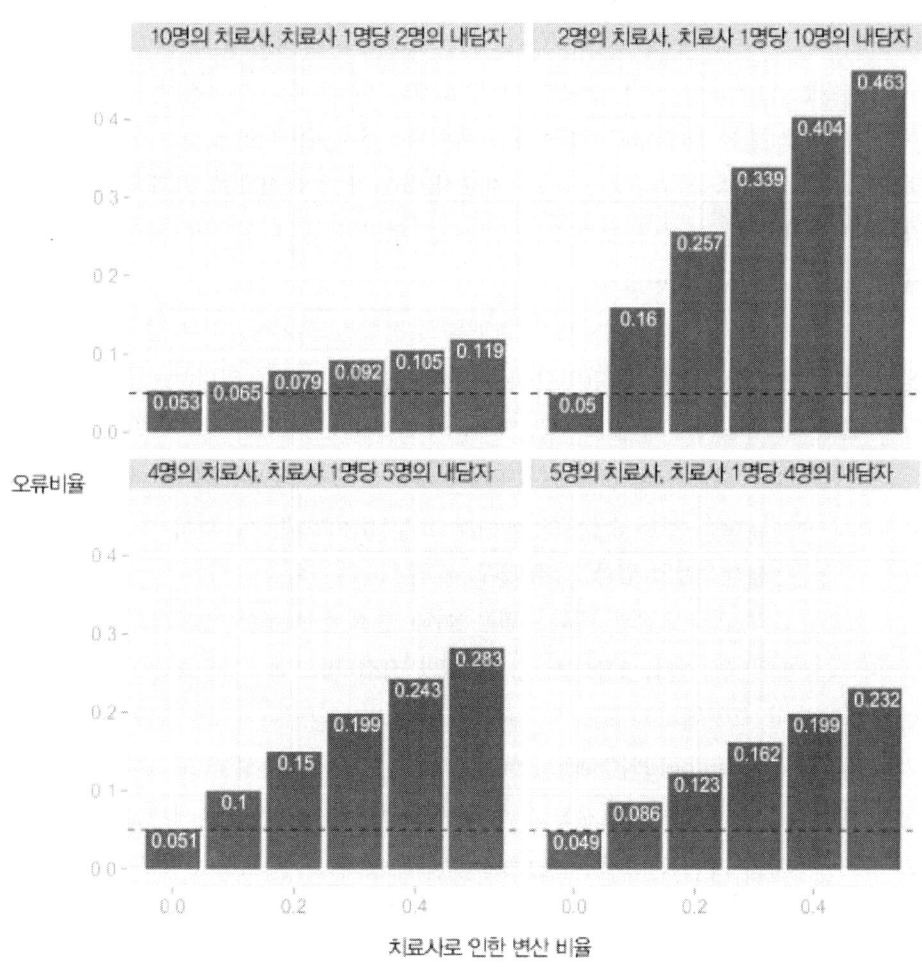

▌그림 6.2▐ 내재된 치료사 요인이 간과될 때 오류 비율(명목 오류 비율은 .05, 두 처치)

출처: "The consequences of ignoring a neste factor on measures of effect size in analysis of variance designs," by B. E. Wampold and R. C. Serlin, 2000, *Psychological Methods, 5,* p, 429. Copyright 2000 by the American Psychological Association. Adapted with permission.

더 커진다는 면에서 그렇다. 그래서 영가설은 처치 간 차이가 없을 때 기대되는 경우보다 더 빈번히 기각될 것이다. Wampold와 Serlin은 Monte Carlo분석을 통해 처치 간 차이가 없을 때, 치료사 효과의 크기에 따라, 그리고 내담자/상담사의 비율에 따라 영가설을 기각할 오류의 비율을 산출했다. <그림 6.2>는 이러한 오류의 비율을 보여준다. 두 처치를 비교하여 생각해보자. 각 처치에 4명의 치료사(k=4)가 있고, 각 치료사는 5명의 내담자를 본다(m=5)고 하자. 이때 치료사 요인은 성과 분산의 20%를 설명한다고 하자(원문에서는 10%로 되어 있으나, 20%의 오기인 것으로 보임-역자 주). 이 경우, 이런 비교의 15%는 처치 간 차이가 없다는 영가설을 기각하게 된다. 이와 같은 연구를 수행한 많은 연구들이 처치 간 차이가 없음에도 불구하고 한 처치가 다른 처치보다 더 효과적이라고 결론 내렸다는 것은 충격적이다. 처치 간 차이를 보여주는 연구는 상대적으로 매우 적고(<그림 5.2> 참조) 치료사 효과가 일반적으로 간과되어 왔다는 점을 감안하면, 처치 간 차이를 보여주는 연구 중 얼마나 많은 연구가 치료사 효과를 간과하고 있을지 생각해보아야 할 것이다.

이 장의 중요한 목적은 치료사 효과를 추정하는 것이다. 내재 설계의 적절한 분석에서 치료사(처치 내에서)에 기인한 분산 비율이 계산될 수 있다. ρ_I를 치료사 요인이 갖는 급간 내 상관계수 모수치라고 하자. 이 수치는 처치 내 치료사 요인에 의해 설명되는 분산 비율 모수치를 나타낸다. 이 수치의 추정은 쉽게 계산될 수 있다(Wampold & Serlin, 2000 참조). <표 6.1>의 예에서 $\hat{\rho}_I$는 0.30인데, 이 수치는 치료사에 기인한 분산 비율 추정치가 30%임을 나타낸다.

심리치료의 의학모델과 맥락모델은 여러 중요한 질문에서 예측되는 효과의 크기에 따라 구분될 수 있다. 5장에서 두 처치의 직접 비교에 대한 효과 크기가 추정되었다. 그러나 이 추정에서는 치료사 변산이 고려되지 않았는데 그 결과 효과 크기가 과대추정되었다. Wampold와 Serlin(2000)은 관찰치 간 의존성을 고려하지 못한 결과가 분산 비율의 크기 측정에 미치는 영향의 정도를 계산하였다. <표 6.1>에서 보는 것과 같이, 처치에 기인한 변산 비율의 정확한 추정치 $\hat{\omega}^2$은 .100이었다. 반면 치료사 효과가 간과되었을 때, 연구자는 .124를 보고할 것이다. 이는 치료사 분산을 간과하면 처치 효과의 추정치가 과장된다는 것을 보여준다.[1] <그림 6.3>은 처치 효과가 여러 상황에서 과장되는 정도를 보여준다. 처치 효과가 실제로는 없는 경우를 가정해보자(즉, <그림 6.3>의 첫 패널에서 $\hat{\omega}^2 = 0$). 처치마다 두 치료사가 있고(즉, k = 2), 치료사마다 10명의 내담자가 있으며(즉, m = 10), 치료사는 성과 분산의 30%를 설명한다(예 $\hat{\rho}_I = .30$)고 하자. 부정확한 추정치의 기댓값은 0.067이다. 말하자면, 이 경우에 연구자는

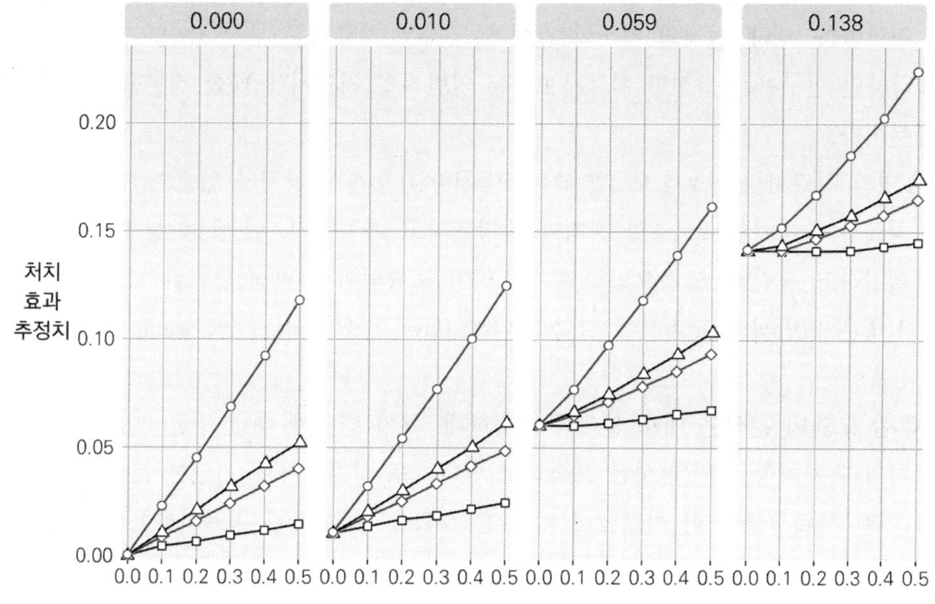

▌그림 6.3▐ (잘못 추정된) 처치에 의해 설명되는 전집 분산 비율

출처: "The consequences of ignoring a nested factor on measures of effect size in analysis of variance designs," by B. E. Wampold and R. C. Serlin, 2000, *Psychological Methods, 5,* p. 430. Copyright 2000 by the American Psychological Association. Adapted with permission

사실 처치로 인한 분산은 없는데도(즉, 처치는 모두 비슷하게 효과성이 있다) 성과 변산의 약 7%는 처치로 인한 것이라고 결론 내리게 될 것이다. 이 장의 후반에 심리치료에서 치료사 요인을 간과한 결과가 제시될 것이다.

여기서 내재 설계를 자세히 설명한 목적은 치료사 요인을 간과할 때 결과적으로 처치 간 차이에 대한 관대한 검증과 처치 효과에 대한 과대추정으로 이어진다는 점을 보여주기 위함이다. 요점은 간단하다. 치료사가 처치에 내재되어 있는 경우 적절한 분석방법을 사용하라. 이것은 정확한 결론을 제공할 뿐만 아니라 아주 중요한 정보인 치료사 효과의 추정치를 제공한다. 부정확한 분석이 수행되면, 치료사 분산의 간과로 인한 부정적 영향은 커진다. 특히 적은 수의 치료사가 활용될 경우 더욱 커진다(<그림 6.2>와 <그림 6.3> 참조).

2) 교차 설계

교차 설계에서 치료사는 <그림 6.4>에 제시한 것처럼 연구되는 각각의 처치 모두를 전달한다. 내재 설계의 경우와 같이 연구자는 치료사를 무선 요인으로 간주하는데 왜냐하면 연구자는 특정한 치료사보다는 일반적인 치료사에 대한 결론을 내리고 싶기 때문이다.

k 명의 치료사와(치료사 모집단에서 무선 선발된) *p*개의 처치가 있으며, *n 명의* 피험자가 치료사와 처치의 *kp* 조합 각각에 할당된다고 가정하자. 이 요인 설계는 종종 혼합 모델이라고 불린다. 고정요인과 무선요인이 포함되어 있기 때문이다. 이 설계의 상세한 설명은 일반적인 교과서에 나와 있다(예 Hays, 1988; kirk, 1995; Wampold & Drew, 1990 참조).

혼합 모델의 분석은 내재 설계와 비슷한데, 처치 변인에 대한 평균 제곱의 기댓값은 오차항과 처치항 이외의 항을 포함하고 있다. 즉, 상호작용에 기인한 분산항을 포함한다. 어떤 치료사들이 한 치료에서 더 나은 성과를 낳고 다른 치료사들은 또 다른 치료에서 더 나은 성과를 낳는다면 상호작용 효과는 클 것이다. 적절한 F 비율은 오차 평균 제곱보다는 상호작용 평균 제곱을 분모로 해서 산출된다. 결론적으로, 설계에서 치료사를 간과하는 것(결과적으로 상호작용을 간과하는 것)은 처치 효과에 대한 과도하게 후한 검증과 과대 추정된 처치의 효과 크기로 나타날 것이다. 결국 내재 설계에서 치료사 요인을 간과한 결과와 비슷해진다. 교차 설계에 대한 자세한 논의는 독자에게 맡겨 놓을 수밖에 없지만(Hays, 1988; Kirk, 1995; Wampold & Drew, 1990 참조), 핵심은 내재 설계와 같다. 즉, 치료사가 처치에 교차된다면 적절한 분석을 사용하라. 그래야 정확한 결론이 내려질 수 있으며, 치료사 효과의 추정치가 제공될 수 있다.

	처치 A	처치 B	처치 C
치료사 1	n 내담자	n 내담자	n 내담자
치료사 2	n 내담자	n 내담자	n 내담자
치료사 3	n 내담자	n 내담자	n 내담자
치료사 4	n 내담자	n 내담자	n 내담자

▌그림 6.4▐ 치료사와 처치가 교차된 설계

3) 내재 설계와 교차 설계의 상대적 장점

내재 설계의 한 가지 장점은 각각의 처치에 숙달되어 있고 높은 충성심을 갖고 있는 치료사의 처치를 비교할 수 있다는 것이다. 충성심은 성공적인 성과에 매우 중요하다(5장 참조). 그래서 연구자가 처치 간 치료사 충성심을 적절하게 균형 맞춘다면, 내재 설계를 통해 처치에 대한 높은 충성심을 갖는 치료사에 의해 수행된 처치를 비교할 수 있다. 내재 설계의 좋은 사례는 NIMH의 Treatment of Depression Collaborative Research Program이다. 이 연구를 위해 대인관계치료(IPT)를 하는 10명의 치료사, 약물치료를 담당한 10명의 치료사, 그리고 인지행동치료(CBT)를 담당한 8명의 치료사가 참여하였다. 기술과 충성심은 다음의 방식으로 통제되었다.

> 모든 [치료사]는 전문적인 훈련(예 임상심리학자의 경우 Ph.D. 그리고 인턴십, 정신과 의사의 경우 MD, 그리고 레지던트 훈련)을 마친 후 최소 2년의 전일제 임상 작업, 최소 10명의 우울 환자의 치료, 자신들이 훈련받은 치료적 접근에 대한 특별한 관심과 관여와 같은 특정한 배경과 경험 준거를 충족시켜야 했다. IPT 치료사는 사전에 정신역동 접근에 대한 훈련을 받아야 했으며, CBT 치료사는 인지적 또는 행동적 배경을 가지고 있어야 했다. 약물치료사는 향정신성 약물 치료에 대한 상당한 훈련을 받았어야 했다 … **그래서, 이 연구에서 비교된 처치 조건은 사실 특정한 치료적 접근과 이를 실시하기 위해 선택되었거나 실시하기를 선택한 치료사들로 구성된 "패키지"였다.**
>
> (강조는 저자에 의한 것임, Elkin, Parloff, Hadley, & Autry, 1985, p.308)

심리치료연구에서 사용된 내재 설계의 단점은 각 치료사가 한 종류의 처치만을 전달한다는 점이다. 그래서 치료사와 처치는 혼입된다. 한 종류의 처치를 전달하는 치료사가 다른 처치를 전달하는 치료사보다 기술적으로 더 숙련되었을 수 있기 때문이다. 그러나 적절히 분석된다면, 처치 A가 처치 B보다 더 나은 성과를 산출한다고 결론 내릴 수 있다. 단 각 처치를 담당한 치료사들이 그 처치에 대한 적절한 정도의 훈련을 받았고, 그 처치에 대한 충분한 충성심을 갖고 있었다는 전제 하에서 말이다(Serlin et al., 2003; Wampold & Serlin, 2000).

교차 설계에서 치료사의 일반적인 특성은 처치 간 동등하다. 그러나 훈련, 기술, 충성심이 집단 간에 균형이 잡혀있는지 주의 깊게 살펴보아야 한다. 예를 들어, 행동치료(BT)와 인지행동치료(CBT)를 비교하는 연구에서 Butler, Fennell, Robson, 그리고

Gelder(1991)는 원래는 BT를 훈련받았지만, 추가로 필라델피아의 인지치료센터에서 CBT 훈련을 받은 임상심리학자를 활용했다. 이 심리학자들이 처음부터 BT에 충성심을 가졌을 수 있다. 하지만, 이런 특별한 훈련이 CBT에 대한 충성심은 아니라 해도 CBT의 기술을 증가시킬 수는 있었을 것이다. Clark 등(1994)에 의해 수행된 인지치료(CT)와 이완요법(AR)의 비교에서 교차 설계에 따른 문제가 나타났다. 이 연구는 5장에서 논의되었는데, 저자 중 두 명은 분명히 CT의 신봉자였고 CT에 숙달된 사람들이었다. 이 두 사람이 CT와 AR 모두를 담당하였다. 더욱이 이 두 치료사는 주저자에 의한 관리감독을 받았는데, 주저자는 이 연구에서 사용된 CT를 개발한 사람이었다. 이 연구에서 처치는 충성심과 혼입되었다. 그래서 CT가 우월하다고 관찰되었을 때, 이것이 CT의 효과성으로 인한 것인지 치료사의 충성심과 기술로 인한 것인지 결정하는 것이 불가능했다. 이전에 언급한 것과 같이(5장) 교차 설계에서는 충성심이 종종 간과된다. 특히 CBT 연구에서 그러한데, 이 때문에 치명적인 결과가 나타난다(Falkenström, Markowitz, Jonker, Philips, & Holmqvist, 2013).

치료사를 처치에 할당하는 두 가지 방법은 잠재적인 혼입요인을 가지고 있다. 그래서 연구자는 위협을 인지하고 있어야 하며 타당도에 대한 위협을 최소화해야 한다. 내재 설계이든 교차 설계이든 치료사 간 변산을 간과하는 것은 분명히 후한 F 검증을 하게 하고 처치의 효과를 과대추정하게 한다. Crits–Christoph와 Mintz(1991)는 140개의 비교연구를 개관하면서 내재 혹은 교차설계에 따른 적절한 분석을 수행하여 처치 효과를 정확하게 추정한 연구는 한 편도 없음을 발견하였다. 이런 상황은 특히 문제가 된다. 치료사 효과의 크기는 직접적인 조사없이 예측될 수 없기 때문이다(다음에 자세히 논의함). 예를 들어, 20개 임상실험(495개의 효과)에 대한 최근의 재분석에서 Baldwin 등(2011)은 ICC가 측정도구와 연구에 따라 상당히 다양하게 나타난다는 것을 발견했다. 이는 처치 효과의 검증에서 치료사 간 차이의 영향이 무시할 수 있을 정도부터 극적인 정도까지 다양할 수 있음을 의미한다. 그래서 연구자가 임상실험 데이터에서 치료사 효과를 모델링하는 것은 중요하다. 그렇게 하지 못하면 임상실험에서 처치 효과를 과대추정하게 된다.

2. 치료사 효과의 크기

Crits–Christoph와 Mintz(1991)는 치료사 간 변산을 적절하게 고려하여 처치 간 차이를 정확히 분석한 연구를 찾을 수 없었다. 그러나 원 논문의 데이터를 재분석하여 치료사 효과의 크기를 추정하려는 많은 시도가 있어 왔다. 여기에서는 이런 시도의 예를 살펴볼 것이지만 이들을 요약한 메타분석에도 초점을 맞출(Baldwin & Imel, 2013; Crits-Christoph와 Mintz, 1991) 것이다. 우리는 치료사에 의해 설명되는 성과 분산의 상대적인 크기를 비교하여 치료사 효과의 중요성을 기술할 것이다. 또한 성과 분포의 꼬리 지점에서 치료사 간 차이를 나타내주는 보다 실용적인 표식도 탐색해 볼 것이다. 처치 효과가 과대추정되는 정도를 이해하기 위하여 분산 비율 추정치가 사용될 것이다.

1) 치료사 효과의 추정

Luborsky 등(1986)이 수행한 네 개 연구에 대한 재분석은 치료사 효과의 크기를 확인하는 첫 시도 중의 하나였다. 그들은 네 개의 주요 심리치료 연구로부터 원자료를 얻었는데, the Hopkins Psychotherapy Project(Nash et al., 1965), the VA-Penn Psychotherapy Project(Woody et al., 1983), the Pittsburgh Psychotherapy Project(Pilkonis et al., 1984), McGill Psychotherapy Project(Piper et al., 1984)가 그것이다. Luborsky 등은 치료사를 무선 요인으로 정확히 설정하였으며, 적절한 분석을 수행하였다. 그들은 치료사에 의해 설명될 수 있는 분산비율을 추정하지는 않았다. 하지만 그 결과는 치료사 효과가 크며 처치 효과를 초과한다는 것을 분명하게 보여주었다.

Blatt 등(1996)는 NIMH Treatment of Depression Collaborative Research Program의 자료를 재분석하여 효과적인 치료사의 특성을 찾고자 하였다. 이것은 매우 중요한 분석이다. NIMH 연구가 잘 통제되었고 매뉴얼을 사용하였으며, 치료사가 각 처치에 높은 정도의 숙달과 헌신을 갖고 있는 내재 설계를 채택했기 때문이다. Blatt 등은 잔차변화점수 합(composite residualized gain scores)을 토대로 세 처치 집단(CBT, IPT, IMI-CM)과 위약 통제 집단(PL-CM)의[1] 치료사를 (a)더 효과적인 치료사, (b)어느 정도 효과적인 치료사, (c)덜 효과적인 치료사의 세 집단으로 분류했다. 잘 통제된 이 연구에서도 치료사 간 유의한 변산이 있었다. Blatt 등은 다음과 같은 결론을 내렸다.

> 이 데이터에 대한 현재 분석은 … [NIMH 연구]에 참여한 경험 많고 잘 훈련된 치료사 가운데서도 치료적 효과성에서 유의미한 차이가 존재함을 보여준다. 치료적 효과성에서의 차이는 이 연구에서 제공된 처치의 유형 및 처치가 이루어진 사이트와 관련이 없었다. 그리고 치료사의 일반적인 임상 경험이나 우울 환자를 치료한 경험과도 관련이 없었다. 그런데 치료적 효과성에서의 차이는 기본

---

1) CBT 인지행동치료, IPT 대인관계치료, IMI-CM 이미프라민-임상관리, PL-CM 플라시보-임상관리

> 적인 임상 관점, 특히 처치에 대한 임상관점과 관련이 있었다. 보다 효과적인 치료사는 임상과정에 대해 생물학적 관점보다는 심리학적 관점을 더 강하게 갖고 있었다. 더욱이 더 효과적인 치료사는 약간 효과적인 치료사 및 덜 효과적인 치료사와 비교했을 때, 환자가 치료적 변화를 보이기까지 더 많은 처치 회기가 필요할 것이라고 기대하였다 … 우울의 원인이나 성공적인 처치에 핵심적이라고 간주되는 기법에 대한 태도를 비교했을 때 (치료사 간) 유의한 차이가 나타난 경우는 상대적으로 적었다.
>
> (p.1282-1283)

흥미롭게도 IMI-CM 집단의 약물치료에서 치료적 효과성을 성취한 두 명의 치료사는 임상 관리(CM)조건에서도 치료적 성공을 거두었다. 이러한 결과는 내담자와 치료사의 관계가 약물치료에서도 매우 중요함을 의미한다. McKay, Imel과 Wampold(2006)는 정신과의사 간의 처치 성과에서도 의미 있는 변산이 있음을 발견하였다. 우울증에 대한 Hamilton 척도와 Beck 척도에서 정신과 의사가 설명할 수 있는 성과 변산은 약 6.7%에서 9.1%인 데 반해, 처치(즉, 약물치료 대 위약)가 설명할 수 있는 성과 변산은 각각 5.9%와 3.4%였다. 말하자면, 정신과의사는 최소한 환자가 약물치료를 받았는지 아닌지에 따른 성과 변산만큼의 변산을 갖고 있었다. 가장 좋은 정신과 의사는 위약만 주어도 약물치료를 하는 최악의 정신과 의사보다 더 나은 성과를 보였다(<그림 6.5> 참조). 이러한 결과는 더 큰 표집으로 반복검증될 필요가 있지만, 정신과 의사의 성과가 매뉴얼화된 약물 관리 프로토콜에서도 다양할 수 있다는 결과는 약물 처치의 결과를 어떻게 해석할지에 대한 실질적이고 방법론적인 함의를 갖는다. 첫째, 처치의 중요 성분이 약물이더라도 정신과 의사는 중요하다. 둘째, 약물처치에서 제공자 효과가 적절하게 고려되지 않는다면 처치 효과의 크기는 과대추정될 것이다. 더구나, 이 분석은 숙련된 임상가와의 치료적 상호작용의 질이 처치에서 얻는 이득에 영향을 미친다는 것을 보여준다. 비록 그 처치가 임상관리나 약물치료일지라도 말이다. Luborsky, McLellan, Diguer, Woody와 Seligman(1997)은 약물 중독과 우울을 가진 내담자로 구성된 7개의 표본을 재분석했는데, 동일한 치료사들이 여러 표본에서 활용되었다는 점이 특히 풍부한 정보를 준다. Luborsky 등이 치료사 효과의 추정치를 제시하진 않았지만, 결론은 명백하다.

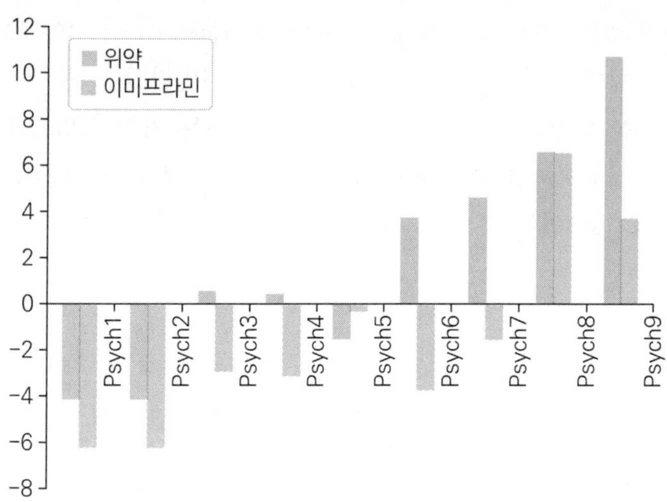

이 막대 그래프는 NIMH TDCRP의 위약 처치와 약물 처치 조건에서 나타난 치료자 간 성과 변산을 보여줌. Y축은 BDI의 변화 점수(낮은 점수=더 좋은 치료 성과)잔차를 나타냄. 각 막대 세트는 각각의 치료자를 나타냄

┃그림 6.5┃ NIMH-TDCRP의 플라시보-약물치료에서 치료사의 성과 변산도를 나타내는 막대차트

출처: "Psychiatrist effects in the psycho-pharmacological treatment of depression," by K.M.McKay, Z.E.Imel, and B.E.Wampold, 2006. *Journal of Affective Disorders, 92,* p.289. Copyright 2006 by Elsevier B. V. Reprinted with permission from Elsevier.

> **7개 표본의 치료사들은 환자들이 보여주는 평균 향상률에서 상당히 다른 것으로 나타났다** … [이 결과는] 다소 놀랍다. 왜냐하면 (a)각 표본의 환자들은 진단명이 유사하였고, (b)무선으로 할당되었으며, (c)특정한 심리치료에 유능한 치료사가 선발되었고, (d)치료사가 정기적으로 관리감독/수퍼비전을 받았고 처치 매뉴얼을 활용하였기 때문이다. 기술역량을 최대화하고 치료사 간 차이를 최소화했을 이런 절차에도 불구하고, 7개 표본의 22명 치료사들이 보여주는 향상률은 경미하게 부적인 것(−)에서 80% 이상에 이르는 것으로 나타났다.
>
> (강조는 저자에 의한 것임. p.60)

이 연구의 중요한 한 가지 결과는 한 표본에서 성공적이었던 치료사가 다른 표본에서도 성공적이었다는 점이다. 이 연구와 이전의 연구에 기초하여 Luborsky 등은 이런 결과의 원인을 다음과 같은 사실로 귀인한다. "가장 효과적인 치료사의 경우, 몇 회기 지나지 않아 내담자는 치료사가 도움이 되며, 치료사와의 동맹이 견고하다고 평가한다(p.62)."

마지막 재분석은 알코올 문제 처치 연구인 Project MATCH를 대상으로 한 것이다

(이 연구에 대한 설명은 5장 참조; Project MATCH Research Group, 1997, 1998). 이 연구에서 치료사는 처치에 대한 역량과 충성심 측면에서 선발되었다. 이 치료사들은 잘 훈련되었으며, 감독을 받았다. 이 연구에서 처치 간 차이는 거의 없었음을 기억하자. 그러나 재분석에서(Project MATCH Research Group, 1998)는 성과 변산의 6% 이상(범위: 1%에서 12%)이 치료사로 인한 것으로 나타났다.

메타분석

1991년에 Crits-Christoph 등은 이전에 출판된 15개 연구의 데이터에서 치료사 효과 추정치를 처음으로 제시했다. 15개 연구의 27개 처치에서 치료사로 귀인할 수 있는 성과 변산의 비율을 계산한 결과, 평균 분산 비율은 0.086이었다. 즉, 치료사가 성과 변산의 약 9%를 설명한다는 것이다.[2] 1,281명의 치료사와 14,519명의 환자를 포함한 46개의 연구에 대한 최근의 메타분석에서는 성과 변산의 5%가 치료사로 인한 것이었다(Baldwin & Imel, 2013). 이 효과는 임상실험(29개의 연구에서 3%)보다 실제 상황(17개의 연구에서 7%)에서 더 컸다.

Crits-Christoph와 Mintz(1991), 그리고 Baldwin과 Imel(2013)의 연구 모두에서 흥미로운 부분은 연구마다 치료사로 귀인할 수 있는 변산 추정치가 매우 다르게 나타났다는 것이다. Baldwin과 Imel의 연구에서 치료사에 의해 설명되는 변산 비율은 0에서 .55($I^2=61.9$, 치료사 ICC값 변산의 반 이상이 연구 간 차이로 인한 것이라는 의미임)로 연구마다 상당히 다르게 나타났다. 이처럼 ICC 값의 큰 변산은 치료사 차이가 연구에 따라 다르다는 것을 뜻한다.

이러한 변산에는 일반적인 경향이 있음을 주목할 필요가 있다. 최근에 게재된 처치 매뉴얼을 사용한 임상실험 연구들은 이전의 연구보다 더 작은 치료사 효과를 보고한다. Crits-Christoph와 Mintz(1991)는 "최근의 성과 연구들에서 치료사 간의 차이를 통제하기 위해 일반적으로 시행되는 질 통제 절차(예 신중한 치료사 선발, 훈련 및 수퍼비전, 그리고 처치 매뉴얼의 사용)가 지금까지 상당히 성공적이었다."(p.24)고 결론 내렸다. 이 결론은 Baldwin과 Imel(2013)의 결과와 일치한다. 이들은 치료사에 의해 설명되는 성과 변산이 임상 실제상황보다 통제가 엄격한 임상실험 조건에서 더 작다는 것을 발견했다.

치료사의 균질화 경향이 임상실험에서 치료사 효과가 없다는 증거가 되지는 않는다. 하지만 전체 성과 분산에서 치료사 차이에 의해 설명되는 분산 비율이 작을 때, (예 5%), 치료사 차이가 환자에게 줄 수 있는 의미는 무엇일지에 대한 의문이 제기된다.[3] <그림 6.6>에서 보는 바와 같이, 분포의 중앙에 있는 치료사들을 비교할 경우, 환자에 대한 영향은 작은 것처럼 보인다. 즉, 내담자가 50퍼센타일 치료사에서 75퍼센타일 치료사로 움직일 때 성과에서는 비교적 작은 향상을 보인다(Baldwin & Imel, 2013).

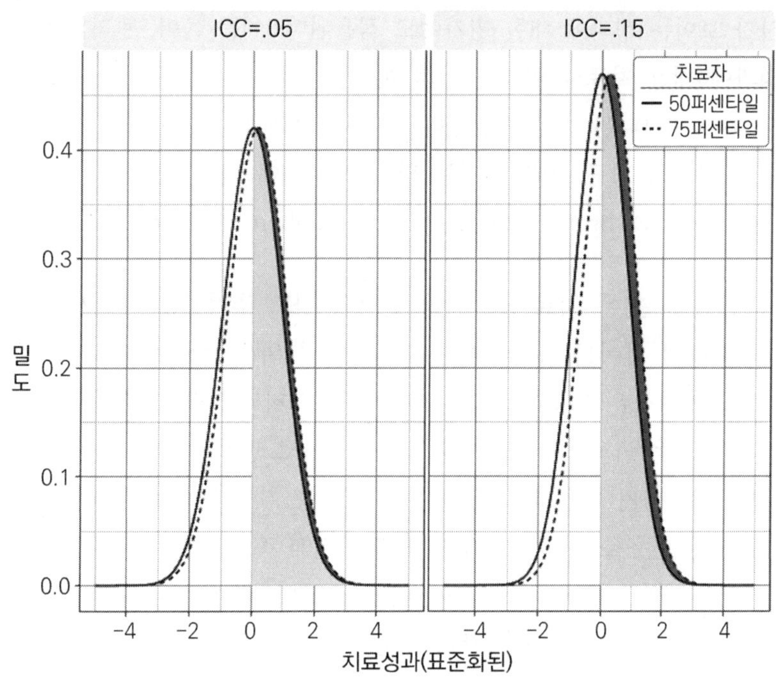

그림에서 성과는 표준화되었음. 연한 회색 음영은 50퍼센타일에 있는 치료사를 만난 환자가 평균 이상의 성과를 성취할 가능성을 의미함(즉, 내담자가 평균적인 성과보다 더 높은 성과를 나타낼 가능성이 50%). 진한 회색 음영은 환자가 75퍼센타일에 있는 치료사를 만났을 때 평균이상의 성과를 얻을 확률에 추가되는 확률을 나타냄.

▌그림 6.6▐ 급내 상관계수가 .05 또는 .15 이었을 경우의 50퍼센타일과 75퍼센타일에 있는 치료사들의 성과 분포

출처: Baldwin, S. A., & Imel, Z. E. "Therapist effects: Findings and methods." 2013, in M.J.Lambert (Ed.), *Bergin and Garfield's handbook of psychotherapy and behavior change,* 6th ed., p.279. Copyright 2013, Wiley. Reprinted with permission of Wiley.

그러나 Imel 등은 다음과 같이 언급하고 있다(출간 중).

> 치료사로 인해 나타나는 환자 성과 분산의 양이 작더라도 작은 효과가 때로는 큰 영향을 미칠 수 있다. 예를 들어, 고전적인 연구에서 Abelson과 Rubin(1985)[2)]은 야구팬들의 믿음과 반대로 개인 타자는 그 타석에서 안타를 칠 분산의

2) 역자 주. 출처는 Abelson, R. P. (1985). A variance explanation paradox: When a little is a lot. Psychological Bulletin, 97(1), 129-133.

> 1% 중 3분의 1(즉, 비율로는 0.003)만을 설명할 수 있을 뿐이다. 그러나 누적하여 살펴보면(말하자면 천 번의 타수에서) 평균 이하의 타자와 평균 이상의 타자 사이에서 안타 숫자의 차이는 꽤 커진다(안타는 평균 이상의 타자에서 50% 이상 빈번하게 나타난다). 작은 설명 분산과 큰 누적 영향력이라는 Abelson의 역설은 치료사가 보이는 성과에 대한 평가에도 적용된다. 예를 들어, 관리의료체계에서 환자 성과에 대한 치료사 영향을 살펴 본 어느 대규모 연구는 치료사가 성과 분산의 5%를 설명한다는 것을 발견했다. 그러나 성과에서 높은 사분위에 있는 치료사를 만난 환자의 평균 효과 크기는 낮은 사분위에 있는 치료사의 2배 이상이었다. (Wampold & Brown, 2005; Okiishi, Lambert, Nielsen, & Ogles, 2003 참조)

Imel 등(출간 중)은 치료사로 인한 변산의 정도 추정치를 다르게 했을 때 치료사 간 기대되는 성과 차이를 좀 더 자세히 탐색하기 위해 Monte Carlo 시뮬레이션 연구를 실시했다. 저자들은 50명의 치료사와 각 치료사마다 30명의 환자, 그리고 평균 50%의 전체 환자 반응율(치료에 따른 반응으로, 증상이 호전된 환자의 비율을 의미함-역자 주)을 가정했다. 세 가지 다른 ICC 값(.05, .10, .20)을 가진 경우를 상정하고, 각각의 경우에서 치료사 간 반응률의 차이를 조사하였다. 성과(즉, 반응 대 비반응)는 50명의 치료사 각각이 담당하고 있는 30명 내담자에 대해 생성되었는데, 이 과정이 만 번 반복되었다. 세 ICC 값에 따른 치료사 각각의 평균 반응률과 95% 신뢰구간이 <그림 6.7>에 제시되어 있다. ICC가 상대적으로 낮더라도(.05) 최고의 성과와 최저의 성과를 낸 치료사 간 처치에 대한 환자 반응의 차이는 극적이었다. 최저의 성과를 낸 치료사의 경우 20%의 반응율(30명의 환자 중 6명이 반응)을 보인 것에 비해, 최고의 치료사는 80%의 반응율(30명의 환자 중 24명이 반응)을 보였다.

Imel 등의 시뮬레이션 결과는 실제상황에서 수집된 대규모 자료를 이용할 수 있는 연구에 의해 확증되었다. Saxon과 Barkham(2012)은 영국 National Health Service 상담 및 심리치료에 참여한 119명의 치료사와 10,786명의 환자를 대상으로 성과를 검토했다. 그 결과, 성과 변산의 약 7%가 치료사에 기인한다는 것을 밝혀냈다(Baldwin과 Imel(2013)이 실제 상황에서 산출한 통합 추정치와 동일함).

그러나 환자의 증상심각도가 증가했을 때, 이 수치는 극적으로 증가했다(즉, 더 심각한 내담자를 치료할 때 성과 변산 중 치료사에 기인한 비율은 더욱 증가했다). 또한, Saxon과 Barkham은 119명의 치료사 중 19명이 "평균 이하"로 간주되는 성과를 보인다는 것을 발견했다. 그리고 만약 이들이 담당한 환자 1,947명을 다른 치료사들이 담당했다면, 265명의 환자가 추가로 회복되었을 것이란 사실도 발견했다.

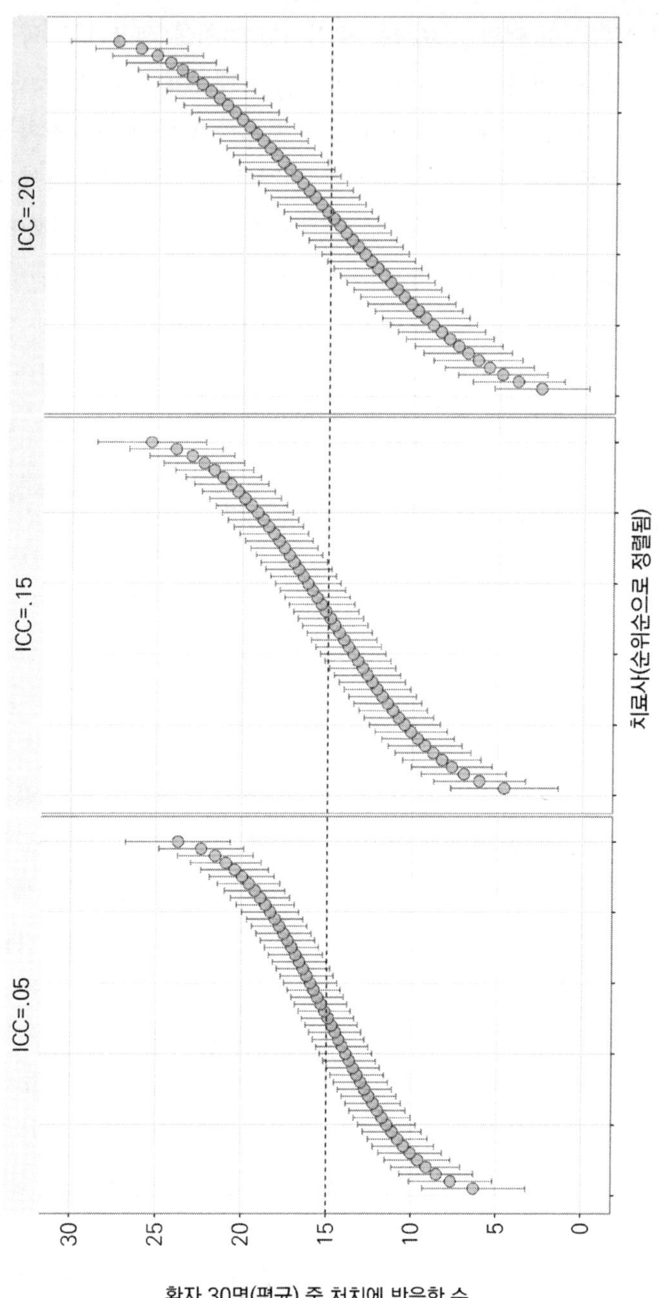

▌그림 6.7▐ 치료사 평균 반응율과 95% 신뢰구간을 보여주는 점 도표. 서로 다른 ICC 값에 따른 Monte Carlo 시뮬레이션(10,000번 반복) 결과임

출처: 그림은 "Removing very low performing therapists: A simulation of performance-based retention in psychotherapy," by Z. E. Imel, E. Sheng, S. A. Baldwin, and D. C. Atkins, in press, *Psychotherapy.*에 보고된 시뮬레이션 데이터에서 생성한 것임

자연적인 상황에서 어떤 치료사는 증거기반 처치를 제공하고, 다른 치료사는 검증되지 않았거나 효과적이지 않은 처치를 제공했기 때문에 치료사 간 변산이 발생했다는 주장이 제기될 수 있다. 그래서 현장에 있는 치료사가 증거기반 처치를 제공하기 위해 적절한 훈련과 감독을 받는다면, 치료사간 변산은 작게 나타날 것이다는 주장이 제기될 수 있다(Shafran et al,, 2009). 이러한 이슈를 조사하기 위하여 Laska, Smith, Wislocki, Minami와 Wampold(2013)는 재향군인회가 운영하는 병원의 PTSD 클리닉에서 치료사 효과를 조사하였다. 이 병원의 모든 치료사들은 PTSD에 대한 증거기반 처치인 인지 처리 치료(cognitive-processing therapy)를 제공하기 위하여 두 명의 국가 공인 훈련가로부터 훈련을 받았고, 그 중 한 명으로부터 지도감독을 받았다. 치료사의 효과를 최소화할 것이라고 가정할 수 있는 이런 이상적인 조건에도 불구하고 성과 변산의 12%가 치료사로 인한 것이었다. 이는 실제 상황에서의 치료사 효과 추정치보다 더 큰 것이다(cf., Baldwin & Imel, 2013).

3. 결론

치료사가 치료의 핵심을 구현한다. 우리는 치료사가 전달하는 특정한 처치는 성과에 유의한 정도로 영향을 미치지 않지만 치료에 대한 충성심은 중요하다는 것을 확인하였다. 여기서 개관된 문헌들의 결과는 분명하다. 비록 몇몇 연구들은 치료사 균질성을 보여주었지만, 대부분의 증거들은 치료사 효과가 존재한다는 것을 나타내고 있다(성과 변산의 3%~7%를 치료사가 설명한다). 치료사 효과는 일반적으로 처치 효과보다 크다. 맥락모델에서 예측한 대로, 처치 효과는 기껏해야 성과 분산의 1%만을 설명한다(5장 참조). 게다가, 치료사 효과를 간과하면 처치 효과가 과대추정되고 그 결과, 처치 간 차이의 중요성이 과장된다. 그만큼 치료사가 중요하다는 것이다.

우리는 몇몇 치료사가 다른 치료사에 비해 일관되게 더 나은 성과를 얻는다는 생각을 지지하는 증거를 살펴보았다. 이제 한 가지 중요한 질문이 남아있다. '효과적인 치료사의 특성과 행위는 무엇인가?' 이 질문에 대한 답을 7장과 8장에서 찾을 것이다. 효과적인 치료사를 특징지을 가능성이 있는 두 개의 일반적인 행위 범주가 있다. 하나는 공감과 동맹형성과 같이 맥락모델에서 치료적이라고 여기는 것이다. 다른 하나는 프로토콜을 충실하게 준수하는 것(예 특정 활성성분을 전달하는 것)과 특정 처치를 전달하는 역량과 같이 의학모델에서 중요하다고 여기는 것이다. 이 두 유형에 대한 증거를 7장과 8장에서 다룰 것이다.

주석

1. (184쪽) 여기서 처치로 인한 변산 비율은 Wampold와 Serlin(2000)과 동일하게 ω^2를 사용하여 보고되고 있다. 기본적으로 ω^2은 3장에서 논의된 R^2의 비편향 추정치이다.
2. (192쪽) Crits-Christoph와 Mintz(1991)는 치료사 효과의 크기에 더하여 교차 설계에서 처치와 치료사의 상호작용 효과의 크기를 조사하였다. 이것은 상호작용 효과가 처치의 평균 제곱을 과대하게 만들기 때문에 중요하다. 그들은 0%~10%의 성과 분산이 상호작용에 의한 것임을 발견했다. 이 수치는 한 연구에서 사용된 복수의 종속 측정치를 통합하여 산출된 것이다. 그러나 개인 변인이 고려되었을 때 상호작용은 분산의 38%까지 설명하였다. 이런 값들은 교차 설계를 정확하게 분석하는 데 실패하면, 처치의 평균 제곱에 포함된 상호작용항이 간과되어 후한(liberal) F검증과 처치 효과의 과대추정이 이루어짐을 나타낸다.
3. (193쪽) 치료를 받는 것(vs. 대기자명단에 있는 것)은 성과 분산의 14%를 설명한다. 이러한 점을 고려하면, 전체 성과 분산의 3%~7%는 매우 중요한 것으로 보인다(Baldwin & Imel, 2013, p.277 참조).

Chapter 07

일반 효과

남아있는 도전과 기대되는 추가적인 증거

앞에서 설명한 바와 같이 일반 효과는 공통요인에 의해 산출되는 효과이다. 맥락 모델에서는 공통요인이 치료적 기능을 한다고 주장한다. 치료적 변화를 일으키는 주된 기제를 공통요인으로 보기 때문이다. 따라서 공통요인을 나타내는 지표들은 심리치료의 성과와 관련되어야 한다. 그러나 이런 종류의 전반적인 예측은 약한 추측이라 할 수 있다. 이 장에서 일반 효과에 대한 증거가 제시되면 그 이유가 드러날 것이다. 물론 이와 같은 관계(association)에 대한 단순한 예측은 "상관관계가 곧 인과관계를 의미하는 것은 아니다"는 사실로 인해 중대한 도전을 받는다. 즉, 그런 관계는 성과가 또한 공통요인을 활성화하는 원인이 될 수 있다는 사실에 기인한 것일 수도 있고, 제3의 변인이 공통요인과 성과 둘 다의 원인이기 때문에 나타날 수도 있다(DeRubeis, Brotman, & Gibbons, 2005). 3장에서 논의된 발전적 연구 프로그램의 특성 중 하나는 새로운 추론을 통해 도전에 대응하고, 이어서 그 추론의 타당성을 조사한다는 것이다. 우리는 맥락 모델이 그런 도전을 검토하도록 설계된 연구의 결과를 예측할 수 있다는 점을 볼 것이다.

이 장에서는 작업동맹에 초점을 둔다. 여기에는 몇 가지 이유가 있다. 첫째, 작업동맹은 맥락 모델의 핵심 구성요소이다. 만약 작업동맹이 성과와 강력하게 관련되지 않는다면, 맥락 모델은 포기될 위험에 처해야 한다. 둘째, 작업동맹은 모든 처치의 성공에 결정적인 역할을 하는 범이론 구인으로 오랫동안 이론화되어 왔다(Bordin, 1979). 셋째, 다른 어떤 요인보다 작업동맹에 관한 연구가 많이 존재한다(Grencavage & Norcross, 1990; Norcross, 2011). 넷째, 치료적 요인으로서의 작업동맹은 의학 모델 지지자들로부터 엄격한 조사를 받아 왔는데, 여기에는 여러 합당한 근거가 있다(DeRubeis et al., 2005; Siev,

Huppert, & Chambless, 2009). 이런 비판(즉, 의학 모델 지지자들이 제기하는 여러 근거에 따라 제기되는 비판-역자 주)은 추론을 생성하였으며, 이 추론은 경험적으로 검토되었다. 이들 연구에 대한 개관은 두 경쟁 모델이 어떻게 전개되어 오고 있는지를 보여준다.

여러 가지 다른 일반 효과도 검토될 것이다. 맥락 모델의 중심에는 기대(expectations)가 있는데, 불행히도 이것은 심리치료 안에서 연구하기 어려운 요인이다. 그래서 심리치료 분야에서 존재하는 기대와 귀인 연구뿐 아니라, 위약 효과 연구가 특히 유용한 정보가 된다. 첫 번째 경로(p. 61의 <그림 2.2> 참조-역자 주) 즉, 실제관계와 관련된 개념들도 검토될 것이다. 여기에는 공감, 긍정적 존중/인정, 일치/진정성, 그리고 실제 관계를 직접적으로 평가하려는 시도가 포함될 것이다.

1. 작업동맹

상담사와 내담자 사이의 작업동맹 개념은 정신분석 전통에서 유래되었다. 동맹은 상담사에 대한 건강하고 애정 어린, 그리고 신뢰하는 감정으로 개념화되었으며 관계의 신경증적 구성요소(즉, 전이)와 구별된다. 1970년대 후반 Ed Bordin(1979)은 상담사와 내담자의 작업동맹을 (a)치료 목표에 대한 동의, (b)치료 과제에 대한 동의, (c)상담사와 내담자 사이의 유대로 이루어진 범이론적인 구성개념이라고 제안하였다. 작업동맹은 단순히 두 사람 사이의 정서적인 관계가 아니라 작업하는 관계를 의미한다. Hatcher와 Barends (2006)는 동맹을 "치료쌍(즉, 상담사와 내담자-역자 주)이 협력적이고 목적적인 작업에 관여하는 정도"(p. 293)라고 기술하고, 동맹을 종종 "작업동맹"이라고 부르는 이유를 설명하였다.

오랫동안 작업동맹의 이론적 토대에 관한 혼란이 이어져 왔다(Hatcher & Barends, 2006; Horvath, 2006). 또한 상담 성과에 대한 작업동맹의 중요성에 대한 비판도 제기되어 왔다(예 "작업동맹은 과학적 지위에 관한 한 주변부에 위치한다"고 했던 Baker 등의 2008년 논문을 기억하라). 우리는 먼저 작업동맹과 성과 간의 관계에 대한 증거를 제시하고, 각각의 이론적 또는 방법론적 문제를 논의한다. 증거를 서술적으로 개관해야 하는 때도 있지만, 지금껏 그래왔던 것처럼 메타분석에 우선권을 준다.

1) 작업동맹과 성과 간의 관계

작업동맹과 성과 간의 관계를 검증하기 위한 설계는 매우 간단하다. 작업동맹은 치료 중 특정 시기에 측정되며, 종결 시점에 평가된 성과와 관련이 지어진다. 다양한 도구들이 작업동맹의 강도를 평가하는 데 활용되고 있다. 그러나 이런 상황은 문제가 될 수 있다. 주로 활용되는 도구들을 대상으로 수행된 요인분석 결과가 협력적인 관계와 관련되는 1개의 일반 요인을 추출했지만(Hatcher & Barends, 1996) 말이다. 작업동맹 평정은 내담자, 상담사, 또는 관찰자에 의해 수행될 수 있는데, 이런 점 때문에 허구의 관계가 쉽게 생성될 수 있다. 이에 대해서는 나중에 다룰 것이다. 이런 연구들은 대개 작업동맹을 한 번 이상 측정하는데, 이 또한 작업동맹과 성과 간의 관계에 영향을 미칠 수 있다.

작업동맹과 성과 간의 관계에 대한 증거는 강력해 보인다. 작업동맹과 성과 간의 상관관계에 대한 첫 번째 메타분석은 1991년에 수행되었다. 이때 검토된 26개의 연구에서 통합(aggregate) 상관계수는 .26으로 나타났다(Horvath & Symonds, 1991). 상관계수 .26은 중간 크기의 효과에 해당한다. 이후 3개의 추가적인 메타분석이 수행되었다(Horvath & Bedi, 2002; Horvath, Del Re, Flückiger, & Symonds, 2011b; Martin, Garske, & Davis, 2000). <표 7.1>은 4개의 메타분석 결과를 정리한 것이다. 작업동맹과 성과 간 상관관계의 의미를 이해하기 위해 우리는 최신의 가장 포괄적인 메타분석(Horvath, Del Re, Flückiger & Symonds, 2011a, b)에 관심을 집중할 것이다. 2011년 메타분석은 방법론적으로 가장 정교했다.

▼표 7.1 동맹과 성과의 상관에 대한 메타분석 결과 요약

저자(년도)	연구물의 수 k	통합 상관계수 r	d	R^2
Horvath & Symonds (1991)	26	.26	0.54	.07
Martin et al. (2000)	79	.22	0.45	.05
Horvath & Bedi (2002)	100	.21	0.43	.04
Horvath et al. (2011b)	190	.28	0.58	.08

즉, 무선효과 모델을 사용하여 각 개별 연구 내(within studies) 복수의 성과 측정치들을 하나의 수치로 통합하였으며, 최신의 통계적 방법을 사용했다. 또한 190개의 연구가 포함되었다는 점에서 가장 포괄적인 연구였다(만 4천 개 이상의 상담사례가 포함됨. Del Re, Flückiger, Horvath, Symonds, & Wampold, 2012 참조). 가장 최근의 메타분석에서 검토된 연구의 수를 감안할 때, r=.28의 추정치는 매우 정확하며, 95% 신뢰구간 범위인 .249~.301에 있다. 분명히 치료 중의 어느 시점에 측정된 작업동맹과 최종 성과 사이에는 중간 크기의 관계가 있다. 그러나 작업동맹과 성과 간의 상관은 측정학적 문제(예

측정오차－역자 주)로 인해 축소된 것으로 보이며, 아마도 메타분석 결과에서 나타난 것보다 클 것이다(Crits－Christoph, Gibbons, & Hearon, 2006). 또한 아동 및 청소년 치료(Shirk, Karver, & Brown, 2011), 그리고 부부 및 가족치료(Friedlander, Escudero, Heatherington, & Diamond, 2011)에서도 작업동맹이 성과와 상관되어 있다는 점은 주목할 만하다.

작업동맹이 성과와 관련이 있는 것은 분명하다. 하지만 작업동맹이 변화를 창출한다고 결론 내리는 데는 많은 위협이 있다. 이에 대해 어느 정도 세부적으로 논의할 것이다. ＜표 7.2＞는 작업동맹이 상담에 영향을 미치는 중요한 요인이라는 주장의 타당성에 대한 위협과 증거를 제시한 것이다.

▼표 7.2 치료적 요인으로서의 작업동맹의 중요성에 대한 도전들

위협 또는 구분	기술	증거	메타분석 출처
방법분산 ("후광효과")	작업동맹과 성과를 동일인이 평정함	상관의 크기는 동맹과 성과가 동일인에 의해 평정되었는지에 의해 영향받지 않음	Horvath et al., 2011a,b
작업동맹 평정자	평정자의 관점(내담자, 치료사 또는 관찰자)이 상관의 크기에 영향을 미침	상관관계의 크기는 내담자와 관찰자의 작업동맹 평정이 상담사의 동맹 평정보다 더 높았음. 그러나 그 차이는 유의하지 않음	Horvath et al., 2011a,b
작업동맹-성과 근접성	측정 시점이 가까울수록(즉, 치료 종결 시점에서) 상관이 더 높아짐	치료의 후반부에 작업동맹을 측정한 연구에서 나타난 상관은 더 높았음. 그러나 초기에 측정되었더라도 동맹은 성과와 중간 크기의 상관을 보임	Horvath et al., 2011a,b Flückiger et al., 2012
측정도구 사용	측정도구로 인한 인위적 결과	작업동맹을 측정하는 여러 도구에 있어서 상관의 크기는 차이 없었음	Horvath et al., 2011a,b
출판편향	유의미한 결과가 있는 연구들이 더 쉽게 출간됨	출판편향의 증거는 없음	Horvath et al., 2011a,b
작업동맹에 대한 연구자 충성심	작업동맹 개념에 대한 충성심이 있는 연구자들은 더 높은 작업동맹-성과의 상관관계를 발견함	동맹이 측정되는 시기와 충성심의 상호작용이 발견됨. 초기 시점에서 동맹 개념에 대한 충성심이 강할수록 작업동맹과 성과 간 더 큰 상관이 나타남	Flückiger et al., 2012

위협 또는 구분	기술	증거	메타분석 출처
처치와 장애 특정성	작업동맹은 다른 치료법보다(예 CBT)관계적 치료법에서 더 중요함(예 인본주의적, 관계 역동 치료)	처치가 CBT인지 아닌지, 특정 질병에 대한 처치인지 아닌지, 성과가 증상에 초점을 둔 것인지 아닌지에 따른 처치 효과의 차이는 없음. 약물 남용에서의 상관은 다른 질병보다 더 작았음. 그러나 작업동맹이 치료법마다 다르게 작동할 수 있다는 몇몇 증거가 있음	Flückiger et al., 2012 Flückiger et al., 2013
실제 관계와 구분되지 않는 유대	작업동맹에서 특히 유대는 관계를 반영함	실제 관계는 작업동맹이 설명하는 것 이상을 예측함	없음
동맹에 대한 내담자의 기여	작업동맹-성과의 상관은 작업동맹에 대한 내담자의 기여로 인한 것임	내담자의 기여가 아니라 치료사의 기여가 성과를 예측함	Del Re et al., 2012
초기 증상의 호전	초기 증상의 호전은 더 좋은 작업동맹과 더 좋은 최종 성과를 만듦	대부분의 연구에서 동맹은 초기 변화가 설명하는 것 이상의 성과를 예측함. 그러나 어떤 연구는 이를 발견하지 못함	없음
동맹의 성장, 손상, 회복	치료가 진행되면서 작업동맹의 강도는 달라짐. 치료관계의 손상과 회복이 일어남	관계 손상을 회복하는 것이 성과와 관련됨	Safran et al., 2011

2) 방법론적 문제

작업동맹과 성과 간의 관계를 해석하려 할 때, 잠재적으로 문제가 될 수 있는 많은 방법론적인 문제가 있다. 첫째, 이 분야의 연구에서 동일인이 작업동맹과 성과 모두를 평가하여 "후광효과(halo effect)"를 만들어내는 것은 드문 일이 아니다. 이를 방법분산(method variance)이라 부른다(동일한 방법으로 측정되었기 때문에 발생하는 두 변인 간 상관; Cook & Campbell, 1979 참조). Horvath 등(2011a, b)은 동일인(일반적으로 내담자)의 평정을 통해 얻은 상관과 다른 사람의 평정(예 상담사가 작업동맹을 평가하고 내담자가 결과를 평가한 경우)을 통해 산출한 상관을 비교함으로써 이 문제를 해결하려 하였다. 동일한 평정자를 통해산출한 상관계수($r=.29$)는 서로 다른 평정자를 통해 산출한 상관계수($r=.25$)보다 컸다고 해도 그 차이는 통계적으로 유의하지 않았다. 또한, 상관계수의 크기는 작업동맹을 상담사가 평가하였을 때($r=.20$)보다 내담자 또는 관찰자가 평가하였을 때(r=.28 및 .29) 더 컸다. 그러나 이러한 차이는 통계적으로 유의하지 않았다.

두 번째 문제는 평정의 근접성(proximity)이다. 치료가 끝날 무렵에 동맹이 측정되면, 두 측정치(즉, 작업동맹과 성과 측정치–역자 주)는 해당 상담의 전체적인 성과를 반영하는 경향이 있을 것이다. 즉, 사례가 성공적으로 마무리되면 치료의 모든 측면이 긍정적으로 평가되는 경향이 있다("후광효과"의 변형 Crits–Christoph, Gibbons, Hamilton, Ring–Kurtz, & Gallop, 2011). 많은 작업이 진행되기 전인 치료 초기에 작업동맹이 측정되었다면, 작업동맹의 효과는 훨씬 설득력이 있을 것이다. Horvath 등은 이 문제를 조사한 결과 실제로 작업동맹이 치료 후반에 측정된 연구(연구의 약 20%)에서 작업동맹과 성과 간의 상관계수가 훨씬 크다는 것을 발견했다(r=.39). 반면 작업동맹이 초기에 측정된 연구의 대다수와 치료 중반에 측정된 연구에서는 유의미하게 작은 상관계수가 산출되었다(두 경우 모두 r=.25). 근접한 측정은 일반적으로 더 큰 상관관계를 산출한다. 그래서 그 결과는 별로 놀라운 것이 아니다. 작업동맹과 성과 간의 상관관계의 크기는 중간(moderate) 정도로 이미 확인된 값(메타분석을 통해 나타난 통합 상관계수–역자 주)과 거의 같다. 더욱이 Flückiger, Del Re, Wampold, Symonds, Horvath (2012)는 언제 작업동맹이 측정되었는지의 효과를 조사하기 위해 특별히 고안된 종단 메타분석을 사용하였는데, 작업동맹이 측정된 시점과 작업동맹 개념에 대한 연구자 충성심 간의 상호작용을 발견했다(이 장의 뒷부분에서 논의 참조).

또 다른 문제는 작업동맹을 평가하기 위해 여러 도구가 사용되며, 각각은 작업동맹의 다양한 이론적 측면을 측정하고 있을 수 있다는 것이다. 그러나 Horvath 등(2011a, b)은 특정 작업동맹 척도가 상관의 크기에 영향을 미치지 않음을 발견했다. 또 다른 방법론적인 문제는 출판편향(publication bias)이다. 결과가 유의하지 않은 연구는 출판되지 않기 때문에 출판편향은 메타분석에 영향을 미친다(Sutton, 2009). Horvath 등은 (a)영어, 독일어, 이탈리아어, 프랑스어로 된 문헌 검색, (b)학술지 논문은 물론 학위논문과 책의 장(chapter) 검색, (c)결론을 바꾸는 데 필요한 연구의 수(fail–safe N; 이 경우 천개 이상) 계산, (d)출판편향 탐지를 위한 깔때기 도표(the funnel plot)[1] 확인 등과 같은 방식을 통해 이 주제를 검토하였다. 그러나 출판편향이 결과에 영향을 미쳤다는 증거는 나타나지 않았다.

마지막 방법론적 위협은 연구자의 충성심이다. 전달되고 있는 처치에 대한 연구자의 충성심은 그 처치의 효과성에 영향을 미친다는 것을 상기하라(제5장 참조). 같은 현

1) (역자 주) 깔때기 도표는 출판 편향을 확인하기 위하여 효과 크기를 x축으로, 표본오차를 y축으로 한 그래프이다. 이 그래프가 평균 효과 크기를 중심으로 좌우 대칭이 되지 않으면 출판 편향의 가능성이 있다.

상이 작업동맹에서도 적용된다. 일군의 연구자는 작업동맹을 중요한 치료적 요인이라 믿고 있기 때문이다. 위에서 언급한 것처럼, Flückiger 등(2012)은 작업동맹과 동맹이 측정된 시점 사이의 상호작용을 발견했다. 가장 초기의 측정 시점에서 작업동맹에 충성심을 가진 연구자는 그렇지 않은 연구자들보다 더 큰 상관을 보고했다. 그러나 충성심이 없는 연구자가 보고한 상관의 크기도 .20이 넘었다.

방법론적 문제로 인해 작업동맹이 심리치료 성과에 영향을 미치는 중요한 요인이라는 결론이 위협을 받지는 않는 것으로 보인다. 작업동맹을 중요한 치료 요인으로 확정하는데는 더 심각하고 실질적인 위협이 있다. 이에 대해서는 다음 절에서 설명할 것이다.

3) 처치 특수성과 작업동맹: 활성 성분으로서의 동맹, 유대 요인에 대한 명료화, 그리고 직접/간접 효과

작업동맹이 어떤 처치법에서는 중요한 요인이지만 다른 처치법에서는 그렇지 않은지 여부는 중요한 질문이다. Siev 등(2009)에 따르면, 일부 처치법에서는 작업동맹을 특정 성분이라 할 정도로 치료의 도구로 강조한다.

> 전반적으로, 상담사가 작업동맹을 처치의 핵심 초점으로 놓으면 작업동맹은 상담 성과에 가장 큰 영향을 미치게 될 것이다. 그러나 그런 처치에서 작업동맹과 기법의 구분은 흐릿해진다. 다른 사람들이 지적했듯이(Beutler, 2002; Crits－Christoph et al., 2006), 회기에서 작업동맹을 직접적으로 다루면, 작업동맹에 초점을 두는 것은 그 자체로 처치기법이 된다.
>
> (p. 74)

이 관찰은 대부분의 인본주의 치료, 관계역동 치료, 그리고 동기면접과 같은 혼합 처치(예 인본주의에 뿌리를 둔 인지행동치료)에도 적용된다. 그러나 맥락모델에서는 관계에 초점을 두지 않는 처치의 경우에도 동맹이 중요하다고 주장한다. 앞서 논의했던 기제를 통해 동맹이 영향을 미치기 때문이다. 그러나 Siev 등의 예측과 달리 Horvath 등(2011a, b)은 작업동맹－성과 간 상관의 크기에서 CBT, 대인관계 치료, 역동치료, 약물남용 치료 사이에 차이가 없다는 사실을 발견했다. 하지만 물질 사용 내담자 치료에서 작업동맹이 어떻게 기능하는지에 대해서는 의문이 남아 있다(다음 내용 참조). Flückiger 등(2012)은 동일한 데이터를 사용하여 연구가 RCT 맥락에서 수행되었는지, 처치가 특정 장애에 대한 매뉴얼에 따라 전달되었는지, 처치가 CBT였는지, 그리고 성과 변인이 증상 척도였는지 등의 여부를 고려함으로써 이와 관련된 주제를 심층적으로 검증하였다. 특정 결함을 극복하기 위해 특정 성분(작업동맹이 아닌)을 사용한 처치에서 작업동맹이 그다지 중요하지 않다면, 이들 중 하나 또는 그 이상의 요인이 작업동맹–성과 상관의 크기에 영향을 줄 것으로 기대할 수 있을 것이다. 그러나 그 요소 중 어느 것도 작업동맹–성과 상관의 크기를 조절하지 못했다.

다른 장애의 처치보다 물질 사용 장애의 처치에서 동맹–성과 상관이 더 작음(우울증 r=.34, 불안 r=.31과 비교하여 약물 사용 장애의 경우 r=.18)을 보여주는 증거가 있다(Flückiger et al., 2013). 그러나 이 연구 표본에서 물질 사용 장애 변인은 소수 민족 내담자의 높은 비율과 연관이 있어서, 작업동맹의 역할에 대한 해석을 혼란스럽게 한다. 또한, 상담사의 공감 같은 요인이 물질 남용 장애에 대한 일차적인 처치(즉, 동기강화상담)의 핵심이 된다(그래서 특정 성분으로 간주될 수 있다). 그래서 작업동맹이 약물사용 치료에서 중요하지 않다고 할 수 있을 것 같지 않다(Moyers, Miller, & Hendrickson, 2005를 참조).

작업동맹에 대한 메타분석이 여러 처치법에서 작업동맹이 작용하는 방식의 복잡성을 완전히 포착하지 못했을 수 있다. 작업동맹을 범이론적 개념으로 제안했을 때, Bordin(1979)은 유대가 모든 치료에 필수적이라 해도 다른 종류의 처치에서는 다른 방식으로 작용할 수 있다는 것을 인식했다. 즉 심리치료에 대한 여러 접근들은 내담자와 상담자에게 부과하는 요구에서 서로 다르다 … 한 유대가 다른 유대보다 반드시 더 강해야 할 필요는 없을 것이다. 그러나 이 둘은 종류가 다르다(p.253, 254). Hatcher와 Barends(2006)는 더 명백하게 주장했다.

> 성공적인 공동 작업은 과제와 잘 맞는 정도의 신뢰와 애착(유대) 수준을 기반으로 한다. 이 가정은 내담자에게 기대하는 개인적 관여(involvement)의 정도가 다른 다양한 치료 접근법 간 처치에 성공적으로 참여하는데 요구되는 유대의 수준이 다를 수 있음을 시사한다.
>
> (p. 293)

이 이론가들은 치료에서 유대가 작동하는 방식의 차이에 초점을 두고 있는 것으로 보인다. 이 문제를 직접적으로 다루고 있는 연구가 한 편 있다. 이 연구에서 역동치료 조건에 할당된 내담자의 감정 회피는 유대를 억제하고 성과에 부정적 영향을 미쳤다. 반면, 인지치료 조건에 할당된 내담자의 정서 회피는 유대 및 성과와 긍정적인 관계에 있었다(Ulvenes et al., 2012). 어려운 내용으로 그리고 종종 (강렬한)정서적 각성과 함께 하는 것이 특징인 역동치료에서 치료사에 대한 개인적 신뢰 그리고 이 어려운 작업에 참여하는 것이 치료적일 것이라는 믿음으로 예시되는 치료사와의 강력한 유대는 필수적이다. 이런 측면에 대해 Bordin은 일찍이 다음과 같이 기술했다.

> 예를 들면, 상담사가 내담자에게 기록 양식을 주고 자신의 복종 행동 및 주장 행동 그리고 주변 상황을 매일 기록하도록 요청할 때 형성되는 유대는 상담사가 자신의 감정을 공유해서 환자에게 모델이 되어주거나 환자가 타인에게 미치는 영향에 대한 피드백을 제공할 때 형성되는 유대와 상당히 다를 것이다.
>
> (1979, p. 254)

Hatcher와 Barends(2006)는 이 점을 재차 강조했다. "이 가정은 내담자에게 기대하는 개인적 관여(involvement)의 정도가 다른 다양한 치료 접근법 간 처치에 성공적으로 참여하는데 요구되는 유대의 수준이 다를 수 있음을 시사한다."(p. 294).

서로 다른 치료법에서 요구되는 유대에 대한 논의는 한 가지 심각한 이론적 문제를 안고 있다. 이 문제에 대해 새롭게 등장하고 있는 한 가지 증거가 있다. Bordin(1979)은 두 종류의 유대를 언급했다. 첫 번째는 선호, 신뢰 및 존중을 포함하는 정서적 애착이다. 두 번째는 어려운 정서적 재료를 다루는 것이든 지연된 노출을 다루는 것이든 상관없이 어려운 치료 작업을 수행하는 데 필요한 유대이다. Hatcher and Barends(2006)는 이 차이를 분명히 한다.

> 어쨌든 당신과 효과적으로 일하지 않는 사람을 좋아하고 존중하는 것이 가능은 하다(Hatcher & Barends, 1996). Bordin의 두 번째 개념은 유대를 치료의 목표와 과제를 뒷받침하는 것으로서 보는 것이다. 그래서 "작업지원 유대(work-supporting bond)"라고 명명하는 편이 더 나을 것이다. 물어야 할 것은 "당신의 상담사를 좋아하고 존중합니까?"가 아니라 "당신의 치료에서 당신이 기대하는 작업을 할 수 있을 만큼 충분하게 상담사를 좋아하고 존중합니까?"와 "당신이 상담에서 효과적으로 작업할 수 있게 상담사가 당신을 충분히 존중하고 공감해 줍니까?"이다.
>
> (p. 296)

이 구별은 맥락 모델에서 중요하다. 전자는 Gelso(Gelso, 2014)가 "실제 관계"라고 부르는데, 이는 "각각이 서로에게 진실하고 상대방을 있는 그대로 인식/경험하는 정도로 표현되는(marked) 상담사와 내담자 사이의 개인적 관계"(p. 3)이다. 후자는 작업동맹의 "작업-지원 유대"(Hatcher & Barends, 2006, p. 296)이며, 맥락모델의 두 번째 두 경로를 통한 변화를 일으키는 데 작용한다. 흥미롭게도, '실제 관계' 측정치는 작업동맹 측정치가 설명하는 성과 분산 이상(over and above)을 설명한다(Gelso, 2014). 이러한 점은 '실제 관계'와 작업동맹이 별개의 구인이라는 증거가 된다. 그러나 이에 대해서는 더 많은 연구가 필요하다.

이와 더불어 우울에 대한 인지치료에서 협력적 유대의 강도는 성과와 관련이 없으며, 중요한 것은 치료의 목표와 과제에 대한 동의라는 증거가 있다(Webb et al., 2011). 그리고 PTSD에 대한 노출치료에서는 작업동맹의 과제 요소가 중요하다는 증거도 있다(Hoffart, Øktedalen, Langkaas, & Wampold, 2013). 이러한 결과는 맥락모델의 경로를 검토하면 이해할 수 있다. CBT는 치료적 행위에 초점을 두며, 처치의 논리적 근거가 분명하다. 따라서 기대와 특정 성분이라는 두 경로가 강조되는데, 특히 특정 성분에 대한 참여가 강조된다. 이 두 경로에서 '상담의 목표에 대한 동의'와 '과제에 대한 동의'가 특히 중요하다. Hatcher and Barends(2006)가 강조한 바와 같이, "작업동맹은 기법 없이는 일어날 수 없다 … 기법이 내담자를 목적하는 작업에 참여시키지 못하고 있다면, 그 기법은 제대로 작동하지 않는 것이다. 그러므로 내담자를 효과적으로 참여시키기 위해 변화를 주어야만 한다."(p.294)

현재 작업동맹과 특정 성분이 함께 작용하는 방식은 분명치 않다. 더욱이 이 문제를 검토하는 연구는 수행하기가 어렵다. 한 가지 주목할 만한 예외는 Barber 등(2006)의 연구이다. 이 연구는 증거-기반 코카인 치료를 받은 95명의 내담자에서 충실, 역량, 그리고 작업동맹의 상호작용을 검토하여 복잡한 결과를 발견했다. 작업동맹이 매우 강력할 때, 처치에 대한 충실성은 성과를 예측하지 못했다. 그러나 작업동맹이 약할 때 낮은 수준이나 높은 수준의 충실성은 성과를 예측하지 못하였지만, 중간 수준의 충실성은 성과를 예측했다. 한 가지 해석은 작업동맹이 예외적으로 강하다면 특정 성분 없이 작업동맹만으로도 증상을 개선하는 데 충분할 수 있다. 그러나 그렇지 않다면, 치료를 유연하게 할 수 있어야 한다는 것이다(Owen & Hilsenroth, 2014년 참조). 이런 해석은 맥락모델과 양립할 수 없는 것이 아니다. 그러나 물질 사용 치료에서 작업동맹과 성과 간의 상관은 다른 장애의 치료에서 나타난 상관만큼 크지 않고, 이런 결과가 반복연구를 통해 검증되지도 않았기 때문에 이 연구의 결론은 잠정적인 것으로 간주되어야 한다. 이러한 문제는 작업동맹에 대한 Horvath(2006)의 구분을 연상시킨다. Horvath는 작업동맹을 '활성 성분'과 '촉진 성분'으로 구분한 바 있다(p.259 참조). 어떤 면에서 보면 '활성 성분'이라는 용어는 Siev 등(2009)을 연상시킨다. 작업동맹이 직접적으로 이득을 산출한다는 의미를 준다는 점에서 그렇다. 그러나 이에 관련된 기제는 분명하지 않다(그러나 Siev가 주장대로 일부 치료에서는 명확히 드러나 있다, 예 Safran & Muran, 2000). 맥락 모델에서 작업동맹은 기대와 관련된 기제를 통해 성과에 직접적으로 영향을 미친다. 이에 대해서는 이 장의 후반부(맥락 모델의 두 번째 경로)에서 논의된다.

Horvath의 "촉진 성분"은 '특정 성분'을 사용할 수 있기 위한 토대로서 작업동맹이 필요하다는 생각을 지칭한다(맥락 모델의 세 번째 경로). 어쨌거나, 두 경로는 상호작용한다. 특정 성분이 없이는 과제와 목표에 동의할 수 없기 때문이다. 분명히, 작업동맹과 특정 성분의 관계를 연구하는 것은 어렵다. 현상이 갖는 복잡성 때문이다.

4) 작업동맹에 대한 상담사와 내담자의 기여

작업동맹을 기술할 때면 상담사와 내담자 간의 협력이 강조된다. 그래서 참여자 중 어느 한 사람이 평정한 작업동맹도 이자현상이 된다. 말할 것도 없이, 내담자와 상담사 모두 작업동맹의 발달에 기여한다. 치료적 변화에 중요한 것은 작업동맹에 대한 내담자의 기여분일 것이다. 어떤 내담자는 높은 동기(Prochaska와 Norcross의 모델에서 보듯이, Prochaska & Norcross, 2002를 보다)를 가지고 상담에 온다. 이들은 또한 잘 개발된 대인관계 기술, 기능적인 애착유형, 적절한 사회적 지지 그리고 충분한 부를 가지고 있을 것이다. 그런 내담자들은 일정 정도의 역량을 지닌 상담사와 작업동맹을 형성할 수 있으며 상담으로부터 이득을 볼 것이다. 반면, 역기능적인 애착유형을 가진(말하자면, 경계선 성격장애 특징이 있는) 내담자는 사회적 지지를 거의 받지 못하며, 가난하게 살아갈 것이다. 변화할 준비도 되어 있지 못할 것이다. 이들은 상담사와 작업동맹을 형성하는 데 어려움을 가질 것이며, 좋지 못한 예후를 보여 줄 것이다. 결과적으로, 이것이 사실이라면 작업동맹과 상담 성과 간 상관관계가 존재할 것이다. 그러나 작업동맹과 성과는 모두 내담자가 가진 특성의 결과일 뿐이고, 상담사가 내담자에게 제공하는 그 무엇이 아닐 수 있다. 이런 경우는 맥락모델과 상충된다. DeRubeis 등(2005)이 지적했듯이, 맥락모델에서는 상담사가 제공하는 치료 조건에 초점이 있기 때문이다.

이에 대한 대안 견해는 작업동맹의 형성을 촉진하는 사람은 상담사라는 것이다. 협력적 작업 관계에 대한 상담사의 기여분이야말로 상담이 성과를 내는 데 핵심적인 역할을 한다는 것이다. 이 견해에 따르면, 효과적인 상담사는 덜 효과적인 상담사에 비해 여러 내담자와 강력한 작업동맹을 형성할 수 있는 사람일 것이다. 이 예측은 맥락모델과 일치한다.

지금까지 검토된 작업동맹과 성과 간 상관관계에 대한 메타분석에서는 작업동맹과 성과 간의 상관을 통합할 때 내담자가 상담사에 내재되어 있다는(6장 참조) 사실을 고려하지 않았다. 즉, 작업동맹 – 성과 상관은 내담자에 기인한 부분과 상담사에 기인한 부분을 모두 가지고 있는 "전체" 상관이다. 이 '전체' 상관은 모두, 대체로, 또는 부분적으로 동맹에 대한 내담자 기여분에 기인한 것일 수 있다. 다른 한편, 전체 상관 대부분이 상담사의 영향에 기인한 것일 수 있다. 동맹 – 성과 간의 상관이 주로 동맹에 대한 내담자 기여분에 기인한다는 추측은 "비특정" 요인에 대한 위협이다. Lakatos 용어를 빌면, 의학모델을 지지하는 보호대(protective belt)를 형성하는 것이다. 반면에, 이런 비판에 직면했을 때 맥락모델은 '전체' 동맹 – 성과 상관이 상당한 정도 작업동맹에 대한 치료사의 기여에 기인할 것이라고 예언한다.

작업동맹에 대한 상담사 기여분과 내담자 기여분을 추정할 때, 복수의 내담자가 한 명의 상담사에 내재된 설계를 고려하기 위해 다층 모델링을 사용한다. 이런 방법을 활용하면 치료사 내(within therapist) 동맹과 성과 간의 상관을 검토할 수 있다(즉, 모든 치료사에 걸쳐 통합된 치료사 내 회귀계수로 표현된 환자 기여분). 또한 상담사별로 환자가 평정한 동맹 점수의 평균과 성과 간의 상관도 검토할 수 있다(즉, 치료사 간 회귀계수로 표현된 치료사 기여분). 최근 Baldwin, Wampold, Imel(2007)은 상담사 내, 그리고 상담사 간 회귀계수를 검토하기 위해 상담사 80명과 그 내담자 331명의 작업동맹 및 상담성과를 조사하였다. 사용된 성과 척도는 Outcome Questionnaire 45(OQ – 45; Lambert, Gregersen, & Burlingame, 2004, 낮은 점수가 보다 나은 심리적 기능을 나타냄)였고, 작업동맹은 치료 초기에 측정되었다(네 번째 회귀에 Working Alliance Inventory를 사용하여; WAI, Horvath & Greenberg, 1989).

사전검사 OQ 점수를 공변인으로 투입한 다층 모델을 활용하여 Baldwin 등(2007)은 성과 변산의 약 3%가 상담사에 기인한다는 것을 발견했다. 이 수치는 실제 상황(naturalistic settings)에서 발견되는 치료사 효과의 평균보다 약간 작은 것이다(6장). 사후검사 OQ점수와 작업동맹 간의 상관은 –.24였는데, 이 수치는 앞서 논의했던 초기 작업동맹에 관한 메타분석에서 나타난 값과 비슷하다(OQ 점수가 낮을수록 더 나은 심리적 기능을 나타내기 때문에 그 효과는 부적 상관계수로 표현된다). <그림 7.1>은 HLM 분석 결과를 나타낸 것이다.

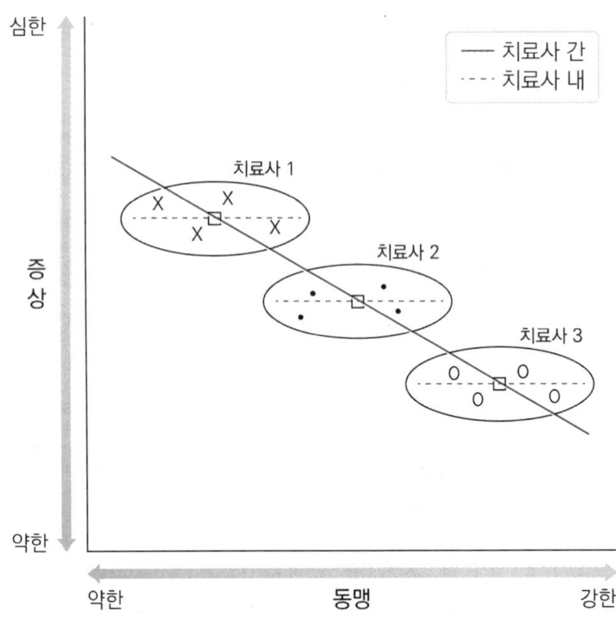

이해를 돕기 위하여 가상의 데이터에서 사용된 3명의 치료사만을 사용하여 제시함. X는 상담사1의 내담자 동맹 점수임. 별표는 상담사2의 내담자 동맹 점수임. 원은 상담사3의 내담자 동맹 점수임. 사각형은 각 상담사의 평균 동맹 점수임.

▌그림 7.1▐ 치료사 내 및 치료사 간 동맹-성과 상관

출처: "Untangling the alliance-outcome correlation: Exploring the importance of therapist and client variability in the alliance," by S. A. Baldwin, B. E. Wampold, and Z. E. Imel, 2007, *Journal of Consulting and Clinical Psychology, 75,* p. 847. Copyright 2007 by the American Psychological Association. Reprinted with permission.

그림에서 알 수 있듯이, 더 효과적인 상담사(즉, 상담사 3)는 일반적으로 다른 상담사(예를 들면, 상담사1)에 비해 내담자와 더 강력한 작업동맹을 형성하고 더 나은 성과를 보였다. 상담사 간 효과를 나타내는 회귀 계수는 −.33으로 통계적으로 유의하였는데, 이는 맥락 모델에서 예측된 바와 같이 상담사가 작업동맹과 성과 간 상관에 기여했음을 나타낸다. 작업동맹에 대한 상담사 기여분을 투입한 후에는 상담사에 기인한 성과 변산은 거의 0에 가까운 것으로 나타났다. 이 결과는 상담사 간 성과의 차이가 환자와 동맹을 맺는 상담사의 능력에 기인한다는 것을 나타낸다. 즉 다양한 내담자들과 동맹을 더 잘 형성할 수 있는 상담사가 더 좋은 성과를 보인다는 것이다. 이런 결과는 "효과적인 상담사의 특징과 행동이 무엇인가?"라는 질문으로 이어진다. 그리고 이 질문에 대한 답 중 하나가 맥락 모델의 주요 구인인 작업동맹이다.

작업동맹에 대한 내담자 영향에 관한 연구 결과를 설명하기는 더 어렵다. <그림 7.1>에서 볼 수 있듯이 상담사 내 회귀선은 수평이다. 이는 동맹에 대한 내담자 기여와 성과 간 유의한 관련이 없다는 것을 나타낸다(실제, 회귀계수는 -.08로 매우 작고 통계적으로 유의하지 않다). 어떤 내담자는 상담에 와서 관계를 잘 맺는다. 그리고 같은 상담사의 다른 내담자보다 더 강한 동맹을 보고한다. 그러나 그렇다고 해서 다른 내담자보다 더 나은 결과를 보여주지는 않는다. 예를 들어, 혼란스러운 대인 관계 문제를 가진 내담자를 생각해보자. 이 내담자는 상담사를 포함하여 타인을 신뢰하는 데 어려움이 있다고 하자. 이 내담자는 상담사 X의 다른 내담자에 비해 상담사 X와 상대적으로 약한 동맹을 유지할 것이다. 그러나 상담사 X가 다양한 내담자와 강력한 작업동맹을 형성할 수 있다면(예 <그림 7.1>의 상담사3), 이 내담자의 동맹은 숙련되지 않은 다른 상담사의 내담자일 때보다 더 강력할 것이다. 그 결과 치료 성과는 다른 상담사일 때보다 상담사 X의 내담자일 때 더 좋을 것이다. 그 상담사와의 동맹이 매우 낮다고 해도 이 내담자에게 이 상담사는 내담자가 지금까지 강력한 작업동맹을 맺을 수 있었던 몇 안 되는 사람 중 하나일 수 있다. 또한 동맹과 성과 간의 관계에 대한 상담사 기여분의 크기(-.33)는 내담자 기여분의 크기(-.08)보다 훨씬 크다.

맥락모델은 Baldwin 등(2007)의 결과를 예측할 수 있었다. 이 결과는 작업동맹의 중요성을 부정하려는 시도와는 반대되는 것이었다. 그럼에도 불구하고 다양한 학문 분야에서의 재구성에서, 특히 Lakatos에서 알 수 있듯이, 한편의 연구로 인해 어떤 이론적 관점 전체가 폐기되지는 말아야 한다. 항상 그런 것은 아니지만(Falkenström, Granström, & Holmqvist, 2014), 동맹에 대한 치료사 기여의 중요성은 반복해서 검증되었다(Crits-Christoph et al., 2009; Dinger, Strack, Leichsenring, Wilmers, & Schauenburg, 2008; Zuroff, Kelly, Leybman, Blatt, & Wampold, 2010) Baldwin 등의 결론을 뒷받침하는 메타분석적 결과가 하나 있다. 동맹과 성과 간의 관계에 대한 메타분석에 사용된 1차 연구들은 전체 상관계수만 보고한다. 그러나 Del Re 등(2012)는 상담사에 대한 내담자의 비율(PTR)이 다양하다는 것을 관찰했다. PTR이 크면(상담사 1명당 내담자의 수가 많으면), 작업동맹 변산 대부분은 내담자에 기인한 반면, PTR이 1일 때는 상담사에 기인한다. Baldwin 등의 결과가 타당하다면, PTR은 1차 연구 각각에서 보고된 전체 상관의 크기와 관련이 있어야 한다. 즉, PTR이 클수록 전체 상관은 작아야 한다. 이런 기대된 관계가 실제로 나타났으며, 이런 관계는 다른 중재 변인 때문이 아니었다. 그리고 메타분석에서 산출된 추정치는 Baldwin 등의 결과와 거의 동일했다(Del Re et al., 2012).

5) 초기 증상의 변화는 더 나은 작업동맹과 더 나은 최종 성과를 만든다

DeRubeis 등(2005)은 초기 증상의 변화가 작업동맹 평정과 그 이후의 성과 평정 모두에 영향을 미칠 가능성을 제기했다. 내담자가 치료 초기에 괄목할만한 호전을 이루고, 이로 인해 내담자와 상담사 모두 상담과 상담사에 대한 긍정적인 관점을 갖게 되어, 결국에는 강한 작업동맹을 형성하게 된다고 할 수 있을 것이다. 또한, 이른 변화를 유발한 요인들이 작업동맹은 제공하지 못하는 추가적인 이득을 산출한다고 할 수도 있을 것이다. 이것은 복잡한 현상이어서 연구하기가 어렵다. 그러나 거의 20편 정도 되는 연구는 '초기 변화'의 효과를 통제했을 때, 동맹이 상담의 진전(즉, 성과-역자 주)을 예측하는지 평가하였다. 이들 연구에서는 동맹 측정 전 증상의 감소를 통제하기 위한 여러 통계적 방법이 사용되었다. 이들 연구 중 대부분은 서로 다른 관점을 가진 연구자들에 의해 수행되었지만, 같은 결론이 내려졌다. 즉, 작업동맹이 초기 증상 변화로 인한 성과 이상을 예측한다는 결론이 내려졌다(Arnow et al., 2013; Baldwin et al., 2007; Barber, Connolly, Crits-Christoph, Gladis, & Siqueland, 2009; Crits-Christoph et al., 2011; De Bolle, Johnson, & De Fruyt, 2010; Falkenström, Granström, & Holmqvist, 2013; Falkenström et al., 2014; Flückiger, Holtforth, Znoj, Caspar, & Wampold, 2013; Gaston, Marmar, Gallagher, & Thompson, 1991; Hoffart et al., 2013; Klein et al., 2003; Tasca & Lampard, 2012; Zuroff & Blatt, 2006), 그러나 몇몇 연구에서는 그런 증거를 발견하지 못하였다(DeRubeis & Feeley, 1990; Feeley, DeRubeis, & Gelfand, 1999; Puschner, Wolf, & Kraft, 2008; Strunk, Brotman, & DeRubeis, 2010; Strunk, Cooper, Ryan, DeRubeis, & Hollon, 2012). 불행히도 이 문제를 해결하기 위한 메타분석 연구는 없다. 초기 변화와 작업동맹이 어떻게 기능하여 최종 변화를 낳는지 검토하는 데 동원되는 통계 방법이 다양하다는 점을 고려하면, 그런 메타분석을 수행하기 쉽지 않을 것이다. 이런 연구 모두를 검토하는 것은 이 장의 범위를 벗어나지만, 적절한 표집과 특히 정교한 방법을 사용한 한 연구(즉, Falkenström et al., 2014)는 자세히 검토해 볼 것이다.

Falkenström 등(2014년)은 스웨덴에서 1차 진료를 담당하는 69명의 상담사가 치료한 719명의 환자를 대상으로 연구하였다. 환자의 문제는 대부분 불안, 대인관계, 우울, 애도, 업무 관련 문제 및 신체화 등이었다. 세 번째 회기의 작업동맹 점수와 CORE-OM (Clinical Outcomes in Routine Evaluation-Outcome Measure)으로 측정한 주별 심리 기능 점수가 사용되었다. 연구자들은 동맹 측정 전의 CORE-OM 절편과 기울기, 그리고 동맹 측정 후 CORE-OM 기울기를 포함하는 구간종단모형(piecewise longitudinal model)을 사용했다. DeRubeis 등(2005)이 제안한 바와 같이 초기 스트레스와 초기 변화는 3회기 동맹 점수를 예측했다. 즉, 초기 스트레스가 작을수록, 그리고 초기 변화가 클수록 작업동맹이 더 높았다. 그러나 이 분석의 목표는 다양한 요인을 통제하고 동맹 측정 후의 내담자 진전을 예측하는 것이었다. 이때 통제 요인으로는 (a)초기 스트레스와 3회기 동맹의 연관성, (b)초기(3회기 이전) 진전과 3회기 동맹의 연관성, (c)초기(3회기 이전) 진전과 3회기 이후 진전의 연관성, (d)초기 스트레스와 3회기 이후 진전의 연관성, 그리고 (e)동맹 측정 전과 후의 변화율 및 동맹 점수에서 상담사 변산이었다. 변화율(rate of change)에 대한 이런 모든 가능한 영향을 통제한 후, 3회기 때의 동맹은 3회기 이후의 진전을 예측했다. 이 결과는 작업동맹이 단순히 초기 변화의 산물이 아님을 보여준다.

초기 증상의 변화가 높은 동맹 평정 및 성과 향상으로 이어진다는 것과 관련한 증거는 아직 시시비비를 가릴 만큼 분명하지 않다. 그리고 작업동맹의 중요성을 깎아내릴 증거 또한 충분하지 않다.

6) 상담 과정에서 작업동맹의 변화

고려해야 할 작업동맹의 마지막 측면은 상담 과정에서 작업동맹의 변화에 관한 것이다. 검토한 많은 연구에서, 측정된 작업동맹은 상담사와 내담자의 협력을 반영하는 것으로 개념화되었다. 그러나 이때 상담의 다양한 측면에 따라 또는 외부 사건(예 배우자의 배신은 내담자의 일반적인 신뢰 감소를 초래할 수 있다) 때문에 상담 과정에서 동맹이 변할 수 있다는 점이 고려되지 못했다. Horvath(2006)는 작업동맹을 정적인 것으로 생각지 말라고 경고했다(상담 과정에서 작업동맹과 관계의 다른 측면이 어떻게 전개될 수 있는지를 검토하려면 Gelso & Carter, 1994를 보라). 그러나 상담 과정에서 작업동맹의 변화 양상을 조사한 연구는 거의 없었다.

동맹이 변한다는 점을 간과하는 경향에 대한 한 가지 주목할 만한 예외는 동맹의 결렬(ruptures)과 회복(repair)에 대한 연구이다(종종 "손상"과 회복"이라고 불림, Safran & Muran, 2000을 보라). 이 정신역동 모델에 따르면, 치료에서 어려운 작업을 할 때면 동맹, 특히 유대 측면에 긴장이 발생한다. 그리고 여러 치료과제 중 하나는 일어나기 마련인 손상을 회복하는 것이다. 이 관점에 따르면, 이러한 긴장은 치료과정에서만 발생하는 것이 아니며, 그래서 회복은 내담자에게 교정적 경험이 되기도 하다. Safran, Muran과 Eubanks-Carter(2011)는 손상이 회복되는 정도를 성과와 관련하여 검토한 연구를 메타분석하여 통합 상관계수 .24를 산출하였는데, 통계적으로 유의하였다. 그러나 이 증거는 손상 및 회복을 측정하는 것이 어렵다는 점과 작업동맹에 대한 엄밀한 조사에서 이 개념이 살아남지 못했다는 관점에서 고려되어야 한다. 그럼에도 불구하고, 이 결과는 작업동맹이 심리치료에 중요한 요인이라는 생각을 뒷받침한다.

연구자들은 작업동맹의 변화와 그것이 성과와 어떻게 관련되는지에 관심을 기울이기 시작했다. 종단 모형의 발전은 시간에 따른 내담자 간(between-client) 변산과 내담자 내(within-client) 변산을 분리할 수 있게 했다(Curran & Bauer, 2011). 동맹과 관련하여 내담자 간 변산이란 어떤 내담자의 작업동맹 점수가 갖는 상대적인 위치로 다른 내담자(다른 모든 내담자 또는 한 상담사 내의 내담자들-Baldwin et al., 2007을 보라)와 비교하여 나타난다. 지금까지의 연구에서 작업동맹과 성과 간의 상관은 작업동맹의 내담자간 변산에 기반을 두었다. 즉, 기본적인 설계에서 다른 내담자와 비교하여 상담사와 더 강력한 작업동맹을 맺고 있는 내담자는 더 나은 성과를 얻는다. 많은 임상가가 이해하는 것처럼 중요한 것은 상담 중 내담자가 만드는 변화이다. 예를 들어, 상담사와 약한 정도의 작업동맹을 가진 내담자가 상담 중 어느 시점에서 상담사를 신뢰하기 시작할 수 있으며, 이후에 치료적 이득을 얻는다. 따라서 작업동맹의 내담자내 변산 또한 치료에서 작업동맹이 어떻게 작동하는지 이해하는 데 중요하다. 물론, 이 변산은 상담관계의 손상 및 회복과 관련이 있을 수 있지만, 이 절에서 논의된 방법은 아직 "손상 및 회복" 영역에 적용되지 않았다.

여러 작업동맹 패턴이 성과와 연관되어 있다는 증거가 있다. 초기 한 연구에서 군집분석을 통해 안정적인 작업동맹, 작업동맹 선형 성장, 그리고 작업동맹 이차(quadratic) 성장(높은-낮은-높은; Kivlighan & Shaughnessy, 2000)의 세 가지 패턴이 확인되었다. Gelso와 Carter(1994)가 세운 가설 및 "손상과 회복" 추측과 일치하게 작업동맹 이차 성장은 내담자의 호전과 관련이 있었다. 그러나 시간이 흐름에 따른 동맹과 증상 간의 관계 속성은 동맹과 증상을 정기적으로 측정했을 때만 확인할 수 있다. Tasca와 Lampard(2012년)는 섭식장애 주간 치료 프로그램에 참여한 사람을 대상으로 집단과의 동맹과 제한(음식-역자 주) 욕구를 매주 측정했다. 그들은 동맹 향상이 음식 제한 욕구 감소를 예측하는 상호 호혜적인(reciprocal) 효과를 감지했다. 게다가, 음식 제한 욕구의 감소는 후속하여 나타나는 동맹 향상을 예측하게 했다. Falkenström 등(2013)은 앞서 논의했던 내담자 간 분석(즉, Falkenström et al., 2014)에 사용했던 데이터를 다시 사용하여 작업동맹이 후속하는 증상의 변화를 예측하며, 증상의 변화가 또한 동맹을 예측한다는 것을 발견하였다. Hoffart 등(2013)은 PTSD에 대한 두 처치에서 주별로 측정된 작업동맹과 증상을 검토했다. 그들은 동맹의 구성요인 중 과제 요인이 각 내담자에게 기대되는 값보다 더 컸을 때, 후속하여 증상이 감소한다는 것을 발견했다.

그러나, 이들 간의 상호 호혜적인 패턴은 찾지 못했다. 즉 내담자의 증상이 개선되었을 때, 후속으로 작업동맹이 강화되지는 않았다.

내담자 내 작업동맹 변동을 조사한 이와 같은 최근 연구는 작업동맹이 평소보다 더 강할 때 증상의 감소로 이어짐을 보여준다. 그러나 동맹에 대한 증상의 상호 호혜적 영향에 대한 증거도 일부 존재한다. 내담자내 관점은 성과에 대한 동맹의 영향이 허구가 아니라는 증거를 제공한다.

7) 결론: 작업동맹의 중요성

1990년대 이래의 메타분석은 작업동맹과 성과 간 중간 크기의 상관관계가 있음을 보여주고 있다. 그러나 작업동맹의 중요성에 대한 수많은 도전이 제기되었는데, 이로 인해 추가적인 연구가 이루어졌다. 발전적인 연구 프로그램의 특징은 도전이 새로운 추측을 창조해 낸다는 것이다. 증거가 축적되었을 때, 맥락 모델의 예측은 관찰(즉, 증거−역자 주)과 부합하는 것으로 나타났다. 더욱 정교해진 연구 방법은 작업동맹이 상담에서 작동하는 방식을 드러내는 데 도움이 되었다. 그러나 여전히 각각의 도전을 뒷받침할 충분한 증거는 부족하다.

이 장(및 2장)에서 논의한 바와 같이 작업동맹은 협력적 작업 관계이며, 이런 관계가 협력적 작업을 통해 이득을 창출한다. 즉, 유대를 제외한 작업동맹은 직접적으로 치료적이지는 않다. 상담에서 협력적 작업이 진행되도록 하기 위해서는 상담 목표와 과제에 대한 동의가 필요하다. 상담의 후반 단계에서 작업동맹은 치료적 작업이 진행되고 있음을 나타내는 거울일 수 있다. 작업동맹의 주요 결과 중 하나는 앞으로 논의할 기대의 창출이다.

2. 기대, 위약, 그리고 귀인

2장에서 논의한 맥락 모델의 두 번째 경로에서는 내담자가 자신의 장애에 대한 설명을 수용하고 어려움을 극복하는 데 필요한 일련의 행위에 동의해야 한다는 점이 제시되었다. 그래야 내담자의 주관적 경험(예 정서와 인지; Kirsch, 1985)에 강력하고 직접적인 영향을 주는 기대가 만들어질 수 있기 때문이다. 이 절에서는 이 주장을 뒷받침하는 증거를 제시할 것이다. 이를 위해 위약에 관한 연구뿐 아니라 심리치료에서의 기대에 관한 연구에도 초점을 둘 것이다.

1) 위약

1장에서 논의했듯이, 의학과 심리치료 분야에서 위약은 논란이 많은 오래된 역사를 가지고 있다(Shapiro & Shapiro, 1997a, b). 특히 위약의 정의, 이것이 산출하는 효과, 그리고 이것을 이해하기 위해 사용되는 연구설계와 관련한 논란이 존재해 왔다. 1955년에 Beecher는 15편의 연구를 검토하고, 대략 세 사례 중 한 사례에서 위약이 주관적인 성과에 유의미한 개선을 가져온다고 추정했다. 위약이 비도덕적이라는 세평에도 불구하고, "강력한 위약(The Powerful Placebo)"이라는 Beecher의 논문 제목은 사실로 받아들여졌다. 그러나 "위약은 효과가 없는가?"라는 메타분석 결과가 나오면서 도전받게 되었다(Hróbjartsson & Gøtzsche, 2001). 이런 논쟁에도 불구하고, 위약의 효과는 의학, 심리학, 인류학 및 신경 과학 분야에 걸쳐서 한 연구 분야를 형성하였다. 이 장에서는 위약 효과에 관해 간략히 개관할 것이다. 위약 효과에 관한 문헌을 상세하게 개관한 문헌이 존재하기 때문이다(예 Benedetti, 2009, 2011; Guess, Kleinman, Kusek, & Engel, 2002; Harrington, 1997; Price, Finniss, & Benedetti, 2008; Shapiro & Shapiro, 1997a, b).

의료분야에서의 위약 효과

위에서 언급했듯이, 위약의 임상 효과에 대한 Beecher의 결론(1955)은 Hróbjartson과 Gøzsche(2001)에 의해 도전을 받았다. Hróbjartson과 Gøtsche는 위약 조건이나 무처치 조건에 환자들이 무선할당된 임상실험 결과를 검토했다. 위약은 다양했으며, 여기에는 약(예 알약), 신체적(예 조작 manipulation), 또는 심리적(예 심리치료)인 것이 포함되어 있었다. 위약 효과는 위약 조건을 무처치 조건과 비교하여 평가되었다.

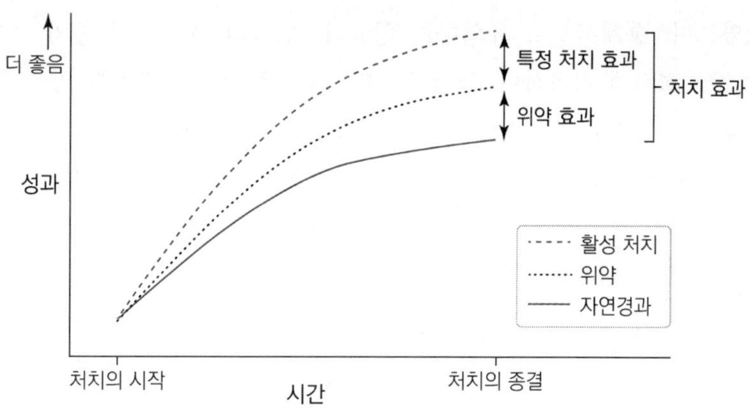

▎그림 7.2 ▎ 위약 효과에 대한 누적(additive) 모델

출처: "The placebo is powerful: Estimating placebo effects in medicine and psychotherapy from clinical trials" by B. E. Wampold, T. Minami, S. C. Tierney, T. W. Baskin, and K. S. Bhati, 2005, *Journal of Clinical Psychology, 61*, p. 838. Copyright 2005 by John Wiley and Sons. Reprinted with permission.

이 메타분석 결과를 이해하려면, <그림 7.2>에 제시한 것과 같이 처치, 위약, 그리고 장애의 자연적 경과에 기인한 여러 효과를 이해하는 것이 중요하다. 이 그림에서 장애의 일반적인 경과는 호전되는 방향으로 향한다. 그러나 반드시 그런 것은 아니다. 어떤 장애는 자연적으로 악화(예 암)하거나 잘 변하지 않는다(예 일부 형태의 관절염). 의학에서 중요한 효과는 특정 효과이다. 특정 효과는 치료 종료 시점에서 활성 처치와 위약 간 효과의 차이를 지칭한다. 식의약품안전청(FDA)의 승인을 받으려면 이 효과가 필수적으로 요구된다. 이 효과의 타당성은 두 가지 조건에 달려 있다(Wampold, Minami, Tierney, Baskin, and Bhati, 2005). 즉, 처치와 위약이 구별되지 않아야 하며, 처치에 대한 이중맹검(의사와 환자 모두 어떤 처치를 받는지 알 수 없어야 함－역자 주)이 지켜져야 한다는 것이다. 그러나 심리치료 (임상) 실험에서 이 두 가지 조건은 존재할 수 없다. Hróbjartson과 Gøtsche(2001)는 위약과 무처치를 비교하여 위약 효과를 추정했다.[1]

114개의 연구를 바탕으로, Hróbjartson과 Gøtsche(2001)는 기본적으로 위약은 "효능이 없었다"고 결론을 내렸다. 그들은 각 연구의 주요 "객관적" 또는 "주관적" 결과를 분석했는데, 연속 속성을 가진 성과보다 이항 속성(예 흡연 또는 비흡연)을 가진 성과를 선호하였다. 그들은 성과가 이항 속성(예 사망 또는 회복)인 연구에서 통계적으로 유의한 위약 효과가 나타나지 않는다는 것을 발견했다. 그럼에도 불구하고, 성과가 연속 속성인 연구에서는 작지만 유의미한 위약 효과(d=0.28)가 있었다. 위약 효과의 크기는 "객관적" 성과"일 때보다 "주관적" 성과일 때 더 컸다(d=0.36). 이 효과의 차이는

d=0.12였으며, 통계적으로 유의하지 않았다. 위약의 효과는 통증의 경우 가장 컸다(d=0.27). 이 결과에 기초하여, 그들은 "결론적으로 위약이 강력한 임상 효과를 가지고 있다는 증거를 발견할 수 없었다"라고 진술했다. (p. 1599)

Hróbjartson과 Gøtsche(2001)의 결과는 사실로 받아들여져 왔던 것과 반대였기 때문에 도전을 받았다. Vase, Riley와 Price(2002)는 Hróbjartson과 Gøtsche가 검토한 실험의 목적은 활성 처치의 효과성을 확인하려는 것이었으며, 따라서 위약 효과를 탐지하기 위한 최적의 설계는 아니라는 점을 지적하였다. Vase 등에 따르면, 이 임상실험에서 특히 중요한 것은 환자에게 제공된 설명이었다. 환자는 무선할당 결과에 따라 위약을 복용할 수 있다는 설명을 들었다. 말하자면, 특정 환자가 진짜 약을 복용하지 못할 확률이 50%라는 것이다. 그러나, 위약 효과의 메커니즘을 시험하기 위해 고안된 연구에서는, 대게 피험자들이 강력한 성분을 가진 약을 복용하고 있다고 믿도록 유도된다. 그리고 그들의 반응은 그 약을 받지 않은 피험자의 반응과 비교될 수 있다. Vase 등(2002)은 진통제의 생리학적 효과에 대한 통제조건으로 위약을 사용한 23건의 임상실험과 위약의 진통 메커니즘을 연구한 14건의 연구에 대한 메타분석을 실시하였다. Vase 등은 이 분석의 결과에서 통증의 강도 평정치를 사용하였을 때, 임상실험 연구의 효과 크기(d=0.15)가 메커니즘 연구의 효과 크기(d=0.95)보다 매우 작다는 것을 발견했다.

Hróbjartson과 Gøtsche(2006)는 Vase 등의 코딩과 분석에서 여러 오류를 발견하고 그들의 결론을 심각하게 비판했다. 그러나 Hróbjartson과 Gøzsche(2006)는 이러한 오류를 교정한 후에도 메커니즘 연구가 메커니즘 연구가 아닌 임상실험(d=.19)보다 매우 큰 효과(d=0.51)를 산출하였다고 보고했다.

Wampold 등(2005)도 여러 가지 이유로 Hróbjartson과 Gøtsche(2001)를 비판했다. Vase 등(2002)과 일관되게, Wampold 등은 Hróbjartson과 Gøzsche의 연구(2001; 또한 그 연구를 업데이트한 Hróbjartsson & Gøtzsche, 2004를 참조하라)에 포함된 많은 임상실험이 위약 효과를 탐지할 수 있을 만큼 잘 설계된 것이 아니라고 주장했다. 예를 들어, 2004년에 업데이트된 연구에 포함된 한 임상실험에서는 신생아의 통증에 대한 다양한 처치(예 포도당 또는 자당 정맥주사, 고무젖꼭지, 그리고 정맥주사와 고무젖꼭지의 결합), 위약(예 멸균한 물 정맥주사), 그리고 무처치가 갖는 진통 효과를 비교했다(Carbajal, Chauvet, Couderc, & Oliver–Martin, 1999). 여기서, 위약의 작용에 관한 현존하는 어떤 이론에서도 멸균한 물의 주입이 신생아에게 어떤 영향을 줄 것이라고 예측되지 않을 것이다. Wampold 등은 Hróbjartson과 Gøtschsche에 포함된 임상실험 연구를 재분석하였는데, 이 분석에서 위약 조건을 조절할 것으로 추측되는 몇 가지 중요한 변인이 고려되었다. 첫째, 위약에 대한 반응성을 기준으로 처치의 대상이 된 장애가 분류되었다. 이 기준은 Papakostas와 Daras(2001)이 제안한 것으로 "일반적으로 불안과 통증의 존재, 자율신경계의 관여, 면역생화학적 과정이 위약에 긍정적으로 반응하는 것으로 여겨진다. 반면에 급성 질환(예를 들면, 심장마비), 만성 퇴행성 질환 또는 유전성 질환은 위약에 반응하지 않을 것으로 예상된다"(pp. 1620–1621). 둘째, Vase 등(2002)에 기초하여, Wampold 등은 연구설계가 위약 처치에 불이익을 주는지 아닌지를 결정하기 위해 연구설계를 검토했다. 셋째, 위약 효과의 크기와 처치 효과의 크기가 비교되었다. 이 비교의 목적은 처치 효과가 어느 정도나 위약에 기인한 것인지를 알아보려는 것이었다. 이때 효과는 누적적이라고 가정되었다(<그림 7.2> 참조). 마지막으로, 측정치는 환자의 보고에 의한 것일 경우 '주관적'인 것으로 정의되었다(주의, Hróbjartson 및 Gøtsche는 "주관적"과 "객관적"을 정의하지 않음). 그리고 주관적 측정치와 객관적 측정치에서 효과의 차이는 연구 내(within studies)에서만 비교되었다. 연구 간 비교가 가져올 수 있는 혼입(between study confounds)을 피하기 위함이었다.

Wampold 등(2005)의 재분석 결과는 위약 효과가 있을 것으로 기대될 때, 기대된 대로 위약 효과가 발견된다는 것을 보여주었다. 즉, 장애가 위약에 긍정적으로 반응하는 범주에 속한 것이고 연구설계가 적절했을 때, 위약 효과는 0보다 유의하게 컸다 (d=0.29). 또한 예측한 것과 같이 위약에 대한 반응성이 떨어지면 위약 효과의 크기도 감소했다. 마지막으로 주관적인 측정치에서 나타난 위약의 효과 크기와 객관적인 측정치에서 나타난 효과 크기 간에는 차이가 없었다. 흥미롭게도 장애가 위약에 잘 반응하는 범주의 것이고 연구설계가 적절한 것일 때, 위약 효과(d=0.29)는 처치 효과 (d=0.24)와 유사했다(실제로 약간 더 컸다). 이는 처치 효과가 완전히 위약에 의한 것임을 시사한다(효과가 누적적(additive)인 성격을 갖는다고 가정하면). Hróbjartson과 Gøtsche가 이 재분석에서 결함을 발견했다는 것은 놀랄 일도 아니다. 뒤이어 활발한 논쟁이 전개되었다(Hróbjartson & Gøzschsche, 2007a, b; Hunsley & Westmacott, 2007; Wampold, Immel, 2007a, b). 이 논쟁을 깊이 있게 이해하려면 위약이 현대의학, 그리고 심리치료의 의학 모델과 상극이라는 역사적 관점이 필요할 것이다.[2]

이제 항우울제에 대한 증거로 눈을 돌려 보자. 매년 약 2억 7천만 건의 항우울제 처방이 내려지고 있다. 2008년에는 120억 달러의 매출을 기록하였다. 그러나 항우울제에 대한 특허가 기간 만료되고 복제 약품(generic)이 사용 가능해지면서 총매출액은 감소하고 있다. FDA의 승인을 받기 위해 각 항우울제는 최소한 2개의 임상실험 연구에서 위약과 분리(예 <그림 7.2>에서 볼 수 있는 것과 같은 통계적으로 유의미한 특정 효과)를 보여야 한다.[3] 많은 항우울제가 이러한 차이를 기반으로 수년 간 승인되어 왔다. 그러나 문제는 항우울제의 우월성을 보여주지 않는 많은 실험이 있을 수 있다는 것이다. 그러나 이에 대해 FDA는 관심이 없다. 또한 FDA는 임상가가 평정하는 도구인 HRS－D(Hamilton Rating Scale for Depression)와 같은 우울에 대한 전형적인 주 측정치에(primary measure)에 관심을 갖는다. 반면, 삶의 질(Spielmans & Kirsch, 출간 예정)과 같이 내담자에 의해 평정되는 측정치는 경시한다. 정보 자유법(Freedom of Information Act)에 따른 요구를 통해 Irving Kirsch와 동료들은 처치 및 위약 효과를 검토하는 몇 편의 임상실험 연구에서 생성된 데이터를 얻었다(Kirsch, 2002; Kirsch, Moore, Scoboria, 2002; Kirsch, 2002; Kirsch & Sofstain, 1998; Scors, Scorvorvoria, 2002). 그 결과는 "황제의 신약: 항우울제 신화를 폭로하기"라는 항우울제에 대한 고발에서 논의되었다(Kirsch, 2010). 여기서 관심사는 항우울제의 사용에 대한 논란이 아니라 우울증에 대한 알약 위약 효과에 관한 것이다. 여기서 항우울제의 효과에 관한 가장 최근의 메타분석 결과를 간략히 논의할 것이다.

Kirsch 등(2008)은 FDA에 제출된 4세대 항우울제 신약의 효과를 연구한 임상실험 데이터를 입수했다. FDA는 허가를 위한 하나의 요건으로 학술지에 게재된 것이든 아니든 모든 통제된 실험 결과를 제약 회사가 보고할 것을 요구한다(Spielmans & Kirsch, 출간 예정). 따라서 Kirsch 등이 입수한 데이터는 출판 편향에 영향을 받지 않는 것이었다. 임상실험에는 무처치 통제 조건이 포함되어 있지 않았기 때문에 비교할 수 있는 것은 위약 조건과 처치 조건에서의 사전과 사후의 차이로 표현되는 효과였다. HRS－D에서 항우울제 및 위약 조건의 가중치가 부여된 평균 향상(weighted mean improvement)은 각각 9.60과 7.80이었다. 즉, 위약의 효과는 처치 조건에서 나타난 변화의 80% 이상(즉, [7.8÷9.6]×100－역자 주)에 해당하는 것이었다. 효과 크기 측면에서 보면, 처치 조건의 사전－사후 점수 효과 크기는 1.24이었고 위약의 경우는 0.92이었다. 따라서 효과의 크기에서 0.32의 차이를 보였다. 이러한 임상실험 결과를 종합해보면 위약에 대한 항우울제의 우월성을 보여준다. 그러나 항우울제의 부작용을 고려하면, 이러한 차이가 임상적으로 유의한지 여부에 대한 논란이 있을 수 있다(Kirsch, 2002, 2009, 2010; Kirsch et al., 2002; Spielmans & Kirsch, 2014). 하지만, 알약 위약이 우울증에 강력한 영향을 미친다는 것 또한 분명하다. 이 결과가 시사하는 바는 '증상 개선에 대한 기대를 불러일으키고, 증상에 대한 (생물학적) 설명 및 이와 부합하는 처치(약 복용－화학적으로는 아무런 효과가 없는 알약이지만)를 제공하며, 공감적으로 경청하는 치료사와 관계를 갖는 것'은 우울증에 대한 표준 처치의 효과성에 근접하는 정도의 정신건강 개선을 가져온다는 것이다. 이는 맥락 모델의 주장과 일치한다.

위약 효과를 보여주는 마지막 예는 환자의 약물처치에 대한 충실성과 사망률의 관계에 대한 메타분석 결과이다(Simpson et al., 2006). 환자 4명 중 1명은 처치 프로토콜을 충실하게 준수하지 않기 때문에 충실하지 않은 환자와 충실한 환자의 결과를 점검하는 것이 중요하다. 위약 조건을 포함하고 있는 8개 임상실험의 결과는 다음과 같았다. 6개의 임상실험에서는 처치가 효과적이었다(예 약물이 위약보다 더 효과적임). 2개의 임상실험에서는 처치가 해로웠다(즉, 약물이 위약보다 덜 효과적임). 이러한 임상실험의 조건을 살펴보면, 처치가 이루어진 장애는 심장병 또는 당뇨병이었다. 이 질환은 일반적으로 위약이 긍정적으로 작용하는 조건이 아니다. 또한 결과(사망률)는 객관적 측정치로 간주되며 환자의 자기보고에 의한 영향을 받지 않는다.

이 메타분석의 결과는 <그림 7.3>과 같다. 유익한 약물의 경우, 치료 프로토콜을 준수하지 않은 환자보다 치료 프로토콜을 준수하는 환자의 사망률이 더 낮았다는 것은 놀라운 일이 아니다. 비록 약물이 위약보다 효과적이고 더 많은 이득이 있었지만, 위약을 충실히 복용한 환자집단에서도 유사한 사망률의 감소가 관찰되었다. 저자들에 따르면, 이 결과는 "강력한" 위약 때문일 수 있지만 치료 프로토콜을 준수하는 환자들이 더 나은 건강 습관을 소유하고 있기 때문일 수도 있다. 저자들은 이를 "건강한 준수자(healthy adherer)" 효과라고 부른다.

해로운 약물에 대한 결과는 특히 흥미롭다. 당연히 해로운 약물 프로토콜을 준수하는 환자의 사망률은 준수하지 않은 환자보다 높았다. 그러나 위약 조건에서 수칙을 준수한 사람들은 다른 어떤 조건보다 사망률이 낮았다. 이 결과는 처방받은 약이 실제로는 위약이어도, 그 약이 유익하다고 믿는다는 것(즉, 처방받은 대로 약을 복용함)이 사망률에 강력한 영향을 미친다는 점을 시사한다. 여기서 "건강한 준수자"라고 해도 해로운 약물이 주는 효과를 없애지는 못하는 것 같다. 이 메타분석의 함의 중 하나는 처치에 대한 환자의 기대를 알지 못한 채 처치에 대한 결론을 내리는 것은 오해를 불러일으킬 소지가 있다는 것이다. 이는 이 장 후반부에서 다룰 사안이다.

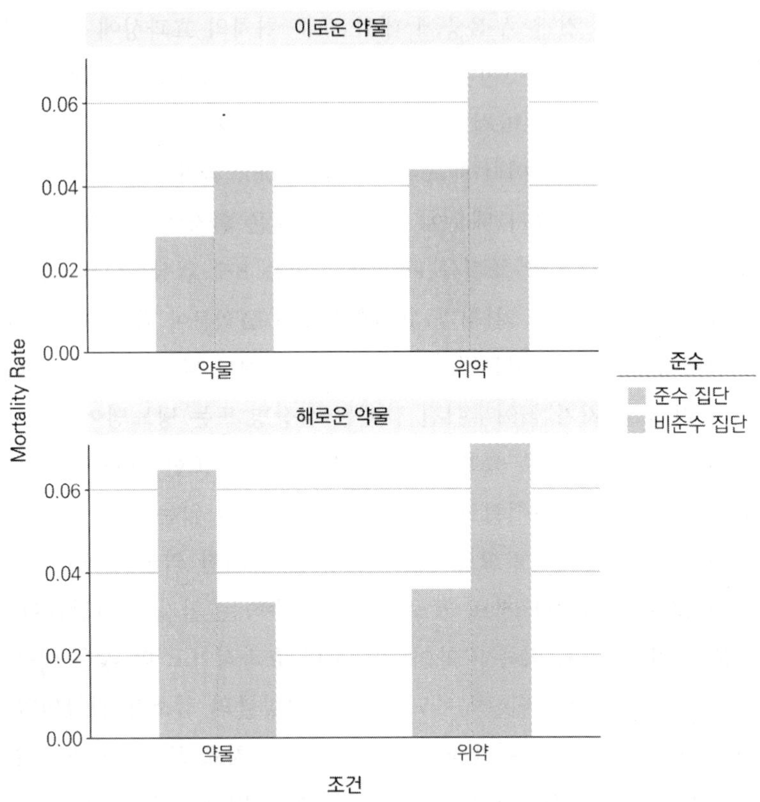

| 그림 7.3 | 충실 수준에 따른 해로운, 이로운 약물 그리고 위약의 사망률

출처: "A meta-analysis of the association between adherence to drug therapy and mortality," by S. H. Simpson, D. T. Eurich, S. R. Majumdar, R. S. Padwal, S. T. Tsuyuki, J. Varney, and J. A. Johnson, 2006, BMJ: *British Medical Journal*, pp. 3-4.

위약의 작용에 관한 이론

위약에 관한 연구가 수행되어 온 주요 분야는 통증(pain)이다. 이 분야의 연구에서는 자연적으로 발생하는 통증(예 수술 후 통증) 또는 실험적으로 유발된 통증(예 팔을 얼음물에 넣음)이 사용되었다. 앞에서 논의한 바와 같이 위약이 통증에 미치는 영향은 임상 및 실험 장면 모두에서 입증되었다. 잘 알려진 바와 같이, 위약 진통제의 효과는 아편성 길항제(아편의 작용을 방해하는 약—역자 주)인 날록손(naloxone)에 의해 감소될 수 있다(Benedetti, 2009; Price et al., 2008). 이는 인체의 내생적인 아편 분비가 생화학적 메커니즘이라는 증거가 된다. 동시에 위약의 효과란 참여자의 주관적인 평정일 뿐이라는 주장에 대한 반증이 된다. 흥미롭게도, 위약 효과의 메커니즘에 대한 증거는 진통제 관리를 위한 "공개—비공개" 패러다임에서 산출되었다. 이 패러다임에서 통증이 있는 환자(많은 경우, 수술 후의 상태에 있는)는 의료 전문가가 진통제를 투여하는 것을 보거나(공개), 아니면 환자 모르게 진통제가 투여된다(비공개). 이러한 패러다임을 사용한 연구는 아편성 및 비아편성 진통제를 공개 투여하는 것이 비공개로 투여하는 것보다 훨씬 더 효과적임을 일관되게 보여주는 것이다. 이런 결과는 파킨슨 환자들의 경우에서도 마찬가지였다(Price et al., 2008). 실험적으로 통증을 유도한 참가자 표본에서, Amanzio, Pollo, Maggi, 그리고 Benedetti(2001)는 비아편성 진통제 케토롤락(non－opioid analgesic ketorolac)도 공개적인 투여가 더 효과가 있음을 발견하였다. 이 실험의 흥미로운 부분은 케토롤락의 공개적인 투여가 갖는 효과를 날록손(naloxone)이 상쇄했다는 점이다. 케토롤락(ketorolac)이 아편성 진통제가 아님에도 불구하고 말이다. 이러한 결과는 진통제 공개 투여의 효과가 인체 내 아편 분비에 기인한다는 것을 나타낸다. 인체 내 아편 분비는 진통제가 투여되었다는 것을 참여자가 알게 됨으로써 나타난다. 말하자면, 기대가 관련되어 있음을 시사한다.

위약의 작용에는 아마도 조건화 성분이 있을 것이다. 어떤 알약이 생물학적 효과를 안정적으로 생성하는 활성 성분을 포함하고 있다고 가정하자. 그 알약 자체(말하자면, 알약의 모양, 맛, 냄새)는 무조건 자극이지만, 생물학적 효과와 짝지어지기 때문에 조건자극(CS)이 된다. 활성 의약품을 사용한 몇 번의 임상실험 후에 위약이 이런 조건화 기제를 통해 효과를 산출할 수 있다는 증거가 있다(Ader, 1997; Benedetti, 2009; Price et al., 2008). 그러한 조건화된 위약 효과는 또한 동물에서도 발생할 수 있다. 그러나 위약 효과의 조건화 모델에는 몇 가지 문제가 있다. 첫째, 기대가 인간의 고전적 조건화를 매개하는지는 행동주의 심리학에서 다년간 항구적이고 골치 아픈 쟁점으로 남아 있다. 둘째, 기대의 우세성(the primacy of expectations)을 나타내는 실험 증거가 있다. 한 전형적인 실험에서 Montgomery와 Kirsch(1997)는 조건화와 기대의 영향을 연구했다. 참가자에게 피부의 통증(심한 통증이 아닌 피부통)을 유발하고 위약 크림을 바르게 했다. 이와 동시적으로 통증 자극을 감소시켰다. 이를 통해 이 크림을 바르는 것은 통증 감소와 연합되었다. 참가자는 이 조작에 대해서는 알지 못하였다. 이런 식으로 위약 크림은 조건자극이 되었다. 이후 참가자는 두 가지 조건 중 하나에 배정되었다. 첫 번째 조건에서는 참가자에게 고통의 강도를 감소시키는 실험 조작에 대해 알리고, 그 크림이 통증을 완화할 성분을 포함하고 있지 않다는 것을 알게 했다. 두 번째 조건에서는 어떠한 설명도 제공하지 않았다. 이 크림의 위약 효과는 두 번째 그룹에서만 나타났다. 이는 효과에 대한 지식이 조건화된 반응에 우선한다는 것을 보여주는 것이다. Benedetti(2011)는 이런저런 증거에 기반하여 다음과 같은 결론을 내렸다.

> 이는 매우 중요한 점이다. 조건화 절차가 있는 상황에서조차도 기대가 주된 역할을 한다는 것을 시사하기 때문이다. 다시 말해서, 기대와 조건화는 상호 배타적이지 않다. 즉, 이들은 동전의 양면을 나타낼 수 있다.
>
> (p. 190)

세 번째 고려사항은 다양한 의료 행위가 문화에 내재되어(culturally imbedded) 있다는 것이다. 알약이나 예방 접종, 또는 하얀 가운을 입은 내과 의사는 문화적 경로를 통해 힘을 갖는 문화적 상징이다. 한 문화에서 강력한 것이 다른 문화에서는 무의미할 수 있다. 실제로 위약은 문화에 따라 다르게 작용한다(Morris, 1997, 1998).

여러 위약의 기제에 관한 연구를 통해 제기되는 한 가지 쟁점은 앞에서 논의한 누적성(additivity) 가정과 관련이 있다. 처치에 대한 임상실험에 관하여 <그림 7.2>에서 기술한 모델은 특정 처치 효과는 위약 효과에 더해지는 양이라고 가정한다. 이 가정은 실제로 독립성 즉, 위약에 의한 영향은 처치로 인한 영향과 관계가 없다는 의미를 포함하고 있다. Irving Kirsch(2000)는 이 가정에 의문을 제기했고, 이 두 가지 효과가 독립적이지도 않고 누적적이지도 않다는 주장을 뒷받침하는 증거를 제시했다. 문제는 한 개의 위약 효과만 있는 것이 아니라는 점이다. 기대로 인해 발생하는 진통 위약 효과와 조건화에 의해 발생하는 위약 효과는 그 크기에 있어서는 유사할 수 있지만 매우 다른 기제를 가지고 있을 수 있다. Price 등(2008)이 요약한 것과 같이, “사실, 위약 반응이 강한 기대로 인해 발생한다면, 그것은 날록손(naloxone)에 의해 차단될 수 있지만, [그러나] 역으로 … 위약 반응이 비-아편성 약물을 사용하여 사전에 조건화하는 방법으로 유도되는 경우, 날록손에 반응하지 않는다(p. 578). 실제, 같은 위약이 다른 감각에 다른 방식으로 영향을 미칠 수 있다. Price 등은 이를 다음과 같이 요약하였다.

> 건강한 자원자를 대상으로 하는 약리학 연구에서 실험적인 허혈성 팔 통증에 대한 위약 진통은 심박수의 감소를 동반하는 것으로 나타났다. 위약 진통 효과와 그에 수반되는 심박수 감소는 모두 아편 길항제인 날록손에 의해 역전된 반면, β-블록커 프로프라놀은 위약 심박수 감소를 방해하였으나, 위약 진통을 방해하지는 않았다.
>
> (p. 581)

한 흥미로운 연구에서 Kong 등(2009)은 기대와 처치가 어떻게 상호작용할 수 있는지를 조사했다. 참가자들은 가짜 침술이나 진짜 침술 중 하나를 시술받았다. 두 집단 모두에서 손의 "메르디안(meridian)" 부위에 가했던 고통스러운 자극을 은밀하게 감소시킴으로써 참가자의 기대가 증가하게 하였다. 참가자들에게 이 부위(높은 기대 부위)에서는 침술이 틀림없이 효과를 보인다는 정보를 주었다. 그리고 "비-메르디안" 부위(통제 부위)에는 통증 자극을 계속 주면서 침술이 효과를 보이지 않을 것이라고 말해주었다(참가자에게 제시된 두 조건 간의 차이에 대한 설명은 허위였다). 이런 식으로 참가자들은 침술(가짜든 아니든)이 효과가 있다고 믿게 되었다. 마지막으로, 참가자들에게 통증을 유발하고 침술(조건에 따라 가짜 또는 진짜)을 시행하였으며, 통증 평정치와 fMRI 데이터를 얻었다. 많은 침술 연구 결과와 일관되게, 참가자들은 진짜 침술뿐만 아니라 가짜 침술에서도 진통 효과를 보고했으며, 두 조건에서 보고된 통증에는 차이가 없었다. 더구나 "비-메르디안" 부위보다 "메르디안" 부위에서 더 큰 진통 효과가 발견되었는데, 이는 분명히 기대에 기인한 차이였다. 기대의 중요성과 이전의 침술 연구의 결과를 고려할 때 이러한 결과가 예상치 못한 것은 아니다. 그러나 fMRI 데이터가 나타내는 바에 따르면 서로 다른 신경 연결망이 관련되어 있는데, 이런 점이 흥미롭다.

> 생리학적으로 효과가 있는 [진짜] 침술 그룹의 경우, 높은 기대 부위와 통제 부위 간 아주 작은 차이가 있었다. 그러나 가짜 침술 그룹의 경우, 특히 전두 회(frontal gyrus) 내의 여러 영역과 관련된 더욱 복잡한 네트워크가 유의하게 관련되어 있었다. **이러한 결과는 기대가 서로 다른 상황에서 별개의 메커니즘과 관련될 수 있음을 시사한다.**
>
> (강조는 추가됨. p. 945)

즉, 같은 실험 조작을 통해 실험적으로 유도되고 같은 정도의 주관적 통증 감소 보고를 산출하는 진통 기대 효과는 관련된 처치가 무엇인지에 따라 다른 메커니즘을 가질 수 있다. 따라서 처치와 기대 사이에는 상호작용이 있다고 할 수 있다. 이는 특정 처치 효과가 기대에 기반한 위약 효과와는 상관이 없을 것이라는 해석의 타당성에 의심을 불러일으킨다.

위약의 기제에 대한 한 가지 중요한 이슈는 환자와 치료사 사이의 언어적 상호작용의 중요성과 관련이 있다. 분명히, 위약 효과는 치료사의 존재 없이 조건화를 통해 유발될 수 있으며, 알약이나 주사기와 같은 특정 상징들은 위약 효과를 유발할 수 있다. 그러나 이런 사실이 치료사와 환자의 상호작용이 위약 효과를 생성하는 데 있어 중요하지 않다는 것을 가리키는 것은 아니다. 맥락 모델에서 환자와 치료사의 상호작용은 매우 중요한 사안이다. 맥락 모델은 호전에 대한 기대가 상담사와 내담자 간의 상호작용에서 발생한다는 것을 강조하기 때문이다. 여기서, 치료사의 특성뿐만 아니라 언어적 암시도 위약 효과의 생성에 중요한 요소라는 것이 여러 증거를 통해 나타나고 있다.

환자에게 전달되는 내용의 중요성에 관한 전형적인 연구(Pollo et al, 2001)는 폐암으로 흉부 수술을 받은 환자의 통증에 대한 처치에 관한 것이다. 모든 환자는 아편성 진통제(즉, buprenorphine)와 식염수를 섞은 용액을 정맥 주사를 통해 투여받았다. 개입 시점에서, 환자들은 식염수 용액만 투여받았고, 이후 다음의 세 가지 조건 중 하나에 할당되었다. 첫 번째 조건에서는 환자에게 아무런 이야기를 하지 않았고(자연 상황), 두 번째 조건에서는 진통제 혹은 위약 중 하나를 받고 있다고 들었다(고전적인 이중-맹검 지시). 마지막으로 세 번째 조건에서는 진통제를 투여받고 있다고 들었다(거짓 진술). 환자는 필요할 경우 진통제를 요청할 수 있었다. 종속 변수는 3일 동안 이루어진 진통제 요청 횟수였다. 이 실험에서는 언어로 전달된 내용(verbal instructions)만 달랐다. 이중-맹검 조건의 환자들은 자연 상황 조건의 환자들보다 진통제 요구를 유의하게 적게 하였다. 그리고 거짓 진술 조건의 환자들은 이중-맹검 조건의 환자들보다 진통제 요구를 더욱 적게 하였다. 이 결과는 이중-맹검 지시로 인해 위약의 임상 효과가 과소평가된다는 주장을 상기시킨다. 그러나 여기서 가장 중요한 것은 환자에게 전달되는 말의 내용이 극적인 효과를 가져올 수 있다는 점이다.

환자와 치료사 간 관계가 치유에 갖는 영향력은 과민성 대장 증후군(irritable bowel syndrome, IBS)을 가진 환자를 위한 위약 침술 연구에서 분명하게 드러났다(Kaptchuk et al., 2008). IBS는 1차 진료에서 흔히 볼 수 있는 장애이며, 위약에 반응하기 때문에 이 연구를 진행하기에 적합하다. 이 연구에서는 IBS 환자를 다음의 세 가지 조건에 배정하는 것으로 침술사와의 관계를 조작하였다. (a)자연 상태의 대기자 조건, (b)침술사와 제한된 상호작용에서 가짜 침술이 제공되는 조건, 그리고 (c)침술사가 "따뜻하고, 공감하며, 자신감 있는 환자-치료사 관계"를 제공한 증강 조건(p. 2)이었다. 제한된 상호작용 조건에서 치료사는 잠깐(5분 미만) 환자를 만나 "무엇을 해야 할지 알지만" 연구의 특성상 환자와 대화하는 것이 허락되지 않는다고 설명한 후, 위약 침술을 시행하고 20분 동안 방에 환자를 남겨두었다. 증강 관계 조건에서는 첫 방문 동안 45분이 소요되었다. 치료사는 4가지 내용 영역의 구조를 따랐고 스타일과 관련한 5가지 요소를 유지하였다. 내용 영역에는 장애의 원인과 의미에 대한 환자의 이해는 물론이고 증상, IBS가 생활방식 및 대인관계와 갖는 관계에 관한 질문이 포함되었다. 이 대화는 적극적 경청, 성찰을 위한 적절한 침묵, 신뢰와 긍정적인 기대에 대해 소통하는 따뜻하고 우호적인 방식으로 이루어졌다. 그러나, 특정한 인지적 또는 행동적 개입, 교육 및 상담은 금지되었다. 침 시술은 제한된 관계 집단과 같게 20분간 이루어졌다. 두 침 시술 집단은 3주 동안 가짜 침술을 추가로 받았다. <그림 7.4>는 4개의 종속변인에 나타난 연구의 결과를 제시한 것이다. 4개의 종속변인은 전반적 호전의 정도, 증상 완화의 정도, 증상의 심각도, 그리고 삶의 질이었다.

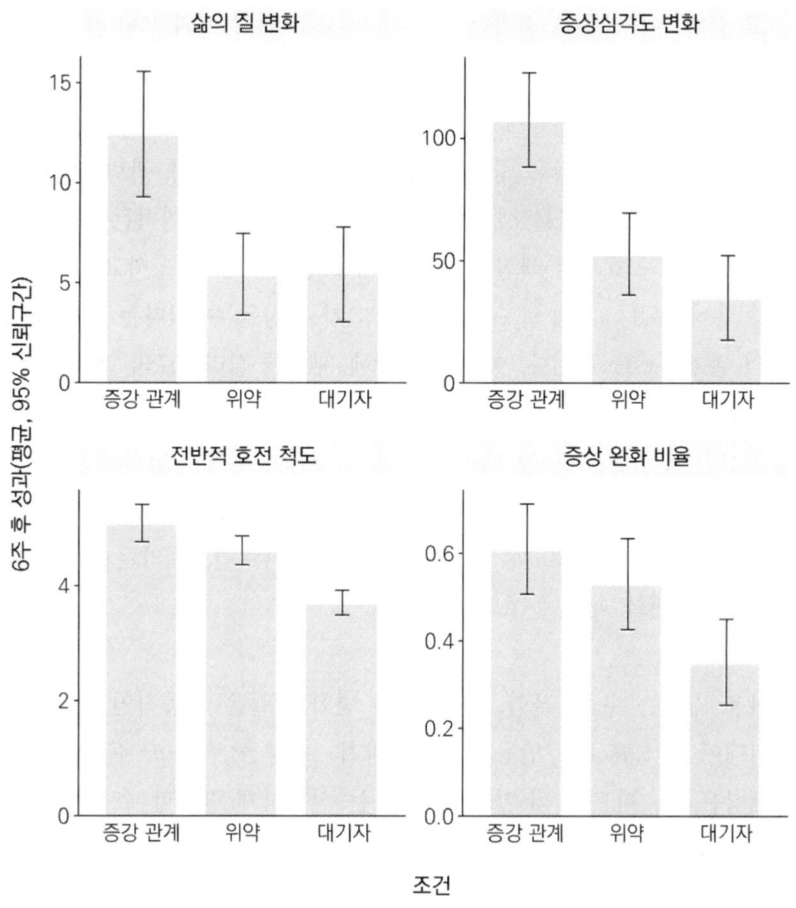

▌그림 7.4▐ 6개월 시점에서의 대기자 집단, 제한된 상호작용의 위약 침술, 그리고 증강 조건의 위약 침술 시행 결과

출처: "Components of placebo effect: Randomised controlled trial in patients with irritable bowel syndrome," by T. J. Kaptchuk, J. M. Kelley, L. A. Conboy, R. B. Davis, C. E. Kerr, E. E. Jacobson,... A. J. Lembo, 2008, BMJ: *British Medical Journal, 336(7651),* p. 1001.

분명히, 증강된 관계는 제한된 관계보다 더 우수했지만, 제한된 관계도 무-처치 조건보다 더 우수한 효과를 나타냈다. 그러나 효과는 삶의 질에서 가장 두드러졌다. 추후 분석에서는 위약 반응을 예측하는 환자 특성과 치료사 간 차이를 검토했다(Kelley et al., 2009). 환자의 외향성은 위약 반응과 안정적으로 관련되어 있었다. 상호작용이 구조화되어 있다는 점에도 불구하고, 유의한 치료사 효과도 있었다. 사실, 치료사 효과는 처치 조건의 차이로 인한 효과의 두 배였다. 비디오테이프를 분석한 결과, 더 효과적인 치료사들은 관계를 촉진하는 것으로 나타났다. 이러한 관계는 심리치료 모델에 기반한 상호작용과 유사하였다. 보건 의료 분야에서는 이런 상호작용을 이상적인 것으로 여기고 있다. 이 연구의 결과는 증강된 관계 조건의 효과(특히 삶의 질과 관련한), 그리고 치료사 효과라는 측면에서 맥락 모델의 예측과 일치한다.

많은 위약 및 관련 연구에서 나온 증거에 기초하여, 이론가 대부분은 기대를 이 모델들의 중심에 놓고 있다. 증거를 검토하고 수많은 위약 관련 연구에 관여한 후, Price 등(2008)은 위약 효과를 생성하는 데 필요한 조건을 설명하는 모델을 개발했다. 이 모델에 따르면 위약 효과의 핵심은 (a)안도감 또는 만족감을 느끼고자 하는 욕구(desire), (b)위약을 통해 목표(고통의 안도감이나 만족감)가 달성될 수 있다는 기대의 유도, (c)정서적 각성의 존재(presence)이다. 이 책의 2장에 제시한 심리치료의 정의에서 우리는 내담자가 치료받기를 원하고 있다는 점을 강조했는데, 이는 Price 등 모델의 욕구(desire) 요소를 충족시킨다. 또한, 기대는 맥락 모델에서 중심이 되며 상담사의 설명으로 생성된다. 이 설명은 상담이 도움될 것이라는 내담자의 치료 전 믿음과 상호작용한다.

Kirsch(Kirsch, 2005; Kirsch & Low, 2013)에 따르면, 위약은 반응 기대(Response expectancies)의 변화 때문에 효과적이다.

> 반응 기대는 우울, 불안, 통증 등의 변화와 같은 자동적인 주관적 반응에 대한 기대이다. Kirsch는 반응 기대가 자기-확증을 한다고 주장했다. 우리가 사는 세상은 모호하므로 뇌 기능 중 하나는 신속하게 반응할 수 있을 만큼 빨리 세상을 모호하지 않게 하는 것이다. 기대를 형성함으로써 부분적으로 우리는 그렇게 한다. 따라서 특정 시간에 우리가 경험하는 것은 우리가 마주하는 자극과 이 자극에 대한 우리의 믿음 및 기대의 결합 함수이다(Kirsch, 1999; Michael, Garry, 2012).
>
> (Kirsch & Low, 2013, p. 221)

Kirsch에 따르면, 심리치료뿐만 아니라 위약도 환자의 반응 기대를 변화시킨다.

이런 식으로, 환자는 자신이 믿었던 것이 특정한 경험이나 상황에 기인한 피할 수 없는 결과라고 더 이상 생각하지 않게 된다. 맥락 모델에서, 이러한 반응 기대에서의 변화가 모든 처치에 공통적인 핵심적인 심리 과정일 것으로 예측된다. 말하자면, 심리치료의 효과가 부분적으로 이 기제 때문에 생겨날 것이라는 의미이다.

우리는 이제 심리치료와 위약을 비교한 연구로 관심을 돌릴 것이다. 이런 연구를 검토해 보면, 기대와 귀인이 심리치료의 효과를 산출하는 데 어떻게 관여하는지를 이해할 수 있게 될 것이다. 이 연구들은 위약 비슷한 통제 처치와 심리치료의 효과를 비교하는 연구들과 다르다. 이런 점은 이후 논의에서 분명하게 드러날 것이다.

2) 위약을 이용한 심리치료에서 귀인의 중요성 확립하기

여기서 두 편의 연구물을 검토해 볼 것인데, 한 편은 1978년도 연구(Liberman, 1978)이고 다른 한편은 최근 연구(Powers, Smits, Whitley, Bystritsky, and Telch, 2008)이다. 이 두 편의 연구물을 검토해 보면 연구 결과가 일치한다는 점이 드러날 것이다. 또한 한 가지 역사적 관점도 나타날 것이다. 좀 더 오래된 연구에서 Bernard Liberman과 Jerome Frank는 숙달(mastery)에 관심이 있었다. 숙달은 "자신의 내부 반응과 관련된 외부 사건에 대한 통제"(p. 35)로 정의되는데, Kirsch의 반응 기대와 크게 다르지 않은 개념이다. Liberman과 Frank에 따르면, 심리치료는 건강한 통제감(특히, 환자에게 문제가 되는 삶의 측면에 대한)을 획득하는 한 방법이다. 치료 행위의 적절성과 그 성과에 대한 환자의 귀인은 중요한 치료 성분이며, 여기서 설명하는 실험의 설계와 해석에 특히 중요하다. Liberman은 자신의 노력으로 귀인된 성과가 외부로 귀인된 성과보다 더 이롭다는 가설을 세웠다. 이 가설을 검증하기 위해 존스 홉킨스 병원의 신경증 외래 환자들을 두 조건에 무선할당하였다. 먼저, 숙달 조건으로 치료에서 발생한 이점이 개인의 노력으로 귀인되었다. 다음은 위약 조건으로 치료에서 발생한 이점이 외부(이 경우, 위약)로 귀인되었다. 치료 전, 치료 종료 시, 그리고 이 연구에서 중요하게 다룬 3개월 추수 시기에 HSCL(The Hopkins Symptom Checklist)을 실시했다.

이 병원에서 환자들에게 실시한 처치는 꽤 이상하게 보일 수 있다. 환자에 대한 처치는 다음 세 가지 작업을 수행하는 것이었다. 첫째는 서로 다른 색깔의 자극들을 가능한 한 빨리 구별하는 것이었고, 둘째는 환자가 주제통각검사(TAT)에서 자신이 보았던 카드의 내용과 등장인물의 기분(mood)을 말하는 지각 과제였다. 셋째는 바이오피드백에 따라 스트레스가 되거나 그렇지 않은 시각 및 청각적 자극에 대한 생리적 반응을 수정하는 것이었다. 실제 수행 정도와는 관계없이 환자들은 과제 수행이 향상되고 있다는 피드백을 받았다.

숙달 조건에서 환자들은 "이런 과제의 수행이 환자에게 중요한 신체적, 정신적 능력에 대한 더 큰 통제력을 얻을 수 있게 해주고, 이 증가한 통제감은 자신의 문제를 더 잘 다룰 수 있게 할 것"(p. 51)이라는 설명을 들었다. 그와 함께, 이런 성과가 개인의 노력 덕분이라는 말을 들었다. 위약 조건에서는 활성 성분이 없는 알약이 주어졌다. 동시에 이 약을 통해 자신의 신체적, 정신적 능력이 향상될 것이며 더 나은 기분을 갖게 될 것이라는 설명을 들었다. 그리고 이 과제는 자신의 능력에 대한 측정이자 약의 효과를 나타내는 지표가 될 것이라는 설명도 들었다. 연구진은 환자가 치료사의 행위가 아닌 과제에 관련된 귀인을 하기를 원했다. 그래서 치료사와는 관계를 맺지 않게 하였다. 비록 환자들이 그 회기를 마친 후 오디오 테이프를 만들고, 스태프(환자가 할당된 조건에 대해서는 몰랐음)가 환자에게 지지적인 메모를 남기기는 했지만 말이다(어떤 조건에 할당되었는지에 대해서는 알려주지 않음).

이 연구의 결과는 자기 노력으로의 귀인이 갖는 영향력이 크다는 것을 나타낸다. 처치에 치료적이라고 여겨지는 성분이 포함되지 않았음에도 불구하고, 두 집단의 환자들은 처치의 마지막에 똑같이 호전되었다. 그러나 처치를 멈추고, 위약 조건 환자에게 위약을 제공하지 않았을 때, 환자들은 숙달 조건에 있던 환자들보다 더 빠른 속도로 재발했다. 심리적 문제에 대한 처치(즉, 이 연구)에서 나타난 바와 같이 처치에 대한 믿음은 치료에서 얻어지는 이익에 영향을 미친다. 이는 위약에 관한 연구와 일치한다. 또한 과제가 효과적일 것이라고 믿게 되었을 때, 환자가 이로부터 이득을 보았다는 점은 흥미롭다. 물론, 이 처치에는 알려진 과학적 성분이 전혀 포함되어 있지 않았다. Liberman이 지적한 대로, "존스 홉킨스 의학연구소의 선임 치료사가 수행했던 설명은 이러한 설명을 받아들이도록 촉진했던 지위와 명성이라는 요소를 제공했다"(p. 52).

두 번째 연구(Powers, Smits, Whitley, Bystritsky, & Telch, 2008)는 폐쇄공포에 대한 단회 처치와 관련한 것이다. 이 처치는 선행연구에서 효과적인 처치로 보고된 것이었다. 폐쇄공포를 보인 참가자들은 대기자 집단, 심리적 위약 집단, 노출 + 활성 성분이 없는 알약 조건에 무선할당되었다. 실험의 흥미로운 부분은 노출 또는 노출 + 위약 알약 집단에 주어진 설명이었다. 위약 알약 조건에 할당된 참가자는 다음 세 가지 설명 중 하나에 무선할당되었다. 첫 번째 설명은 알약이 노출 처치를 더 쉽게 해주는 진정 성분의 허브라는 것이었다. 두 번째 설명은 알약이 치료를 더 어렵게 만드는 자극 성분의 허브라는 것이었다. 세 번째는 알약이 참가자에게 아무런 영향을 미치지 않는 위약이라는 것이었다. 세 위약 알약 조건의 참가자는 노출 치료 프로토콜을 완료할 수 있었다. 그러나 진정 허브라는 설명 조건에서 공포증은 되살아났다(39%가 재발함). 다른 두 조건에서는 재발이 없었다(각각 0%). 진정 성분의 허브라는 설명 조건에서 나타난 재발은 협소한 밀폐공간을 참아낼 수 있는 참여자의 자기 효능감 평정에 의해 매개되었다. 이러한 결과는 치료적 과제(Liberman의 사례와 같은 가짜이든, Powers 등의 사례와 같은 최신 과학적 지식에 기초한 가짜이든)를 성공적으로 수행할 수 있었던 원인을 외부(여기서는 진정 성분의 허브)로 귀인해서는 그 효과가 유지되지 않는다는 Liberman (1978)의 발견을 재확인하는 것이다. 분명히 개인의 노력이 호전에 책임이 있다는 믿음을 획득하는 것은 중요하다. 말하자면, 중요한 것은 처치 그 자체는 물론이고, 그것 이상으로 처치에 관하여 이루어지는 귀인이다.

3) 심리치료에서 기대에 관한 연구

심리치료에서 기대의 역할을 검토하는 데는 어려움이 있다. 앞서 위약 연구를 개관하면서 살펴본 것처럼 의학에서 기대는 언어적으로 유도될 수 있으며, 이후 생화학적 물질을 투여하거나 절차(예 앞서 논의한 침술)를 실시하여 두 독립적인 요소(기대 생성과 처치)를 만들어 낼 수 있다. 심리치료에서는 환자의 장애를 설명함으로써 기대를 생성하는 것, 처치의 논리적 근거를 제시하는 것, 그리고 치료 행위에 참여하는 것은 치료의 부분들이다. 심리치료에 대한 기대를 조작하는 것은 어렵다. 이런 이유로 많은 것을 알려주는 실험 연구가 이 분야에는 거의 없다. 그래서 연구자들은 환자의 자기 보고를 통해 기대를 평가하고, 성과와의 관계를 검토해 왔다. 이런 방식은 이 장의 초반에 논의했던 것과 같은 잘 알려진 여러 이슈를 제기한다. 이 중 하나는 기대 측정 이전에 이루어진 환자의 호전에 의한 긍정적 기대의 유도이다. 더구나 기대는 대개 처치의 근거를 환자에게 설명하기 전에 측정된다.

이러한 문제에도 불구하고, 종합적인 개관 연구가 이루어졌다. 여기에는 서술적 개관(Greenberg, Constantino, Constantino, Constantino, Arnkoff, Ametrano, and Smith, 2011)도 있고 메타분석(Constantino, Glass, Arnkoff, Ametrano, and Smith, 2011)도 있다. 두 개관 연구 모두 환자의 기대는 심리치료 성과를 예측한다고 결론 내렸다. 메타분석에서는 46개의 연구와 8,016명의 환자가 포함되었는데, 기대와 성과의 상관은 매우 작지만($r=.12$, 이는 $d=.24$와 동등함) 통계적으로 유의한 것으로 나타났다. 이 메타분석 연구의 저자는 기대 측정의 질이 형편없음을 지적하였다.

> 사실, 메타분석에 포함된 46개 연구 중 31개(67.4%)의 연구를 '부실한' 기대 측정으로 코딩하였다. 여기에는 한 문항만 있는 척도를 사용함, 기대와 다른 구성개념을 혼합하여 측정함, 치료 성과와 치료 기대가 혼합된 척도를 사용함, 기대된 성과와 실제 성과를 동일한 질문을 사용하여 측정함, 성과 기대 평가에 투사적 도구를 사용함, … [그리고 기대가] 종종 기저선 시점에서 혹은 치료 초기에서만 평가함 등의 문제가 있었다.
>
> (Constantino, Arnkoff, Glass, Ametrano, & Smith, 2011, p. 189)

2장과 이 장의 위약에 대한 논의에서 설명한 바와 같이, 심리치료에서 기대는 장애와 처치에 대한 설명을 통해 만들어진다. 기대는 환자가 설명을 수용하는 경우에만 생긴다(Wampold & Budge, 2012; Wampold, Imel, Bhati, & Johnson Jennings, 2006). 앞에서 언급했듯이, 비고츠키의 용어를 빌려 표현하자면 맥락 모델은 설명이 환자의 근접발달 영역에 있어야 한다고 예측한다. 즉 설명과 처치가 환자의 문화적 믿음과 양립할 수 있어야 한다는 것이다. 이 견해에 따르면, 증거–기반 처치는 환자가 속해 있는 문화 집단에 맞추어 조정된다면 더 효과적일 것이다. 이는 의료 모델의 주장과 대비된다. 의료 모델에서, 장애 이면의 심리적 결함(문화적으로 불변하는 것으로 가정됨)이 다루어지는 한 그 처치는 효과가 있을 것이라고 가정된다. 문화적으로 조정된 처치의 효과를 조사한 여러 메타분석이 있다(이런 메타분석을 검토하려면, Huey, Tilley, Jones, & Smith(2014)를 보라). 최근에 Benish, Quintana, 그리고 Wampold(2011)는 문화적으로 조정된 치료와 bona fide 증거–기반 치료를 직접 비교한 연구물을 대상으로 메타분석을 실시하여, 문화적으로 조정된 치료가 더 우수하다는 것을 발견하였다(모든 측정도구에 대해 d=0.32). 이는 다른 메타분석(Huey et al., 2014)과 일치하는 결과였다. Benish 등은 조정이 언어와 같은 것을 조정하는 것이 아니라 정신질환에 대한 환자의 문화적 믿음에 부합하도록 설명을 조정하는 것인지를 코딩하였다. 그들은 이를 '질환의 신화'라고 불렀다. '질환의 신화'가 갖는 조절 효과는 통계적으로 유의하였다. 증거–기반 치료와 비교했을 때, 질환의 신화를 활용한 문화적으로 조정된 처치는 다른 문화적 조정을 활용한 처치보다 더 나은 성과를 얻었다(d=0.21). 이 증거는 맥락 모델의 추측과 일치한다.

3. 다른 공통요인들

2장에서 검토한 바와 같이, 여러 공통요인이 확인되었다. 이러한 요인들이 뚜렷하게 구분되는 것은 아니지만, 공감(Elliott, Bohart, Watson, & Greenberg, 2011), 목표 합의/협력(Tryon & Winograd, 2011), 긍정적 존중/인정(Farber & Doolin, 2011), 일치/진정성(Kolden, Klein, Wang, & Austin, 2011)을 포함한 여러 요인이 검토되었다. 이러한 요인과 성과의 상관을 통합한 메타분석 결과가 <표 7.3>에 제시되어 있다. 이들 중 그 어떤 연구도 작업동맹에서처럼 혼입(confounds) 변인의 영향을 검토한 적이 없었다. 하지만, 이 요인들의 효과 크기는 인상적이다.

▼표 7.3 공통요인의 효과 크기

공통요인	연구의 수	환자 수	효과 크기	성과 변산 비율
동맹[a]	190	〉14,000	0.57	7.5
공감[b]	59	3599	0.63	9.0
목표합의/협력[c]	15	1302	0.72	11.5
긍정적 존중/인정[d]	18	1067	0.56	7.3
일치/진실성[e]	16	863	0.49	5.7
치료에 대한 기대[f]	46	8016	0.24	1.4
문화적으로 조정된 증거기반 처치[g]	21	950	0.32	2.5

a Horvath et al. (2011a, b)
b Elliott et al. (2011)
c Tryon & Winograd (2011)
d Farber & Doolin (2011)
e Kolden et al. (2011)
f Constantino et al. (2011)
g Benish, Quintana, & Wampold (2011)

6장의 치료사 효과에 관한 두드러진 이슈 중 하나는 효과적인 치료사의 특성과 행동에 관한 것이었다. 이 장의 앞부분에서 논의했듯이, 더 효과적인 치료사는 덜 효과적인 치료사보다 다양한 환자들과 동맹을 더 잘 맺을 수 있다. 그렇지만 안타깝게도, 이 문제를 검토한 연구는 별로 없다(Baldwin & Immel, 2013; Beutler et al., 2004). 특히, 동맹 연구와 같이 치료사 변인과 환자 변인을 분리하는 적절한 방법을 사용한 연구는 찾기 어렵다. 그러나 이런 연구가 등장하기 시작했으며, 맥락 모델에서 주장하는 변화 기제에 관해 몇 가지 유용한 결과를 보여주고 있다.

한 중요한 연구에서 Anderson, Ogles, Patterson, Lambert, 그리고 Vermeersch (2009)는 치료사의 성과를 예측하는 일련의 대인관계 기술을 확인했다. 일반적인 심리치료 연구설계에서, 심리치료의 제 측면은 치료사의 행위(즉 치료에서 내담자에게 나타내는 행위)를 관찰하거나 자기보고식 측정도구를 활용하여 검토된다. 불행하게도 이 전략에는 문제가 있다. 환자가 치료사의 겉으로 드러난(apparent) 기술에 영향을 미치기 때문이다. 이에 대해서는 8장에서 논의될 것이다. 따라서, 치료사의 행동을 확인할(identifying) 때 내담자 변산을 고려해야 한다(Baldwin 등, 2007과 유사하게). Anderson 등은 실제 치료사를 관찰하는 대신 각 치료사에게 표준화된 자극을 제공했다. 이 자극은 내담자의 영상을 담은 비디오였다. 그리고 이 자극에 대한 치료사의 반응을 코딩했다. 내담자 영상에 대해 반응했을 때, 촉진적 대인관계 기술에서 더 높은 점수를 받은 치료사는 실제 내담자와의 상담에서 더 나은 성과를 얻었다. Anderson 등이 정의한 촉진적 기술에는 언어 유창성, 대인 지각, 정서 조율과 표현, 따뜻함과 수용, 공감, 그리고 타인에게 초점 맞추기 등이 포함되었다. 즉, 실험 자극에 반응했을 때, 이런 기술에서 더 높은 점수를 받은 치료사가 실제 치료에서도 더 나은 성과를 얻었다. 이런 모든 기술은 맥락 모델에서 설명된 제 측면과 관련이 있으며, 과정 변인과 성과 간의 상관이 이를 지지한다(<표 7.3> 참조)는 점이 흥미롭다.

치료사의 효과성을 예측하는 변수로 치료 장면 밖의 치료사 특성을 조사한 몇몇 연구들이 있다. 역전이 문헌에서는 내담자에 대한 자신의 반응이 내담자가 보여준 것에 대한 타당한 반응인지 또는 자신의 문제에서 비롯된 것인지를 판단하기 위해 치료사가 자신의 반응을 성찰해 볼 것을 제안한다(Gelso & Hayes, 2007). Nissen–Lie 등(2010)은 치료사의 자기–의심(실천에 대한 성찰의 한 유형)이 상담 성과는 물론이고 강력한 작업동맹을 예측한다는 것을 발견했다. 나아가, 내담자에 대한 부정적인 내적 반응을 경험하고 있는 가운데 관계기술을 사용하는 것은 해롭다는 것을 발견했다.

4. 일반 효과에 대한 증거 요약

맥락 모델은 특정 조건에서 어떤 증거가 관찰되어야 하는지에 대해 몇 가지 추측을 한다. 다수의 메타분석에서 공통요인으로 분류될 수 있는 변인들은 성과와 상관된 것으로 나타났고, 효과의 크기는 중간 또는 더 큰 것으로 나타났다(8장에서 특정 효과에 대한 증거를 제시할 것이고, 공통요인 효과의 상대적 크기에 대해 논의할 것이다). 그럼에도 불구하고, 이런 상관을 이해하는 데는 몇 가지 어려움이 있다. 첫째, 논의한 바와 같이 공통요인은 개념적으로 그리고 경험적으로 명확히 구별되지 않는다. 예를 들어, 목표와 과제에 대한 동의는 목표의 합의 및 협력과 중복되고, 공감은 일치 및 진정성과 중복된다. 둘째, 심리치료에서 공통요인이 중요하다는 결론의 타당성에 대한 위협을 해소하기 위해 작업동맹만이 광범위하게 연구 되었다. 셋째, 맥락 모델은 단순히 공통요인이 중요하다는 것 이상으로 더 복잡한 예측을 한다.

맥락 모델은 2장에서 제시한 바와 같이 심리치료 및 기타 사회과학 분야의 연구 증거와 일치한다. 좀 더 엄밀히 말하면, 맥락 모델의 포기를 고려해야 할 만큼 맥락 모델에서 예측한 바와 일치하지 않는 연구는 거의 없다. 맥락 모델의 세 가지 경로와 관련된 증거를 살펴보는 것이 도움이 될 것이다. 첫 번째 경로는 공감적이고 돌보는 치료사와의 인간적인 상호작용을 통해 얻어지는 이득과 관련된다. 2장에서 지적한 바와 같이, 사회적 연결은 심리적 및 정신적 웰빙에 필수적이다(Baumeister, 2005; Cacioppo & Cacioppo, 2012; Cohen & Syme, 1985; Lieberman, 2013). 실제로 지각된 외로움은 흡연, 비만, 운동 부족, 환경오염 또는 과도한 음주보다 죽음에 대한 더 큰 위험 요인이다(Holt-Lunstad, Smith & Layton, 2010). 실제 관계(real relationship)가 심리치료에서 얻을 수 있는 이득에 결정적이라는 것을 보여주기는 더 어렵다. 그래도 우리는 이 장에서 실제 관계가 작업동맹이 설명하는 것 이상(over and above)으로 성과를 설명한다는 증거를 제시했다. 더욱이, 사람들 사이의 사회적 연결을 가능하게 해주는 핵심 변인이라 할 수 있는 공감(de Waal, 2008; Niedenthal & Brauer, 2012; Preston & de Waal, 2002)은 심리치료에서 연구된 어떤 다른 변인보다 성과와 더 높은 상관을 갖는다. 심리치료에서 치료사와의 관계만으로 구성되는 통제 처치(control treatment)도 이득을 산출한다. 이 이득은 종종 최상의 증거-기반 치료에서 만들어지는 이득에 근접한다(제8장에서 볼 것임). 또한, 위약 처치에 임상가와의 공감적 상호작용이 추가되면, 이로부터 얻는 이득은 더 커진다. 마지막으로, 효과적인 치료사를 특징짓는 따뜻함과 수용, 공감, 타인에 대한 초점 맞추기 등과 같은 행위는 친밀한 관계의 핵심적 특성이다. 치료사와의 실제 관계 없이도 사람들이 자신의 삶을 변화시킬 수 있다는 데는 의심의 여지가 없다(예 독서치료, 한 예로 Cuijpers, 1997을 보라; 또는 이 장에서 검토된 Liberman, 1978년 연구에서 나타난 것처럼). 맥락 모델은 환자와 치료사 사이의 인간적인 연결이 심리치료를 통해 얻을 수 있는 전체 이득 중 일부를 생성한다고 말할 뿐이다.

맥락 모델의 두 번째 경로는 처치와 설명을 환자가 받아들임으로써 생성되는 기대와 관련된 것이다. 심리치료에서 설명과 처치를 받아들인다는 것을 나타내는 협력적인 작업 관계의 중요성은 이 장에서 수행된 동맹에 관한 연구 개관을 통해 명확해졌다. 요컨대, 더 효과적인 치료사는 더 다양한 환자들과 작업 관계를 만들 수 있다. 심리치료 분야에서 기대에 관한 연구를 수행하기는 어렵다. 하지만 기대와 성과 간의 관계는 메타분석을 통해 확인되었다. 기대가 갖는 영향력에 대한 최선의 증거는 아마 위약에 관한 연구에서 도출될 수 있을 것이다. 위약에 관한 연구에 대해서는 이 장에서 넓게 검토한 바 있다. 중요한 점은 사회적 상호작용 맥락에서 만들어진 기대가 특히 강력하다는 것이다. 또한 30년의 간격을 두고 이루어진 두 개의 연구(viz, Liberman, 1978; Powers et al., 2008)를 통해 내담자가 처치에 대해 어떻게 귀인하는지가 심리치료의 이득 유지에 중요하다는 것이 드러났다.

맥락 모델의 최종 경로는 건강하고 바람직한 변화로 이끄는 치료적 행위에 참여하는 것과 관련된 것인데, 여기에는 작업동맹도 관련된다. 치료 과제에 대한 동의는 치료 과제에 헌신해서 과제를 완수하는 데 매우 중요하다. 작업동맹이 다양한 치료들에서 성과를 예측한다는 사실은 어떤 처치에서든 치료 활동에 헌신하는 것이 중요하다는 점을 시사한다. 다음 장에서 검토되겠지만, 치료적 행위가 없는 치료는 치료적 행위가 있는 치료만큼 효과적이지 않다. 그러나 최종 경로에서 가장 중요한 쟁점은 몇몇 치료적 행위(환자의 어려움과 관련된 특정 결함을 해결하기 위한)가 다른 치료 행위보다 더 효과적인지, 그리고 그런 특정 성분이 심리치료의 이득을 산출하는지다. 이런 증거는 맥락 모델에 수용되기 어려울 것이다. 5장에서 검토한 바와 같이, 치유 의도를 갖는 모든 처치의 효과는 동등할 것이다. 다음 장에서는 특정 성분에 관한 쟁점을 살펴볼 것이다.

주석

1. (217쪽) <그림 7.2>에 제시된 모델은 처치 효과와 위약 효과가 독립적이며 부가적이라고 가정하는 누적 모형(additive model)이다. 즉, 특정한 효과는 위약 효과에 더해져 처치 효과가 되고, 처치 효과는 장애의 자연적 경과와 처치 사이의 차이다. 그러나 이런 누적 가정은 사실이 아닐 수 있다(Bededetti, 2011; Kirsch, 2000; Kirsch, Scoboria, 2002). 이 문제는 이 장의 뒷부분에서 논의될 것이다.
2. (219쪽) 또 다른 흥미로운 메타분석은 통증에 대한 침술, 위약 침술, 그리고 무처치에 대한 13가지 임상실험 연구를 검토하였다(Madsen, Gøzschs, & Hróbjartsson, 2009). 연구 결과는 Wampold 등(2005)의 결과와 유사했다. 침술과 위약 사이에 작지만 유의한 차이가 발견되었으며(d=0.17), 위약 조건과 무처치 사이에도 중간 정도의 유의한 효과가 확인되었다(d=0.42). 결국, 침술의 진통 효과는 상당 부분 위약 효과 때문이라는 것이다. 침술은 통상적인 통증 치료법이 아니다. 그러나 승

인받아서 널리 활용되고 있는 처치들에 대한 유용한 정보를 제공해주는 메타분석이 존재한다.

3. (220쪽) 정신과 약물이 어떻게 FDA로부터 승인받는지에 대한 세세하고 유용한 논의를 검토하려면 Spielmans과 Kirsch(2014)를 보라.

Chapter 08

특정 효과

어디에 있는가?

이 장에서는 특정성분의 효과에 대한 증거를 검토할 것이다. 즉, 효과적인 처치의 특유한 성분이 처치로 인해 얻을 수 있는 이득의 원인인가? 특정요소의 중요성을 알아보는 가장 직접적인 방법은 요소 연구이다. 요소 연구란 삭제되거나 추가된 요소의 효과를 결정하기 위해서 기존의 처치법으로부터 중요 요소를 제거하거나 기존의 처치법에 요소를 추가하는 것이다. 다음으로, 특정 효과를 조사하기 위해 "위약" 통제를 사용하는 연구설계가 검토될 것이다. 그러나 위약 설계가 이러한 목적에 적절하지 않다는 것이 명백해질 것이다. 그런 다음 특정한 심리적 결함을 가진 환자에게 특정 치료법을 적용하는 설계를 검토한다. 이 밖에 의학모델에서 특정 성분과 관련한 중요한 보조개념인 충실성과 역량을 검토한다. 마지막으로 특정 처치법 내에 발생하는 매개과정을 규명하려는 시도를 살펴볼 것이다. 그러나 이런 문헌들을 통합하려는 시도가 없었기 때문에 이 작업은 쉽지 않다.

1. 요소 연구

1) 연구 설계의 이슈

요소 연구에는 두 가지 유형이 있다. 첫째, 연구자는 처치에서 특정성분을 제거하면 처치의 효과성이 약화되는지 알아본다. 이 설계는 효과적인 요소를 확인하기 위해 효과적인 처치를 "해체(dismantle)"하기 때문에 해체 설계(dismantling design)라고도 불린다. 해체 연구에서, 중요한 특정 성분이 제거되었을 때 효능의 약화는 특정 성분이 실제로 치료적이었다는 증거를 제공한다. 그러한 결과는 특정효과에 대한 증거를 제공할 것이고, 심리치료의 의학 모델을 지지할 것이다. Borkovec(1990)는 해체 연구의 장점을 다음과 같이 설명했다.

> [해체] 설계의 중요한 특징은 일반적으로 더 많은 요인들이 다양한 비교조건들에 공통적이라는 것이다. 전체 패키지와 특정한 한 성분만을 제거한 통제조건 간 역사, 성숙 등의 잠재적 영향과 비특정성분의 영향을 동등하게 유지하는 것뿐만 아니라 절차 요소도 일정하게 유지된다. 이러한 설계는 하나의 요소를 제외한 모든 요소를 일정하게 유지한다는 실험적 이상에 더 가깝다 … 치료사들은 보통 순수한 비특정적 조건보다는 특정한 한 요소라도 포함된 특정요소 조건에 대해 더 큰 확신을 갖고, 이를 실시하는 데 덜 주저할 것이다. 그들은 전체 패키지의 여러 요소들에 관한 한 동등한 훈련을 받고 동등한 경험을 할 것이다 … 이론적인 수준에서 그 결과는 어떤 요소가 변화 과정에 가장 밀접히 관련되는지를 말해준다 … 적용 수준에서 성과에 기여하지 않는 요소가 판명되면 치료사들은 치료에서 이것의 사용을 배제할 수 있다.
>
> (pp. 56–57)

해체 연구는 임상 지향적인 연구설계 교과서들(예 Heppner, Kivlighan, & Wampold, 2008; Kazdin, 2002)에 더 자세히 기술되어 있다.

특정성을 보여주기 위한 두 번째 구성 요소 전략은 기존 처치 패키지에 한 성분을 추가하는 것이다. 추가 설계(Borkovec, 1990)라고 불리는 이 설계에서 일반적으로 어느 한 특정성분이 치료의 효과를 증대시킬 것이라고 믿을 이론적 근거가 있다.

> 보통 목표는 각 치료(또는 구성 요소)가 부분적으로 효과가 있는 이유가 있음을 시사하는 경험적 또는 이론적인 정보를 바탕으로 더욱 강력한 치료를 개발하는 것이다. 그래서 이러한 치료의 조합은 각각의 치료에 비해 더 우수할 수 있다. 연구설계 면에서 [해체]와 추가는 서로 유사하다. 어떤 설계전략인지를 결정하는 것은 연구자의 추론 방향, 그리고 기법과 진단적 문제와 관련한 선행연구이다.
>
> (Borkovec, 1990, p.57)

이제 구성 요소 연구에 의해 산출된 증거를 살펴보자.

2) 요소 연구의 증거

고전적인 해체 연구를 먼저 제시하고 메타분석 연구 두 편을 제시할 것이다. 이 책의 앞부분에서 논의된 한 연구에서 Jacobson 등(1996)은 우울증에 대한 인지치료를 해체했다. 이 연구의 목적은 "우울증에 대한 인지행동치료(CT)의 효과를 설명하기 위해 Beck, Rush, Shaw & Emery(1979)가 제시한 변화 이론에 대한 실험을 제공하는 것이었다."(p.295). 이 목표를 달성하기 위해 주요 우울증 환자는 세 가지 처치 조건, 즉 (a)행동활성화(behavioral activation, 이하 BA), 자동적 사고 수정(automatic thought modification, 이하 AT) 및 핵심 도식 수정을 포함한 전체 CT, (b)BA 및 AT, (c)BA 중 하나에 무선할당되었다. 연구자들은 "우울증의 인지 이론에 따르면 CT는 AT이나 BA보다 유의하게 더 효과가 좋을 것"이라고 예측했다(p.296). 그러나 기대와는 달리 세 조건 사이에 유의한 차이는 발견되지 않았다. 다양한 보조가설도 이 예기치 못한 결과를 설명할 수 없었다. 즉, "치료사들이 처치 프로토콜을 매우 잘 따랐고, CT에 우호적인 편향도 있으며, CT를 아주 유능하게 실시하기도 했다. 하지만, 처치의 종결시점 또는 6개월 후 추수시점에서 개별처치에 비해 완전한 처치가 더 나은 성과를 산출했다는 증거는 없었다. 성과에 유의한 차이가 없다는 것에 대하여 저자들은 다음과 같은 결론을 내렸다.

> 이러한 결과는 Beck 등(1979)이 제시한 '우울에 관한 인지 모델'에 의해 세워진 가설과 상반된 것이다. Beck 등은 부정적인 도식을 수정하기 위한 직접적인 노력이 치료 결과를 극대화하고 재발을 예방하는 데 필수적이라고 제안한 바 있다. 본 연구의 이러한 결과는 충성심 효과(Robinson, Berman, & Neimeyer, 1990)와도 상충되는 결과라는 점에서 더욱 놀라운 것이다. 심리치료 연구에서 충성심은 성과와 매우 긴밀하게 관련된 것으로 보고된다.
>
> (p.302)

이러한 예기치 않은 결과는 인지치료의 변화 메커니즘 두 개 모두에 대한 재검토를 시사한다.

> BA와 AT가 CT만큼 효과적이라면, 그리고 변화가 일어나기 위해 필요하다고 생각되는 요인을 변경해야 할 필요가 있다면, 이론뿐만 아니라 치료법도 변경해야 할 필요가 있을 것이다.
>
> (pp.302–303)

이 고전적 연구의 결과는 우울증에 대한 CT 특정 성분의 특정성에 의문을 제기하는 것이었다. 이러한 결과가 요소 연구 전반에 걸쳐 반복해서 나타난다면, 심리치료의 특정성에 대한 의구심이 일반화될 것이다. Ahn과 Wampold(2001)는 1970년부터 1998년 사이에 출판된 심리치료의 요소 연구들을 메타분석했다. 그들은 그 요소를 사용한 처치가 그렇지 않은 동일한 처치에 의해 산출된 효과보다 더 높은 효과를 나타냈는지를 알아보기 위해 특정성분을 분리한 27개의 비교연구를 찾아냈다. 각 연구에서 측정된 모든 종속 변인(즉, 표적 변인 및 비표적 변인)에 대한 효과의 크기가 두 집단('처치' 대 '구성 요소가 없는 처치')을 비교하여 산출되었다. 이렇게 산출된 효과의 크기들은 연구 내 통합 방법을 활용하여 하나의 효과 크기로 통합되었다. 그런 다음 27개 연구의 총 효과 크기가 계산되었다. 총 효과 크기는 −0.2로 나타났다. 효과 크기가 예측과 반대 방향이었지만(즉, 특정 요소가 없는 치료가 요소를 포함한 완전한 치료보다 우수함), 0과 통계적으로 유의한 차이는 없었다. 이 효과 크기들은 동질적이었다. 이는 결과에 영향을 미치는 조절 변인이 없음을 나타낸다. 따라서 요소를 추가하거나 제거하는 것이 심리치료의 효과를 증가시킨다고 보기 어렵다. 이는 의학 모델에 의해 예측된 바와 다르다.

Ahn과 Wampold(2001)의 메타분석 연구에는 몇 가지 문제점이 있다. 첫째, 표적 변인과 비표적 변인을 분리하지 않았다. 일반적으로 처치의 특정성분은 표적으로하는 측정치에 직접적인 영향을 미쳐야 한다. 그래서 일반적인 안녕감에 초점을 맞춘 일부 삶의 질 향상 활동을 포함하지 않는 한, 요소연구는 표적 변인에 대한 효과를 입증해야 한다. 둘째, Ahn과 Wampold는 해체 연구와 추가 연구를 함께 분석했다. 마지막으로, 1998년까지의 연구들만 포함했기 때문에 이제는 연구 자료가 아주 오래된 것이 되어 버렸다.

Bell, Marcus, Goodlad (2013)는 1980년부터 2010년 사이에 발표된 연구를 포함하여 이전의 메타분석을 반복하고 확장했다. 여기에는 Ahn과 Wampold(2001)가 활용할 수 있었던 1998년 말까지의 연구물보다 3배 많은 연구물이 포함되었다. 또한 해체 연구와 추가 연구를 따로 분석하였으며, 표적 변인과 비표적 변인 역시 분리하여 분석하였다. 이들의 분석 결과는 <표 8.1>에 요약되어 있다. 모든 효과는 무시할 수 있을 정도로 작은 크기였다(0.01에서 0.28까지). 다만 '추가' 연구(종료 및 추수 시점)에서 표적 변인에 대한 영향은 통계적으로 유의한 것으로 나타났다. '추가' 연구에서 나타난 표적 변인에 대한 유의한 영향을 제외하면, 이 결과는 Ahn과 Wampold(2001)의 분석 결과와 같다. 특정성의 관점에서 가장 중요한 결과는 표적 변인에 대한 해체 연구에서 볼 수 있다. 환자의 결함을 표적으로 한다고 가정된 성분을 제거하면 치료 종료 시점에 표적 증상의 감소가 약화되어야 한다. 그러나 이 메타분석에서는 그런 결과가 나타나지 않았다(즉, d=0.01). 심지어 가장 큰 효과(추가 전략 연구에서 추수 시점의 목표 변인들)조차도 성과 분산의 2% 미만을 설명하는 것으로 나타났다. 추가된 요소가 추수 시점에서 표적 변인에 대한 효과에 더해질 수 있는 이유를 설명하면서 Bell 등은 이를 "Sleeper effect"라고 불렀다. 그러나 허구일 수도 있다(see Flückiger, Del Re, & Wampold, 출간 중). 이 장의 뒷부분에서 이 결과를 설명할 수 있는 한 연구를 제시할 것이다. Bell 등은 상담 실제를 위해 다음과 같은 권고를 했다. "이 (추가된) 요소가 내담자 탈락이나 큰 비용 증가로 이어지지 않는다면 시도할 가치가 있다"(p. 731). Bell 등의 연구는 Ahn과 Wampold의 연구와 마찬가지로 비교적 작은 이질성을 보였다. 그래서 연구되고 있는 처치의 특성과 같은 조절 변인을 걱정할 필요 없는 꽤 견고한 연구 결과를 산출했다고 할 수 있다.

요소 설계의 측면에서 Ahn과 Wampold(2001)의 연구와 Bell 등(2013)의 연구 모두 특정 효과에 대한 확실한 증거를 제시하지 못했다. Bell 등(2013)의 연구는 추가 전략 연구에서만 표적 변인에 대한 작은 효과를 발견했다. 그러나 이 두 메타분석의 전체 결과를 고려해보면, 이를 특정성에 대한 증거로 해석하기는 어렵다.

▼ 표 8.1 구성 요소 연구의 효과 요약

변인	K	D	95% CI
		해체	
종결			
표적	30	0.01	(-0.11, 0.12)
비표적	17	0.12	(-0.04, 0.28)
추수			
표적	19	0.08	(-0.07, 0.22)
비표적	11	0.15	(-0.05, 0.36)
		추가	
종결			
표적	34	0.14	(0.03, 0.24)
비표적	24	0.12	(-0.02, 0.36)
추수			
표적	32	0.28	(0.13, 0.38)
비표적	24	0.14	(-0.00, 0.28)

출처: "Are the parts as good as the whole? A meta-analysis of component treatment studies," by E.C. Bell, D.K. Marcus, and Goodlad, 2013, *Journal of Consulting and Clinical Psychology, 81*(4), p.728.

2. 심리치료 연구에서 공통요인 통제: 의학과 심리치료에서 위약의 논리

의학에서는 특정성을 검증하기 위해 이중맹검 무선할당 위약 통제집단 설계를 사용한다. 심리치료 연구에서도 연구자들은 다양한 심리치료의 특정성을 확립하기 위해 위약 통제집단 사용을 시도했지만, 불행하게도 이 설계는 특정성을 입증하는 데 적절하게 기능하지 못한다.

의학의 의학 모델에는 두 가지 유형의 효과가 있다. 첫 번째 유형은 특정 의학 절차로 인한 생화학 효과로 구성되므로 특정효과라고 부른다. 두 번째 유형의 효과는 위약 효과로서, 이는 처치에 부수적으로 일어나며 비생화학적 즉, 의학 처치의 심리적 측면으로 인한 영향이다. 의학 분야는 위약 효과의 존재를 인식하지만, 위약 효과가 주 관심사가 되지 않는다(7장 참조). 의학에서 특정 효과의 존재는 의학적 처치와 위약의 비교를 통해 확립될 수 있다. 이런 비교가 타당하기 위해서는 위약이 모든 측면에서 처치와 같아야 한다. 다만 이 약이 의학 처치가 갖는 특정 성분을 갖고 있지 않다는 점을 제외하면 말이다. 예를 들어, 복용한 진짜 알약의 효과성과 특정성은 그것이 낳는 효과와 위약이 낳는 효과의 비교를 통해 확립된다. 이때 위약은 크기, 모양, 색, 맛, 냄새 및 질감에서 진짜 알약과 유사해야 한다. 알약과 위약은 구별할 수 없지만, 진짜 알약에는 이론상으로 치료할 장애에 대한 치료제로 알려진 화학 물질이 포함되어 있다. 그러나 위약은 장애를 생화학적으로 치료할 것으로 생각되는 성분을 포함하고 있지 않다. 위약은 소위 "설탕 알약"이다. 약물과 위약의 동등성은 환자와 실험자는 물론 평가자가 환자에게 투여한 약의 상태를 알지 못하는 경우에만 유지될 수 있다. 결과적으로 의학에서 위약 실험은 이중 맹검이 된다(실제로는 삼중 맹검이 됨). 환자, 실험자(또는 처치 전달자) 및 평가자는 환자가 진짜 약을 투여받는지 아니면 위약을 투여받는지 알지 못하기 때문이다. 의학 분야는 환자, 처치 전달자 그리고 평가자의 기대가 측정된 처치 효과에 영향을 줄 수 있다는 점을 알고 있다. 그래서 의학 연구에서 맹검 유지가 연구의 완전성 및 타당성을 위해 필수적이라고 인식하고 있다. 맹검상태를 성취하기 위해서 진짜 약과 위약은 구별할 수 없어야 한다(Wampold, Minami, Tierney, Baskin, & Bhati, 2005).

의학에서 위약의 논리는 간단하다. 약물 조건이 위약보다 우월한 것으로 나타나면 특정 성분의 효능이 확립되는 것이다. 약물과 위약의 유일한 차이는 특정 성분의 포함 여부이기 때문이다. 다른 모든 효과는 두 조건에서 논리적으로 동등해야 하므로 통제된다. 예를 들어, 환자나 실험자 모두 환자가 진짜 약을 투여받았는지 여부를 알지 못하기 때문에 기대는 통제된다.[1]

심리치료의 의학 모델 지지자들은 위약 통제 심리치료를 사용해서 처치의 특징적인 성분이 그 처치로부터 유래한 이득의 원인이 된다고 주장한다. 불행하게도, 심리치료 연구에서 위약을 의학에서 사용되는 위약에 대응하는 것으로 사용하는 것은 잘못이다. 그래서 위약 통제가 특정성을 검증하는 데 사용될 수 있다는 주장은 정당화되지 않는다. 심리치료 위약 문제를 논의하기에 앞서 위약이라는 용어의 인기가 수그러들었음에 주목할 필요가 있다. 그 대신에 더 모호한 용어인 대안 치료, 비특정 치료, 주의력 관리, 최소한의 치료, 지지적 상담, 비지시적 상담 또는 지지적 치료와 같은 말들이 유행하고 있다. 이 모든 처치의 논리는 연구자가 처치에 부수적으로 일어나는 측면을 통제하려고 시도한다는 점에서 동일하다. 이러한 유형의 통제를 지칭하기 위해 유사위약이라는 용어를 사용한다.

특정효과와 일반효과가 모두 심리적 과정에서 파생되는 것이기 때문에 심리치료 위약을 정의하기는 어렵다(Wampold et al., 2005; Wilkins, 1983, 1984). 의학에서 특정효과는 생화학적 과정에 바탕을 두며, 위약 효과는 심리적 과정에 바탕을 둔다. 위약의 성분은 논란의 여지가 없다. 왜냐하면 어떤 성분이 생화학적인 효과를 갖는지, 어떤 성분이 그런 효과를 갖지 못하는지에 대해 일반적인 합의가 있기 때문이다. 예를 들어, 생화학적 이론에 의하면 HIV 치료 약물에 대한 통제로 사용된 위약 알약의 성분인 유당은 HIV에 치료적일 수 없다. 또한 유당은 HIV 처치에 반드시 수반되어야 하는 것이 아니다. 결과적으로 유당은 위약으로 적합한 화합물이며, 진짜 약과 위약에서 유당의 양이 동등하지 않다는 것은 연구의 타당도에 위협이 되지 않을 것이다. 다른 한편, 심리치료 위약은 처치의 전달에 반드시 수반되어야 하는 요소들을 포함해야 한다. 그리고 많은 심리 이론에 따르면, 이 요소들은 장애에 최소한 부분적으로라도 치료적이어야 한다. 그러한 요소의 가장 뚜렷한 예는 내담자와의 관계이다. 심리치료는 정의상 치료사와 내담자의 관계가 필요하기 때문에 이러한 관계는 필요불가결하다(2장 참조). 더욱이, 대부분의 변화 이론은 관계의 중요성을 인식하고 있다. 엄격한 행동주의자조차도 관계를 충분조건은 아니지만 필수 조건으로 분류한다.

유사위약에 필수적이고 치유적인 요소를 포함해야 한다는 것은 그 요소가 두 조건(처치 및 위약)에 걸쳐 동등해야 한다는 것이다. 이런 논리가 타당하려면, 예를 들어, 처치와 위약은 동등한 정도의 치료사—내담자 관계를 포함하고 있어야 한다. 그러나 치료적 관계는 반드시 동등해야 하는 요소 중 하나일 뿐이다. 또 다른 것으로 내담자가 갖는 처치에 대한 신뢰, 치료가 유익할 것이라는 내담자의 기대, 치료사의 기술, 치료에 대한 내담자의 선호, 그리고 처치가 유익하다는 치료사의 믿음 등이 있다. 5장에서 Jacobson은 행동주의적 부부상담(BMT)이 "비특정" 요소를 적게 포함했기 때문에 통찰지향적인 부부상담(IOMT)에 비해 불리하다고 주장했다. 비특정 성분에 있어서 처치와 유사 위약 조건 간 동등성이 확립되지 않는 한, 모든 위약에 대해서도 같은 주장이 적용될 수 있다. 그러나 심리치료 처치에 포함된 것과 동일한 양과 질의 비특정 성분을 포함하는 유사위약을 만드는 것은 논리적으로나 실제적으로나 가능하지 않다.

많은 심리치료 연구자들이 유사위약을 심리치료 처치의 부수적 측면으로 정의해 왔다. 예를 들어, Bowers & Clum(1988)은 "비특정적 처치를 두 가지 주요 구성 요소를 갖는 것으로 정의했다. 두 가지 구성 요소란 내담자가 가진 문제에 대한 논의와 효과가 있는 처치를 받고 있다는 내담자의 믿음 조작이다."(p.315)라고 정의했다. Borkovec(1990)은 위약조건에 대해 다음과 같이 기술했다. "위약 조건에서 내담자는 도움이 된다고 믿는 처치를 전달하는 상담사와 만난다. 비록 이 상담사(혹은 연구자)는 이 처치법이 비교되는 처치조건보다 제한된 효과를 갖는다고 믿지만 말이다. 그리고 이 처치의 활성성분이 무엇이든 이 성분은 여러 심리사회적 치료에 걸쳐 공통적인 것이라고 믿는다"(p.53). 다른 이들은 유사위약을 기대, 관계, 지지 또는 기타 요소들 중 한 가지로 정의했다. 그러나 이론 접근법(즉, 처치)에 부수되는 모든 요인에 있어서 처치집단과 동등한 심리치료 위약 통제집단을 정의하고 개발하는 것은 불가능하지는 않더라도 어렵다. 그래서 어쩔 수 없이 연구자는 처치집단과 위약 집단을 하나 또는 소수의 몇 가지 공통 요소에서 동등하게 만드는 방법을 취한다.

처치의 모든 부수적인 측면을 통제하기 위한 유사위약을 설계하는 것은 실질적으로 불가능할 뿐만 아니라 논리적으로도 불가능하다. 심리치료 연구에서 위약 집단을 개발할 때 발생하는 논리적 문제는 의학 연구에서 시행된 이중 맹검을 검토함으로써 밝힐 수 있다. 의학 연구에서 이중 맹검은 환자가 처치를 받는지, 위약을 받는지의 여부를 환자와 치료사 모두 몰라야 한다는 것을 기억하라. 심리치료 연구에서는 두 개의 맹검 중 하나는 가능하지 않다. 논리적으로, 치료사는 자신이 전달하는 처치에 대해 알고 있어야 한다는 것은 명백하다. 치료사들이 활성 처치와 유사 위약 처치를 각각의 처치 프로토콜에 일관되게 전달하도록 훈련받기 때문이다. Seligman(1995)이 지적한 바와 같이 "누군가가 심리치료에 대한 이중 맹검법 연구를 요구하는 소리가 들릴 때마다 지갑에서 돈이 빠져나가지 않도록 지갑 주머니를 꼭 닫아야"(p.965)한다.

치료적인 처치를 제공하고 있는지 또는 위약 처치를 제공하고 있는지를 치료사가 알고 있다는 사실은 심리치료 맥락 모델의 검증에 핵심적이다. 맥락 모델의 필수 요소는 치료사가 이 치료가 유익하다고 믿는 것이라는 점을 상기하라. 유사위약은 연구자가 치료적이지 않도록 설계한 것이다. 위약 처치를 제공하도록 훈련된 치료사는 이것이 효과가 있을 것으로 의도된 처치가 아니라는 것을 알게 될 것이다. "위약 집단에서 치료사의 기대, 편안함 및 열정은 활성 처치집단에서 치료사의 그것과는 상당히 다를 가능성이 있다"(Borkovec, 1990, p.54). 치료사의 충성심은 5장에서 논의되었다.

여러 경험적 연구에서 맹검상태를 유지하지 못하는 것은 평가된 성과에 상당한 영향을 미치는 것으로 나타나고 있다. Carroll, Rounsaville 및 Nich(1994)는 임상 기능 평가자에게 심리치료 및 약물치료 맹검이 얼마나 자주 해제되며 그것이 내담자 평가에 어떻게 영향을 미치는지 평가하는 연구를 실시했다. 이 연구에서 코카인 의존 피험자는 재발방지＋데시프라민(desipramine), 임상 관리(심리치료 위약)＋데시프라민, 재발방지＋알약 위약, 임상 관리＋알약 위약이라는 네 가지 조건에 무선할당되었다. 임상 평가자는 이런 할당에 대해 알지 못했다. 평가자에게 자신이 어느 조건에 할당되었는지를 알린 피험자는 연구에서 제외되었다. 그렇지만 피험자가 어느 집단에 배정되었는지에 대해 임상기능 평가자는 반 이상을 정확하게 추측했다. 이는 우연히 예측해서 기대할 수 있는 확률보다 더 큰 것이다. 심리치료조건에 할당된 피험자의 경우 평가자는 77%를 정확하게 추측했다. 이 연구에서 주관적 측정도구에서의 평정 패턴은 "활성 치료 조건에 유리하게 작용"(p.279)한 반면, 더 객관적인 척도에서는 편파가 발견되지 않았다. 즉, 평가자는 심리치료 조건에 할당된 피험자를 어느 정도 정확하게 추측할 수 있었고, 그에 따라 활성 처치에 유리하게 편향된 주관적 평가를 하였다.

마지막으로 맥락 모델 관점에서 볼 때, 유사위약 설계에는 불가피한 치명적 결함이 있다. 맥락 모델에 따르면, 기대는 환자가 경험하고 있는 문제에 대한 처치를 모두(단순히 처치의 논리적 근거만을 설명하는 것이 아니라) 제공할 때 생겨난다. 더구나, 처치는 내담자에게 치료목표에 도달하는 데 도움이 되는 몇 가지 행동을 하도록 촉진한다. 설명과 치료적 행위는 공통요인이다. 이러한 이유와 이전 논의에 따르면, 효과가 있을 것이라고 가정되는 처치와 유사위약의 비교는 아무리 잘 설계되더라도 특정효과의 중요성을 반영하는 효과를 산출하지 못한다. 이런 비교는 맥락모델에서 심리치료 효과의 주된 원인이라고 주장되는 구조와 근거, 설명, 처치행위를 가진 처치와 이들 중 아무것도 갖지 않는 처치 사이의 차이를 나타내줄 뿐이다.

위약이 심리치료의 부수적인 요인을 통제하지 못한다는 점은 유사 위약을 사용한 몇몇 연구를 검토해 보면 드러날 것이다. 첫째, Borkovec & Costello(1993)가 범불안장애 처치에 응용 이완(AR) 치료와 인지행동치료(CBT)의 효과성을 확인하기 위해 사용한 위약 대조군을 생각해보자. 치료적인 효과가 있을 것으로 의도된 처치인 AR과 CBT는 많은 특정성분을 갖고 있었지만, 비지시적(ND) 치료로 분류된 위약은 이러한 성분을 갖지 않았다. 세 가지 조건 모두에서 처치에 대한 이론적 설명이 내담자에게 주어졌다. ND 내담자에 주어진 이론적 설명은 그럴듯하고 합리적으로 들리도록 만들어졌다.

> 내담자에게 치료란 조용하고 편안한 분위기에서 삶의 경험을 탐구하는 것이고, 목표는 자기와 불안에 대한 지식을 촉진하고 심화시키는 것이라고 설명되었다. 치료는 불안한 경험을 바꾸고 자신감을 높이기 위한 내적 여정으로 기술되었다. 치료사의 역할은 자기성찰을 위한 안전한 환경을 제공하는 것과 변화를 촉진시키는 치료 수단으로서 감정을 명확히 하고 집중하도록 돕는 것으로 기술되었다. 내담자의 역할은 정서적 경험과 내적성찰을 통해 새로운 강점을 발견하는 것이라고 기술되었다.
>
> (p.613)

치료사는 "수용적, 비판단적, 공감적인 환경"을 창출하고 "지속적으로 내담자의 주의를 주된 감정으로 유도하고, 지지적 진술, 반영적 경청 및 공감적 의사소통을 통해 정서적 경험의 허용과 수용을 촉진"(p.613)하도록 안내받았다. 반면, 직접적인 제안, 조언 또는 대처 방식은 허용되지 않았다.

첫 회기가 끝날 무렵 연구자들은 처치의 신뢰성 및 자신의 호전에 대한 내담자 기대를 평가했다. 이 두 변인에서 처치 조건 사이의 유의한 차이는 발견되지 않았다. 연구자들은 또한 치료가 진행되는 동안 몇 시점에서 관계 구인(relationship constructs)을 평가했는데, 역시 유의한 차이가 없었다. 또한 연구자들은 경험의 정도를 측정했는데, 여기서 ND 조건의 내담자들은 더 깊은 정서적 처리를 경험했던 것으로 나타났다.

이 연구에서의 ND는 문헌에 나타나 있는 다른 대부분의 유사위약보다 우수하였지만 많은 측면에서 결함이 있었다. 우선 치료사들은 두 처치의 옹호자인 연구자 랩에서 훈련을 받았다. 더구나 치료사들은 이 연구에서 활용된 모든 종류의 처치를 전달했다. 따라서, 치료사들은 ND가 치료적인 효과가 있을 것으로 의도된 처치가 아니라는 것을 알고 있었다. 또한 연구가 수행된 랩이 활성처치에 대한 충성심을 갖고 있다는 것도 알았다(4장 참조). 무엇보다 저자들이 ND가 치유 목적을 갖고 있지 않다는 것을 인정하였다. "우리는 통제를 목적으로 하는 비특정적 조건을 제공하기 위해 단순히 반영적 경청을 하는 ND를 선택했다. 우리의 의도는 활용가능한 최선의 체험 치료와 인지행동치료를 비교하는 비교성과연구를 수행하는 것이 아니었다"(p.612). 따라서 이 치료사들에게는 대부분의 비지시적 치료사가 사용할 만한 방법을 사용하는 것이 금지되었으며, 내담자가 자신의 불안에 어떻게 대처할 수 있는지에 대한 제안이나 조언을 제공하는 것도 금지되었다. 첫 회기 직후 처치에 대한 신뢰와 기대는 비슷할 수도 있지만, ND 치료사에게 내려진 지시를 감안하면 어느 정도 회기가 진행된 후에도 그러한 평정이 유지될지는 분명하지 않았다. 위약 ND조건은 활성성분이 제거된 다른 두 처치의 그 어느 것과도 비슷하지 않았다. 완전히 다른 치료, 즉 질적으로 저하된 경험 치료의 한 형태였다. 더욱이 이 처치를 전달한 치료사는 이 처치가 치유 목적을 가진 것이 아니라는 것을 알고 있었으며, 비교되는 다른 처치에 충성심을 갖고 있었다.

이러한 문제에도 불구하고 Borkovec와 Costello는 다음과 같은 결론을 내렸다 "이러한 결과로부터 우리는 행동치료[즉, AR]와 CBT가 비특정 요소와 무관하게 범불안장애(GAD) 치료에 적합한 활성 성분을 포함하고 있다는 결론을 도출했다"(p.617). 그러나 유사위약 집단 문제 이외에도 이 결론을 어렵게 만드는 여러 문제점이 있다. 첫째, 1회기 끝 무렵에 평정된 기대와 성과 간 평균 .43 정도의 상관이 있었다.[2] 즉, 성과 변산의 약 20%가 1회기에 측정된 하나의 공통요인(즉, 기대)에 의해 설명되었다. AR 대 ND의 평균 효과 크기는 0.50이었는데, 이는 처치가 성과 분산의 약 6%를 설명한다는 것을 나타낸다(<표 3.1> 참조). 이것은 ND가 AR 및 CBT의 모든 부수적인 측면을 통제한다고 가정할 때, 매우 초기에 측정된 하나의 단일 공통요인이 모든 특정성분에 의해서 설명되는 변산 총합의 3배 이상을 차지한다는 것을 나타낸다! 특정성분의 필요성에 의문을 제기하는 이러한 연구결과에는 또 다른 이례성이 있다. CBT는 인지적 요소뿐만 아니라 AR의 모든 요소를 갖고 있었지만, 결과는 AR과 CBT가 동등하다는 것을 보여 주었다. 이는 CBT의 성분들이 효과를 생산하는 데 필수적이지 않다는 점을 분명하게 보여준다(위에서 검토한 요소 연구와 유사함). 그러나 이완을 실시한 횟수 및 이완에 의해 유발된 불안의 빈도는 성과와 관련이 없었다. 이 결과는 AR의 특정성분은 중요하지 않다는 점을 나타낸다. 마지막으로, 12개월 후에 세 치료법은 동등한 성과를 나타냈다. 처치를 추가로 받은 내담자를 분석에서 제외했을 때조차 동일한 결과가 나타났다. 그래서, 전형적인(exemplary) 위약 집단을 이용한 이 연구는 특정효과에 대해 매우 약한 증거만을 제공했다.

Brokovec과 Costello의 연구가 활성처치에 부수되는 요인을 함유하고 있는 유사위약(활성처치에서 특정 성분만을 제거한 것과 같지는 않다고 해도)을 구성해보려 한 훌륭한 시도였다고 한다면, 다음과 같은 권장되지 않는 시도도 있다. 이를 검토해보자. 이 경우, 위약은 "지지적 심리치료"로 명명되었으며, 우울한 HIV 내담자 처치를 위한 대인관계 심리치료와 비교되었다(Markowitz et al., 1995).

> 비대인관계 심리치료와 비인지행동 치료로 정의되는 지지적 심리치료는 우울과 HIV에 대한 심리 교육이 추가된 로저스의 내담자 중심 치료법과 유사하다. 대인관계 심리치료사와 달리, 지지적 치료사는 **내담자에게 처치효과의 기제에 대한 명확한 설명을 제공하지 않았으며 특정 주제에 대한 처치에 집중하지 않았다**. 지지적 심리치료에서는 대인관계 기법 및 인지 기법의 사용이 금지되었다. 이것으로 인해 제한이 있었을 수 있다. 특히 공감적이고 숙련된, 경험 많고 헌신적인 치료사가 처치를 실시했을 때는 더욱 그러했다. 지지적 심리치료 조건의 경우 내담자의 필요에 따라 30－50분의 지속시간으로 8회에서 16회 사이의 상담 회기를 가졌다.
>
> (강조는 저자에 의한 것임, p.1505)

여기서 두 처치는 (a)처치의 근거가 제공되었는지 여부, (b)처치의 구조, (c)회기의 길이 그리고, (d)처치 기간이라는 차원에서 달랐다. 놀랄 것도 없이, 지지적 심리치료는 대인관계 심리치료보다 덜 유익한 것으로 나타났다. 이러한 차이의 원인은 특정 성분으로 귀인되었다. "우리의 연구 결과는 비특정적 대안 처치에 비해 우울증에 분명한 초점을 둔 처치가 더 큰 효과를 보인다는 임상적 직관과 일치한다"(p.1508).

Foa, Rothbaum, Riggs, 그리고 Murdock(1991)이 사용한 위약 대조군은 Borkovec & Costello(1993)가 설계한 훌륭한 위약과 Markowitz 등(1995)이 고안한 잘못 설계된 위약 사이에 있다. Foa 등은 강간으로 인해 발생한 PTSD를 치료하는 처치인 스트레스 예방 훈련(SIT)과 노출 지속(PE)을 지지적 상담(SC), 즉 위약과 비교하였다. SC는 다음과 같이 구성되었다.

> 지지적 상담은 [다른 처치과 같이] 9회기로 진행되며, 1회기의 초기 인터뷰를 통해 정보를 수집하고 2회기에 처치의 근거를 제시한다. 나머지 회기 동안 내담자는 일반적인 문제해결 기법을 배웠다. 치료사는 비지시적, 무조건적 지지 역할을 수행했다. 과제는 내담자가 매일매일의 문제와 문제해결 시도에 대한 일기를 쓰는 것이었다. 폭행피해에 대한 글을 발견하면 즉시 현재의 일상적인 문제

> 에 집중하도록 지시하였다. 노출이나 불안 관리에 대한 지침은 포함되어 있지 않았다.
>
> (Foa 등, 1991, pp.171－718)

분명히 SC는 치료적인 효과가 있을 것으로 의도되지 않았다. “다른 치료적 요소가 부재한 가운데 상담에서 최근 겪은 강간 경험에 대한 논의를 하지 못하게 하는 것을 치료적이라고 받아들일 사람은 거의 없을 것이다.”(Wampold, Mondin, Moody, & Ahn, 1997a, p.227). 더욱이 치료사들은 SIT와 PE에 대한 충성심을 갖고 있는 Foa의 슈퍼비전을 받았다. 마지막으로, 연구참가자인 내담자가 SC를 신뢰할 만하다고 생각하는지, 그리고 SC가 유익할 것으로 기대하는지 확인하려는 어떠한 시도도 없었다. 그럼에도 불구하고 Foa 등(1991)에는 “비특정적 치료의 효과를 통제하기 위한”(p. 793) 지지 상담이 포함되었다.

이 절에서는 유사위약의 기본적인 문제를 논의했다. 논리적으로나 실용적으로 심리치료 위약은 심리적 처치의 부수적 측면을 통제할 수 없다. 유사위약 문제에 대한 더 완전한 논의는 다른 문헌들에서 볼 수 있다(Baskin, Tierney, Minami, & Wampold, 2003; Brody, 1980; Budge, Baardseth, Wampold, & Flückiger, 2010; Critelli & Neumann, 1984; Grapman, & Wampold, 2014, Shapiro & Morris, 1978; Shepherd, 1993; Wampold et al., 2010; Wampold et al., 2005; Wilkins, 1983, 1984). 그러나 이 분야의 추세를 감안할 때, 심리치료 임상실험에서 사용되는 통제가 어떻게 진화해 왔는지를 검토해보면 매우 흥미롭다. 첫째, 일반적으로 연구기금을 받으려면 처치 프로토콜을 매뉴얼화하고, 그것에 따라야 한다. 그 처치가 유사위약일지라도 말이다. 그래서 연구자들은 유사위약 처치를 보다 신중하게 설계했다.[3] 둘째, Wampold 등(1997b)이 치료 목적의 처치와 그렇지 않은 처치(5장 참조)를 구별한 이래로 연구자들은 통제처치가 치료 목적의 처치로 분류될 수 있도록 필요한 특성을 포함시키려 했다. 대부분의 경우, 이 처치는 Rogers(1951a)를 인용한 “내담자 중심 상담” 또는 “지지적 치료”와 같은 것이다. Markowitz, Manber, & Rosen(2008)이 지적한 바와 같이 맥락 모델의 요구 사항을 충족시킬 수 있는 처치와 치료 목적을 갖는 처치 사이의 경계는 분명하지 않다.

> 처치에 참여하는데 따른 비특정 성분을 통제하기 위해 점점 더 많은 임상실험이 실험처치와 다른 유형의 심리치료(대기자 통제집단이 아니라)를 비교한다. 심리치료 통제 조건의 더 강력한 예는 단기지지상담(BSP)이다. 이것은 몇몇 RCT

> 성과연구에서 비교처치로 사용되었다. BSP는 심리치료의 "공통요인"(Frank, 1971)을 포함하는데, 이는 모든 치료의 핵심을 구성한다. 이 핵심 부분은 CBT와 IPT와 같이 효과적인 특정한 처치의 성과 분산 대부분을 설명한다(Wampold, 2001; Zuroff & Blatt, 2006). 이러한 공통요인에는 정서적 각성, 이해하고 공감하는 치료사, 처치의 구조와 의식, 성공 경험, 치료적 희망과 낙관성의 제공 등이 포함된다. 이러한 요인들은 충분히 효과적었다. BSP가 통제 조건으로 "너무 잘" 작동하여 보다 정교한 처치를 따라 잡을 수 있을 정도였다(예 Markowitz, Kocsis, Bleiberg, Christos, & Sacks, 2005; Hellerstein, Rosenthal, Pinsker, Sam-stag, Muran & Winston, 1998; McIntosh et al, 2005). 그래서 BSP는 통제 조건으로서 뿐만 아니라 활성처치로도 인정받고 있다(Hellerstein, Rosenthal, & Pinsker, 1994).
>
> (p.68)

BSP가 "처치의 구조와 의식(ritual)"을 갖는 것으로 기술되긴 했지만, BSP는 맥락모델이 요구하는 많은 측면을 가지고 있지 않다.

> BSP 치료사는 출판되지 않은 처치 매뉴얼을 사용했다. 이 매뉴얼은 지지적 심리치료 원리(Pinsker, 1997; Navalis et al., 1993)에 기반을 둔 것이다. 이 원리는 반영적 경청과 정서 끌어내기(elicitation of affect)를 강조한다. 치료사는 내담자가 각 회기의 초점을 결정하게 하고, 감정을 끌어내고, 가능한 경우 감정을 타당화하고, 공감적인 의견을 제시했다. 그들은 회기와 회기 사이의 주제 연속성을 강조했지만 다른 구조는 제공하지 않았다. 그들은 내담자 감정의 중요성을 암묵적으로 인식하는 것 외에 어떠한 다른 이론적 틀을 제시하지 않았다. 더욱이, 그들은 [활성 처치]와 중첩될 수 있는 인지적 및 행동적 기법과 대인관계 문제해결을 피했다.
>
> (p.70)

이 모든 문제에도 불구하고 유사위약 처치는 맥락모델의 한 측면 혹은 그 이상을 포함하고 있다는 점을 인식해야 한다. 유사위약은 내담자가 그 처치를 계속받고자 할 만큼 충분히 신뢰롭다. 비록 치료사는 치료 목적의 처치를 제공하지 않는다는 것을 알지라도, 내담자와 어느 정도의 치료적 관계를 만들고 유지한다. 고통받는 사람들을 돕기 위해 치료사는 유사위약 처치에서도 자연스럽게 내담자에 대한 공감적 입장을 취하게 될 가능성이 있다. 맥락 모델에 따르면 유사위약은 설명이나 처치 행위로 생성될 수 있는 약간의 기대는 물론이고 주로 실제 관계와 관련되는 첫 번째 경로를 통해 변화를 창출한다. 따라서 유사위약 처치는 처치가 없는 것보다는 유익하지만, 치료 목적의 처치들보다 덜 유익할 것으로 기대된다. 결론적으로, 의학 모델과 맥락 모델 모두는 위약 처치가 처치가 없는 것보다 유익하지만 치료 목적의 처치들보다 덜 유익하다고 가정한다. 그래서 기대되는 결과들은 두 연구 프로그램의 발전성(progressivity)을 차별화하는 데 특별히 유익한 정보가 되지 못한다. 그럼에도 불구하고 연구자들이 처치 A가 유사위약에 비해 우월하다는 것을 처치 A의 성분이 특정 장애의 치료에 특정적이라는 증거로 결론 내리는 것은 흔한 일이다. 이런 결론은 솔직히 옳지 않다. 앞으로 보겠지만, 이 증거 중 일부는 해석하기가 어렵다. 왜냐하면, 처치가 맥락 모델의 요소를 가지고 있는지(즉, 치료적인 효과가 있기를 의도하는지) 또는 정당한 처치인 것처럼 보이도록 위장된 유사위약인지 구분하기 어렵기 때문이다.

1) 유사위약 효과 메타분석

맥락 모델과 의료 모델 모두 유사위약에 대해 본질적으로 동일한 예측을 하기 때문에 메타분석에 대해서는 비교적 간략하게 살펴볼 것이다. 그러나 몇 가지 흥미로운 해석이 있기도 할 것이다.

Bowers & Clum(1988)은 1977년부터 1986년까지 위약, 주의집중, 또는 비특정적 통제로 명명된 집단은 물론이고 치료적인 효과가 있을 것으로 의도된 행동 심리치료를 하나이상 포함한 69개의 연구를 분석했다. 각 위약은 활성처치와 비교하여 신뢰성(credibility)이 평가되었다. 처치 대 무처치의 총 효과 크기는 0.76으로 4장에서 검토한 절대적 효과성 메타분석결과와 일치했다. 위약 대비 처치의 효과 크기는 0.55였다. 이는 위약의 효과가 무처치보다 0.21 효과 크기만큼 더 낫다는 것을 나타낸다. 위약 효과에 대한 또 다른 메타분석에서 Barker, Funk, & Houston(1988)은 위약 처치가 변화에 대한 합리적인 기대를 창출한 연구만을 검토했다. 31개의 처치를 포함하고 있는 17개의 연구를 분석했을 때, 유사위약 대비 처치의 효과 크기는 0.55였으며, 무처치 대비 위약의 효과 크기는 0.47이었다. 이는 처치가 변화에 대한 적절한 기대가 있는 위약보다 분명히 더 낫고, 이런 위약은 또한 무처치보다 더 낫다는 것을 보여준다.

1994년 Lambert & Bergin은 15개의 메타분석 연구를 검토하여 다음과 같은 효과 크기를 산출했다.

심리치료 대 무처치	0.82
심리치료 대 유사위약	0.48
유사위약 대 무처치	0.42

이러한 효과는 맥락모델과 의학모델 모두의 예측과 일치한다. 그래서 알 수 있는 것이 많지 않다. 그러나, 몇 가지 추가적인 메타분석은 흥미롭다.

Stevens, Hynan, & Allen(2000)은 완전한 처치, "공통요인 통제"(CF) 및 무처치 조건을 포함하는 80개의 연구를 조사했다. "공통요인 통제"에는 "허위 피드백, 점진적 근육 이완, 위약 알약, 비지시적 상담, 훈련받지 않은 '치료사와의 만남' 및 토론 집단(p.276)이 포함되었다. 그들의 연구 결과는 Lambert의 결과와 꽤 다른 것으로 나타났다.

심리치료 대 무처치	0.28
심리치료 대 "공통요인 통제"	0.19
"공통요인 통제" 대 무처치	0.11

공통요인(CF) 통제가 이질적이라는 점을 고려했을 때, 이 결론에 대한 몇 가지 우려가 제기된다. Stevens 등은 CF 개입의 신뢰성(credibility)을 조사한 결과, 놀랍게도 신뢰성은 CF 개입의 효과와 관련이 없다는 것을 발견했다. 또한 주관적 안녕감, 증상 및 생활 기능을 포함한 다양한 성과 영역에서의 효과도 조사했다. 여기서 맥락 모델(2장 참조)에서 제시한 것처럼 CF통제는 주관적인 안녕감에 더 큰 영향을 미칠 것이며, 활성 심리치료는 증상에 더 큰 영향을 미칠 것이라고 기대할 수 있다. 그러나 그런 효과는 나타나지 않았다. 이때 처치가 증상에 초점을 두는 정도는 검토되지 않았다(예를 들어, CBT 대 정신역동치료). 그럼에도 불구하고 Stevens 등은 CF가 신뢰할만할 때조차도 아주 작은 효과만을 갖는다는 것을 발견했는데, 이는 맥락 모델에서 예측하는 것과 반대이다.

Stevens 등(2000)의 메타분석에서 심리치료에 대한 위약통제 처치는 매우 다양하다는 것이 명백하다. Baskin 등(2003)은 활성 심리치료와 통제 조건의 구조적 동등성을 검토함으로써 이들 통제 집단의 적절성(adeguacy)을 조사했다. 통제 조건이 "(a)회기 수, (b)회기의 길이, (c)형식(즉, 그룹 또는 개인), (d)치료사 훈련, (e)개입이 내담자별로 개별화되었는지 여부, (f)내담자가 처치에서 자신이 원하는 주제를 이야기할 수 있는지

(예 외상 환자가 외상에 대해 이야기할 수 있었는지?) 아니면 중립적 주제에 제한되어 있는지?"(p.975)에서 활성처치와 다르지 않으면 활성 처치와 구조적으로 동등한 것으로 정의되었다. 21개 연구를 바탕으로 Baskin 등은 활성 처치와 유사위약 사이의 효과 크기를 계산했다. 유사위약이 활성처치와 (구조적으로) 동등하지 않은 8건의 연구에서는 활성처치(d=0.47, 95% CI 0.31–0.62)가 더 우수했다. 이는 Lambert & Bergin(1994)의 효과 크기 추정치(앞에서 제시한 추정치를 보라)와 비슷하다. 그리고 효과의 크기들은 동질적이었다. 그러나 구조적으로 동등한 13개의 유사위약 연구에서 활성처치는 유사위약보다 유의하게 우월하지 않았다(d=0.15, 95% CI 0.01–0.29). 후자의 경우, 효과의 크기들은 이질적이었으며, 이는 구조적으로 동등한 통제 집단 내에 효과를 조절하는 흥미로운 (그리고 아직 모르는) 무엇인가가 있음을 시사한다. 그럼에도 불구하고, 이러한 결과는 유사위약이 잘 설계되었을 때, 그 효과성이 활성처치의 효과성에 근접한다는 것을 시사한다.

성분의 특정성을 확립하기 위해 유사위약을 사용하는 것이 부적절하다는 앞서의 논의에도 불구하고 특정성분을 강조하기 위해 활성처치와 유사위약의 차이를 인용하는 일은 계속되고 있다. 특별히 악명 높은 예는 우울에 대한 CBT의 효과에 관한 최근의 메타분석이다(Honyashiki et al., in press). 이 메타분석에서 우울에 대한 CBT처치가 무처치와 유사위약(연구자들이 심리적 위약이라고 부름)과 비교되었다. 이 연구에서는 CBT를 무처치와 비교한 13건, CBT를 유사위약과 비교한 6건, 유사위약과 무처치를 비교한 1건의 실험을 메타분석했다. 유사위약 처치에는 구조, 목표 설정, 적절한 치료적 조치가 없었으며, 최소한의 공감 반응만이 주어지거나 그조차 없기도 했다. 모든 통제에는 치료사라면 할 만한 행동에 대한 금지 조항이 포함되어 있었다. 치료사가 공감적이 되도록 허용되지 않은 한 통제 조건에서는 환자가 "내 딸은 나를 좋아하지 않아요. 나를 보러 오지도 않으니까 말이죠"라고 말하면, 치료사는 행동전략을 사용하지 않기 위해 "자녀가 몇 명이지요"라고 말해야 했다(Honyashiki 등(2014), 표 2 참조). 연구진은 CBT와 유사위약의 효과에 대해 네트워크 메타분석(5장 참조)과 짝비교(pairwise) 메타분석(즉, 두 조건을 직접 비교한 6개의 임상실험 연구)을 실시했다. 메타분석 결과, CBT가 유사위약보다 유의하게 효과적이라는 증거가 없었지만, 연구진들은 CBT와 유사위약 통제집단 간 차이가 회기가 진행되면서 점차 증가했다는 증거를 발견했다. 유사위약의 허술함을 고려하면, 이 결과는 놀랍지 않다. 연구진은 CBT에 유리한 점 추정치(그리고 이 유리함이 시간의 경과에 따라 증가한다는 결과)에 기반하여 이 메타분석이 우울 치료에 있어서 CBT의 특정성을 확립했다고 주장하였다. CBT와 유사위약 간 유의한 차이가 없었는데도 말이다. 사실, 연구자들은 이보다 더 나아가서 이 결과가 Dodo bird 결론에 대한 심각한 의문을 제기한다고 주장했다.

5장에서 언급했듯이 "지지치료"라고 불리는 한 범주보다 다른 한 범주의 처치가 조금 더 우수(marginal superiority)하다는 것을 보여주는 몇몇 메타분석이 있다(Braun, Gregor, & Tran, 2013; Cuijpers et al., 2012). 5장에서 논의했듯이, "지지치료" 범주에 있는 처치는 유사위약이며, 맥락모델에 따른 완전한 처치라고 할 수 있는 측면이 결여되어 있다. 이러한 메타분석의 결과와 이 절에서 논의된 것들을 고려하면, 다음 두 가지의 결론을 내릴 수 있다. 첫째, 논리적으로나 경험적으로 유사위약 설계 연구들에서는 특정성을 지지하는 증거가 나타나지 않고 있다. 설사 증거가 될만한 것이 있다고 해도 그 수는 매우 적다. 잘 설계된 경우(종종 잘 설계되지 않은 경우도), 유사위약도 증거기반 처치와 거의 동일한 수행을 보인다는 결과는 특정 심리적 결함을 다루는 특정성분의 필요성에 대한 의문을 불러일으킨다. 둘째, 치료적 목표와 행위가 없는 완전히 비구조화된 처치는 치료사가 내담자에게 공감적인 태도로 작업한다 하더라도 불충분하다는 사실 역시 분명하다. Jerome Frank가 수십 년 전에 지적했듯이 심리치료에는 설명과 처치(신화와 의식)가 필요하다.

3. 환자 변인과 처치의 상호작용

의학 모델은 특정 결함을 치료하기 위해서는 특정 성분이 필요하고, 결과적으로 어떤 처치가 다른 처치보다 효과적일 것이라고 주장한다. 그럼에도 불구하고, 5장에서 검토된 결과는 치료적인 효과가 있을 것으로 의도된 특정한 처치가 다른 처치보다 우월하다는 증거가 없음을 보여준다. 의학 모델이 심리치료의 효과를 설명하기에 적절하다면, 특정장애에 대한 처치법 간 동등한(uniform) 효과성은 보조 주장이 필수적이라는 것을 나타낸다. 한 가지 보조주장은 DSM 진단에 관한 쟁점들과 관련된다.

> DSM과 같은 준거를 활용하여 연구참여자를 선택한 처치 성과 연구는 처치 간 유의하게 큰 차이가 있음을 보여주지 못한다. (처치 간 차이가 있어야만) 장애의 원인을 이해하고 적절한 처치를 선택하도록 정보를 주는데, 이런 실패는 반복되고 있다. 예를 들어, NIMH 우울증 처치 연구 프로그램(Elkin, Parloff, Hadley, Autry, 1985)의 연구 결과를 보라. 이 수십억짜리 연구의 결과가 암시하는 바는, 우울한 내담자가 어떤 처치를 받아도 결과에는 차이는 거의 없다는 것이다

> (Elkin et al., 1989). 이것은 별로 놀랄 일이 아니다. 증후군 분류 체계에서 우울증은 우울증일 뿐이다. 그러나 어떻게 우울증이 생길 수 있는지에 대해서는 잘 개발된 설명(이론)이 존재한다(예 생물학적, 행동적, 인지행동적, 대인관계 이론 등). 만약, 우울증 증상이 여러 가지 병인(病因)경로 중 어느 하나의 가능한 종착점이라면, 그리고 각 우울 집단마다 서로 다른 경로에 있는 사람들을 일정 수 포함하고 있다면 성과 비교 연구는 영원히 동일한 결과만을 산출하는 운명을 맞이할 것이다. 왜냐하면 생물학적 원인을 가진 사람들은 약물에 반응할 수 있지만 대인 관계 기술이 부족한 사람은 그렇지 않을 테니까. 지금까지 DSM 분류유목 상당수에 걸쳐 처치에 대한 동일 반응 또는 경과를 설명하는 공통 병인 경로가 존재한다는 증거는 없다. 공통된 이면의 문제를 드러내보이기 위하여 증상들을 군집으로 묶어본다는 생각도 거의 지지받지 못하고 있다. 중복질환에 대한 전국 조사(National Comorbidity Study, Kessler et al., 1994)에 의하면, 일생 동안 한 가지 진단을 받은 참가자의 절반 이상이 적어도 하나의 다른 진단 가능한 장애도 가지고 있었다.
>
> (Follette & Houts, 1996, p.1128)

여기서 논지는 분명하다. 흔히 사용되는 진단범주들은 단일한 심리적/생물학적 원인을 가지고 있지 않다. 그 결과, 복합적인 원인을 가진 장애에 대한 다양한 처치들은 비슷한 성과를 만들어낸다. 즉, 동일한 장애를 가진 내담자들이라도 장애를 일으키는 원인 요소 측면에서는 이질적이다. 그래서 진단과 상관없이, 특정한 결함을 다루는 데에 필요한 성분은 달라질 수 있다.

한 장애의 원인에 관한 한 내담자들은 이질적이다. 이때 어떤 내담자가 가지고 있는 그 장애의 원인 과정(causal process)을 A′라고 하자. 이 경우, A′를 표적으로 하는 특정 처치(A라고 하자)는 다른 원인 과정을 표적으로 하는 다른 처치보다 그 내담자에게 더 우수한 효과를 보일 것이다. 이것이 인과적 조절 가설이다. 만약 의학 모델이 옳다면, 이론적 근거에 기초하여 처치와 내담자를 매칭시킨 연구에서 심리적 결함과 처치의 상호작용이 발견되어야 한다. 여기서 주목해야할 점은 강력한 상호작용 효과가 예측되었지만, 실제로 나타난 것은 약한 상호작용 효과였다는 것이다. 예를 들어, Hofmann & Lohr(2010)는 특정성의 조건을 다음과 같이 제시했다. “증상 S1을 처치할 때 처치 T1은 처치 T2보다 효과적일 수 있지만, 증상 S2를 처치할 때는 그렇지 않다”(p.14).

1) 심리적 결함과 처치 간 상호작용 증거

앞으로 보게 되겠지만, 심리적 결함에 따라 처치 효과가 다르다는 증거는 기껏해야 약하다고 할 수 있다. Cronbach와 Snow(1977)의 기념비적인 작업 이후 적성-처치 상호작용이 강조되었다. 그러나 초기의 서술적 개관들에서는 처치와 내담자의 심리적 결함 사이의 예측된 상호작용에 대한 증거가 거의 없다고 기술되어 있다(Clarkin & Levy, 2004; Dance & Neufeld, 1988, Garfield, 1994, Smith & Sechrest, 1991). 1980년대와 1990년대 심리치료에서 적성-처치 상호작용을 찾기 위한 활동이 활발하게 이루어졌다. 그러나 Bergin & Garfield의 최근 개정된 *Handbook of Psychotherapy and Behavior Change*(Lambert, 2013)의 내담자 변인에 관한 장(Bohart & Wade, 2013)에는 내담자의 결함-처치 상호작용에 대한 어떠한 논의도 포함되어 있지 않다. 아마도 결함-처치 상호작용을 발견하기 위해 고안된 두 개의 대규모 임상실험이 이 추측을 지지하는 증거를 찾지 못했기 때문에 이런 유형의 상호작용에 초점을 맞추지 않은 것으로 보인다.

약물남용 영역에서는 12단계, 프로그램, 인지치료, 동기강화치료 등 개념적으로 다양한 처치가 존재하기 때문에 내담자 특성과 처치 간 상호작용이 있을 것이라는 생각이 수 년 동안 지속되어 왔다. 이러한 상호작용에 대한 다양한 가설들을 검증하기 위해 외래 치료를 받는 952명의 내담자와 추수처치(aftercare)를 받는 774명의 내담자를 대상으로 협동적 임상실험연구 Project MATCH가 National Institute on Alcohol Abuse and Alcoholism의 후원으로 진행되었다(Project MATCH Research Group, 1997: 상대적 효과와 관련된 이 연구에 대한 논의는 5장을 참조). 이 연구에서는 이론과 연구에 기초하여 16개의 매칭(즉, 내담자/처치 상호작용) 가설이 설정되었다. 외래 환자군과 추수처치군의 피험자들은 인지행동 대응기술치료(CBT), 동기강화상담(MET) 및 12단계 촉진요법(TSF)에 배정되었다. 연구에 포함된 내담자의 특성에는 알코올에 빠짐(involvement), 인지손상, 개념수준(Conceptual Level), 성별, 의미추구, 동기, 정신과적 심각도, 반사회성(sociopathy), 음주에 대한 지지, 음주 유형 등이 있다. 이 가설들 중 일부는 명백히 인과적 조절의 경우였다. 예를 들어, 인지치료에 대한 반응의 정도는 인지적 손상의 정도에 의해 예측될 수 있다. 그러나 다른 가설들이 인과적 조절의 증거로 해석될 수 있는지 여부는 모호했다. 이 연구는 매칭 효과를 검증하기 위해 고안되었기 때문에 상호작용과 관련된 연구 설계 문제에 특히 주의를 기울였다. 여기에는 검증력 확보 문제도 포함되었다. 말하자면, 상호작용이 존재할 때 이를 탐지해내기 위한 참여자 수 문제도 고려되었다.

Project MATCH의 연구 결과에 따르면, 5장에서 논의된 바와 같이 세 처치는 추수처치집단과 외래 환자집단 모두에서 동일하게 효과적이었다. 각 조건에서 16개의 매칭 가설 중 단 하나에서만 유의한 결과가 발견되었다. 그 결과는 정신과적 심각도가 낮은 외래 환자의 경우 CBT보다 TSF 조건에서 금주하는 날이 더 많았다는 것이었다. 이론적으로 타당해보이는 상호작용에 대한 이런 제한된 지지는 알코올 문제에 대한 처치가 갖고 있는 특정성분이 다양한 유형의 내담자에게 다르게 작용한다는 전제에 대한 지지 부족으로 해석되어야 한다. Project MATCH는 이론에 기반한 상호작용을 탐지해내기 위해 엄청난 노력을 기울였다. 그러나 가정된 상호작용에 대한 매우 제한된 증거만을 발견할 수 있었다.

Project MATCH 이후, 영국 알콜처치실험(UK Alcohoil Treatment Trial; UKATT Research Team, 2007)이 실시되었다. 700명이 넘는 내담자를 대상으로 한 다기관 무선할당 임상실험이었다. 이 실험의 주된 목적은 알코올 장애 처치를 위한 두 가지 접근, 즉 동기강화치료(MET) 및 대인관계 네트워크 기반의 집중적인 처치(사회적 및 행동 네트워크 치료, SBNT)를 연구하는 것이었다. Project MATCH 결과와 Imel, Wampold, Miller, Fleming(2008)의 메타분석 결과와 마찬가지로 두 처치 간 차이는 발견되지 않았다. 5개의 상호작용 가설이 구체화되었는데, 그 중 세 가지는 처치와 내담자 결함 간 상호작용 가설로 분류되었다. 세 가설은 다음과 같다. (1)SBNT는 대인관계 네트워크가 약한 내담자에게 더 효과적일 것이다. (2)MET는 변화에 대한 준비가 부족한 내담자에게 더 효과적일 것이다. (3)분노 수준이 높은 내담자도 MET로부터 더 효과를 얻을 것이다. 여러 번의 추수조사 시점에서 복수의 검정이 실시되었다는 점을 감안하면, 몇 개 안 되는 유의한 상호작용 효과는 "비교를 여러 번 한 결과, 우연히 발생한 것"으로 간주되어야 한다. 다중비교에 따른 조정을 하면, 유의한 것으로 나타났던 결과 모두가 5% 유의수준에서 유의하지 않은 것으로 바뀔 것이다(p.231). 그리고 유의한 결과 중 두 개는 매칭가설과 반대방향이었다. UKATT 연구팀은 다음과 같은 결론을 내렸다.

> 가정했던 매칭 효과는 발견되지 않았다 … 여기서 문제는 두 개의 다른 건강 시스템(즉, Project MATCH 및 UKATT)에서 수행된 크고 엄격한 다기관 RCT가 임상적으로 유의한 처치효과의 증진을 보여주지 못했다는 점이다. 따라서 앞으로는 매칭(상호작용)에 대한 중요한 결과가 발견될 가능성이 없다고 보는 것이 합당해 보인다.
>
> (pp.232－234)

1969년 Paul은 "특정 문제를 가진 개인에게 무슨 처치를 누가 전달할 때 가장 효과적인가? 어떤 상황에서 그러한가? 그리고 그 과정은 무엇인가?(p.111)"라는 질문을 한 바 있다. 이후 내담자 특성과 처치가 상호작용할 것이라는 가정은 심리치료에 관한 의학모델의 초석이 되어 왔다. Paul의 질문 이래로 30년 동안 이론적으로 도출된 내담자의 결함과 처치 간 상호작용을 뒷받침할 증거는 사실상 없다. Hofmann과 Lohr(2010)가 제시한 더 강력한 상호작용의 증거는 없다. 즉, "증상 S1을 치료할 때 처치 T1은 T2보다 효과적일 수 있지만, 증상 S2를 치료할 때는 그렇지 않다."(p.14)는 선험적 가설에 대한 증거는 없다.

내담자 특성과 처치 간 상호작용에 대한 심리치료 분야의 연구를 관찰할 때 Smith와 Sechrest(1991)가 이미 핵심을 파악하고 있었다는 것이 우리의 견해이다. 그들의 관찰에는 Lakatos의 과학철학이 녹아들어 있다(3장 참조, Lakatos, 1970; Lakatos & Musgrave, 1970; Larvor, 1998).

> ATI(적성-처치 상호작용) 연구 결과들이 상당히 일관되게 부정적이었음에도 불구하고 이러한 탐색은 줄어들지 않는다 … 치료의 유형이 치료의 성과와 관련이 없는 것으로 나타나면, 치료의 유형이 갖는 효과는 다른 변인과의 상호작용에 잠복해있어야 한다. 이제 해야할 일은 샅샅이 뒤져서 그 상호작용을 보여주는 것이다 … 메타 과학자에게 ATI 연구로 향한 움직임은 연구 프로그램이 퇴보하는(degenerating) 증상으로 보일 것이다. 프로그램이 (a)새로운 예측이나 경험적 성공을 내놓지 못하거나 (b)관심문제를 명확하게 하기보다는 더 복잡하게 하는 임시방편을 통해 경험적 예외를 처리한다면, 이는 퇴보라고 할 수 있다(Gholson & Barker, 1985). 아마도 심리치료 연구자는 무너진 이론 기반 위에 정교한 ATI 구조를 구축하기보다는 자신이 가진 이론의 핵심 가정들을 진지하고 냉정하게 재검토해야 할 것이다. (p.237)

2) 내담자와 기타 처치 간의 상호작용에 대한 증거

내담자 결함-처치 상호작용은 치료 성과가 여러 처치법들에 걸쳐서 비슷하게 나타나는 성과 동등성을 설명하기 위해 사용된 의학 모델의 보조 명제였다. 이 보조 명제를 뒷받침하는 증거가 부족하다고 해서 내담자 특성-처치 상호작용이 존재하지 않는다는 것을 의미하지는 않는다.[4] 맥락 모델의 예측에 의하면 성격, 문화적 태도, 가치, 정체성, 맥락, 인구 통계학적 사항을 포함한 내담자 특성에 따라 내담자가 특정 처치를 선호한다면, 그 처치는 다른 유형의 처치보다 더 나은 성과를 가질 수 있다. 7장에서는 소수 인종 및 민족의 내담자에게 문화적으로 조정된 처치가 조정되지 않은 처치보다 효과적이라는 증거가 제시되었는데, 이는 내담자의 (문화적) 특성과-(문화적으로 조정되거나 그렇지 않은) 처치 간의 상호작용이다. 이 장에서는 특정성에 대한 증거에 초점을 맞추었지만, 일부 내담자 특성-처치 상호작용의 증거는 맥락 모델의 예측과 일치하는 것으로 해석될 수 있을 것이다.

2011년에 John Norcross는 "치료 관계를 개별 환자에 맞추어 조정하기: 특히 효과가 있는"이라는 부(部)를 포함한 책 [Psychotherapy Relationships that Work : Evidence-based Responsiveness (Norcross, 2011)]을 편집했다. 이 부에 속한 장에서는 심리치료를 내담자의 유형에 맞추는 것에 관한 메타분석을 제시하고 있다. 여기서 우리는 이들 상호작용 중 두 가지에 대한 증거를 간략하게 논의한다(문화적 조정에 관해서는 7장에서 논의한 바 있다).

Beutler 내담자의 성격 특성과 처치 간 상호작용에 관한 한 가지 가설을 세웠다. 즉, 저항적인 성격 특성을 가진 내담자는 상대적으로 덜 구조화된 처치법이나 덜 지시적인 치료사와의 상담에서 더 효과적인 반면, 저항적이지 않은 내담자는 구조화된 처치법과 지시적인 치료사와의 상담에서 더 효과적일 것이라는 가설이었다(Beutler & Clarkin, 1990; Beutler & Harwood, 2000; Beutler, Harwood, Michelson, Song, & Holman, 2011). Beutler, Harwood, Michelson 등(2011)은 이 가설을 연구한 12개의 논문을 메타분석하여 큰 효과 크기(d=0.82)를 보고했다. Beutler와 동료들은 또한 내담자의 대처방식이 처치와 상호작용할 것이라는 가설을 세웠다(Beutler & Harwood, 2000; Beutler, Harwood, Alimohamed & Malik, 2002; Beutler, Harwood, Kimpara, Verdirame, & Blau, 2011). 구체적으로, 외현화 성향의 내담자는 증상중심 처치에서 더 효과적인 반면 내면화 성향의 내담자는 통찰지향적 처치에서 더 효과적일 것이라는 가설을 세웠다. Beutler, Harwood, Kimpara 등(2011)은 12개의 연구를 분석한 결과, 이 상호작용에 대해 중간 크기의 효과를 보고했다(d=0.55). 그런데 이 두 가지 상호작용이 보이는 효과 크기는 상당히 크지만, 원 논문들에서 상호작용을 평가하는 방법과 메타분석에서 이러한 상호작용을 코딩하는 방법에 근본적인 문제가 있었다. 따라서 이러한 결과는 맥락 모델을 지지하거나 거부하는 핵심증거가 될 수 없다. 오히려, 내담자의 성격이나 인구통계 특성이 처치의 특징과 상호작용한다는 생각이 흥미롭다. 비록 결함은 있지만 Beutler의 메타분석에서 얻은 증거는 성격 특성보다는 심리적 결함에 중점을 두는 의학 모델에 부합하지 않는다. (Beutler의 논리에 따르면-역자 주) 동일한 인지적 역기능 이론을 기반으로 하지만, 특정 유형의 내담자에 맞추기 위해 덜 지시적인 방식으로 실시되는 인지치료를 구안하는 것이 가능할 것이다.

4. 충실성과 역량

이 책의 여러 장에서 충실성과 역량은 임상실험의 결과를 해석하는 데 사용되는 의학모델의 보조 개념이다. 처치의 효과에 대한 결론을 적절하게 내리기 위해, 장애에 대해 치료적인 효과가 있을 것이라고 보는 치료적 성분은 프로토콜에 명시된 대로 전달되어야 하고(즉, 충실성) 능숙하게(역량) 전달되어야 한다. 이 두 가지 측면을 처치의 완전성(integrity) 또는 순수성(fidelity)이라고 한다. 우리가 논의한 바와 같이, 처치 간 차이가 발견된 것과 그렇지 않은 것을 포함한 많은 임상실험들은 완전성(주로 충실성) 문제에 기반을 둔 도전을 받아 왔다. 이제 사실상 심리치료 임상실험은 충실성과 역량을 평가하고 보고할 것을 요구받는다.

1) 이론적 고려사항

2장에서 논의된 바와 같이, 충실성은 "치료사가 처치 매뉴얼에 규정된대로 개입하고, 매뉴얼에서 금지한 개입절차를 피하는 정도"이다(Waltz, Addis, Koerner, & Jacobson, 1993, p.620). 의학 모델은 프로토콜에 대한 충실성을 요구하고, 이러한 충실성이 처치 효과에 필수적이라고 예측한다. 맥락모델에서도 역시 내담자에게 제공되는 처치 구성요소는 처치의 논리와 일치해야 한다고 요구한다. 그러나 맥락 모델은 치료 요소에 대하여 덜 독단적이고, 절충을 허용한다. 처치의 근거가 되는 논리가 있고, 그 근거가 설득력 있고 일관성 있으며 심리학적인 근거가 있다면 말이다. Sol Garfield(1992)는 공통요인접근에 대한 열렬한 지지자인데, 절충적 치료사를 대상으로 한 설문조사 결과를 논의하면서 맥락모델에서 충실성의 역할을 다음과 같이 기술했다.

> 절충적 임상가들은 내담자에게 가장 이상적이라고 생각되는 이론이나 방법을 사용해야 한다는 점을 강조하였다. 본질적으로, 어느 특정환자를 위한 (치료)절차는 그 환자의 문제가 무엇이냐에 따라서 선택된다. 환자로 하여금 치료의 특정형태에 맞추도록 하지 않는다. 그래서 절충적 치료에서는 치료사가 광범위한 기술들을 사용할 수 있게 허용되는데, 이는 필자의 견해와 유사하다 … 이 접근은 평가되고 있는 심리치료의 완전성을 보장하기 위해 심리치료 매뉴얼을 사용하여 특정 심리치료에 충실하도록 치료사를 훈련시켜야 한다는 입장과는 반대된다.
>
> (p.172)

따라서 맥락 모델에 따르면, 매뉴얼화된 처치를 충실하게 지켜야 할 필요는 없으며, 그렇게 하는 것이 성과와 관계가 있다고 생각하지도 않는다. 그럼에도 불구하고 맥락 모델 관점의 치료사는 반드시 그 처치와 일치하는 논리를 갖고 있어야 하며, 결과적으로 그의 치료 행위는 그 논리와 일치해야 한다. 심리적 마음자세(mindedness)가 거의 없고, 과학적 관점으로 세상에 접근하고, 치료사를 의사처럼 생각하는 PTSD 내담자와 상담하는 어떤 치료사의 사례를 생각해보라. 이 치료사가 사용할 수 있는 많은 접근법이 있지만, 이 치료사는 노출 지연(PE; Foa, Hembree, & Rothbaum, 2007)이 내담자에게 잘 받아들여질 것이라 믿고, 결과적으로 이 처치의 논리와 일치하는 방식으로 처치한다. 그러나 심리치료의 맥락 모델에 기반한 치료사는 처치의 효과성이 Foa 등의 매뉴얼에 명시된 대로의 노출과는 관련이 없는 많은 요인에 의해 발생한다고 생각할 것이다.[5] 따라서 이 치료사가 매뉴얼을 정확하게 따르는데 관심이 없다고 해도, 처치는 그러한 프로토콜과 전체적으로 일치할 것이다. 따라서, 맥락모델은 처치가 아귀가 맞고 일관성이 있어야 한다고 제안하지만, 프로토콜에 대한 기술적인 충실성을 요구하지는 않는다.

Waltz 등(1993)에 의하면 **역량**은 "치료사가 **특정한 처치(the treatment)를 전달할 때** 보여주는 기술 수준을 가리킨다. 여기서 기술은 처치를 수행하는 치료사가 치료 맥락의 관련 측면들을 고려하고, 이러한 맥락 변인에 적절하게 대응하는 정도"를 의미한다(강조는 저자에 의한 것임, P.620). 이 정의에서는 치료사로서의 일반적인 역량보다는 치료의 특정 성분을 시행하는 기술에 중점을 둔다.

> 이 정의에 따르면 역량은 충실성을 전제로 하지만 충실성이 반드시 역량을 의미하지는 않는다 … 역량에 대한 우리의 정의에 따라, 우리는 일반적인 치료적 역량 개념에서 벗어나 특정 유형의 처치를 수행하는 역량에 초점을 맞춘다 … 우리는 역량 개념이 처치 매뉴얼과 그것 내에서 언급된 변화 이론으로부터 도출되어야 한다고 제안한다.
>
> (pp.620 – 622)

의학 모델의 관점에서 볼 때 역량은 지정된 특정 치료성분을 능숙하게 전달하는 것을 의미한다. 반면 맥락 모델은 유능한 치료사는 대인관계 기술이 좋으며, 다양한 내담자와 협업하고, 공감을 표현하며, 처치 활동에 내담자를 효과적으로 참여시킬 수 있다고 예측한다. 이 두 관점은 치료사의 기술을 강조한다는 점에서 일치한다.[6]

일반적으로 충실성과 역량은 치료사의 특성으로 생각된다. 치료사는 적절하게 프로토콜을 준수하고, 해야 할 것을 능숙하게 하거나 하지 말아야 할 것을 하지 않는다. 최근까지만 해도 충실성과 역량 평가에서 내담자의 영향은 무시되어 왔다. 아래에서는 이러한 문제에 대해 논의한다.

2) 충실성과 역량에 대한 증거

앞서 언급했듯이, 일반적으로 충실성과 역량은 임상실험에서 평가되고 보고된다. 어떤 경우에는 충실성 및 역량과 성과 간의 유의한 상관이 보고된다. 최근 Webb, DeRubeis, 그리고 Barber(2010)는 이러한 상관을 보고한 모든 연구에 대해 메타분석을 실시했다. 28개의 효과에 대한 분석에서, 충실성과 성과 사이의 통합 상관은 작고 통계적으로 유의하지 않았다(r=.02, 95% CI: −07~.10). 또한, 16건의 연구를 토대로 분석한 결과, 역량과 성과의 통합 상관 역시 작고 통계적으로 유의하지 않았다(r=.07, 95% CI: −0.7~.20). 분명히, 이러한 결과는 의학 모델의 관점에서 기대되는 것과 일치하지 않으며, 의학 모델 옹호자들이 주로 의존하는 충실성 보조개념에 의문을 제기한다(Beck & Bhar, 2009; Bhar & Beck, 2009; Clark, Fairburn, & Wessely, 2008; Perepletchikova, 2009).

이런 작고 유의하지 않은 효과를 충실성과 역량의 중요성을 반영하는 결과라고 받아들이기에 앞서 Webb 등(2010)의 메타분석 연구에는 고려해야 할 제한점이 있다. 분석에 포함된 연구들의 표집 크기가 아주 작았다. 또한, 효과들은 이질적이었다. 그래서 설명되지 않은 효과 변산이 존재했으며, 이에 대한 설명이 필요했다. Webb 등은 몇몇 조절변인을 검토함으로써 그에 대한 설명을 시도했다. 물론, 처치는 중요한 조절변인이 될 수 있다. 특히 충실성은 CBT와 같이 초점이 분명한 처치에서는 역동치료처럼 구조화되지 않은 처치에서보다 더 중요할 수 있다. 그렇지만 처치는 충실성이나 역량에 대해 조절효과를 갖지 않았다. 역량이 우울증 치료에서 더 중요한 것처럼(우울증의 경우 r=0.28), 표적으로 하는 문제가 무엇인지에 따라 역량-성과 간의 상관에 작은 차이가 있는 것 같다. 시간의 흐름에 따른 충실성과 증상 사이의 관계를 통제해도(즉, 직전의 증상 변화 통제-작업동맹과 관련한 이 이슈에 대한 논의는 7장 참조) 효과 크기에는 변함이 없었다. 그러나 이 메타분석에 포함된 연구물들을 검토해보면, 충실성과 역량 점수가 처치 중 다양한 시점, 즉 초기, 중기, 또는 후기에 측정된 것들의 평균이었다는 것이 드러난다. 즉, 측정 시기의 효과가 조사되지 않았다. 마지막으로, 작업 동맹을 적절히 통제한 연구는 더 작은 역량-성과 간 상관을 산출했지만, 연구 내 비교를 검토하여 확인한 것은 아니다.

Webb 등의 메타 연구(2010)의 놀라운 결과 중 하나는 역량이 성과와 상관이 없다는 것이다. 이 결과는 역량의 의미에 대한 확신을 뒤흔들 것이다. 많은 사람들에게 "역량"이란 탁월함을 성취한다는 의미이기 때문이다(이 문제에 대한 논의 참조는 Tracey, Wampold, Lichtenberg, & Goodyear, 2014). 그러나 역량이 개념화되고 측정되는 방법을 검토해 보면 좀 더 명료한 이해를 할 수 있다. Waltz 등(1993)이 치료사가 일반적으로 얼마나 역량이 있는지 보다 치료사가 특정 처치를 얼마나 잘 전달하는지, 즉 처치 특정적으로 역량을 개념화했던 것을 상기해보라. 대부분의 역량 평정 도구들은 이러한 치료 특정적인 개념화를 사용하며, 특정 치료의 전문가에 의해 평정된다. Webb 등의 분석에 포함된 대부분의 연구들은 이렇게 치료법에 특화된 역량 개념을 사용했다. 그래서 그 결과들은 특정 처치에서의 역량은 성과와 무관하다는 것으로 해석될 수 있다. 다른 한편, 7장에서 우리는 다양한 환자들과 작업동맹을 형성하거나 높은 수준의 촉진적 대인관계 기술을 갖는 것과 같은 특정한 "공통요인"에서의 역량이 실제로 성과와 상관이 있음을 확인했다. 그럼에도 불구하고 치료사의 역량에 대한 전문가의 평가가 성과와 상관이 없다는 사실은 여전히 우리를 혼란스럽게 한다.

작업동맹-성과 간 상관(7장 참조)에 관한 많은 고려점들은 충실성 및 역량과 성과 간의 상관에도 적용된다. 가장 두드러진 쟁점 중 하나는 충실성과 역량이 치료사의 특성이라는 가정이다(Baldwin & Imel, 2013 참조). Waltz 등(1993)이 충실성과 역량을 엄격하게 정의했을 때, 그들은 처치의 맥락, 즉 내담자의 특성과 처치에서 일어나는 일이 중요하다는 것을 깨달았다. "내담자가 치료사를 좋아하고 상당한 정도 호전이 되면, 치료사가 역량 있는 것처럼 보이기 쉽다."(p624) Webb 등(2010)의 메타분석에서, 충실성 및 역량과 성과 간 전체 상관(total correlation)만 평가되었기 때문에 별도로 고려된 치료사 또는 내담자로 인한 영향은 가려졌다. 작업동맹과 관련하여 7장에서 논의했듯이, 내담자 효과와 치료사 효과를 분리하기 위해서는 치료사와 내담자라는 최소 두 수준의 정교한 통계 분석이 필요하다. 여러 연구에 따르면 충실성과 역량의 평정은 내담자가 어떤 사람인가에 영향을 받는다(Barber 등, 2006; Imel, Baer, Martino, Ball, & Carroll, 2011). 실제로, 초기의 심각도, 공존장애, 또는 성격 때문에 치료하기 어려운 내담자는 치료사를 덜 유능해 보이게 하고 더 나쁜 성과를 갖게 할 수 있을지 모른다. 이로 인해 치료사보다는 환자로 인한 상관이 만들어질 수 있다.

충실성 및 역량과 성과의 관계에 대한 치료사 및 환자의 기여를 분리하려는 시도가 있다. Boswell 등(2013)은 다기관 RCT에서 공황장애로 21명의 치료사로부터 CBT

를 받은 276명 환자의 치료 과정과 결과를 조사했다. 치료의 경과 동안 충실성, 역량 및 증상이 평가되었다. 이 결과는 세 수준 모델로 분석되었다. 말하자면, 이 세 수준 모델에서 치료경과 동안의 관찰치는 환자에게 내재되고, 환자는 치료사에 내재되었다(즉, 수준1: 환자 내 관찰치들, 수준2: 치료사 내에 내재된 환자들, 수준3: 치료사). 치료가 끝날 때 성과를 예측하는 대신 Boswell 등은 특정 회기에서의 역량 및 충실성과 그 다음 회기에 보고된 증상 간의 관계를 검토했다. Webb 등의 연구와 일관되게, 충실성과 후속 증상 사이의 상관은 유의하지 않았고(r=.08, 95% CI: −.02, .07), 역량과 후속 증상 사이에는 작지만 유의한 상관이 있었다(r = .15, 95 % CI : .05, .25).

여기서부터 결과는 더욱 복잡해진다. 즉, 전체 상관이 분할되었다. 과거 연구들과 일치하게, 치료사 간 그리고 치료사 내에서의 충실성 및 역량 평정은 유의한 변산이 있었다. 즉, 어떤 치료사는 다른 치료사보다 더 매뉴얼에 충실하고, 더 유능한 것으로 평정되었다(치료사 간−역자 주). 그러나, 치료사들은 다른 환자보다 일부 환자들을 치료할 때, 매뉴얼에 더 충실하고 더 유능한 것으로 나타났다(치료사 내−역자 주). 예기치 않게, 충실성 및 역량 평정 점수는 치료 과정이 진행되는 동안 낮아졌다. 환자 특성과 관련하여, 치료 초기 시점에서 특성 대인 공격성 수준은 충실성 및 역량 평정과 상관이 있었다. 내담자의 특성 공격성이 높을 수록 치료사의 충실성 및 역량 평정 점수는 낮았다. 특성 공격성은 치료사 내 충실성 변산의 많은 부분을, 그리고 치료사 내 역량 변산의 약간을 설명했다. 충실성 및 역량과 성과 간의 전체 상관(total correlation)을 분리할 때, 치료사 간 또는 치료사 내 충실성 또는 역량 평정은 내담자의 공황 심각도와 관련이 없었다. "이는 더 근접한 지표(proximal indicator)가 사용되고, 다수준에서의 변산이 고려될 때조차도 충실성 및 역량과 성과 간의 연관성이 약하다는 것을 보여 준다"(Boswell 등, 2013, pp.449−450). 역량과 성과 간에 유의한 전체 상관이 있음을 상기하라. 이 상관이 치료사 간 그리고 치료사 내로 분리되었을 때, 치료사 간 회귀계수는 음수(−0.17)로 나타났다. 이는 통계적으로 유의하지는 않지만, 치료사가 더 역량 있다고 평정되었을수록 그 치료사는 더 빈약한 성과를 가진다는 것을 말한다. 반면, 각 치료사에 내재된 환자들이 평정한 역량측정치 변산에 기인한 치료사 내 계수는 양의 방향이었다(회귀계수 0.76). 통계적으로 아주 유의하지는 않지만, 이런 결과는 치료사들 간 상대적인 역량이 아니라 환자의 평가가 성과와 관련되어 있다는 점을 보여준다.[7]

종합하여 말하자면, Boswell 등의 연구에서 나타난 결과와 Webb 등(2010)에서 발견된 충실성 및 역량이 성과와 관련이 없다는 결과는 지속적인 이자 상호작용 동안 상담사의 행위가 내담자 성과에 미치는 효과를 결정하는 문제의 복잡성을 강조한다.

충실성이 처치성과와 어떻게 관련이 있는지 보여주기 위해 Baldwin & Imel(2013)은 환자수준 및 치료사수준의 가능한 연관성을 시각화했다(<그림 8.1> 참조). 이 문제에 대한 전체 논의는 Baldwin과 Imel(2013)에 의해 제시되어 있다. 이를 참조하라. 여기서는 중요한 몇 가지 문제를 설명할 것이다. 맥락 모델은 환자로 인한 충실성－성과의 연관성과 대체로 일치할 것이다(즉, 첫 번째 및 세 번째 열). 그러나 의학 모델은 첫 번째 행에 나타난 관계를 설정한다. 즉, 치료사가 처치 모델에 충실할수록 성과가 더 좋으며, 치료사 내 상관에 관해서는 알 수 없을 것이라고 주장한다. Boswell 등의 결과는 좋은 환자패널에 해당한다. 여기서 충실성과 성과 사이에 관찰된 관계는 충실성 그 자

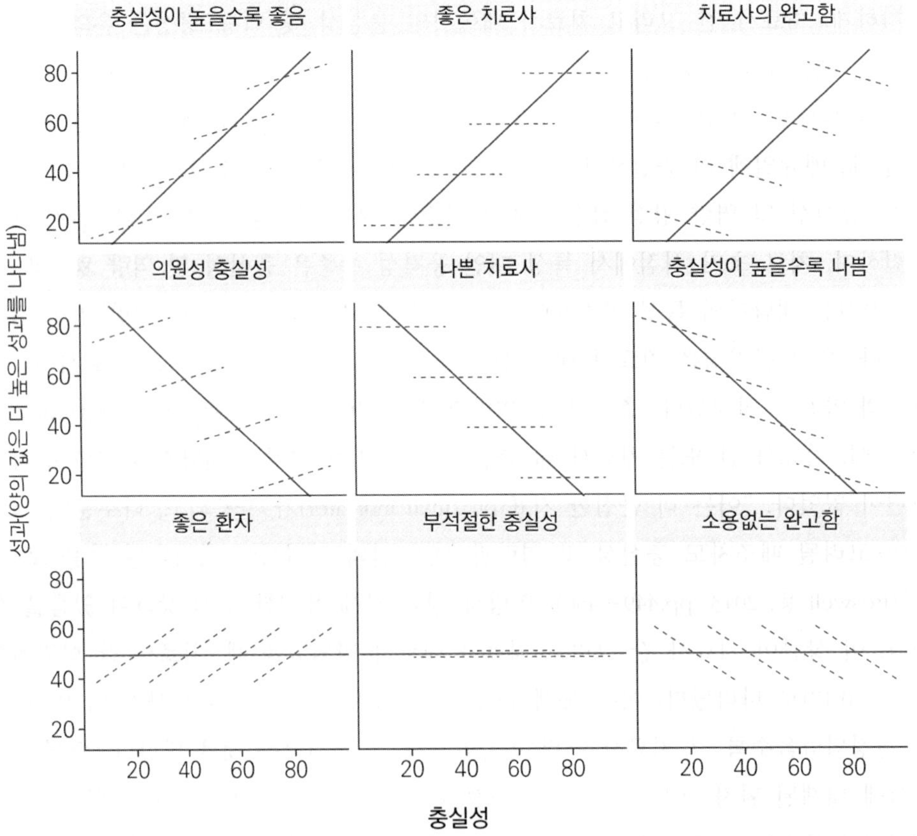

실선은 치료사 간의 관계(즉, 치료사의 충실성 차이가 성과와 어떻게 관련되는지)를 나타내고, 점선은 환자-수준의 연관성(즉, 치료사 내 연관성)을 나타낸다.

| 그림 8.1 | 치료사 간/내 사건들 사이 충실성과 성과가 연관될 수 있는 다양한 경로들

출처: S. A. Baldwin & Z. E. Imel, "Therapist effects: Findings and methods," 2013, in M. J. Lambert (Ed.), *Bergin and Garfield's handbook of psychotherapy and behavior change*, 6th ed., p. 288. Copyright 2013, Wiley. Reprinted with permission of Wiley.

체가 아니라 환자로 귀인된다(즉, 더 충실한 치료사가 더 나은 성과를 산출하지 않는다). 그러나 Webb 등이 언급했듯이, 충실성과 성과 사이의 부적 상관 또한 환자에 기인할 수 있다("치료사의 완고함" 패널을 보라). 구체적으로, 의학모델은 환자가 어려움을 겪고 있고 호전을 원하기 때문에 치료사가 보다 특정한(즉, 더 충실한) 개입을 사용할 것이라고 예측한다. 본질적으로, 치료사는 보다 강력한 처치를 제공하려고 시도하고 있다. 여기서 더 높은 충실성 점수를 가진 치료사는 더 나은 성과를 가진 환자를 갖지만, 치료사 내에서 더 높은 충실성 점수를 가진 환자는 더 나쁜 성과를 가질 수 있다. 우리는 이러한 패턴의 결과를 보고하는 증거의 존재를 알지 못한다. 그러나 충실성과 성과의 진정한 연관성을 발견하려면 정교한 모델링과 더 큰 크기의 표본이 필요하다는 점은 명백하다. 그러나 그런 표본은 인간행동을 코드화하는 데 요구되는 노동 집약성 때문에 현재 얻기 어렵다(Atkins, Steyvers, Imel, & Smyth, Imel, Steyvers, & Atkins, 출판 중).

3) 결론: 충실성과 역량

의학 모델은 충실성과 역량이 심리치료의 더 나은 성과와 관련이 있을 것이라고 예측한다. 실제로 이 두 변인, 특히 충실성은 임상실험의 결과를 적절하게 해석하는 데 필요한 의학 모델의 중심적 보조장치이다. 프로토콜이 규정하는 방식으로 처치가 충분하게 제공되지 않으면, 처치의 효과성에 대한 결론을 내릴 수 없을 것이다. 그럼에도 불구하고 임상실험에서 측정된 충실성과 역량은 성과와 관련이 없는 것으로 나타나고 있다. 이는 충실성과 역량 보조가설의 타당성에 대한 불확실성을 야기한다.

맥락모델에서 중심적 구성개념인 작업 동맹에 대한 증거를 충실성과 역량에 대한 증거와 비교하는 것은 유용하다(7장 참조). 많은 연구에 의하면, 작업동맹은 성과와 견고하게 관련되어 있다. 작업동맹을 환자의 기여분과 치료사의 기여분으로 분리했을 때, 성과를 예측하는 것은 치료사 기여분이었다. 즉, 환자와 작업동맹을 더 잘 형성할 수 있는 치료사는 치료사보다 환자에게 더 나은 성과를 가져온다. 작업동맹의 타당성에 대한 대부분의 위협이 조사되었다. 작업동맹은 가장 엄격한 검증을 받았으며, 이 시점까지는 심리치료의 효과에 중요한 요인으로 존속해 왔다. 다른 한편, 충실성과 역량은 성과와 강하게 관련되지 않는다. 즉 한 포괄적인 메타분석에서, 충실성 및 역량과 성과 간의 관계는 유의하지 않았다. Boswell 등의 연구(2013)는 역량과 성과 간에 상대적으로 약하지만 유의한 상관관계를 발견했는데, 이 역량-성과의 연관성은 역량 평정에 대한 환자의 기여 때문인 것으로 보인다. 즉 일반적으로 높은 역량으로 평정된 치료사가 더 나은 성과를 갖지 못했다(즉, 치료사 기여분은 유의하지 않았다-역자 주). 7장에서는 치료사를 유능하게 하는 것(즉, 더 나은 성과를 성취하는 치료사)이 강력한 작업동맹을 형성하고, 촉진적인 대인관계 기술을 사용하는 것과 같은 맥락모델의 핵심요인임을 시사하는 증거를 제시했다.

충실성과 역량에 관한 추측에 도움이 되는 자료가 조금 더 있다. Boswell 등(2013)은 "충실성과 역량 분산의 반 이상이 회기 수준에서 설명된다는 것을 관찰하였다. 이는 순수성(fidelity)이 맥락적으로 나타난다는 뜻이다(p.451)." 의학 모델 지지자들에게 이 결과는 심각한 문제이며 "지속성(sustainability)을 위해 계속적인 슈퍼비전과 자문이 필요함을 강조하는 것"이다(Boswell 등, p.451). 신뢰할 수 있는 충실성과 역량 점수가 목표라면 이 결론은 이해할만 하다. 하지만, 충실성과 역량이 더 나은 성과를 달성하는 데 핵심적인 특성이 아니라는 것이 사실이라면, 이해하기 어렵다. 어떤 변인이 성과와 관련되지 않는데도 그 변인에서 높은 수준에 도달하기 위해 개입(즉, 수퍼비전과 자문)을 활용하겠는가? 흥미롭게도, 특정 접근법에 대한 순수성을 유지하기 원했던 연구자들과 Boswell 등이 걱정했던 회기에 걸친 충실성 점수의 변산은 실제로 더 나은 성과를 예측하는 것으로 밝혀졌다, 즉, 한 회기에서 다른 회기까지 그들의 충실성 정도에서 유연한 치료사의 환자들은 더 나은 성과를 보였다(Owen & Hilsenroth, 2014). Boswell 등은 그들의 연구결과가 다음과 같은 생각을 지지한다고 보았다. "정교한 방법을 사용하여 상호 영향을 입증한 이 연구는 간접적이긴 해도, 반응성(responsiveness) 가설에 대한 통계적 지지를 제공한다(Stiles et al., 1998)"(p.452).

이 책의 초판에서 검토된 바와 같이, 프로토콜에 대한 높은 수준의 충실성이 해로운 결과를 가져올 수 있음을 제시한 오래된 문헌이 있다(Castonguay, Goldfried, Wiser, Raue, & Hayes, 1996, Henry, Schacht, Strupp, Butler, & Binder, 1993; Henry, Strupp, Butler, Schacht, & Binder, 1993). 여기서 우리는 충실성을 성취되어야 할 목표로 두는 것이 갖는 문제를 보여주는 연구들 중 하나를 검토하고자 한다. Castonguay 등(1996)은 두 가지 공통요인(즉, 작업동맹과 정서적 경험)의 상대적 예측력을 충실성 변인(즉, 왜곡된 인지가 우울에 미치는 영향에 초점을 둠, "개인 내 결과"로 이름 붙여짐)과 비교했다. 이 연구에서는 6개월에서 14개월간 훈련받고 연구 기간 동안 감독을 받은 4명의 치료사가 30명의 내담자를 대상으로 우울에 대한 인지치료(CT)를 시행했다. 세 예측 변인(즉, 작업동맹, 경험 및 개인 내 결과)은 처치의 전반부에 측정이 되었고, 처치의 중간 및 처치 후 성과 점수와의 상관이 계산되었다. 이때, 각 변인의 사전 점수에 의해 예측되는 부분은 제거(partial out)되었다. 전반적으로 두 공통요인은 예상대로 성과와 상관이 있었다. 그러나, 개인내 결과(즉, 특정성분)에 대한 초점은 우울 증상과 양의 상관이 있었다. 즉,

우울 증상이 가장 높은 사례에서 왜곡된 인지에 초점을 맞춘 비율이 더 높았다. 더욱이 이 후자의 관계는 작업동맹에 의해 설명되는 것으로 나타났다. 왜냐하면 왜곡된 인지와 우울한 증상 사이의 연관성은 작업동맹 점수가 모델에 투입되었을 때 사라졌기 때문이다. 작업동맹수준은 낮고 개인내 결과에서는 높은 대표적인 사례에 대한 기술적 분석에서 다음과 같은 것이 나타났다.

> 치료사는 이러한 작업동맹 문제를 직접적으로 다루었지만, 그것의 잠재적인 원인을 조사하지는 않았다. 대신, 그들은 인지치료 모델에 더 충실함으로써 작업동맹 문제를 해결하려고 시도했다 … 어떤 치료사는 인지치료의 이론적 근거가 타당하다는 것을 설득하려는 시도를 증가시킴으로써 작업동맹에서의 긴장을 다루었다. 그럴수록 내담자는 그런 치료의 논리와 그에 연관된 작업에 대해 더욱 더 불일치를 보였다.
>
> (p. 502)

따라서 내담자가 처치에 저항할 때(즉, 목표와 과제에 대한 동의가 부족할 때), 치료사는 내담자가 따르도록 설득하려함으로써 프로토콜에 대한 충실성을 높이려 했는데, 이것이 (성과에) 해로웠다. 이것은 아마도 충실성과 성과 간 곡선 관계가 있음을 시사한다. 즉, 너무 많거나 적으면 해롭다는 것이다. 실제로 7장에서 논의된 Barber 등(2006)은 작업동맹이 높을 때 충실성은 중요하지 않지만, 작업동맹이 낮을 때는 적정 수준의 충실성이 가장 효과적이라는 것을 발견했다. 이런 결과는 맥락모델의 추측을 지지한다.

5. 변화의 매개요인과 메커니즘

1) 연구설계 문제

Alan Kazdin은 심리치료가 어떻게 작동하는지를 이해하기 위한 방법의 핵심 논리를 명료화했다.

> RCT는 무처치와 비교하여 처치가 치료적 변화를 가져온다는 것을 보여준다. 이를 통해 우리는 그 처치가 변화를 일으킨 원인이라고 말할 수 있다. 그러나 원인을 보여준다고 해서 그 개입이 왜 변화를 가져 왔는지, 또는 어떻게 변화가

일어났는지를 알 수 있게 되는 것은 아니다.

(Kazdin, 2009, p. 419, Kazdin, 2007도 참조)

Kazdin은 <표 8.2>에 제시된 바와 같이 심리치료를 이해할 수 있는 다양한 방법을 구별하기 위해 원인, 매개변인, 메커니즘이라는 용어를 정의했다. 그 후에, <표 8.3>에 제시된 대로 변화의 매개변인과 메커니즘을 확립하는 데 필요한 증거를 기술해 나갔다. 분명히 변화의 매개 변인과 메커니즘을 확립하기 위한 요건은 엄격하고 까다롭다. 따라서 Kazdin이 제시하고 다른 연구자들이 문헌에서 밝혔듯이(예 Johansson & Høglend, 2007), 수십 년간의 과정 연구에도 불구하고 변화의 매개작용 또는 메커니즘을 확립하기 위한 증거는 부족하다.

▼ 표 8.2 변화의 매개변인과 메커니즘

개념	정의
원인	성과나 변화를 이끌어 내며, 일으키는 변인 혹은 개입.
매개변인	독립 변인과 종속 변인 간의 관계를 (통계적으로) 설명할 수 있는 변인. 변화를 매개하는 것이 변화가 생겨나는 과정을 반드시 설명하지 못할 수도 있다. 또한 매개변인은 하나 이상의 다른 변인에 대한 대체이거나, 반드시 변화의 메커니즘을 설명하기 위한 것이 아닌 일반적인 구인일 수 있다. 매개변인은 가능한 메커니즘을 가리키는 안내자일 수 있지만 반드시 메커니즘일 필요는 없다.
메커니즘	효과의 기반(변화의 원인이 되는 사건 또는 과정, 변화가 발생한 이유 또는 변화가 발생한 방식)

출처: "Understanding how and why psychotherapy leads to change", by A. E. Kazdin, 2009, Psychotherapy Research, 19(4–5), p.419.

▼ 표 8.3 변화의 매개변인과 메커니즘을 입증하기 위한 요구 사항

증거	정의
강력한 연관성	심리치료적 개입(A)과 가설로 설정된 변화의 매개변인(B) 및 치료적 변화(C) 사이의 강력한 상관을 보여야 한다. 강력한 정도는 효과 크기 또는 분산 비율로 측정될 수 있지만, 일반적으로 A와 C 간의 관계가 B에 의존하는 방식을 보여주는 매개분석을 통해 통계적으로 처리된다.
특정성	개입, 제안된 매개변인, 그리고 성과(결과) 간 관계의 특정성을 보여야 함. 이상적으로, 한 변인을 제외하고는 많은 그럴듯한 구인이 치료적 변화를 설명하지 못한다. 이는 제안된 구인이 변화를 매개한다는 주장을 강화한다.

증거	정의
일관성 (consistency)	연구, 표집 및 조건에 걸쳐 반복 검증하여 동일한 결과를 관찰하는 것(즉, 관계가 일관성 있게 나타남)은 매개변인에 대한 추론에 기여한다. 일관성이 없는 결과는 조절변인의 작용 때문에 생겨날 수 있다. 그러나 핵심 구인에 대한 해석을 뒤집지는 말아야 한다. 그럼에도 불구하고 연구들 간 결과의 일관성은 특정 매개변인이 작용하고 있는지에 대한 추론을 촉진한다.
실험적 조작	매개변인에 대한 직접적인 실험 조작을 함으로써 결과(C)에 영향을 미친다는 것을 보여준다.
시간선	제안된 매개변인과 결과의 순서나 시간선(즉, 매개변인이 결과 이전에 변화함)을 보여준다.
기울기	제안되고 있는 매개변인의 더 강력한 용량(dosage) 또는 더 큰 활성화가 성과변인에서의 더 큰 변화와 관련된다는 것을 나타내는 기울기를 제시해야 한다. 용량과 반응 간 관계없음(예 질적인 또는 on-off 기울기) 또는 직선적이지 않은 관계는 그 구인의 역할을 부인하지 않지만, 추론을 더욱 어렵게 한다.
그럴듯함 또는 정합성	그 구인이 무엇을 하는지, 어떻게 그것이 결과를 이끌어 내는지를 정확하게 설명하는 그럴듯한, 일관된, 그리고 합리적인 과정이 제시되어야 한다.(구인으로부터 변화에 이르기까지의)의 단계들은 직접적으로 검증될 수 있다.

출처: "Understanding how and why psychotherapy leads to change", by A. E. Kazdin, 2009, Psychotherapy Research, 19(4-5), p. 420.에서 재인쇄. 저작권자인 호주 및 뉴질랜드 심리학 및 법률 협회(The Australian and New Zealand Association of Psychology and Law)를 대표하여 Taylor & Francis Ltd, www.tandfonline.com의 허가에 의해 수록됨.

변화의 메커니즘을 확립하는 복잡성을 설명하기 위해, 우울증에 대한 인지치료(CT)가 예로 사용된다. <그림 8.2>에는 CT의 가설적인 변화 메커니즘뿐만 아니라 다섯 가지 대안이 제시되어 있다. 가설화된 변화의 과정은 CT가 인지를 변화시키고, 그 후에 우울증의 증상이 감소된다는 것이다. 첫 번째 대안은 CT가 인지에 영향을 미치지 않지만 다른 경로를 통해 우울증에 영향을 미친다는 것이다. 두 번째 대안은 CT가 실제로 인지에 영향을 미치지만 인지의 변화가 우울증 증상의 감소를 야기하지는 않으며, 오히려 CT는 다른 메커니즘을 통해 우울증의 변화에 작용한다는 것이다. 세 번째 대안은 인지를 표적으로 하지 않는 다른 처치들도 인지를 변화시켜 우울증 증상을 감소시킨다는 것이다. 네 번째 대안은 CT가 우울증에 대한 유익한 개입이며, 우울증 증상의 변화가 인지의 변화를 초래한다는 것이다.

마지막 대안은 맥락모델에서 도출된 것이다. 매개 기제를 확립하기 위한 Kazdin(2007, 2009)의 준거 중 두 가지는 특정성과 시간선이다. 상호적 모델을 제외한 모든 모델은 하나의 매개변인 또는 한 범주의 매개 변인(여기서는 cognitions)만을 고려한다. 그리고 변인들을 정적인(static) 것으로 간주한다. 변인들이 시간의 흐름에서 한 번 또는 몇 번 측정된다는 점

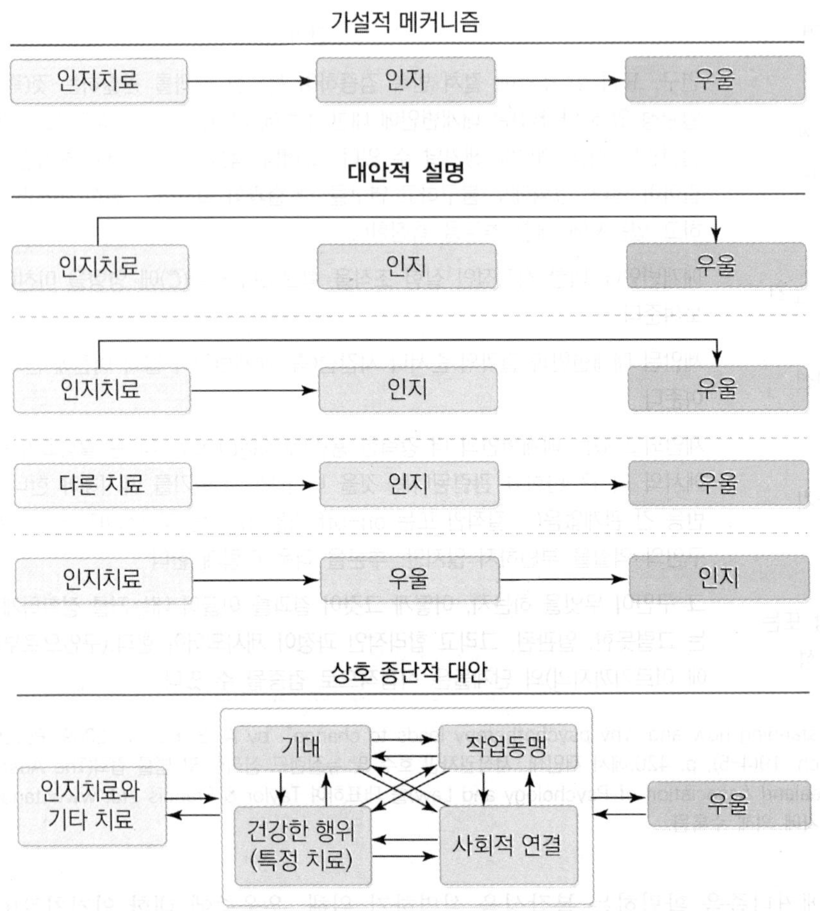

▌그림 8.2▐ 우울증에 대한 인지치료의 가능한 변화 메커니즘

에서, 그리고 인과 관계가 단방향이라는 점에서 그렇다. 앞서 논의했듯이, 환자의 치료에 대한 관여와 진척뿐 아니라 환자의 특성이 처치가 주어지는 방식에 영향을 준다. 처치과정 동안 다양한 특정요인과 공통요인이 상호작용하고, 증상에서의 진척 또한 여러 과정에 영향을 준다. 모든 (효과적인) 치료에는 일련의 치료적 요소들이 있다. 성공적인 사례는 치료적 활동에 참여하고 처치로부터 효과를 보는 환자를 포함할 것이다. 그래서 대부분의 경우 해당 처치에 매개작용을 하는 구인으로 알려진 것이 가설화된 대로 작용하는 것으로 보일 것이다. 이런 논리로 모든 처치들이 가설화된 메커니즘을 통해 작동하는 것처럼 보일 수 있다. 그러나 Kazdin이 제안한 것처럼 진짜 검증은 동일한 연구에서 두 가지 처치가 각각의 가설화된 매개변인을 통해 작용하고, 다른 처치의 매개변인을 통해서는 작용하지 않을 때이다. 물론, 상호적 종단모델(reciprocal longitudinal model)을 검증하기 위해서는 정교한 방법(예 종단적 다층 모델)이 필요하다. 이런 방법이 존재하며, 이미 사용되기 시작했다. 그러나 우리가 보게 될 것처럼 매개변인과 메커니즘에 대한 증거를 보여주는 연구에서는 이를 활용하지 못하고 있다.

2) 매개변인과 메커니즘에 대한 증거

인지치료

변화 메커니즘과 매개변인에 대한 논의는 우울증 치료를 위한 CT와 CBT일반에 주로 초점이 맞춰진다. 오랫동안 이에 대한 탐색이 이루어져 왔으며, 지금도 계속되고 있기 때문이다. 분명히 CT는 우울증에 대한 효과적인 방법이다(4장과 5장 참조). 이것은 지금까지 개발된 가장 잘 검증된 심리치료이다. 그러나 이러한 이득이 인지 변화에 의해 매개된다고 결론을 내리기 위해서는 매개 모형에 대한 증거뿐만 아니라 그 효과가 <그림 8.2>의 대안 모델 중 어느 하나 때문이 아니라는 증거가 필요하다.

먼저 배제해야 할 한 가지 대안은 인지치료가 인지를 변화시키지 않는다는 것이다. 즉, 인지치료는 인지를 수정하지 않고 다른 메커니즘을 통해 우울증을 감소시킨다는 것이다. 이 대안은 인지치료에서 인지의 역할에 대한 메타분석(Oei & Free, 1995)을 통해 일찌감치 배제되었다. 이들은 인지유형(style)을 측정했던 43편의 우울증 처치에 대한 연구물을 개관했다. 이들 연구에 사용된 가장 흔한 인지 측정도구는 역기능적 태도 척도와 자동적 사고 질문지였다. 이 두 척도는 인지치료의 초점으로 가정된 인지를 평가하기 위해 개발된 것이다. 이 메타분석에서 인지 변화와 인지치료는 관계가 있는 것으로 나타났다. 이는 인지치료의 특정성에 대한 주장을 강화하는 것이다. 인지치료와 인지, 우울이 상호 관련된다는 데는 의심의 여지가 없다. 문제는 이 상호 관계의 본질을 이해하는 것이다.

배제해야 할 두 번째 대안은 인지의 변화가 CT에 고유하거나, 적어도 인지를 초점으로 두는 치료의 특성이라는 것이다. Oei & Free(1995)는 비인지적 심리치료와 인지 변화의 관계를 메타분석한 결과, 인지치료와 다른 치료법이 인지에 미치는 영향에서 크게 다르지 않음을 발견했다. 더구나 약물 치료도 두 범주의 심리적 처치에서 일어나는 것과 동등한 정도의 인지 변화를 일으킨다는 것을 발견했다. 그러나 이 결론은 인지치료와 항우울제가 작용하는 신경 경로에 대한 연구 결과에 의해 도전받고 있다(DeRubeis, Siegle, & Hollon, 2008). 현 시점에서 보면, 이들 증거는 우울증 치료를 위한 CT와 그 외 인지적 치료들이 인지를 변화시키는 데 특화되어 있다는 결론을 내릴 만큼 결정적이지는 못하다.

우울증에 대한 인지치료의 특정성에 대한 또 다른 도전은 이 장의 앞부분에서 논의한 Jacobson 등(1996)의 구성요소 연구에서 비롯된 것이다. 이 연구는 인지적 개입이 인지 변화에 영향을 미치는데 반드시 필요하지 않다는 강력한 증거를 제공한다. 세 가지 개입이 있었음을 상기하라. 즉, (a)행동 활성화, (b)행동 활성화+자동적 사고와 관련된 대처 기술, (c)행동 활성화, 대처 기술, 핵심 역기능 도식 식별 및 수정을 포함하는 완전한 인지치료가 그것이다. 행동 활성화에는 인지적 요소가 전혀 포함되지 않았고, (b)와 (c)는 인지적 요소를 포함하고 있었지만 완전한 처치 즉, (c)만이 핵심 역기능 도식을 변화시키도록 의도되었다. 그럼에도 불구하고, 예측과 반대로 두 인지적 처치는 물론이고 행동 활성화도 부정적 사고와 역기능적 귀인방식을 변화시켰다. 세 처치 모두 동등한 효과성이 있다는 이 결과와 함께 이 연구의 증거는 인지를 바꾸도록 특별히 고안된 요소가 인지를 바꾸고 우울증을 감소시키기는 데 필수적이지 않다는 것을 설득력 있게 제시했다.

매개작용에 대한 또 다른 설명에서는 인지적 치료가 우울증에 대한 효과적인 처치이지만, 인지의 변화는 우울증의 원인이 아닌 우울증 감소의 결과라고 한다(<그림 8.2> 참조). 이 책의 초판에서 우리는 Ilardi & Craighead(1994)의 주장을 인용했다. 이들은 "처치 후 3주 이내에 전반적으로 증상이 호전되는 것으로 나타났다(CT에서). 그러나 우울한 생각을 줄이기 위해 고안된 특정한 기술은 몇 회기의 처치가 있기까지 공식적으로 도입되지 않았다. 그래서 인지 매개라는 가설적 메커니즘이 CBT의 초기 몇 주에 관찰된 실질적인 호전을 설명할 것으로 기대할 수 없을 것이다."(pp.140,142)고 주장했다. 그러나 그들의 결론은 Tang & DeRubeis(1999)에 의해 도전 받았다. 이들은 개관된 많은 연구에서 처치 초기에 주당 두 번의 회기가 있었고, 우울증의 변화가 나타나는 시점 이전에 인지 개입이 도입되었을 가능성이 있다는 것을 증거로 제시했다. 더불어 잘 수행된 두 개의 연구에서 DeRubeis와 동료들(DeRubeis & Feeley, 1990; Feeley, DeRubeis, & Gelfand, 1999)은 치료사가 문제에 초점을 두는 인지치료의 구체적 측면을 실행한 후에야 우울증에서의 변화가 발생한다는 것을 발견했다. 마지막으로, Strunk, Cooper, Ryan, DeRubeis, 그리고 Hollon(2012)은 CT에서 습득한 기술이 우울증 재발률과 관련이 있음을 발견했다. 특히 CT에 반응한 환자 중 인지적 대처 전략을 습득하고 회기 내에서 인지 기술을 사용한 증거는 1년 후의 낮은 재발률을 설명했다. 이 결과는 치료 종료 시점에서의 증상 수준 또는 치료 과정 동안 증상의 변화를 고려했을 때에도 마찬가지였다. 이런 결과는 치료 중에 학습한 특정 기술이 심리치료의 효과를 유지하는 데 중요하다는 정보를 준다. 또한 Bell 등(2013)의 "수면자(sleeper)" 효과를 설명할 수 있다. 수면자 효과는 어느 한 성분이 갖는 효과가 처치의 종료 시점부터 추수 관찰 시점까지 증가해 가는 것으로 보이는 현상을 지칭한다(Flückiger et al., 2015를 참조하라).

여기에서 고려되는 마지막 대안적 설명은 다양한 처치들이 우울증에 영향을 주는 상호 체계(reciprocal system)에 영향을 주고, 이것이 우울에 영향을 미친다는 것이다. 인지치료의 효과성에 대한 상호 체계 설명에는 몇 가지 변형이 있다. 한 가지 변형이 Free & Oei(1989)의 가설이다. 이에 따르면, 인지치료는 먼저 적응적인 인지 양식을 유도하고, 이후 그것이 뇌의 카테콜린 균형에 영향을 준다. 반면, 약물 치료는 카테콜린 균형을 먼저 회복시키고, 그것이 다시 부적응적 인지를 변화시킨다. Ilardi와 Craighead(1994)는 인지치료에서 변화가 일어나는 시점에 대해 검토하고, 인지치료는 내담자의 사기를 먼저 회복시키는데, 그로 인해 우울증에 급격한 변화가 일어난다고 주장했다.

> CBT(또는 다른 치료적인 처치)의 비특정적인 과정의 매개역할은 처치의 중간과 후기 단계가 아니라 매우 초기 단계에서 특히 두드러질 것으로 예상될 수 있다. Frank가 관찰한 바와 같이, 많은 환자가 치료에서 매우 빨리 개선된다는 것은 "[비특정적인 과정이 임상적 호전을 매개한다는] 가설에 대한 간접적인 지지가 된다. 이는 그들의 호의적인 반응이 특정 과정보다는 치료적인 상황 자체가 갖는 안심시키는 측면에 기인함을 시사한다".
>
> (Ilardi & Craighead, 1994, p.140)

더욱이 Ilardi와 Craighead에 따르면, 치료 초기단계에 충분히 사기를 회복한 내담자는 CBT에서 배운 인지 기술을 성공적으로 적용할 수 있고, 결과적으로 완전히 회복할 수 있다. Jacobson 등(1996)은 CBT의 활성화 요소가 우울증의 변화를 유도하기에 충분하다는 것을 발견한 바 있다. 그래서 다른 상호적 과정으로 행동 활성화를 포함할 수 있다.

상호 시스템 설명의 마지막 변형은 다양한 인과 요인이 융합된 것이다. Hollon, DeRubeis, 그리고 Evans(1989)는 융합 모델 뿐만 아니라 이에 내재된 논리적 쟁점을 CBT에서의 인지에 대한 Beck의 관점을 논의할 때 잘 설명하였다.

> Beck이 개별 요소들 간의 상호(mutual) 인과에 근거한 모델을 지지하는지 여부는 명확하지 않다. 그는 인지적 과정과 우울증 사이, 또는 그 각각과 생물학적 과정 사이의 대응(correspondence)을 주장할지도 모른다. 최근 논문에서

> Beck(1984b)은 다음과 같이 주장하였다. "생각은 신경 화학적 변화를 초래하지 않고, 신경 화학적 변화는 생각을 유발하지 않는다. 신경 화학적 변화와 인지는 다른 측면에서 검토되는 동일 과정이다."(p.4). 이러한 과정들 사이의 동일성을 주장하면서 인과적 매개를 배제하는 것처럼 보였지만, "인지적 접근은 치료사의 언어 및 비언어적 행동으로 표현되며, 인지—신경화학적 변화를 일으킨다"고 했다(Beck, 1984b, p.118) … 그러한 모델에서 그 원인이 무엇이든 우울증에서의 변화는 이에 상응하는 그리고 상호 연관된 인지과정에서의 변화와 항상 관련될 것이다. Beck의 개정된 단일 모델은 구성 요소들의 분리라는 생각을 거부한다. 그래서 어떤 인과적 매개도 거부한다. 왜냐하면 Beck은 그러한 구성요소들을 단지 동일한 현상에 대한 다른 측면이라고 보기 때문이다(A.T. Beck, 1986년 3월 27일 개인적 커뮤니케이션에서).
>
> (pp. 144—145)

상호적 종단 모델이 특정성에 관해 갖는 함의는 근본적이라 할 수 있다. 어떤 처치건 변화의 인과적 기제는 같을 것이기 때문이다. 즉, 효과가 있는 어떤 처치도 우울과 관련한 여러 요소로 구성된 단일체계에 영향을 미칠 것이다. 어떤 처치건 변화의 인과적 기제는 같을 것이기 때문이다. 주어진 치료법, 예를 들어, 인지치료가 다른 처치들과는 다른 방식으로 내담자에게 영향을 미친다는 것을 입증하는 것은 가능하지 않을 것이다. 상호 모델을 채택하면 근본적으로 특정성에 대한 주장은 확정될 수 없는 것이 된다.

여기서 논의될 마지막 연구는 (불안과 우울 처치를 위한) CBT의 매개 모델 4개를 검토한 것이다. Burns과 Spangler (2001)는 12주에 걸쳐 CBT 처치를 받은 환자 521명을 표본으로 하여 경쟁하는 네 매개모형에 대한 증거를 비교했다.

> 1. DAs[역기능적 태도]의 변화는 처치 동안 우울과 불안의 변화를 초래한다(인지적 매개 가설).
> 2. 우울 그리고/또는 불안의 변화는 DAs의 변화를 초래한다(기분 활성화 가설).
> 3. DAs와 부정적 감정은 서로에게 인과적인 영향을 미친다(순환 인과 가설).
> 4. DAs와 정서 사이에는 어떤 인과적 연관성도 없다. 대신 제3의 변인이 DAs, 우울증 및 불안을 동시에 활성화시킨다("공통 원인" 가설).
>
> (p. 337)

다른 연구들과 마찬가지로, DAs는 불안 및 우울과 상관이 있었고, 치료가 진행되었던 기간동안 DAs의 변화는 우울과 불안의 변화와 상관이 있었다. 측정 모델이 적절하다는 것을 확인한 후, 4가지 가설로 설정된 매개 모형을 비교하기 위해 종단적 구조방정식 모델을 사용하였다. 데이터는 처음 세 가지 모형을 지지하지 않았지만 '공통 원인' 모형과는 잘 맞았다. "요약하자면, 데이터는 알 수 없는 변인 또는 일련의 변인이 두번의 측정 시점 모두에서 역기능적 태도, 우울 및 불안과 동시적인 인과 관계를 가지고 있다는 가설에 부합한다 … 공통원인을 통제했을 때, 두 역기능적 태도 척도는 어느 시점에서든 우울 및 불안 요인과 상관이 없었다(p.356). 연구자들은 다음과 같이 결론 내렸다.

> 이 결과는 Beck(Beck, 1981; Beck et al., 1979)의 인지 매개 가설과 여러 연구자들이 제안한 기분 활성화 가설(Haaga et al., 1991; Persons, 1993; Teasdale, 1983)에 부합하지 않는다. 마지막으로, 역기능적 태도와 감정이 순환 인과 시스템에 의해 연결된다는 Teasdale의 가설에 대한 지지도 없었다 … 이러한 발견은 CBT에서의 인지 매개 역할을 덜 강조하고 대신 동시 활성화 모형을 제안한 이론가들의 주장과 일치한다(Beck, 1984, 1996, pp. 359-360).

최근 Longmore & Worrell(2007)은 CBT의 한 가설적 변화 메카니즘인 인지 매개에 대한 증거를 검토하고, 도전적인 이 생각이 CBT의 효과를 설명한다고 결론내리기에는 증거가 충분하지 않다고 결론지었다(Kazdin, 2007과 2009를 보라). 당연히 이러한 결과는 CBT의 특정성을 옹호하는 사람들에 의해 도전받았고(Hofmann, 2008 참조), 자연스럽게 반발로 이어졌다(Worrell & Longmore, 2008). Hofmann이 Longmore와 Worrell에 대해 타당한 비판을 했을 수도 있고 아닐 수도 있지만, 인지의 변화가 CBT의 매개변인임을 지지하는 강력한 증거는 제공하지 않았다. 따라서 CBT 효과의 변화 메커니즘과 관련한 증거에 대한 논쟁은 계속되고 있다. 이 시점에서 가장 안전한 결론은 인지 변화가 CBT의 효과를 매개한다고 결론내릴 만큼 매개 연구로부터 나온 증거가 충분하지 않다는 것이다.

3) 두 처치를 비교한 연구에서 매개의 증거

이전에 논의된 바와 같이, 매개의 요건 중 하나는 특정성이다. 즉, 구인 X는 처치

A와 결과 사이의 관계를 매개해야 하며, 구인Y는 처치B와 결과 사이의 관계를 매개해야 한다는 것이다. 또한 매개변인과 증상의 시간적인 순서를 평가하기 위해 종단모형이 필요하다(Kazdin, 2007, 2009). 이러한 특징들을 포함하는 연구가 증가하고 있다. 반복연구를 통해 나타난 결과로 확고한 결론을 내리기에는 연구의 수가 충분하지 않지만, 세 연구에 대한 검토가 도움이 될 것이다.

인지치료에 대한 특정성의 확립은 인지치료가 특정한 매개변인에 미치는 영향이 다른 매개변인을 통해 작용하도록 가설화된 처치가 미치는 것과 다르다는 결과에 토대를 둔다. NIMH 우울증 치료 연구 프로그램(TDCRP)은 인지행동치료(CBT), 대인심리치료(IPT), 정신약물치료(imipramine, IMI) 및 임상 관리(CM)를 비교했다. 이 연구에서, 가설화된 인과기제를 평가하기 위해 일련의 척도가 실시되었다. 이 연구의 결과는 Imber 등(1990)이 보고했다. 이 장에서 논의된 것처럼 우울증에 대한 인지적 처치는 왜곡된 인지를 변화시키는데 기반을 두고 있다. NIMH TDCRP에서 역기능적 태도 척도(DAS)는 인지치료에서 가설로 설정하고 있는 매개변인을 측정하는 데 사용되었다. 대인관계와 우울증의 관계를 가정하는 IPT는 대인관계 갈등, 역할 변화(role transition) 그리고 사회적 결함(social deficits)에 중점을 둔다. 사회적응척도(SAS)는 IPT의 효과성에 결정적인 것으로 가정된 사회적 과정을 평가하는 데 사용되었다. Imipramine은 뇌의 화학작용(신경 전달 물질 및 수용체 민감성)에 영향을 미치는 것으로 가정되고, 결과적으로 자율신경 및 신체화 증상에 영향을 미친다. 이 결과는 정동 장애 및 조현장애 진단 스케쥴(SADS)의 내인성 척도로 측정되었다. 치료적 행위의 특정성은 각각의 처치가 매개구인에 독특하게 영향을 줄 것이라고 예언한다. 즉 CBT, IPT 및 IMI－CM은 각각 DAS, SAS 및 SADS의 점수를 변화시킬 것이다. 처치를 완료한 내담자의 데이터만 사용했는데, 예측된 관계 중 검증된 것은 없었다.

> 이론적 근거의 차이, 치료적 절차 및 처치 과정에서의 가정된 차이에도 불구하고, 처치의 종료시점에서 어느 처치도 그것의 이론적 기원과 관련한 척도들에서 명확하고 일관성 있는 효과를 나타내지 못했다. 다소 놀랍게도, 이 결론은 두 가지 심리치료 뿐만 아니라 TDCRP에서 실행된 약물 치료에도 적용되었다.
>
> (Imber 등, 1990, p.357)

이 연구의 한계는 매개 구인이 처치의 마지막에 평가되었고, 따라서 각 처치가 그것의 가설화된 구인에 영향을 미치고, 그 다음 다른 구인들에 영향을 미치는 상호적인 과정을 배제할 수 없다는 것이었다. 어쨌든 TDCRP는 세 가지 처치의 특정성을 지지하는 증거를 제시하지 못했다.

Anholt 등(2008)은 강박 장애(OCD)치료를 위한 CT를 노출 및 반응 방지법(ERP)과 비교했던 두 임상실험을 분석했다. 여기서, CT 조건에는 31명의 환자가 있었으며, 노출 및 반응 방지법(ERP)조건에는 30명의 환자가 있었다. 강박 사고와 행동은 매주 측정되었다. 가설은 다음과 같다.

> 우리는 CT가 먼저 강박 사고의 변화를 일으킨다는 가설을 세웠다. 왜냐하면 CT는 주로 침투적 사고에 대한 해석을 표적으로 하고 있으며, 일단 강박 사고가 감소하면, 강박 행동의 감소는 처치의 후반 단계에 나타날 것이기 때문이다. 반대로, ERP의 변화 과정은 아마도 처음에는 강박 행동의 감소로 나타날 것이며, 그 후에는 역기능적인 기대에 대한 계속되는 논박의 결과로 강박 사고가 감소할 것이다.
>
> (p.39)

이것은 Kazdin (2007, 2009)의 특정성 준거를 따르는 가설이다. 그러나 치료 과정 동안 강박 사고와 강박 행동의 호전에서 두 처치 간에는 차이는 없었다. 두 처치 모두에서 가설과는 반대로 강박 행동의 변화가 강박 사고의 변화보다 처치 효과를 더 잘 예측했다. 저자들은 "가능한 하나의 설명은 두 처치 모두 동일한 과정 메커니즘을 통해 작동한다는 것이다"(p.41)라고 결론내렸는데, 이는 Kazdin의 특정성 준거를 충족하지 못하는 것이다.

최근 여러 유형의 불안 장애들에 대한 CBT와 수용전념 치료(ACT)를 비교한 광범위한 실험이 수행되었다(Arch, Eifert, et al., 2012). 이 실험에서는 128명의 환자가 두 조건에 무선할당되었다. 치료 종료시점의 모든 측정치에서 결과 차이가 없었으며, 추수시점에는 일부 표본의 일부 측정치에 약간의 차이가 있었다. 하지만, 일반적 결론은 두 처치가 모두 효과적이며 결과에 차이가 없다는 것이었다. 이 실험에서 불안 민감성과 인지적 혼란은 각 회기마다 측정되었다.

> 우리의 연구는 두 가지 주요 문제를 조사했다. (1)CBT와 ACT는 각 처치의 이론화된 매개변인에 영향을 미치는가? 즉, CBT에서는 불안의 해로운 효과에 대한 믿음(즉, 불안민감성)에서 더 큰 감소를 보여주고, ACT에서는 인지적 탈융합

> 의 더 큰 증가를 보여줄 것인가? (2) 불안 민감성과 인지적 탈융합 변화가 처치 성과를 매개하는가? 특히, 처치 특정적 과정(treatment specific processes)이 특정된 처치 내에서만 성과를 매개하는지(불안민감성은 CBT의 성과를 매개하지만 ACT의 성과는 매개하지 않고, 인지적 탈융합은 ACT성과를 매개하지만 CBT의 성과는 매개하지 않음)? 혹은 두 처치 모두에서 처치의 특정 과정이 성과를 매개하는가(불안 민감성과 인지적 혼란이 CBT와 ACT 모두의 성과를 매개함)?
>
> (Arch, Wolitzky－Taylor, Eifert, & Craske, 2012, p.470)

데이터는 다층 매개 분석이라고 불리는 정교한 방법을 사용하여 분석되었다. Anholt 등의 연구결과(2008)와 마찬가지로, 인지적 탈융합이라는 단일한 과정이 CBT와 ACT 모두의 매개변인이었다. 결국, "이 데이터에서는 분명히 구분되는 처치 관련 매개 경로가 있다는 증거가 거의 제시되지 않았다"(Arch, Wolitzky－Taylor, et al., 2012, p.469).

4) 결론: 변화의 매개작용과 메커니즘

최근 Johansson & Høglend (2007)는 심리치료의 매개 연구에 대한 비판을 제시했다. Johansson과 Høglend는 Baron과 Kenny가 매개분석에 사용되는 통계방법을 발표한 1986년 이후 출간된 61편의 매개 연구물을 확인했다. 심리치료 분야에서 이들 연구의 질에 대한 그들의 평가에서 이들 연구들이 갖고 있는 많은 문제점이 드러났다. 예를 들어, 이들 연구의 대부분은 매개변인과 결과의 시간적 선후를 부적절하게 설정했다. 종종 매개변인은 부적절하게 검증되거나 검증되지 않았다. 결국 그들은 변화의 메커니즘에 대한 관심이 증가하고 있음에도 불구하고, 어떠한 인과적 매개변인도 만족스럽게 입증되지 못했다고 결론을 내렸다(p.7).

매개 연구의 문제는 종종 처치 특정적인 매개변인만 검토하고, 작업동맹과 같은 공통요인을 포함한 다른 매개변인의 가능성을 차단한다는 것이다. Burns과 Spangler의 연구(2001)는 공통요인 매개변인을 조사한 소수의 연구 중 하나였다(다른 예로는 Hoffart, Borge, Sexton, Clark, & Wampold, 2012가 있다). 아마도 매개 연구의 정교함이 증대되면 그러한 연구에 대한 Kazdin(2007, 2009)의 기준이 충족될 것이고, 다양한 처치의 변화 메커니즘도 밝혀질 것이다. 그러나 현재 매개 연구에서 심리치료가 그 치료에 특정된 과정을 통해 매개되지 다른 과정을 통해 매개되는 것이 아니라는 것을 보여주는 증거는 충분하지 않다.

6. 특정효과의 증거에 대한 요약

이 장에서는 연구의 다섯 가지 영역(즉, 요소 연구, 유사위약, 환자 특성과 처치의 상호작용, 충실성과 역량, 변화의 매개변인)을 검토함으로써 특정 효과의 증거를 조사했다. 이들 각각의 영역에서 특정 효과에 대한 증거는 약하거나 존재하지 않는 것으로 나타났다.

요소 연구는 기존의 처치에서 중요한 성분을 제거하거나(해체 연구), 처치 효과를 증대시키는 것으로 알려진 성분을 더하는 것(추가 연구)으로 효과의 변화를 실험한다. 두 편의 메타분석은 이러한 설계에서 작은 효과를 발견하거나, 아무 효과도 발견하지 못했다(Bell et al., 2013; Ahn & Wampold, 2001). Bell 등은 중요한 성분이 없는 처치와 완전한 처치 사이에 유의한 차이가 없다는 사실을 발견했다. 그리고 기존 처치에 어떤 요소를 추가하면 표적 변인에서만 효과가 커진다는 것도 발견했다. 그러나 그 효과의 크기는 작았다.

처치를 심리적 위약과 비교하는 데에는 논리적 및 경험적 어려움이 따른다. 이런 어려움은 심리치료와 통제의 속성에 기인한다. 이런 문제로는 심리치료 실험이 맹검상태로 진행될 수 없다는 점, 위약과 처치가 변별되지 않는 것이 아니라는 점, 위약 및 처치 효과가 동일 부류(예 둘 다 심리적인 경우)라는 점, 그리고 위약의 부수적인 요소(예 관계)가 치료적이며 특정 활성 성분의 전달에 필수적이라는 것 등이 있다. 그래서, 그러한 통제는 유사위약이라고 명명된다. 의학 모델과 맥락 모델은 처치를 유사위약 그리고 무처치 대조군과 비교하는 연구에 대해 동일한 예측을 하지만 그 이유는 다르다. 의학 모델은 관계, 기대 및 깨달음이 환자에게 유익한 효과가 있고, 그래서 유사위약이 무처치보다 우수할 것이라는 점을 인정한다. 그러나 특정성분을 포함한 처치는 유사위약보다 우수할 것이라고 본다. 그러나 맥락 모델에서는 효과적인 처치란 위약 통제에서는 배제된 처치 행위와 설득력 있는 근거를 가져야 한다. 전반적으로 이러한 예측은 메타분석에서 검증되었다. 즉, 치유 목적을 갖는 처치는 유사위약을 능가하고, 유사위약은 무처치보다 우수하다. 그러나 유사위약이 믿음이 가게 전달되고, 치료사에게 배려하고 공감적이 되도록 허용되며, 처치와 구조적으로 동등하다면, 유사위약의 효과성은 활성처치의 효과성에 근접한다.

의학모델의 보조개념 중 하나는 진단적 도식이 심리적 고통의 기저에 있는 심리적 결함의 진정한 속성을 가린다는 것이다. 결과적으로, 일부 처치는 특정한 진단이 내려진 환자 중 어느 한 유형의 결함을 가진 환자에게 더 효과적일 것이다. 하지만, 다른 처치는 다른 결함을 가진 환자에게 더 효과적일 것이다. 이 유형의 상호작용을 찾아보려는 노력은 심리적 결함과 처치의 상호작용이 존재한다는 일관된 결과를 내놓지 못했다. 그럼에도 불구하고, 처치가 성격 변인(예 선천적인 반발심 또는 대처방식) 및 문화와 상호작용한다는 증거는 있다. 이는 맥락모델을 지지한다.

근거 기반 처치의 프로토콜에 대한 의학 모델은 충실성과 그 처치를 제공하는 치료사의 역량이 성과와 관련이 있어야 한다고 예측한다. 치료사의 충실성과 역량의 측정에는 문제가 있다. 환자의 특성과 행동이 치료사가 얼마나 충실하고 역량있는 것으로 보일지에 영향을 미치기 때문이다. 예를 들어, 공격적인 환자와 치료 작업을 할 때 치료사는 역량이 덜한 것처럼 보일 것이다. 또한 동일한 환자 내에서도 회기마다 충실성 및 역량에 변산이 있다. 충실성과 역량에 대한 메타분석은 이 두 변인과 성과 사이에 작고 일반적으로는 유의하지 않은 상관이 있음을 보여 주었다(Webb et al., 2010).

마지막으로, 처치가 의도된 변화 메커니즘을 통해 작동하는지를 검토하는 연구들이 수행되었다. 심리치료에서 매개 분석을 수행하는 것은 어렵다. 그래서 가설화된 변화 메커니즘에 대한 증거가 특정 처치의 의도된 메커니즘이 그 처치에만 존재하고 다른 처치에는 존재하지 않음을 분명히 밝히지 못했다는 것은 놀랄 일이 아니다. 연구자가 과정 및 성과를 자주(예 모든 회기 또는 심지어는 회기 내 매 순간) 측정하고, 새로운 성장 모델을 데이터에 적용하면, 변화의 메커니즘을 밝혀낼 수 있을 것이다. 그러나 그런 연구는 특정 과정(예 역기능적인 인지를 변화시키는 것) 메커니즘뿐 아니라 공통요인(예 기대를 만드는 것) 메커니즘도 함께 조사할 필요가 있다.

연구자들은 심리치료에서 특정성분의 중요성을 확립하려는 집중적인 노력을 기울였다. 이 장에서 검토한 바와 같이, 어느 한 심리치료의 특정성분 혹은 일반 특정성분이 심리치료의 효과를 만들어내는 데 결정적이라는 강력한 증거는 없다.

주석

1. (243쪽) 의학에서 위약이 진짜로 이중으로 맹검되는지 여부가 의문시되고 있다. 환자는 자신이 진짜 약물을 복용하고 있는지 여부를 결정하기 위해 예상되는 부작용을 스스로 점검해 본다. 또한, 자신이 약물을 복용하고 있다고 정확히 추측하는 것은 성과에 영향을 미친다(Fisher & Greenberg, 1997). 더욱이 처치와 기대의 심리적 측면은 상호작용하는데, 이는 생리화학적 측면과 심리적 측면의 부가성(additivity)에 의문이 제기된다(Benedetti, 2011 및 7 장 참조).
2. (248쪽) 이 연구의 저자들은 기대에서의 유의하지 않은 차이가 세 집단의 성과에 어떻게 영향을 미쳤는지 조사하려하지 않았다. 저자들은 세 집단간 기대와 믿음이

가는 정도(credibility)에 대한 평정결과가 $p > .20$에서 유의하지 않다고 보고했다. 그러나 피험자의 수가 55명이고 $p = .20$일 때, 이는 상관 계수 0.27(Rosenthal, 1994, 공식 16~23)로 전환된다. 이 수치는 활성처치와 ND 사이의 성과 차이를 설명하기에 충분히 큰 것이다. 특히 기대 평정은 성과와 매우 높은 상관을 갖고 있었기 때문이다. 결과와 유의하지 않은 관계를 갖는 공변인이라 하더라도 극적인 효과를 나타낼 수 있음은 잘 알려져 있다(Porter & Raudenbush, 1987).

3. (250쪽) 마음챙김에 기반한 스트레스 감소(Mindfulness Based Stress Reduction, MBSR)의 효과와 관련하여 잘 설계된 유사위약 연구를 검토하려면 MacCoon 등(2012)을 보라. 통제 조건은 엄격하게 설계되었으며 MBSR과 구조적으로 동일하다. 전반적으로 내담자가 보고한 결과는 처치 간에 차이가 없었다. 그러나 MBSR에 대한 내담자들의 선호가 강했고, 통제조건은 일반적으로 마음챙김 연구를 위한 연구집단으로 시행되었다.
4. (259쪽) Liberman(1978, 7장 참조)은 환자의 통제욕구 수준과 내적/외적 귀인 조작 사이의 상호작용을 발견했다.
5. (262쪽) 예를 들어, PE에서 노출에 사용한 시간의 양은 성과와 관련이 없고, 성공적인 처치를 위해 회기내 습관화가 필수적이지 않을 수 있다는 증거가 있다(van Minnen & Foa, 2006). 치료적 동맹의 결렬이 PE에서 부정적인 결과를 예측했다는 증거도 있다(McLaughlin, Keller, Feeny, Youngstrom, & Zoellner, 2014).
6. (262쪽) 이러한 구별은 치료사의 공감이 핵심 특정 성분인 동기강화상담과 같은 개입에서 더욱 흐려진다(Moyers & Miller, 2013).
7. (265쪽) 저자는 이 두 계수의 차이를 검증하지 않았지만, 맥락 효과라고 불리는 이 차이는 쉽게 검증될 수 있다(Snijders & Bosker, 1999 참조).

Chapter 09

논쟁을 넘어서

연구의 통합(synthesis)이 이론, 정책, 그리고 실무에 주는 함의

심리치료 대(大)토론 제1판이 출간된(2001, 역자 주) 이후에도 심리치료 연구는 계속 확산되었다. 어떻게 하면 계속 쌓여가는 이 증거들을 가지고 올바른 이해에 도달할 수 있을 것인가? 이들 연구의 결과에는 분명 중요한 증거가 내재되어 있다. 그러나 다량의 증거로부터 설득력 있는 스토리 라인을 뽑아내는 일은 쉽지 않다. 심리치료 임상실험 연구와 메타분석 논문의 편수가 매년 급격히 증가하고 있는데(제4장 참조), 이들에는 거의 모든 관점들을 지지해 주는 모종의 증거 조각이 존재한다. 그 결과 불행하게도 우리는 심리치료에 관해 과거에 했던 논쟁과 똑같은 논쟁을 오늘날에도 하게 된 것이다. 예를 들면, 아이젱크 Eysenck의 주장 즉, 행동 치료와 같이 과학적 배경을 지닌 처치법이 우월하다는 주장은 오늘날에도 같은 방식으로 제기되고 있다. 동시에, Rosenzweig의 주장 즉, 모든 처치법은 같은 정도로 효과를 보인다는 주장도(Wampold, 2013 참조) 오늘날 같은 방식으로 제기되고 있다. 분명한 것은 그 증거들을 정합성 있게 분석해 봐야 한다는 것이다.

정합성(coherence)은 많은 증거를 설명할 수 있으며 새로운 증거가 나타날 때 이를 예측할 수 있는 이론을 필요로 한다. 하나의 예외 혹은 심지어 여러 개의 예외가 나타난다 하더라도 그것이 연구의 흐름 전반을 포기하게 해서는 안된다. 반대로, 보조적인 수단들을 활용하여 이론을 수정하여 그런 예외들을 흡수할 수 있어야 한다. 그러나 이론의 핵심 부위는 엄중한 검증을 견디어야만 한다. 이론은 어떤 조건에서 무엇이 관찰될지를 예측할 수 있어야 한다. 발전적인(progressive) 연구 프로그램에서는 어떤 결론이 도전을 받으면 위협 요인이 무엇인지 검토해보게 하는 새로운 혁신적 연구를 초래한다. 이때 이론은 연구의 결과가 어떻게 나올지 예측해 주어야 한다. 퇴보적인

(degenerative) 연구 프로그램에서는 더 많은 보조 수단들을 필요로 하며, 이들 중 대부분은 예외 현상들을 별도로 설명하고자 생성된 것들이다. 그들 중에 어떤 것은 검증을 견디지 못한다.

이 책에서 우리는 심리치료의 두 가지 연구 프로그램 즉, 의학 모델과 맥락 모델을 검토하였다. 의학 모델의 핵심은 처치에 속해 있는 특정 성분이 심리치료의 효과를 발생시킨다는 주장에 있다. 구체적으로 말하면, (a)어떤 심리적 역기능인지가 결정된다, (b)처치의 목표는 바로 그 심리적 역기능에 맞추어진다, (c)그 역기능을 경감시킴으로써 치료가 발생한다. 이와는 다르게 맥락 모델의 핵심 주장을 보면, 치료라는 맥락 안에서 발생하는 치료사와 내담자 간의 관계가 치료 성공에 필수적이다. 맥락 모델은 심리치료에서 이득을 얻으려면 거쳐야 할 세 개의 길이 있다고 제안한다. 즉, '실제 관계가 존재한다, 심리치료의 목표 그리고 심리치료에서 해야 할 것들에 대하여 (치료사와 내담자가–역자 주) 서로 동의하고, 치료사가 그것에 대한 설명을 해 줌으로써 내담자에게 치료에 대한 기대감이 생기게 한다. 그리고 모종의 심리적으로 유익한 과정을 촉진한다'가 그 세 가지 길이다. 앞에서 살펴보았듯이, 이들 두 모델은 동일 상황(즉, 심리치료)에서 어떤 것이 관찰될 것인지에 대해 아주 다른 예측을 하고 있다.

이 장에서는 연구에서 나온 증거들이 이론, 정책, 실무(실제)에 주는 함의를 논의할 것이다.

1. 이론에 대한 함의

1) 맥락 모델은 발전적인 연구 프로그램이다

수십 년 동안의 심리치료 문헌들을 종합하는 연구들에서는 치료 성과를 구성하는 변인의 변산을 몇 개의 원천으로 나누어 보는 시도를 해 왔다. 그런 시도 중에는 Lambert의 유명한 파이 그림(Lambert, 1992)도 있고, 이 책의 첫 번째 판(Wampold, 2001b)에서 동심원 모양으로 나타낸 것도 있다. 그런데 그런 시도들은 몇 가지 이유로 인해서 결점을 가지고 있다. 첫째, 치료성과를 몇 개의 다른 원천으로 나누는 것은 그 원천들이 서로 독립적이라는 점을 가정하는 것인데, 이 가정은 사실과 다르다. 예를 들면, Lambert는 공통요인으로 인한 변산과 기대로 인한 변산을 대조하였는데, 우리가 이미 살펴본 바와 같이 기대는 핵심적인 공통요인중 하나이다. 이와 유사하게 치료사 효과가 존재하는데, 효과적인 치료사는 자신을 더욱 효과적이게 만들어주는 모종의 행위를 하기 때문이다. 예컨대, 이런 치료사는 치료동맹을 더 잘 형성한다. 둘째, 심리치료의 다양한 구성 요소들의 효과는 매우 다양한 설계의 연구들로부터 나온 것이다. 다시 말해서 산출된 효과는 어느 정도 실험 조건이나 연구의 맥락에 기인한 것이다. 우리가 효과의 크기들을 환산했지만(예를 들면, 상관 계수로부터 Cohen의 d 지수로 환산), 이런 효과들을 상호 비교하여 해석하려면 신중을 기해야 한다. 셋째, 변산의 정도를 분할하기 위해서는 여기서 지적된 다양한 문제들을 고려해야 하는데 종종 그렇게 하지 못한 채 인용이 되고 있다.

효과의 크기를 해석하는 데 있어서 쟁점들이 있기는 하지만, 이런 효과들을 비교해 보는 것은 두 모델의 설명력을 이해하는 출발점이 될 수 있다. <표 9.1>에는 각종 심리치료의 효과 그리고 치료 요인들의 효과에 대한 메타분석 결과가 요약되어 있다. 그리고 <그림 9.1>은 이들 효과를 막대 그림으로 표현한 것이다. 여기서 막대의 넓이는 그 효과를 분석한 연구물의 수를 반영하고 있다. 표에 따르면(역자가 추가함), 맥락 모델 요인들이 산출한 효과가 특정 요인들이 산출한 효과보다 더 크다. 특정 성분들 중 가장 큰 효과 크기 추정치를 갖는 것은 처치 간 차이이다. 앞서 논의한 바와 같이 이 추정치는 관대하다고 할 수 있는 상(上)한계치이며, 처치 간 차이에 대한 최선의 추정치는 0(zero)이다. 이 수치들이 시사하는 최소한의 것은 "공통요인"이 심리치료 성과를 낳는 주요 요소임이 분명하다는 것이다.

▼표 9.1 심리치료 메타분석 결과에서 나타난 맥락 모델의 치료 요인 및 특정 성분의 효과의 크기

요인	논문 수	환자 수	효과 크기 d	성과 분산의 비율(%)	장(章)
			심리치료(vs. 무처치)		
심리치료	> 500		0.80	13.8	4
			맥락 모델의 치료 요인		
동맹[a]	190	> 14,000	0.57	7.5	7
공감[a]	59	3599	0.63	9.0	7
목표 동의/협조[a]	15	1302	0.72	11.5	7
긍정적 존중/인정[a]	18	1067	0.56	7.3	7
일치성/순수성[a]	16	863	0.49	5.7	7
기대[a]	46	8016	0.24	1.4	7
EBT의 문화적응	21	950	0.32	2.5	7
치료사—RCTs[b]	29	14.519	0.35	3.0	6

요인	논문 수	환자 수	효과 크기 d	성과 분산의 비율(%)	장(章)
치료사—자연상황[b]	17		0.55	7.0	6
특정 성분					
처치 간 차이[c]	295	> 5900	< 0.20	< 1.0	5
특정 성분(처치 분할)[d]	30	871	0.01	0.0	8
프로토콜에 충실[e]	28	1334	0.04	< 0.1	8
특정 처치법 수행에 대해 평정된 역량[e]	18	633	0.14	0.5	8

[a] Norcross(2011)의 여러 장 참조
[b] Baldwin & Imel, 2013, (RCT는 Randomized Clinical Trial을 나타냄-역자 주)
[c] Wampold 등(1997b): 다양한 구체적 장애들에 대한 메타분석에 의해 확인됨
[d] Bell 등, 2013(표적 변인): Ahn & Wampold(2001) 참조
[e] Webb, DeRubeis, & Barber(2010).

이 책의 앞에서 논의했듯이, 이른바 "공통요인들"은 고려의 대상이 되지 못해 왔거나 여러 가지 이유로 인해 비판을 받았다. 예를 들면, 작업 동맹과 치료 성과 간의 상관은 심리치료 연구 분야에서 가장 확고한 발견 중의 하나이지만, 작업동맹이 좋은 성과의 원인인지 아닌지에 대한 의혹 때문에 비판을 받아 왔다. 말하자면, (a)치료 초기의 증상 감소가 동맹 강화와 더 나은 성과로 이어졌을 수 있다, (b)더 나은 성과를 낳는 것은 치료사가 수행하는 어떤 것이 아니라 동맹에 대한 내담자의 기여분일 수 있다, (c)어떤 특정한 관계 중심 치료에서는 작업동맹이 "특정 성분"일 수 있지만 "관계 중심이 아닌" 특정 성분에 의존하는 치료에서는 덜 중요할 수 있다 등이 그것이다. 이들 쟁점들은 그 각각을 검토하는 혁신적 연구들로 이어졌다. 그리고 매번 작업동맹이 중요한 치료 요인일 것이라는 예측은 살아남았다. 작업 동맹이 중요한 치료 요인이라고 가정하였을 때 예측한 것과 실제로 얻어진 결과 간에 일관성이 있었다는 의미이다.

맥락 모델에서도 물론 보조 개념을 활용하는데, 그것들 중 가장 중요한 것은 치료사의 충성심(allegiance)이다. 맥락 모델에서는 처치 간 차이를 보여주는 연구가 나왔을 때 그것을 설명하기 위하여 충성심이라는 보조 개념에 도움을 청한다. 충성심을 보조 개념으로 활용한다는 것은, 자신이 제공하는 치료법이 더 효과적이라고 믿는 치료사들이 자신이 제공하는 치료법에 대해 믿음을 갖지 못한 치료사들보다 더 효과적일 것이라는 것이다. 제5장에서 말했듯이, 연구자의 충성심은 연구 결과에 영향을 미친다. 이것과 치료사 충성심이 상담 성과에 미치는 영향의 기제가 동일하다는 것은 거의 확

실하다. 눈에 띄는 예외가 없다면 맥락 모델의 핵심은 흔들리지 않는다. 그리고 보조 개념이 사용되더라도 후속 연구에 의해서 이를 지지하는 증거가 제공된다.

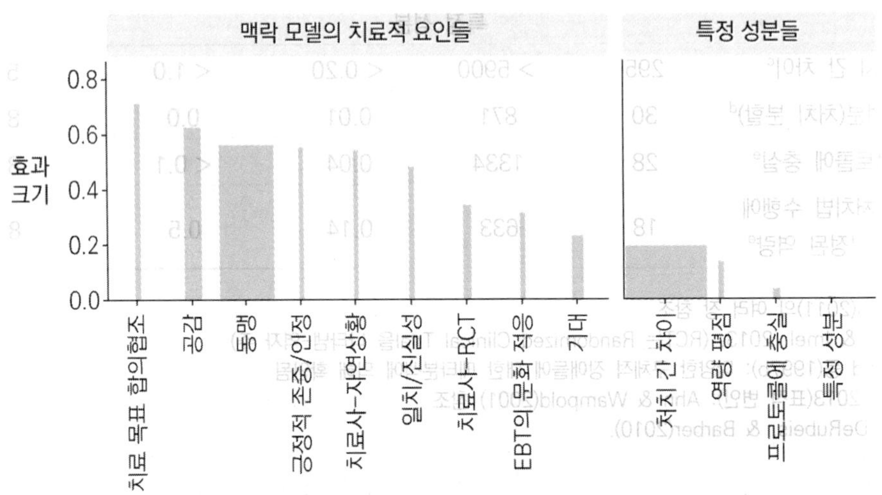

❙그림 9.1❙ 치료적 요인별 효과의 크기(막대의 넓이는 추정치의 산출 근거인 연구물의 수를 나타냄)

맥락 모델은 심리치료를 일종의 사회적 요소들이 들어있는 치유 과정이라고 개념화하고, 내담자의 다양한 심리적 고통을 경감시키기 위해 사회적 경로를 활용한다. 맥락 모델에서 핵심은 치료사와 내담자 사이의 관계가 미치는 영향에 있는데, 이 관계는 직접적으로 혹은 간접적으로 작용한다. 맥락 모델에 대하여 대충 이해하기만 해도 환자와 관계를 맺는다는 것(예를 들면, 상담실에서 두 사람이 서로 말하고 있음)만으로는 심리치료의 효과가 발생하지 않는다는 것을 알 수 있다. 설사 그 관계에 공감, 양육, 그리고 보살핌의 요소들이 있어도 말이다. 맥락 모델에 의하면, 치료사는 내담자에게 문제에 관하여 설명을 해주어야 하며 그 설명과 일치하는 치료적 행위(즉, 처치)가 있어야 한다. 그리고 그 치료적 행위에는 내담자가 문제에 대하여 대처하거나 문제를 극복하기 위한 수단이 포함되어야 한다. 내담자는 치료 과정에 참여하고 그것을 받아들여야 한다. 이때 치료사에게 단순히 종속되는 것이 아니라 치료 목표를 향해서 능동적으로 일관성 있게 일할 수 있어야 한다. 이제 의학 모델과 맥락 모델에서의 처치의 모습을 다시 한번 논의해 보자.

2) 의학 모델은 증거를 설명하는데 실패하고 있다

의학 모델의 핵심은 특정 성분의 효력을 강조한다는 것이다. 그러나 증거들은 이 핵심 가정으로부터 나온 예측과 맞아 떨어지지 않는다. 의학 모델의 중심 논리에 의하면, 어떤 처치들은 다른 처치들보다 더 효과적이라는 것인데, 그 이유는 그것의 과학적 속성 때문에 그 내부 요소들이 더 영향력을 발휘한다는 것이다. 치료를 목적으로 하는 두 가지 다른 처치법을 직접적으로 비교하는 연구가 시작된 이래로 치료법 간에 차이가 있음을 보여주는 증거는 거의 생산되지 못하였다. 그럼에도 불구하고 예외(예 치료법 간 차이를 보여주는 개별 연구들)는 있다. 그러나 이런 예외는 그런 연구를 수백 번 수행하면 우연히 발생할 것으로 기대되는 정도에 불과하다. 단순히 말해, 의학 모델에 의거하면 효과가 없어야 하지만 실제로는 효과가 있는 수많은 처치법들이 존재한다(예 현재 중심 치료, EMDR, 시간제한 정신역동 처치법들 중의 일부). 의학 모델에서 활용되는 논리적 보조 개념의 내용은 이런 처치들이 실제로는 다른 처치법들에서 제시된 특정 심리 과정을 통해서 효과를 발생시킨다는 것이다(예 EMDR은 단지 노출과 같은 것이며, CBT의 한 유형이다). 이런 내용의 보조 개념은 의학 모델의 또 다른 보조 개념(즉, 충실성 adherence)에 이의를 제기하게 한다. 만약에 겉으로 보기에는 다른 처치법들이 똑같은 심리 기제를 통해 작용하는 것이라면(EMDR과 CBT의 효과성은 노출에서 기인한다는), 특정 프로토콜을 준수하는 것이 꼭 필요하지는 않다는 것이 논리적으로 합당하다. 노출은 다양한 처치법들에서 다양한 방식으로 주어질 수 있기 때문이다. 통상적으로, 임상실험에서는 치료사를 선별하며, 교육을 시키고, 수퍼비전을 주고, 프로코콜을 준수하는지 감독한다. 그럼에도 불구하고, 임상실험의 결과가 처치 간 차이를 보여주었든 그러지 못했든 상관없이 그 연구들은 충실 측면에서 거의 매번(routinely) 비판을 받는다. 이것이 암시하는 바는 보조 개념이 무분별하게 사용되어서 증거의 타당성이 깎아내려졌다는 것이다. 의학 모델로서는 더욱 힘든 사항이 있는데, 프로토콜에 충실한지 여부가 치료 성과와 관련이 없으며, 따라서 그 보조 개념은 증거가 부족하다는 것이다. 게다가 엄격한 치료사 교육과 수퍼비전을 비롯한 임상실험의 특별한 조건들에도 불구하고, 심리치료의 성과에 있어서 치료사 간 변산이 치료 방법 간 변산보다 더 크다.

한 특정성분의 역할을 가장 직접적으로 알아내는 연구 방법은 처치요소 해체 설계(dismantling design–역자 주, 김계현, 2000)이다. 이 설계에 의하면 처치에서 한 요소를 계획적으로 빼버리면 처치의 효과가 그만큼 삭감되리라는 예측을 할 수 있다. 그러나 이미 그것에 관한 두 개의 메타분석 논문은 처치에서 핵심 요소를 삭제하였음에도 불구하고 처치의 효과는 줄어들지 않았다는 결과를 보여주고 있다.

특정한 두 개의 처치법 간이든 여러 처치법들 간이든 그 차이가 0(zero)이라고 단정하기는 어렵다. 그러나 설사 차이가 존재한다고 하더라도 그 차이의 크기는 미미할 것이며, 다른 효과들에 비하면 더욱 그렇다. 의학 모델은 원칙적으로 연구 증거에 대하여 결론을 내릴 때, RCT를 황금 표준처럼 존중한다. 그러나 RCT에서 생산된 증거는 치료 요법 간의 비교 연구든 증거기반 처치를 분할한 연구든 특정 요소에 관한 설득력 있는 증거를 제시해 주지 못하고 있다. 이런 증거는 의학 모델의 핵심이 되는데 말이다. 여기서 강조하고자 하는 바는 의학 모델을 옹호하는 많은 이들이, 물론 전부는 아니지만, (치료사-내담자 간-역자 주)관계 요인의 중요성을 인식하면서도 그것의 효과는 대단하지 않다고 주장한다는 것이다. 특정 효과에 비해서 관계가 갖는 효과는 크기와 중요성에서 강력하지 못하다는 주장이다.

3) 처치의 중요성

모종의 (절차에 의한) 처치가 "공통요인" 처치보다 효과 면에서 더 우월하다는 글을 흔히 접하게 된다. 여기서 이 용어(공통요인 처치)는 치료사가 내담자에게 공감, 따뜻함, 수용을 제공할 뿐, 처치로 여겨질 만한 어떠한 행위도 허락되지 않은 처치를 지칭한다. 이 유사위약(pseudo-placebo) 처치는 종종 "로저스 식 치료"라고 명명됨으로써 "합법성"을 부여받으며(심지어 로저스의 서적을 인용하기도 하며), 때로는 인간중심 처치법으로 분류되기도 한다. 그러나 이런 "처치법"은 처치라고 말할 수 없으며 인간중심적이라고 볼 수도 없다. 로저스에 관하여 공부하였거나 그의 상담 장면 동영상을 본 사람이라면 이들 "공통요인" 처치법이 로저스의 주장과 같지 않다는 것, 그리고 로저스가 치료시간에 실제로 행하는 것과 같지 않다는 것을 알게 될 것이다. 정말로, 로저스는 환자들에게 반응할 때 매우 전략적이다(Truax, 1966을 참조). RCT에서 전형적으로 이런 처치법(공통요인 처치-역자 주)을 제공하는 치료사는 자신이 비교 혹은 통제 그룹을 담당하고 있다는 것을 알고 있다(예 Markowitz, Manber, & Rosen, 2008). 인간중심 처치법들은 1950년대 혹은 1960년대에 생겨난 것이다(Ellison & Greenberg, 2007; Greenberg, 2010). 그런데 지금 왜 1950년대에 유행하던 처치법을 사용하겠는가? 이런 점에서 유사위약 처치를 로저스식 치료로 명명하는 것은 큰 오류이다. 맥락 모델 및 기타 공통요인 모델들(제2장 참조)은 모종의 처치 형태가 어떤 식으로 필요한지를 아주 명백히 설명한다. 맥락 모델에서는 장애에 대한 설득력 있는 설명, 그 설명과 처치법 간의 일관성, 치료 목표와 치료 과제에 대한 합의, 환자의 목표를 달성하기 위해 고안된 치료 과제에 대한 (환자의)능동적 참여 등등이 심리치료 성과를 생산하는 데에 필수

조건들이다. 설득력 있는 설명 논리와 치료 절차를 가진 처치법이 구조도 없고, 그것이 왜 효과적인지 이유를 환자에게 설명해주지 못하는 처치법에 비해서 대체로 결과가 더 좋다는 것은 놀랄 일이 아니다. 그런 처치법에서는 환자는 생활상의 변화를 바람직하게 가져가지 못하며, 치료사도 치료적이라고 믿는 행위를 하지 못하게 된다(제8장 참조). 심지어 어떤 치료법은 치료적이기를 의도하고는 있으나 실제로는 다른 처치법들보다 덜 효과적일 수 있는데, 환자의 고통에 대해서 친절히 알려주지도 않고, 나아지려면 어떻게 해야 하는지 방법까지 연결해주지 않기 때문이다. 일부의 인간중심 처치법들과 정신분석 처치법들이 이런 경우에 해당한다(예를 들면, Poulsen 등, 2014 참조).

"공통요인" 처치에 가장 가까운 처치법은 동기강화 면접이라고 할 수 있는데, 이것은 "상호 협조적으로, 변화를 향한 동기를 이끌어내고 강화시키는 인간중심적인 치료 형태"(Miller & Rollnick, 2009, p.137)이다. 비록 MI는 공통요인들 특히 공감이나 희망 불어넣기(즉, 기대감 만들기)에 강조점을 두고 있지만, 치료사들로 하여금 개입을 전략적으로 하게끔 유도하고 있기도 하다. 변화하려는 동기를 증가시키기, 자기 효능감과 변화 이야기(change talk) 강화하기, 목표 설정 장려하기(내담자 자신의 현재 상태와 앞으로 되고 싶은 상태 간의 간극을 자세히 밝히는 일) 등이 그런 전략적 개입에 해당된다. Miller와 Rollnick(2009)이 말한 것처럼, MI는 단지 내담자 중심 상담이 아니다.

> MI는 전통적인 내담자 중심 상담과 차이가 있는데, 의식적으로 목표 지향적이라는 점, 그리고 변화를 향한 의도적인 방향성을 갖는다는 점에서 그러하다. MI에서 상담사는 이른바 "변화 이야기(change talk)"라고 통칭되는 특정 유형의 대화를 경청하거나 전략적으로 이끌어 내고, 그것에 선택적으로 반응한다. MI 상담 시간에 상담사는 목표행동 변화를 향한 내담자의 표현된 동기의 강도를 증가시키려 하고, 현상유지를 위한 방어를 줄이려 한다.
>
> (p.135)

뿐만 아니라, MI는 치료적 의도를 명백히 가지고 있으며, MI 훈련을 받고 그것의 효과성에 대한 믿음을 가진 치료사에 의해 제공된다(Miller & Rollnick, 2009). 그러나 배우기가 결코 쉽지는 않다.

의학 모델과 맥락 모델은 둘 다 처치의 필요성을 강조하고 있지만 처치의 역할에 대해서는 다른 견해를 가지고 있다. 의학 모델에서는 매뉴얼에 적시되어 있는 요소들의 과학적 수준이 가장 중요하다. 1950년대에 Eysenck는 처치법 중에 과학적 지식을 기반으로 하는 요소를 담고 있는 처치법이 있으며, 이들은 다른 처치법에 비해 더 효과적이어야 한다고 주장했다. 그런데 우리는 여러 처치법 간에 차이가 별로 없다는 문헌들을 살펴보았다. 게다가, 의학 모델에서는 설명이 잘 되지 않는 특이 현상들이 있으며, 그것들에 대한 합당한 보조 개념이 제시되지 못함을 보았다. 오늘날 연구를 통한 강력한 지지를 확보하고 있는 몇몇 심리학적 처치법은 애초에 통제 집단용 처치로 시작된 것들이다. 연구에서 이들 처치법은 과학적으로 필수적인 요소가 의도적으로 삭제된 형태로 구성되었다. 이런 처치법으로는 우울증 치료에서의 대인 요법(Weissman, 2006), 행동 활성화(BA)(Jacobson 등, 1996), 그리고 PTSD 치료에서의 현재 중심 요법(Frost, Laska, Wampold, 2014; present-centered therapy; PCT) 등이 있다. 이미 앞에서 논의한 바와 같이, 우울증에 대해 BA가 인지치료(cognitive therapy; CT)와 같은 정도의 효과가 있다는 결과가 나타났을 때, Jacobson 등(1996)은 다음과 같이 주장하였다. "이런 결과는 우울증에 대한 인지이론에서 나온 가설과 충돌하는 것이다. Beck과 그의 동료들(1979)에 의하면 부정적인 인지 도식을 직접 교정하려는 처치가 반드시 필요한데, 그래야 치료 성과를 최대화시킬 수 있고 재발을 방지할 수가 있기 때문이다. 만약 BA가 CT 못지않게 효과가 있다면, 그리고 변화에 필요한 치료요인을 변경하게 된다면, 이론은 물론 치료 실제마저도 바뀌어야 한다"(pp.302, 303). 그러나 인지치료는 그 안의 특정 성분이 의심을 받았다는 이유로 포기되거나 바뀌지 않았다. 이는 의학 모델이 강력히 주장하는 바와 상치되는 일이다. 증거 기반 치료법의 명단에 이름을 올린 어느 치료법도 내부의 치료 요소에 대한 과학적 근거를 의심받았다는 이유로 명단에서 제외된 경우는 없었다.

동일한 종류의 특이 현상을 PTSD 치료를 위한 PCT에서도 볼 수 있다. 이 처치는 "비특정적 치료 요인들을 통제하기 위한 믿을만한 대안 치료법을 제공해서, 관찰된 지속노출의 효과가 단순히 좋은 치료를 받았다는 데 기인한 효과 이상의 특정 효과로 귀인될 수 있게 하는 것이었다"(Schnurr, Shea, Friedman, & Engel, 2007, p.823). 다시 말하면, 그 요법은 인지적 개입은 물론 어떠한 노출 개입도 제외하도록 설계되어 있다. 과거에도 PTSD에 대한 통제 처치로 설계된 개입이 시도된 바 있었는데 이것들은 증거기반 처치에 비해서 효과가 적었다. 그 통제 처치들에는 노출도 없었고, 인지 요소도 포함되어 있지 않았다. 공감적 반응 이외의 다른 어떤 치료적인 행위가 들어 있지 않았다(예 Foa, Rothbaum, Riggs, & Murdock, 1991). 그러나 PCT는 내담자에게 설명될 수 있는 믿을 만한 논리와 삶에서 활용할 수 있는 전략(즉, 문제해결 기술) 습득을 촉진하는 치료적 행위를 기술한 처치 매뉴얼로 개발되었다. 이때 이 처치는 과학적 성분을 지니고 있다고 여겨지는 처치법 못지않게 효과가 있었다. 이 결과는 PCT를 증거기반 처치법들과 비교한 메타분석 연구(Frost 등, 2014)에서 밝혀진 것이다. Suris, Link－Malcolm, Chard, Ahn, 그리고 North (2013)은 PTSD에 대한 PCT와 인지처리 치료(cognitive－processing therapy; PCT)를 비교한 결과, 아래와 같이 결론을 내렸다.

> 본 연구에 의하면 CPT와 PCT 모두 외상 후 증상 및 우울 증상의 감소에 효과를 보여준다. 무선 통제를 받은 다른 임상실험 연구들에서 발견된 것들과 유사하게도(McDonagh 등, 2005; Schnurr 등, 2007) PCT는 시간이나 관심 집중 같은 치료의 비특정 측면을 통제하기 위한 비교조건이 아닌 활성개입인 것으로 나타났다.
>
> (p.7)

의학 모델에 대한 골치 아픈 특이 현상 중의 하나는 PTSD에 대한 안구운동 둔감화 및 재처리법(EMDR)인데, 그것은 한편으로는 최면술(Mesmerism)에 비견되거나 비과학적이라는 평가를 받았다(Herbert 등, 2000; McNally, 1999). 다른 한편으로는 표준적인 증거기반 처치법으로서 효과가 있다는 평가를 받아서 영국의 국가건강관리청(National Institutes of Health and Care Excellence)과 같은 공식 기관으로부터 효과적 처치법이라는 추천을 받기도 하였다(Wampold 등, 2010). 또한 EMDR은 임상심리 분과로부터 "강력한 연구 증거 있음. 단, 논쟁의 여지는 있음"이라는 평가로 등재되어 있다. EMDR의 매뉴얼에 기술되어 있는 특정 요소들이 꼭 필요한 것은 아니라는 충분한 증거가 있다(Herbert 등, 2000과 McNally, 1999 참조). 그러나 앞에서 언급했듯이, 우울장애에 대한 인지치료나 다른 처치법에 대해서도 같은 이야기를 할 수가 있다. EMDR의 치료적 기제를 과학적으로 믿기 어렵다는 점은 별도로 하더라도, 그것의 특정성에 대한 증거도 부족하다. 그러나 이런 사정은 다른 "정통" 인지－행동 요법들에서도 마찬가지다. 이런 의미에서 이 처치에만(역자 주) "논쟁의 여지가 있음" 이라는 꼬리표를 붙인 이유는 임의적이라고 여겨진다.

의학 모델은 이런 변형 처치가 갖는 효과성을 설명할 수 없다. 반면, 맥락 모델에서 이런 처치의 효과성은 예외적인 것이 아니다. 맥락 모델에 의하면, 어떤 처치가 내담자가 받아들일 수 있을 만큼 설득력 있는 논리를 갖추고 있고, 처치를 담당하는 치료사가 이 처치를 효과적이라고 믿고 환자로 하여금 (치료)행위에 참여하게 할 수 있다면, 치료 성분에 관한 과학적 근거가 무엇이든 이 처치는 효과적일 것으로 예측한다. 처치는 서로 연결된 여러 심리 과정들의 행렬이 될 수도 있다. 이들 중 몇몇은 다른 처치의 심리적 기반이라고 주장되는 것과 유사하게 보일 수 있다. 그러나 개입의 내용이 반드시 처치가 이러저러 해야 한다고 지시해 주지는 않는다. 인지치료의 주창자 중 1인인 Meichenbaum(1986)은 환자에게 주어지는 설명의 설득력에 대해 아주 정확하게 인식한 바 있다. 그는 치료사의 칭찬할만한 행위에 대해 기술하면서 그런 인식을 드러내었다.

> 치료의 작용원리(rationale)를 설명하면서 치료사는 내담자의 불안을 Schachter의 정서각성 모델(Schacter, 1966)을 적용하여 개념화하였다. 즉, 치료사는 내담자의 공포 반응이 (a)생리적 흥분도가 높아짐, 그리고 (b)불안을 발생시키는 일련의 회피적 생각들과 자기 혼잣말들(예 공포 대상이 발생시키는 싫은 감정, 어떻게도 할 수 없다는 일종의 무력감, 불안감에 압도된 공황적 사고, 도망가고 싶은 열망)이라는 두 가지 요소를 포함 한다고 설명하였다. 이런 기초를 깔아 놓은 다음, 치료사는 내담자의 공포가 Schachter의 이론과 맞아 떨어지는 것 같이 보이는 측면을 지적하였다. Schachter의 이론에서, 공포와 같은 정서 상태는 신체적으로 각성되었을 때 내담자가 어떤 생각을 하는가에 따라 결정된다는 것이다. 여기서 반드시 짚어야 하는 것이 있는데, Schachter와 Singer (1962)의 정서 이론은 개념화를 위해서만 사용되었다는 것이다. 비록 이 **이론 및 이 이론의 기반이 되어주는 연구물들이 비판을 받고는 있지만**(Lazarus, Averill, & Opton, 1971; Plutchik & Ax, 1967), **이 이론은 내담자들이 받아들이기 쉬운 그럴듯한 설득력을 지니고 있다. 이 개념적 이해에서 보면, 처치 계획의 논리는 내담자들에게 깔끔하게 이해된다.**
>
> (강조 부문은 필자에 의함, p.370)

이론적으로 말해서, (심리)처치를 약물에 비유해서 말하면 안된다. 약물은 여러 가지 불활성 성분들과 특정 성분들로 구성되어 있다(제2장 참조). (심리)처치는 필연적으로 많은 관계적 요소를 포함하고 있는데, 이들은 불활성 성분과 다르다. 게다가, 모든 심리 처치는 다양한 요소들의 혼합체(amalgamation)이다.

▼표 9.2 PTSD에 대한 성공적 처치를 위해 중요한 요인들

- 환자가 받아들일 만한 설득력 있는 심리학적 설명
- 그 설명과 일치하는 일련의 처치 행위들(테크닉-역자 주)
- 안전하고, 신뢰할만한 치료 관계를 발전시키고 관찰함
- 치료의 목표와 과제에 대한 협력적 합의
- 희망을 고취시키고 자기효능감을 만들어내게 함
- PTSD에 대한 교육
- 트라우마 경험에 대하여 말할 수 있는 기회(즉, 스토리텔링)
- 환자의 안전을 보장함. 특히 가정 폭력이나 이웃에서 일어난 폭력, 학대의 희생양이 된다면
- 반복적 희생을 당하지 않는 방법을 배우도록 환자를 도움
- 환자의 자원, 강점, 생존 기술, 개인 내적인 자원과 대인 관계 자원, 그리고 리질리언스 개발
- 대처기술 가르치기
- 사건들에 대하여 연속적 행동으로 분석함
- 노출 요법(상담 회기 중 상상에 의하거나 혹은 상담 회기 밖에서 생생한 경험으로)
- 트라우마 사건 및 그 사건에 대한 환자의 반응에 대하여 이해하기
- 변화가 일어난 경우 그것이 환자 자신의 노력에 의한 것이라고 귀인하기
- 다른 사람들의 지원을 이끌어내고 활용하도록 격려함
- 재발, 즉 다시 악화되지 않도록 예방함

출처: "Determining what works in the treatment of PTSD" by B.E Wampold, Z.E. Imel, K.M. Laska,S. Benish, S.D. Miller,C. Fluckiger,....S. Budge, 2010, *Clinical Psychology Review, 30(8)*, p.931,

<표 9.2>는 Wampold 등 (2010)이 PTSD 치료에 필요한 잠재적인 치유 요인들의 목록을 제시한 것이다.

PTSD에 대한 대부분의 처치법들은 대체로 이 목록에 수록된 요소들을 활용한다. 더 많이 사용되는 것들과 더 적게 사용되는 것들이 있지만, 그들 중 무엇이 "활성" 요소인지 적시하기는 어렵다. 게다가, 모든 브랜드의 심리치료에 공통되는 핵심 요소가 무엇인지에 관해서는 훨씬 더 합의에 이르지 못하고 있다. 이에 대해서 Baardseth 등 (2013)은 다음과 같이 논의하고 있다.

> Lakatos(Larvor, 1998; Lakatos, 1970; 1976)가 논의했듯이, 과학과 수학은 두 가지 과정을 거친다. 첫째, 분류목 혹은 개념을 설정하고, 발전시키고, 정의를 내린다. 예를 들면, 뉴턴의 물리학에서는 중력이라고 불리는 힘의 개념을 설정하였

> 다. 수학에서는 다면체로 정의되는 하나의 분류목이 있다. 둘째, 그들 분류목과 개념들 간의 형식적인 관계는 추측(예측)이 가능하다. 중력을 예로 들면, 뉴턴은 중력에 의한 힘의 크기는 두 물체의 질량을 곱한 값과 비례하며, 두 물체 간 거리의 제곱과는 반비례한다고 하였다. 다면체를 예로 들면, Euler는 이런 입체의 특징으로 꼭지점의 수에서 변의 수를 빼고 이에 면의 수를 더하면 2가 된다고 추측하였다. 그러나, 분류목과 개념을 형성한 방식이 형식적 추측(formal conjecture)의 진위을 평가하는 데 핵심이 되며, 역으로 그 형식적 명제에 관한 이런 작업을 통해 그 분류목과 개념은 더 세련되어진다. 뉴턴은 당초에는 중력에 관한 명제를 점 질량(point mass) 개념으로 설명하였다. 그러나 후에 부피 질량(mass with volume) 개념을 수용하기 위해 그것을 수정할 필요가 있었다. 이와 유사하게, Euler의 다면체에서도 다면체의 오목함과 볼록함을 구분해서 보면, Euler의 예측에 위상(位相) 수학적인 문제점(기하학적 입체라기보다는)이 생기게 된다. 비록 한 연구 프로그램에서 분류목과 개념상의 변화가 생기더라도, 종종, 변화는 합리적일 필요가 있으며, 이런 변화로 인해 향후 더 탐구해야 할 새로운 명제들이 생산되어야 한다(Lakatos, 1970; 1976). 다시 말해서, 발전은 개념의 성질 및 개념들 간의 관계에 관한 형식적 명제들을 탐구함으로써 이루어진다. Larvor(1998, p.19)가 Lakatos에게 코멘트했듯이, "그럼에도 불구하고 그 의미는(그 의미가 무엇이든 간에) 주장의 한쪽 끝에서 다른 쪽 끝까지 동일해야 한다."
>
> (p.402)

그때그때 논의마다 처치의 분류 유목이 달라지는 것은 심리치료 연구에 있어서 불행한 일이다. 예를 들어보자. EMDR은 때로는 CBT로 분류되는데(예 Tolin, 2010) 또 다른 경우에는 그렇지 않다(Ehler 등, 2010). Ehler 등(2010은 CBT와 스트레스 관리 처치법(예 스트레스 저감(inoculation) 훈련)을 구분한다. 이 주장에 따르면, 'CBT의 핵심적인 특징은 무엇인가?'라는 질문이 제기된다. Tolin (2010)은 CBT로 분류되려면 다음 요소들 중 적어도 한 가지는 가지고 있어야 한다고 하였다. 첫째, 긴장이완 훈련(점진적 근육이완, 명상, 혹은 호흡 재훈련을 포함하여야 함), 둘째, 노출 치료(상상에 의한 혹은 실제 노출, 홍수 요법과 내폭요법(implosive therapy) 포함), 셋째, 행동 연습{rehearsal; 사회적 기술에 대한 행동 연습, 습관 뒤집어 교정하기(reversal), 혹은 문제 해결 훈련}, 넷째, 인지 재구조화(비적응적인 사고과정을 발견하고 교정하는 직접적인 전략을 포함), 그리고 다섯째, 조작적 조건형성 절차들(목표 행동에 대한 강화나 처벌을 체계적으로 조작함, 행동 촉발시키기 포함)이다. 그런데 여기서 확실하게 드러나는 것은, CBT로 분류되는 어떤 두 가지 요법들도 공통적인 특성을 가지고 있지 않다는 것이다! 그리고 또 한 가지, 거의 모든 처치 요법들이 그 특징 중의 한 가지는 꼭 가지고 있다는 것이다. 예를 들면, PCT는 노출 요법과 인지 재구성을 제외시킴으로써 CBT가 아닌 것으로 설계되었지만, 환자들에게 당면 문제에 대한 문제해결 기술을 가르친다(행동 요법으로 볼 수 있음). 그래서 이것은 CBT로 분류되어 왔던 것이다(Bisson 등, 2007을 보라)! 이에 대해서는 CBT 단체들에게 자문을 구해 보아도 상황이 명료하게 밝혀지지 않는다. 인지 행동 치료사 전국 협회(National Association of Cognitive−Behavioral Therapists; NACBT; 2014)에 따르면, "인지 행동 치료는 하나의 구분된 치료 기법으로 존재하지 않는다. 인지 행동 치료(CBT)라는 용어는 유사성을 가진 치료법들을 묶어준 매우 보편적인 용어이다"(인지 행동 치료란 무엇인가? para.1). 그리고 행동 및 인지치료 협회(Association of Behavioral and Cognitive Therapies; ABCT; 2014)에서도 CBT를 "과학적 증거에 기반을 둔 일군의 심리학적 처치법을 지칭하는 용어"라고 정의하였다(심리학적 처치에 관하여, para.1).

심리치료에 대한 의학 모델의 이론적 지위는 그다지 강하지 못하다. 이렇게 약한 이론적 지위를 갖는다는 것이 주는 (역자 주) 정책적, 실무적, 교육적 함의가 있다. Popper는 다음과 같이 썼다.

> 합리적으로 보면, 우리는 어떤 이론에도 "의존"해서는 안 된다. 어떤 이론도 진(眞)이라고 밝혀졌거나 밝혀질 가능성이 없기 때문이다 … 그러나 우리는 실천적 행위를 위한 바탕으로 최선으로 검증된 이론을 **선택**(prefer)해야 한다.
>
> (강조는 저자에 의한 것임, 1972, pp.21−22)

이런 근거를 따른다면, 맥락 모델을 선택하는 것이 맞을 것 같다. 의학 모델을 포기하고 대신에 맥락 모델을 잠정적으로 수용하는 데 따른 정책적 그리고 실무적 함의는 다소 과격하게 보일 수 있다. 그러나 생각했던 것보다는 덜하다.

2. 정책

1) 연구의 우선순위

임상실험은 두 가지 이상의 이유로 계속해서 "황금 기준"이 되어 왔다. 4장에서 언급했듯이 심리치료 임상실험이 수행된 횟수가 급격하게 증가하였다. 점점 더 많은 처치법이 임상실험 연구가 되고 있다. 그러나 불행하게도 심리치료에 대한 표준적인 임상실험으로부터 우리가 알아낼 수 있는 정보는 제한적이다. 그리고 임상실험 연구에는 돈이 많이 든다.

임상실험의 결과가 제한적이라는 것은 이 책의 여러 곳에서 논의한 바 있지만, 여기서 다시 요약하고자 한다. 첫째, 심리치료 연구에서는 (역자 주) 이중 맹검 임상실험이 불가능하다는 점이다. 치료사는 어떤 종류의 처치를 자기가 지금 제공하고 있는지 알 수밖에 없으며, 종종 자기가 제공하는 처치가 치료를 의도하지 않는 "통제" 처치라는 것을 인식할 수 있다. 두 종류의 처치가 모두 치료를 의도하고 있고 그 둘을 비교하는 연구라 하더라도 충성심 문제가 여전히 발생한다(5장 참조). 어떤 경우이든 즉, 모든 임상실험에 활용되는 치료사는 선발되는 것이며, 그들은 통상적으로 엄격한 조건의 교육 훈련, 수퍼비전, 그리고 조력을 제공받는다. 그 외에 환자들도 역시 자기가 어떤 치료를 받고 있는지를 안다. 환자에게 그들이 무선할당될 처치 중 하나는 치료적 작용을 하지 못한다는 사실을 솔직하게 알려주었다고 하자. 이 경우 치료적 작용을 하지 않는 처치를 받고 있는 환자는 자신이 열등한 처치를 받고 있다는 것을 충분히 알 수 있다. 둘째, "공통요인"을 활용한다는 것 혹은 이른바 위약 통제집단을 활용한다는 것에는 논리적 결함이 있다. 의학에서는 작용을 하는 활성 약물과 위약을 구분할 수 없다. 그리고 중요한 것은 그 둘은 서로 다른 시스템으로 움직인다. 활성 약물은 생화학적으로 작용하는 반면, 위약은 심리적으로 작용을 한다. 심리치료 연구에서는 활성 처치와 위약통제 처치 둘 모두 심리적으로 작용한다. 그렇기 때문에, 작용성이 없도록 만들어진 심리적 위약에 치료 성분을 추가하기는 어렵다. 왜냐하면, 처치집단에서 주어지는 관계 및 기타 공통 요인들은 통제 집단에서 주어지는 관계 및 다른 공통 요인들과 다르기 때문이다. 뿐만 아니라, 특정한 기법을 구사하는 것과 원래 작용성이 없도록 고안된 성분을 완전히 분리할 수도 없다(예 "비특정" 효과의 핵심이라고 할 수 있는 기대감의 변화는 인지치료에 의해서 얻어지는 가장 중심적인 성과이기도 하다).

다양한 형태의 임상실험 연구의 용도에 대해서 살펴보기로 하자. 첫 번째 유형은 치료 목적의 처치법과 무처치 통제 집단(예 대기자 명단 통제 집단) 간을 비교하는 것이다. 이것은 절대적 효과성을 검증하는 방법이다. 4장에 기술되어 있듯이, 이런 종류의 임상실험에서는 심리치료가 효과를 발생시키며, 그 효과의 크기는 약 .80 정도임을 보여주고 있다. 실로 우리가 아는 한, 제대로 된(bona fide) 심리치료법이 아무런 처치를 가하지 않는 것과 효과 측면에서 구분되지 않는다는 보고는 없다. 비록 이것이 출판편향 때문일 수 있지만 말이다. 수백 건의 연구물에 의하면, 모든 형태의 심리치료는 무처치와 비교해서 유익하다. 두 번째 연구 유형은 치료 효과가 있을 것으로 의도된 두 가지 처치법을 상호 비교하는 것이다. 5장에 기술한 것처럼, 이런 연구들은 처치법들 간 차이를 일관되게 발견하지 못하였다. 임상실험의 세 번째 유형은 치료 효과가 있을 것으로 의도된 처치법과 유사위약 조건 간을 비교하는 것이다. 유사위약 조건이란, 앞에서 살펴보았듯이 치료 성분으로서의(역자 주) 특정성을 충분하게 가지고 있지 못하다는 의미이다. 그럼에도 불구하고, 7장에서 보았듯이, 유사위약은 무처치에 비해서 효과가 있으며, 또한 많은 경우에 활성 처치의 효과성 수준에 근접하고 있다. 마지막 유형의 임상실험은 효과가 있다고 이미 알려진 처치를 분할하는 것이다. 처치의 분할은 처치의 성공에 필수적인 한 성분을 의도적으로 제거함으로써 이루어진다. 그런데 8장에서 살펴보았듯이, 처치로부터 그런 성분을 제거한다고 해서 처치의 효과성이 삭감되지는 않는다. 이들 모든 유형의 실험에서는 목표로 하는 변인에만 관심을 준다는 불편한 경향이 존재한다. 우리가 간과하는 것은 환자들이 아주 다양한 이유들로 인해서(대인 관계 문제, 삶의 질이 형편없어서, 혹은 일반적인 힘든 기분 등) 처치를 받으러 온다는 사실이다.

이 책에서 검토한 연구물의 대부분은 RCT 결과에 관한 것이었으며, 결과적으로 유용한 증거를 제공해 주었다. 게다가, 임상실험들에 의해서 심리치료의 효과성이 정립이 되었고, 그 덕분에 심리치료가 정당한 처치로 인정받을 수 있게 되었다. 그 결과, 대부분의 서구 국가들에서 심리치료를 의료 시스템의 일부로 포함할 수 있게 되었다. 그럼에도 불구하고 이 책에서 소개된 것들과 같은 임상실험을 추가적으로 수행하는데 재정을 더 투자하는 것에 대해서는 의문이 제기되어야 한다. 이미 수행된 수 천 건의 임상실험들에서 특정 장애에 대한 어느 한 처치가 다른 처치에 비하여 신뢰롭게 그리고 임상적으로 우월하다는 것을 알아내지 못하였다. 어느 특정 임상실험 연구에서 처치법들 간 차이가 나타나는 경우가 있지만, 열등한 것으로 나타난 처치법을 옹호하는 사람들은 그런 결과에 이의를 제기한다. 이 책에서 활용한 심리치료 정의를 만족시키는 처치법 중 여러 연구에 걸쳐 일관성 있게 열등하거나 혹은 해롭다고 발견된 것은 없다. 지금과 같은 임상실험을 지속한다는 것이 어떤 추가적인 지식을 생산해 줄 것인지 불분명하다.

임상실험이라는 수단을 지속하려면 막대한 비용을 감수해야 한다. Laska, Gurman, Wampold(2014)에 의하면, 1992년부터 2009년 사이에 NIMH로부터 재정 지원을 받은 여덟 건의 연구들은 치료적인 목적을 가진 두 개의 처치를 비교하는 것이었다. 그러나 이 연구들을 통해 새로 알아낸 지식은 별로 없으며 추가적인 결과도 얻지 못하였다. 전반적으로 말해서, 이런 연구들에서 나타난 효과는 0과 유의하게 다르지 않았다(심리치료 자체가 효과 없다는 의미가 아니고, 치료법 간의 차이가 없다는 의미임—역자 주). 실제로, 그 연구들 중 오직 한 건에서만 처치 간 차이가 나타났을 뿐이다. 그 한 개의 연구에서는 HIV 환자들을 대상으로 하는 우울증 치료에서 IPT가 CBT에 비해서 더 우월하다는 것을 발견하였다. 그러나 임상 실제의 지침에서 우울한 HIV 환자들이 CBT보다는 IPT를 받아야 한다고 주장된 적은 아직 없다. 그들 여덟 건의 연구에 소요된 예산은 무려 1천 1백만 달러 이상이었다. 그럼에도 불구하고 임상적으로나 과학적으로 그다지 많은 것을 추가해 주지 못하였다(연구된 처치법들 간에 차이가 없다는 결론을 한 번 더 확인한 것 이상으로는).

물론, 과정 연구('상담 과정 연구'라고도 칭함—역자 주)도 문제점이 없는 것은 아니다. 과정 연구들을 통해 우리가 알게 된 것에 대해 누구나 의문을 제기할 수 있지만, 여기서 우리가 주장하는 바는 투자 대비 얻어진 것이 매우 극적이라는 것이다. 동맹에 관한 연구가 이를 대표적으로 보여준다. 이론적 성격이 강했던 동맹 관계에 대한 연구는 동맹 관계를 아주 필수적인 치료 요인으로 우뚝 세워 주었다. 그리고 그 연구들은 연구의 타당성을 의심하게 하는 각종 위협 요인들을 극복하였다. 서로 다른 형태의 치료법들을 비교하느라 수백 만 달러를 낭비하는 대신에, 어떤 요인이 다양한 처치법들에서 효과를 발생시키는지 탐구하는 데 돈을 써야 한다. 다음과 같은 것을 생각해 보라. 유능한 치료사의 특징과 그(또는 그녀)의 치료 행위를 탐구하는 의제(agenda)에 재정 지원이 이루어진다면 우리는 무엇을 더 얻을 수 있을 것인가? 그러한 연구 의제는 돌봄의 질을 향상시키고 훈련에 초점을 두는 결과로 이어질 것이다.

2) 품질 향상

의학 모델과 맥락 모델은 정신 건강 서비스의 품질 향상과 관련하여 서로 다른 전략을 가지고 있다.

의학 모델의 전략

의학 모델에서 주장하는 바에 의하면, 어떤 처치법은 다른 처치법에 비해서 효과가 더 있다. 하지만 설사 효과 차이에 대한 증거가 없다 하더라도 치료사는 임상실험을 통과한 처치만을 제공해야 한다.

> 그러므로 처치 A가 효과적이라는 증거가 눈앞에 있음에도 불구하고 처치 B를 선호하는 임상가가 이제껏 아무도 처치 B가 효과 없다는 것을 보여주지 못했다는 사실에 안주한다면, 이는 옳은 일이 아니다. 처치 B가 효과 있다는 논문이 게재되기 전까지는 처치 A가 **윤리적인** 선택이 된다.
>
> (Chambless 등, 2006, 강조는 저자에 의한 것임, p.193)

돌봄의 질 향상을 위한 함의는 증거기반 처치를 심리치료 실무에 확산시키면, 심리치료의 효과를 증진시킬 수 있으리라는 것이다(Baker, McFall, Shoham, 2008; Foa, Gilihan, Bryant, 2013; Karlin, Cross, 2014; McHugh, Barlow, 2012; Shafran 등, 2009). 이 관점에 의하면, 상담사들이 증거기반 처치를 믿음을 가지고 사용하지 않기 때문에 좋지 않은 결과를 얻는다. 만약 이들 치료사가 그 치료를 (진심을 가지고; 역자 보탬) 사용하기 시작한다면, 성과는 증진될 것이다. 이 전략이 논리적이라고 여겨지는 만큼이나 심각한 문제도 존재한다(Laska 등, 2014 참조).

이 확산 전략에는 다음과 같은 가정이 깔려있다. 치료사들이 오로지 증거기반 처치만을 제공하면 더 높은 성과를 얻을 수 있을 텐데 그러지 않아서 적은 성과를 얻는다는 것이다. 그러나 4장에서 논의한 바와 같이, 임상을 실제에서 치료사들은 임상실험에서 만들어진 표준에 필적하는 성과를 내고 있다. 더 적은 수의 회기만으로 그렇게 하고 있다. 뿐만 아니라, 증거기반 처치를 실제 현장(naturalistic setting)에서 연구해 보면, 그 효과가 일상 처치(treatment as usual; TAU)에 비해서 더 우월한 것도 아니다. 단, 예외가 있을 수 있는데, 성격 장애 환자를 치료함에 있어서는 그렇지 않다. 이 확산 전략의 두 번째 문제점은 치료사 변인이 무시되고 있다는 것이다. 이 전략에서는 치료사들이 적절하고 충분한 훈련을 받기만 하면 그들은 누구나 훌륭한 성과를 낼 것이라고 가정한다. 그러나 앞에서 논의했듯이, 전국적으로 유명한 전문가들이 훈련 중인 치료사들에게 증거기반 처치에 대한 훈련을 실시하고, 수퍼비전도 제공하는 전문 클리닉(specialty clinics)에서 조차 치료사들이 성취하는 성과는 치료사 간에 크게 다르다(Laska, Smith, Wislocki, Wampold, 2013).

이 확산 전략이 가지고 있는 세 번째 문제점은 증거기반 처치가 장애 별로 특수하게 적용되는 것이어서, 만약에 한 명의 환자가 다양한 여러 장애를 가진 경우 여러 가지의 처치법들을 배워야 한다는 것이다(장애의 중복이환, 즉 comorbidity에 관해서는 말할 필요도 없고). 이 문제는 McHugh와 Barlow(2012)가 아래와 같이 언급하였다.

> 예컨대, 특정 질환을 다루는 외래 클리닉 환경이라 하더라도, 임상가들이 EST를 사용하여 해당 환자군(群)을 치료할 수 있으려면 다수의 개별 처치 프로토콜(protocols)에 대해 교육 훈련을 받아야 할 것이다. 지역의 정신 건강 센터라면, 더 다양한 임상 문제들을 다루어야 하므로, 더 많은 프로토콜에 대해 배워야 할 필요성이 있게 된다. 이들 처치법 각각에 대해 높은 충실도를 유지하려 한다면, 이는 임상 시스템에 극심한 부하를 주게 될 것이다. 교육 위주의 훈련(예 워크샵, 읽어야할 것들)과 역량 훈련(예 수퍼비전, 피드백 받기)에 드는 비용을 감안하면, 한 기관에서 다수의 처치법을 갖추고 실시한다는 것은 가능해 보이지 않는다.
>
> (p.951)

이 문제를 공략하기 위해 여러 다른 진단 장애들을 넘나드는(transdiagnostic) 처치법들이 개발되고 있다(예 Barlow 등, 2011). 그러나 아직까지는 그런 것이 실현 가능하거나 혹은 돌봄의 질을 높여 줄 것 같지 않다.

이런 확산 노력의 최종 문제점은 그것의 비용이 만만치 않다는 것이다. Laska 등(2014)에 의하면 한 명의 치료사가 한 종류의 증거기반 처치법을 배우는 데 4,200달러가 소요된다. 사실 이 수치는 그 처치법을 배운 후 자문받는데 드는 비용이나 재교육에 드는 비용은 포함시키지 않은 가격이다. 이 확산 전략을 옹호하는 사람들은 자문이나 재교육을 추천하는 편이다. 치료사로서의 처치 충실도가 때에 따라 달라질 수 있기 때문이다. 외래 센터들이나 기관 입장에서 그런 비용은 큰 것이다. 예를 들면, 예비역 군인 업무를 담당하는 부처에서는 2007년부터 2010년 사이에 증거기반 처치를 확산시키는 데에 2천만 달러 이상의 비용을 썼다(Ruzek, Karlin, Zeiss, 2012). 인구학적 조사 연구들에 의하면, 미국에서 지난 12개월 이내에 DSM 진단 기준을 충족했던 사람들 중 40 퍼센트 정도가 어떤 종류의 정신 건강 서비스도 받지 못했다고 한다(Kessler 등, 2005; Wang 등, 2006; Wang 등, 2005). 증거기반 처치법들을 확산시키는 데에 드는 비용은 정신 건강 서비스를 더욱 손쉽게 받을 수 있게 해주는 데 쓰여야 마땅하다. 그렇게 되려면 우선적으로 서비스 제공자의 숫자를 늘리고, 서비스 비용이 어느 정도 저렴하여 받을 만하다는 확신을 주어야 한다.

일반적으로, 실무에서 일하는 임상가들은 기존의 방식을 바꾸는 것을 꺼려하는 편이다. 그래서 적어도 일부의 사람들에게는 증거기반 처치법을 사용하지 않는 것은 형편없는 정신 건강 서비스의 근본 원인인 것이다(Baker 등, 2008; Lilienfeld, Ritschel, Lynn, Cautin, Latzman, 2013). Baker 등은 실제로 다음과 같이 말했다. 임상심리학은 "의학 실무자들이 대체로 전(前)과학적 방식으로 일하던 때의 의학과 유사하다"(p.77). 그러나 여기서 우리가 주장하는 바와 같이 증거기반 처치를 확산시키는 것이 돌봄의 질을 향상시켜주지 못한다면, 그 대안은 무엇인가?

맥락 모델의 전략

맥락 모델에 의하면, 유능한 치료사로부터 치료를 받는다면 여러 가지 다양한 처치법들이 효과를 발생시킬 것이다. 그러나 이 말이 "치료사들은 자기가 내키는 대로 처치해도 좋다"라는 의미로 번역되어서는 안 된다. 그보다 각각의 치료사는 어떤 처치법을 선택하든 상관없이 만족할만한 성과를 내줄 책임이 있다는 것이 질적 향상을 향한 맥락 모델의 결론이다. 이 관점은 "실무-기반 증거(practice-based evidence)"로 이어진다. 여기서 실무-기반 증거란 치료 실제로부터 발생한 내담자 진전에 관한 자료를 돌봄의 질을 향상시키는 데 활용한다는 의미이다(Barkham, Hardy, Lellor-Clark, 2010; Duncan, Miller, Wampold, Hubble, 2010; Lambert, 2010; Pinsof & Wynne, 2000; Sapyta, Riemer, Bickman 2005).

실무-기반 증거를 활용하는 수단으로 가장 많이 연구된 것은 환자의 진전에 대하여 치료사에게 제공하는 피드백에 관한 연구들이다. 피드백이 제공된 경우와 그렇지 않은 경우 간 효과의 차이를 비교한 임상 연구들을 메타분석한 바에 의하면, 피드백을 제공하면 성과를 증진 시킬 뿐만 아니라 그 효과 크기는 중간 크기인 .50 내외로 인상적인 크기임을 보여 주고 있다(Lambert & Shimokawa, 2011; Shimokawa, Lambert, Smart, 2010). 비록 피드백 시스템을 실행하는 데 있어서 여러 가지 많은 쟁점들이 존재하기는 하지만(Boswell, Kraus, Miller, Lambert, 출판 중), 이것은 증거기반 처치법의 확산을 대신해줄 증거기반 대안을 제공해 준다. 증거기반 처치법 확산이 가지고 있는 문제 중의 하나는 이들 처치법을 적용했을 때, 그것에 대한 성과 측정이(언제나-역자 주) 동반하지는 않는다는 것이다. 그래서 그 처치법들이 "어떤 주어진 장면에서 실제 얼마나 잘 작용할 것인지를 알 수가 없다. 실무-기반 증거는 실제 사례로부터 얻은 성과를 기반으로 하므로, 실제의 실무 조건 위에서 그 책무성을 창출한다. 하나의 예를 들어, 보면, 미국 플로리다주 Palm Beach 소재 가족 서비스 센터(CFS, Center for Family Service)는 'PCOMS (Partners for Change Outcome Management System)'를 실시하고 있다 (Miller, Duncan, Sorrell, Brown, 2005). 이에 대하여 Bohanske와 Franczak(2010)은 다음과 같이 기술하였다.

> 예컨대, 치료에 머무르는 기간이 평균 40퍼센트 이상 감소하였으며, 취소 및 결석 비율도 각각 40퍼센트와 25퍼센트씩 감소하였다. 무엇보다도 가장 인상적인 것은, 향상을 전혀 보이지 않거나 혹은 거의 보이지 못한 채 장기 처치를 받는 내담자의 비율이 무려 80퍼센트나 감소하였다는 것이다! CFS는 연간 50만 달러에 가까운 비용을 절약하였으며, 그 돈은 다른 직원을 채용하고 더 많은 서비스를 제공하는 데에 사용되었다.
>
> (p. 308)

물론 증거기반 실무에서 실무-기반 증거를 사용하지 못하게 금지하는 것은 아니다. 많은 의학 모델 신봉자들은 피드백 전략을 반대하지 않으며, 드물기는 하지만, 피드백 전략도 증거기반 처치를 고려한 조건에서라면 돌봄의 질을 향상시키는 하나의 수단이 될 수 있다는 식으로 언급하기도 한다.

실무-기반 증거는 치료 과정에 관한 자료까지도 포함하도록 확대되었다. Lambert (2010)는 임상을 도울 수 있는 측정 도구들을 개발하였는데, 그것들은 동맹, 변화에 대한 준비도, 사회적 지원을 평가하고자 만들어진 것들이다. 그 밖에 개인, 부부, 체계(예 가족) 치료에서의 동맹 관계를 비롯한 치료 과정의 다른 측면들을 측정하는 도구도 개발되었다 (Miller 등, 2005; Pinsof 등, 2009).

돌봄의 질을 향상시키는 데 실무-기반 증거가 활용될 수 있는 마지막 방법은 환자의 진전을 치료사 수준에서 추적관찰하는 것이다. 6장에서 분명히 드러났듯이, 치료성과 측면에서 치료사 간 변산 즉 차이는 상당히 크다. 더 중요한 것은, 상담성과가 가장 떨어지는 치료사들은 "평균 점수"를 극적으로 깎아먹는 역할을 한다. 정책의 측면에서 볼 때, 기관의 관리자라면 누구나 치료 성과가 형편없는 치료사들의 성과에 대해 관심을 가져야 한다. 물론, 어떤 행동을 취해야 할지는 논란의 여지가 있지만 말이다. 치료사의 성취 수준을 측정하는 그 자체도 그들의 전문가 자율성을 훼손할 수 있어서 논란의 대상이 되기도 한다. 그러나 수행 실적이 저조한 치료사들에게 역량을 향상시킬 수 있도록 기회를 제공해 준다면, 그리고 치료사가 환자나 치료비용 지불자에게 책임을 다해야 한다는 의무를 갖고 있다는 점을 감안하면, 치료사의 성취 수준을 측정하는 것은 합리적인 길로 보인다. 우리가 보기에, 치료사들은 여러 가지 이유로 인해 저조한 성과를 낸다. 예를 들면, 어떤 특정 부류의 환자들과는 협조 관계를 형성하지 못할 수 있고, 특별히 어려운 내담자들에게는 공감적으로 대응해 주지 못할 수도 있다(Moyers & Miller, 2013 참조). 반면에, 어떤 치료사는 환자와 적합한 관계를 형성할 수는 있지만, 내담자가 받아들일 수 있고 실행 가능한 처치구조를 제공하는 데 실패할 수도 있다. 전자는 관계 향상 연습을 통해서 도움을 얻을 수 있겠고, 후자는 특정 처치 예컨대 증거기반 처치를 새로 배움으로써 도움을 받을 수 있다.

증거에 입각한 관점에서 볼 때 별로 합당해 보이지 않는 정책 제안들이 존재한다. 치료사들에게 특정 처치만을 사용하도록 강제한다거나 혹은 몇 가지 안 되는 처치법들 중에서 선택하도록 강요하는 것은 이 책에서 드러난 증거에 반하는 것이다. 우리의 관점에서 보면, 책무는 성과로부터 나오는 것이지 특정 처치만을 제공하라는 주장에서 나오는 것이 아니다. 우리는 어떤 몇 가지 심리 장애에 대해서는 표준적인 기준을 가지고 있으며, 또 다른 몇 가지에 대해서 그런 것을 개발할 수 있다. 치료사들과 케어 시스템들이 그런 표준을 만족시키고 있는데 어째서 치료법의 범위(다음에서 주의 사항들을 논의함)를 제한해야 하는가? 환자들은 여러 가지 다른 치료법들 중에서 선호를 가질 수 있다. 한 메타분석에 의하면 자신이 선호하는 처치를 받고 있는 환자들이 자신이 선호하지 않는 처치에 그냥 배정된 환자들에 비해서 더 나은 성과를 보였으며 조기에 치료를 떠나는(dropout) 숫자가 더 적었다(Swift, Callahan, Vollmer, 2011).

이 사실은 우리에게 조기 종결 주제를 제기해 준다. 조기에 치료를 떠나는 데에는 분명 여러 가지 이유들이 있다. 그러나 처치를 마치기 전에 치료를 그만 두는 것은 그 이유가 무엇이든 문제가 된다. 조기 종결에 대한 추정치들은 다소 차이가 있지만, 한 체계적 조사에 의하면 심리치료 환자들 중 약 20퍼센트 정도가 조기 종결을 한다고 한다(Swift & Greenberg, 2012). 만약 환자들이 처치가 마음에 들지 않아서 조기 종결을 하는 것이라면, 여러 가지 다양한 처치법들 중에서 선택할 수 있게 해주는 것이 합당할 것이다. 왜냐하면, 어느 한 처치법이 다른 처치법 보다 명백하게 더 효과적이라는 증거가 존재하지 않기 때문이다. Chambless 등의 윤리 명령(imperative)을 다시 한번 언급하고자 한다.

> 그러므로 처치A가 효과적이라는 증거가 눈앞에 있음에도 불구하고 이제껏 아무도 처치B가 효과 없다는 것을 보여주지 못했다는 사실 때문에 처치B를 선호하

> 는 임상가가 안주한다면, 이는 옳은 일이 아니다. 처치B가 효과 있다는 논문이 게재되기 전까지는 처치A가 **윤리적인** 선택이 된다.
>
> (Chambless 등, 2006, 강조는 저자에 의한 것임, p.193)

만약에 모든 처치법이 증거에 대해 "동등한 접근성(equal access)"을 가지고 있다면 그렇게 해도 완전히 합리적인 진행이 될 수 있다. 4장에서 보면 인지행동치료는 다른 요법들에 비해서 더 많은 임상실험이 이루어졌음이 분명하다. 그 차이의 크기 역시 상당하다. 그렇게 된 이유 중에는 CBT 옹호자들이 연구에 적극적인 성향이 있다는 점도 일부 있다. 그래서 CBT에게 정당한 우위를 주는 것일 수 있다. 그러나 여기에는 헤게모니 즉 기득권이라는 측면도 있다. 손쉽게 매뉴얼로 만들 수 있고, 시간제한이 있으며, 증상 중심적인 처치법은 실험의 필수 요건에서 유리하다는 것이 분명하다. CBT가 재정적으로 지원받는 데 더 용이하며, 정책을 수립하는 기관들에는 CBT 연구자들로 넘쳐나며, 최상위권 학술지들은 CBT의 효과성을 보여주는 논문을 더 잘 실어주는 성향이 있다고 감히 주장할 수 있다. CBT의 기득권을 이야기한다고 해서 이것이 "반(反) CBT"로 해석되어서는 안 될 것이다. CBT는 다양한 범위의 장애들에 대해서 효과가 있는 치료법이며, 많은 환자들이 받아들일 수 있고, 이해할 수 있고, 효과를 얻을 수 있는 치료법이다. 문제가 되는 점은 CBT의 우월함을 주장하는 것, CBT를 강요하고자 노력하는 것, CBT는 "과학적"이라고 말하는 것(그 대안적인 요법들에 비교해서) 등이다.

RCT 및 RCT 연구결과를 메타분석한 연구들에서 한 가지 문제가 되는 점은 특정 장애에만 해당되는 증상 척도에 관심을 집중한다는 점이다. 반면, 정신 건강, 심리 안정 혹은 삶의 질 등에 대한 전반적 측정치들은 제외시킨다(Crits-Christoph 등, 2008). 예컨대 McDonagh 등(2005)의 연구를 보자. 그들은 PTSD에 대한 두 가지 처치법을 비교하였는데, 하나는 CBT로 PTSD에 대한 증거기반 표준 처치법이며, 다른 하나는 앞에서 언급한 현재중심 치료였다. 이 두 개의 집단을 대기자 통제 집단과 비교하였다. PTSD 치료의 목표 증상에 있어서는 두 처치법이 대기자 집단에 비해 우월하였지만, "두 처치법 중 그 어떤 것도 우울감, 해리 현상, 분노와 적개심 등의 증상을 감소시키거나 삶의 질을 향상시키는 점에서는 우월함을 보여주지 못했다"(p.520). 더구나, 증상 중심이 아닌 처치법에서는 목표 증상이 가장 중요한 것은 아니다.

> 정신역동 치료의 목표는 급한 증상을 경감시키는 것을 포함하면서도 그 이상으로 확장하려 한다. 심리 건강이란 증상이 없다는 것뿐만 아니라, 삶에 있어서

> 더 많은 자유와 가능성을 가져다 주는 내적 역량과 자원들이 긍정적으로 존재한다는 것을 말한다.
>
> (Shedler, 2010, p.105)

현장에서는 무엇이 처치의 적합한 초점이어야 하는지 토론해야 한다. 우리는 의학을 좇아서 모방하려는 노력을 여러 방면으로 해본 바 있는데, 그중의 하나가 증상에 초점을 맞추는 것이다. 그러나 이런 초점 맞추기는 의학의 추세를 잘못 이해하게 만들 수 있다. 의학은 삶의 질이라는 쟁점에도 비중을 두고 있기 때문이다. 만약에 어떤 환자에게서 증상은 제거되었으나 삶의 질, 역할 수행 기능, 대인 관계, 그리고 안녕감에 대한 기타 지표들에 있어서는 진전이 없다면 사람들은 그 치료를 두고 성공적이라고 말하지 않는다. 안녕감이란 단지 증상이 없음만을 뜻하는 것이 아니다.

좋은 정책이란 몇 개의 처치법을 확산시키려는 시도를 하기 보다는 사용 가능한 효과적인 처치의 범위를 넓혀주어야 한다. 또한 환자가 돌봄(care)에 쉽게 접근할 수 있도록 보장해 주어야 한다.

3. 실무

맥락 모델을 수용한다는 것은 교육훈련뿐 아니라 실무에 있어서도 여러 함의를 갖는다. 이를 치료사의 관점과 환자의 관점에서 살펴볼 것이다. 비록 다른 관점에서 보았을 때이지만 말이다. 이들 결론의 대부분은 정책과 관련한 내용을 반영하고 있다.

1) 치료사 관점

처치의 선택

이 결론적 장에서 이미 강조하였듯이, 어떤 치료법이 다른 치료법에 비해 유리하다는 증거는 불충분하다. 이런 결론이 함의하는 바는 치료사가 스스로 선택한 처치법을 제공할 수 있다는 것이다. 이것이 아무리 그럴듯하게 들리더라도, 여기에는 중요한 세 가지의 경고가 있다.

첫 번째 경고. 치료사가 제공하는 처치는 일관성(coherent)이 있어야 하고, 설명이 되어야 하며(explanatory), 환자가 삶의 바람직한 변화를 도모하는데 관여하도록 촉진하는(facilitate) 것이어야 한다. 치료사가 단지 공감적 반응만 한다면 이는 불충분하다.

또한 치료사가 일관성이 없는 행위들의 조합을 제공하는 것도 불충분하다. 이런 것을 잘 표현한 단어로 '뭉쳐지지 못한 절충주의(incoherent eclecticism)'라는 묘사도 있다. 설명(이론-역자 주)과 처치(실제-역자 주)에 포함되어야 할 핵심 사항을 보면, 그것은 (a)환자가 수용할 수 있어야 하고, (b)환자로 하여금 자기의 문제에 대하여 통제력을 가질 것이라는 예측을 할 수 있게 해야 하고, (c)환자가 어떤 식으로든 행동을 할 수 있게 해야 한다. 환자에게 처치법을 수용하게 하는 것은 치료사의 책임임을 치료사들은 이해해야 한다. 처치에 대한 저항은 여러 요인에 의해 발생한다. 일부는 환자와 관련이 있고, 일부는 치료사와 관련이 있으며, 일부는 처치 자체의 특성과 관련이 있다. 치료사들이 알아야 하는 것은 환자가 한 치료법을 다른 치료법보다 더 선호할 수 있다는 것, 그리고 한 치료법이 다른 치료법에 비해서 환자 자신의 성격이나 태도, 문화적 신념과 더 잘 맞는다고 여길 수도 있다는 것이다. 분명한 것은, 치료사는 환자의 문화, 태도, 가치관, 경제적 자원, 사회적 조력, 기타 상황 조건들을 알아차리고(실무에-역자 주) 고려해야 한다는 것이다(미국심리학회의 증거기반 실무에 관한 회장 직속 위원회, 2006 참조). 이것이 암시하는 바는 치료사가 처치를 제공할 때 융통성을 발휘해야 하지만(Owen & Hilsenroth, 2014 참조), 동시에 치료사는 한 가지가 아닌 더 이상의 처치법을 숙달하여 제공할 수 있어야 한다는 것이다. 증거에 따르면, 한 가지 처치 프로토콜에 집요하게 집착하는 것은 해로우며, 특히 치료사와 환자 간의 관계를 망칠 때 더욱 해롭다.

두 번째 경고. 환자가 성취한 성과 역시 치료사의 책임이다. 물론 어떤 환자는 치료사의 통제 범위를 벗어난 요인들 때문에 다른 환자들보다 예후가 더 나쁠 수 있다. 그러나 전반적으로 치료사는 치료를 받는 환자들의 유형에 따른 합리적인 기준을 충족시켜야 한다. 책임에 대한 이 말이 암시하는 바는 치료사가 환자의 진전에 대하여 측정을 하고 있어야 한다는 것이다. 이미 1966년에 Paul Clement는 자신의 사설 치료 실무에서 이것(측정-역자 주)을 시작한 바 있다(Clement, 1994, 1996). 치료사가 여러 가용한 측정 도구들 중 어느 하나를 사용하든, 혹은 치료 과정 상호작용 속에서 치료 목표를 향해 가는 환자의 진전을 평가하든 간에 관계없이, 치료사라면 이런 측정 방법들이 갖는 효과에 대해 알고 있어야 한다. 이 경고는 증거기반 처치를 제공하는 치료사 및 그렇지 않은 다른 치료법을 제공하는 치료사 모두에게 적용된다. 치료사가 개입의 효과를 체계적으로 모니터하지 않는다면, 그는 현대 돌봄 기준을 충족하는 윤리적 처치를 제공한다고 주장 할 수 없다.

세 번째 경고. 제공되어야 할 치료법들의 범위에는 반드시 한계가 있다. 치료사에게 찾아오는 환자들은 치료 실제와 일관성이 있는 설명을 듣기를 기대한다. 그렇기 때문에 심리치료를 받는 환자들에게 제공되는 처치는 합리적이고 또한 합리적으로 방어가 가능한 심리학적 기반을 가져야 한다. 세상에는 많은 "미친(crazy)" 치료법들이 있는데(Singer & Lalich, 1996) 그중 어떤 것은 실로 해롭다. 우리는 이런 어처구니없는 치료법(예를 들면, 환생이나 윤회 치료와 같이)은 피해야 한다고 본다. 치료사가 이런 변두리 치료법에 관여한다면 그 치료사는 위험에 빠지게 될 것이고, 나아가 상담 현장을 손상시키게 될 것이다. 심리치료의 정의에 미치지 못하는(예를 들면, 인생 코칭, 종교적 은둔과 같은) 개입방법들은 유용할 수도 있고 심리치료와 유사한 심리 기제에 기초하고 있기도 하다. 그러나 우리가 보기에 그것들은 실제 적용 면에서나 규제 즉, 관리 측면에서 심리치료 연구가 관찰할 만한 범위를 벗어나는 것 같다. 심리학적 토대로부터 많이 벗어난 처치와 수용할 수 있는 처치를 구분하는 고정된 기준이 있는 것은 아니다. 때문에 그런 구분은 치료사 스스로가 내리는 결정이다.

처치에 대한 치료사의 믿음

5장에서 살펴보았듯이, 처치에 대한 치료사의 충성심이 중요하다고 믿을 충분한 이유가 있다. 실로, 그 어떤 내담자도 자기가 사용하는 처치 절차를 믿지 않는 치료사로부터 서비스 받기를 원하지 않는다. 만약에 어떤 고객이(변호사의 고객 – 역자 주) 이웃 사람을 상대로 고소를 하고자 하는데, 그 변호사가 이것이 최선의 길이 아니라고 믿고 있다면, 고객은 이 변호사가 법정에서의 임무를 훌륭하게 수행할 것이라고 확신할 수 없을 것이다. 따라서 고객은 고소 의향을 포기하거나(변호사가 설득적이라면), 다른 변호사를 고용할 것이다. 이와 유사하게, 환자는 치료사가 처치의 효과에 대한 믿음을 가지고 있는지 알고 싶어 한다. 이것은 독자들에게 약간의 딜레마를 발생시킨다. 독자들이 지금까지 제공받은 설득력 있는 증거에 의하면, 어떤 특정 처치도 다른 처치들과 비교했을 때 더 효과적이지 못했다(물론, 제한적으로 해석하여야 함). 그렇다면, 치료사는 어떻게 자기가 제공하는 처치의 효과에 대하여 믿음을 가지게 되는 것일까? 이 증거가 치료에 대한 냉소 즉, 비꼼으로 이어지는가? 이런 딜레마에서 벗어나는 방법은 어렵지 않다. 치료사가 지녀야 하는 믿음은 지금 자기가 제공하는 이 처치가 지금 치료하고 있는 바로 이 특정 환자에게 효과적일 것이라는 믿음을 말한다. 치료사가 가져야 하는 확신은 이 처치가 자기 자신에게 잘 맞고, 내담자에게 잘 맞고, 내담자가 잘 받아들이고, 그리고 내담자가 처치에 잘 반응하리라는 것이다. 이런 태도는 유용하며, 결과적으로 맹목적인 믿음(혹은 어떤 처치만이 경험적으로 특별히 우수할 것이라는 믿음)이 아닌 잘 정돈되고 조심스러운 믿음으로 이어질 것이다. 내담자가 처치를 받아들이지 않으려 할 때 혹은 내담자가 만족할 만한 진전을 보이지 못하고 있을 때, 이런 믿음은 융통성을 발휘할 수 있게 해 줄 것이다.

지속적인 향상

치료사들은 자신의 기술을 항시 발전시켜야 하는 책임이 있다. 미국에서는 심리학자, 카운슬러(상담사), 사회복지사는 비교적 적은 경험을 가진 상태에서 자격증을 가진 전문가로 현장에 투입된다. 그런데 불행하게도 훈련 중인 학생, 인턴, 박사후 임상가들도 경험 많은 임상가와 비슷한 역량을 발휘하는 것으로 알려져 있다(Laska 등, 2013; Tracey, Wampold, Lichtenberg, Goodtear, 2014; Vollmer, Spada, Caspar, Burri, 2013). 게다가, 심리치료의 전문성을 개발시키는 데에는 여러 가지의 장애물들이 있다(Tracey 등, 2014). 그중 가장 중요한 것은 무엇이 전문가로서의 치료사(즉, 평균 이상의 성과를 내는 치료사—제6장을 참조)를 만들어 주는지에 대해 우리가 제한된 지식 밖에 가지고 있지 않다는 것이다. 흥미롭게도, 자신의 전문성에 대하여 자신하지 못하는 치료사들이 더 나은 성과를 올린다. 이는 자신의 치료 실무에 대하여 반성적인 태도를 갖는 것이 도움이 된다는 것을 암시한다.

2) 환자의 관점

환자의 입장에서는 유능한 치료사를 발견하는 일이 가장 중요하다. 불행히도 치료사들의 성과에 관한 정보는 거의 찾아보기 어렵다. 환자들은 대체로 소문에 의존하거나 의료행정담당자(예 보험 회사, 비용을 지급하는 공무원)가 지정한 치료사를 만나야 한다. 그럼에도 불구하고 환자는 몇 가지 주요 사항에 대하여 주목하여야 한다. 첫째, 처치 계획이 있는가? 만약 있다면, 그 처치 계획을 수용할 수 있는가? 계획은 말이 되는 수준인가? 그리고 그 계획대로라면 나아질 수 있다고 예견되는가? 둘째, 환자와 치료사는 치료의 목표와 치료에서 해야 할 과제에 대하여 합의하고 있는가? 즉, 함께 협조하여 일하는 관계가 존재하는가? 셋째, 환자는 존중받고 이해받는다고 느끼는가? 넷째, 가장 중요한 사항인데, 목표를 향하여 그런대로 꾸준히 나아가고 있는가? 즉, 환자는 나아지고 있는가? 이들 사항들 중에서 하나 혹은 그 이상의 요소가 빠져 있다고 느끼는 환자는 치료사와 치료에 관한여 의논해 보아야 한다. 만약에 의논해 본 후, 시간을 좀 더 기다려 보았음에도 환자가 진전을 보이지 않는다면, 환자와 치료사는 다른 치료사를 찾는 것을 고려해 보아야 한다.

3) 교육 훈련과 수퍼비전

Baker 등(2008)에 의하면, 교육훈련은 반드시 과학적 기반을 가지고 있어야 한다. 물론 이 말이 의미하는 바는 의학 모델과 맥락 모델 중 어느 것을 적용하느냐에 따라 달라진다. 아마도, 당초에 생각했던 것만큼의 큰 차이는 아닐지 모르지만 말이다. 한쪽 극단에서의 교육훈련은 증거기반 처치의 프로토콜에 집중하게 된다. 수련생은 그 처치 프로토콜을 환자를 대상으로 실제 적용해 볼 것이다. 다른 쪽 극단에서 보면, 수련생은 관계 기술을 익히게 될 것이며, 그것을 사용하여 내담자를 도울 것이다. 희망컨대, 아직까지는 양쪽 극단이 둘 다 연구에 의한 증거를 따르지 않았음이 분명해졌을 것이다. 치료사들은 여러 가지 처치법들을 실행하는 방법을 알아야 하며, 따라서 교육훈련 프로그램은 여러 다양한 처치법을 가르칠 필요가 있다. 이는 한 접근 내의 변형들을 뜻하는 것이 아니라 아예 다른 접근들을 가르쳐야 함을 의미한다. 만약 어떤 교육 훈련 프로그램이 오로지 한 가지 접근만을 가르친다고 하자. 아무리 잘 가르친다고 하여도, 그리고 그 처치의 효과가 아무리 잘 검증되었다 하여도, 그런 교육 훈련 프로그램에서 배운 임상가들은 일정 범위의 환자들을 치료하는 데에는 결함을 가질 수밖에 없게 된다. 태도, 가치관, 문화, 그리고 기타 맥락 변수들에 있어서 다양성이 존재한다면 특히 더 그러할 것이다. 게다가, 처치법에만 집중하고 관계 기술(처치의 "어떻게" 부분)을 무시하는 교육훈련이 있다면, 그것은 무엇이 치료의 효과를 발생시키는지에 대한 연구 증거들을 무시하는 셈이다. 반대로, 수련생들이 특정 접근의 심리치료를 배우지 않은 채로 관계 기술만을 익힌다면 이 또한 수련생에게 해가 되는 일이다. 최적의 교육 훈련 프로그램은 처치법과 관계 기술의 교육 훈련을 결합한 것이어야 할 것이다. 이것이 교육 훈련에 대한 과학적 접근이다.

교육 훈련의 초점이 어느 쪽에 맞추어지든지 상관없이 교육 훈련 프로그램은 수련생의 유능성에 대하여 책임을 가지고 있다. 실무기반 증거 운동으로부터 파생된 하나의 아이디어는 수련생들의 성과를 측정하는 것이다. 이렇게 하면 교육 훈련 프로그램에서 수련생의 유능성을 기록하고 확인해 줄 수 있게 된다. 현재로서는 논쟁의 여지가 남아 있지만, 그런 기록 문서들을 인터십(박사 과정 수료 후 전일제 유급으로 근무하는 1년간의 실습–역자 주) 지원 서류의 필수 요목으로 요구할 날이 올지도 모른다. 물론, 이 실무기반 증거는 수련생, 교육자, 수련 감독자 모두에게 피드백의 원천이 된다.

수퍼비전에 대해서도 함의점이 있다. 비록 수퍼비전이 수련생의 치료적 효과에 미치는 영향 및 수련생의 발전에 미치는 영향에 대해서는 전반적으로 잘 알려져 있지 못함에도 불구하고(주목할 만한 예외에 대해서는 Bambling, King, Raue, Schweitzer, Lambert,

2006을 보라), 수퍼비전은 널리 수행되고 있다. 물론, 수퍼비전은 교육 훈련이라는 맥락 안에서 반드시 필요하다. 그런 맥락 안에서 아직 자격증을 소지하지 못한 피훈련생이 심리치료 서비스를 제공하고 있기 때문이다. 많은 나라에서 수퍼비전을 전문가로서의 경력 기간 내내 받기도 한다. 수퍼비전의 성과에 대한 연구물이 상대적으로 희소함에도 불구하고, 모든 심리치료 RCT에서 치료사들은 그들의 전문성에 상관없이 수퍼비전을 받는다. 이는 수퍼비전에 부여된 암묵적인 중요성이 존재한다는 점을 나타내는 것이기도 하다. 우리는 종종 이 사실을 망각한다. 안전하게 표현한다면, 수퍼비전은 널리 수행되고 있는데, 심지어 흔히 그러하듯이 아직 제대로 검증되지 못한 개입방법의 사용을 폄훼하는 사람들에 의해서도 수행되고 있다.

수퍼비전에 관해서 다소 문제가 되는 증거가 제시되어 왔다. 수련생의 발전을 돕기위해 수련 감독자는 수련생의 현 기술 수준을 평가하며 그것을 이상적인 혹은 목표 수준과 비교한다. 물론 수련생의 발달 수준을 고려하면서 말이다. 현재의 기술 수준과 이상적인 기술 수준 간의 차이 개념을 활용한다는 것은 수련 감독자가 이상적이라고 여기는 기술 수준이 현 기술 수준보다 내담자를 위한 성과에 더 나은 결과를 초래할 것이라는 점을 전제하는 것이다. 8장에서 우리는 충실성 및 역량 평가치는 치료 성과와 상관이 없다는 증거를 제시하였다. 이는 수련 감독자가 평가한 수련생의 역량은 수련생이 달성하는 실제 효과와 관계가 거의 없음을 암시한다. 그것은 오히려 수련 감독자 자신이 암묵적으로 갖고 있는 역량 모델과 관련이 많다. 수련 감독자 자신의 치료 모델이 무엇이냐에 따라서 그가 이상적이라고 여기는 치료의 모습이 달라진다는 사실 때문에 이 문제점은 더욱 복잡해진다. 정신역동적 치료사는 치료 중 감정 표현을 강조하는 편인데, 그가 CBT 치료사 즉 행동과 인지에 관심을 집중하는 치료사에게 수퍼비전을 제공한다고 하자. 분명, 수련 감독자는 치료사에게 요구되는 기술 수준에 관한 쟁점을 제기할 것이다. 이론적으로 다른 접근을 하는 여러 대가들이 하나의 치료 세션을 관찰했을 때, 치료의 질에 대하여 아주 다른 의견을 가진다는 것을 우리는 경험에 의해 알고 있다. 이런 점은 수퍼비전에 대해 여러 함의를 제공한다.

4. 마치는 글

심리치료는 문화 속에 자리 잡고 있는 여러 치유 노력의 집합으로 심리적 문제를 겪고 있는 사람들에게 아주 효과적인 개입방법임이 여러 논문을 통해 알려지고 있다. 그러나 심리치료는 종종 정해진 구조 없이 여러 시간 정서적인 대화를 하게 되는 이해하기 복잡한 현상이기도 하다. 이 책에서는 두 개의 다른 모델 즉, 의학 모델과 맥락 모델을 대비하였다. 희망컨대, 이 책에서 제시한 것과 같이 강력한 이론적 토대를 지닌 증거를 살펴봄으로써 심리치료가 무엇인지에 관해 더 깊은 이해에 도달하기를 기대한다. 여기서, 맥락 모델은 이론가, 연구자, 임상가, 정책입안자들에게 의학 모델을 대신할 합당한 대안이 될 수 있다고 우리는 주장하였다. 과학철학자들에 의하면, 어떤 이론이든(완전히-역자 주) 입증될 수는 없다. 단지 충분한 증거들을 검토하고 재검토하는 것이다. Lakatos의 용어를 빌면, 맥락 모델은 일종의 발전적 연구 프로그램으로, 다양한 조건들에서 관찰되어야 할 것이 어떤 것인지에 대해 강력한 추측을 하게 해 준다. 전반적으로 보면, 그 예측들은 검증이 되어 오고 있다. 보조 개념들도 이론적으로 짜임새 있게, 그리고 경험적으로 정당화 될 수 있게 사용되고 있다. 더구나 증거에 대한 비판이 제기되었을 때에는 혁신적인 연구 방법이 적용되었으며, 이런 연구의 결과는 맥락 모델이 예측한 바와 일치하였다.

의학 모델과 맥락 모델 둘 중에서 하나를 버려야 할지를 결정해야 할 수도 있다. 우리 분야에서 전형적으로 사용하는 방법을 여기에서도 사용한다면, 더 연구가 필요하다는 것이다. 우리 저자들은 이 책을 통해서 맥락 모델과 의학 모델을 좀 더 명확하게 설명하였기를 희망한다. 그래서 다음 세대의 심리치료 연구에서는 검증 가능한 가설들이 논의되고 검증될 수 있기를 희망한다. 우리 저자들의 최소한의 희망은 이것이다. 맥락 모델의 개념들은 "과학적으로 경계선적인 지위"를 가지고 있을 뿐이라는 주장(Baker 등, 2008, p.80)을 저쪽으로 치워 놓을 수 있기를 희망한다. 맥락 모델은 과학적 원리를 기반으로 하고 있다. 이때 과학적 원리란 처치 매뉴얼에서 말하는 의미의 과학적 원리에 한정되지 않는다. 두 모델은 정책, 실무, 교육 훈련 상의 함의에 대한 가치뿐만 아니라 각각의 과학적 가치를 보여줄 기회를 제공받아야 한다.

색인

참고문헌

본 QR코드를 스캔하시면,
〈심리치료 대(大)토론: 마음의 치유는 어디에서 비롯되는가?〉의
참고문헌을 확인할 수 있습니다.

저자 약력

Bruce E. Wampold
(전) 미국 위스콘신 대학교(매디슨 소재) 상담심리학과 교수
(전) 노르웨이 Modum Bad Psychiatric Center(Vikersund 소재) 연구소 Director
미국 캘리포니아 대학교(산타 바바라 소재), 교육학과(상담심리 전공), 박사
위스콘신 주 심리학자(전, 오레곤, 유타 주 심리학자)
ABPP 멤버(상담심리분과)

Zac E. Imel
미국 유타대학교 교육심리학과(상담심리 프로그램) 부교수
미국 위스콘신 대학교(매디슨 소재) 상담심리학과, 박사
유타 주 심리학자

역자 약력

김계현(현. 서울대학교 명예교수)
(전) 서울대학교 교육학과 교수
(전) 한국상담학회 회장
서울대학교 교육학과, 학사
서울대학교 대학원 교육학과, 석사
미국 오레곤 대학교(유진 소재), 상담심리학과, 박사
한국상담학회 전문상담사 1급(생애개발 등 여러 분과 수련감독)

김동민(현, 중앙대학교 교수)
서울대학교 교육학과 학사
서울대학교 대학원 교육학과 석사
미국 위스콘신 대학교(매디슨 소재), 상담심리학과, 박사
한국상담학회 전문상담사 1급(생애개발분과 수련감독)

김선경(현, 한국트라우마연구교육원 부원장, 심리상담연구소 마음on마음 상담진)
서울대학교 교육학과 교육상담 전공 박사
차의과학대학교 임상상담심리대학원 부교수
용문상담심리대학원대학교 조교수
The University of Alabama 외래교수
한국상담심리학회 상담심리사 1급

유정이(현, 안양대학교 교육대학원 교수)
서울대학교 교육학과 학사
서울대학교 교육학과 대학원 석사 · 박사(교육상담 전공)
한국상담학회 전문상담사1급(아동 · 청소년분과 수련감독)
한국상담심리학회 상담심리사 1급

왕은자(현, 심리상담연구소 마음on마음 대표)
전) 한국상담대학원대학교 상담학과 교수
전) 삼성생활문화센터 전임상담원
서울대학교 간호학과 학사
서울대학교 대학원 교육학과 상담전공 석사. 박사
한국상담학회 전문상담사 1급(기업상담분과 수련감독, 심리치료상담분과)
한국상담심리학회 상담심리사 1급

이윤주(현, 영남대학교 교육학과 교수)
서울대학교 교육학과 학사
서울대학교 교육학과 대학원 석사 · 박사(교육상담 전공)
한국상담학회 전문상담사1급(기업 · 아동 · 청소년, 집단분과 수련감독)
한국상담심리학회 상담심리사1급

조영미(현, 한양대학교 행복드림상담센터 수석연구원)
전) 이화여자대학교 학생상담센터 특임교수
중앙대학교 교육학과 학사
이화여자대학교 대학원 교육학과 석사
중앙대학교 대학원 교육학과 박사
한국상담심리학회 상담심리사 1급

심리치료 대(大)토론: 마음의 치유는 어디에서 비롯되는가?

초판발행 2022년 1월 20일
중판발행 2023년 4월 20일

지은이 Bruce E. Wampold and Zac E. Imel
옮긴이 김계현, 김동민, 김선경, 유정이, 왕은자, 이윤주, 조영미
펴낸이 노 현

편 집 배근하
표지디자인 이영경
제 작 고철민·조영환

펴낸곳 ㈜ 피와이메이트
서울특별시 금천구 가산디지털2로 53 한라시그마밸리 210호(가산동)
등록 2014. 2. 12. 제2018-000080호
전 화 02)733-6771
f a x 02)736-4818
e-mail pys@pybook.co.kr
homepage www.pybook.co.kr
ISBN 979-11-6519-162-7 93180

정 가 26,000원

박영스토리는 박영사와 함께하는 브랜드입니다.